21世纪高等学校经济管理系列规划教材

资产评估

（第二版）

张勤谋　岳丽君　主　编
耿秀芹　邵　洁　张晓杰　副主编

中国财经出版传媒集团
中国财政经济出版社

图书在版编目（CIP）数据

资产评估／张勤谋，岳丽君主编．--2版．--北京：中国财政经济出版社，2023.4
21世纪高等学校经济管理系列规划教材
ISBN 978-7-5223-1959-9

Ⅰ.①资… Ⅱ.①张… ②岳… Ⅲ.①资产评估-高等学校-教材 Ⅳ.①F20

中国国家版本馆CIP数据核字（2023）第026152号

责任编辑：温彦君　　责任校对：张　凡
封面设计：智点创意　　责任印制：党　辉

资产评估（第二版）
ZICHAN PINGGU

中国财政经济出版社 出版
URL：http：//www.cfeph.cn
E-mail：cfeph@cfeph.cn

社址：北京市海淀区阜成路甲28号　邮政编码：100142
营销中心电话：010-88191522
天猫网店：中国财政经济出版社旗舰店
网址：https：//zgczjjcbs.tmall.com
北京鑫海金澳胶印有限公司印刷　各地新华书店经销
成品尺寸：185mm×260mm　16开　18.75印张　459 000字
2023年4月第2版　2023年4月北京第1次印刷
定价：52.00元
ISBN 978-7-5223-1959-9
（图书出现印装问题，本社负责调换，电话：010-88190548）
本社质量投诉电话：010-88190744
打击盗版举报热线：010-88191661　QQ：2242791300

再版前言

我国的资产评估是在经济体制改革和对外开放政策背景下，为满足国有资产管理工作的需要而产生的，并走出了一条适合中国特色社会主义市场经济的评估服务专业之路。1978 年 12 月，党的十一届三中全会作出对国家经济管理体制和国有企业经营管理方式进行改革的重大决策，作为国有资产管理的必备程序和保护国有资产权益的专业手段，资产评估应运而生。2016 年 7 月 2 日，第十二届全国人大常委会第二十一次会议审议通过《中华人民共和国资产评估法》，自 2016 年 12 月 1 日起施行。《中华人民共和国资产评估法》对资产评估机构和资产评估专业人员开展资产评估业务、资产评估行业行政监管和行业自律管理、资产评估相关各方的权利义务等一系列重大问题作出了明确规定，全面确立了资产评估行业的法律地位，中国资产评估行业进入了依法治理的新时代，对促进资产评估行业健康快速发展具有重大的历史意义和现实意义。

我国的资产评估从产生至今，走上了一条具有中国特色的快速发展道路，行业地位日益稳固，在机构、人员、评估理论、行业组织和国际交流等方面日益成熟，成为我国市场经济中占据重要位置、发挥重要作用的专业服务行业。行业规模不断扩大，截至 2021 年年底，全国资产评估机构 6122 家（含分支机构 844 家），执业资产评估师 42524 人，全行业业务收入总额近 300 亿元。

资产评估行业的迅猛发展需要强大的专业教育，需要好的教材。本教材 2016 年出版后，资产评估执业准则体系发生了较大变化，资产评估理论和评估实务中采用的评估方法又有新的研究成果，资产评估师职业资格考试日益深入人心，特别是“营改增”的全面推行，对资产价值的构成产生了较大的影响。为此，我们坚持理论与实践相结合的原则，对教材内容进行了全面梳理修订，对部分陈旧、错漏之处进行了更新修改，力求反映资产评估最新的理论研究成果和实践经验，以及法律法规、准则对资产评估的最新规范要求，重点突出资产评估的应用性和可操作性，以适应当前环境对专业人才培养的要求。

本教材修订之际，欣逢党的二十大胜利召开。为贯彻落实《中共中央关于认真学习宣传贯彻党的二十大精神的决定》和《国家教材委员会办公室〈关于做好党的二十大精神进教材工作〉的通知》（国教材办〔2022〕3 号）等文件要求，推动党的二十大精神进教材、进课堂、进头脑，及时全面准确地在教材中落实党的二十大精神，全面融入课程思政，使教材成为学校教育教学、推进立德树人的关键要素，集中体现国家意志和社会主义核心价值观，充分发挥教材的铸魂育人功能，为培养德智体美劳全面发展的社会主义建设者和接班人奠定坚实基础。为此，我们根据每章的主要内容，整理课程思政要点，附于每章内容之后，供读者参考。

本教材共分为11章，包括总论、资产评估要素、资产评估的基本方法、资产评估程序、房地产评估、机器设备评估、无形资产评估、流动资产评估、长期投资评估、企业价值评估、资产评估报告等内容，各章均配有练习题，参考课时为60课时，实际使用时可根据需要增减。

本教材由张勤谋、岳丽君担任主编，负责拟定教材大纲并编写主要章节。耿秀芹、邵洁、张晓杰担任副主编，参与部分章节的编写。

本教材在编写过程中，参考了国内外许多优秀教材，吸取了大量的先进学术成果，中国财政经济出版社对本教材的出版给予了大力支持，在此一并致谢。

由于编者水平有限，加之编写时间仓促，教材中错漏之处在所难免，恳请广大读者不吝指正，以便今后进一步修订完善。

张勤谋　岳丽君

2023年3月

目 录

第一章

总　论

本章教学目的与要求

通过本章的学习，学生应了解资产评估的形成和发展过程，掌握资产评估的概念和特征，了解资产评估与会计、审计的关系，理解资产价值的形成原理，初步建立起资产评估的思维方式。

本章教学重点与难点

资产评估的概念和特征，资产价值的形成原理，资产评估与会计、审计的关系。

参考课时

3 课时。

教学方法与手段

课堂讲授。

第一节　资产评估的产生与发展

一、资产评估产生的客观必然性

资产评估是市场经济发展到一定阶段的必然产物。随着市场经济的发展，资产交易也随之产生并得到发展，这就产生了资产评估的需要。资产评估的产生归根结底是由交易标的物——资产本身所具有的特点决定的。

（一）资产的专用性

资产的专用性越强，资产的替代物越少，交易价格的确定就越困难。对于这样的资产，交易双方都希望在发生资产交易之前对资产价格的市场行情有一个了解，需要专业资产评估机构和评估人员对资产的市场价值提供有关咨询服务，资产评估成为一种客观需要。

（二）交易频率低

由于交易频率低，某一次交易与上一次交易之间的时间间隔较长，市场因素往往发生较大变化，上次交易的成交价格难以直接作为本次交易的参考价格。由于相同或类似资产的交易价格可比性降低，所以每次发生资产交易时，都要重新进行评估，以确定资产在交易时点的市场价值。

（三）信息不完全

由于受客观条件的限制，交易双方往往对取得资产的历史价格比较了解，而对资产现行价格的信息掌握较少；同时，资产的专用性和交易的低频率等特点又使其他资产以往的交易价格难以作为待交易资产价格确定的依据，因此，需要一个掌握较多市场交易信息并能站在客观立场上具有一定的权威性的中介机构，用双方可以接受的程序和方法估算一个值，为交易双方确定成交价格提供参考。这种需求的不断增多，是资产评估业产生的客观前提。

（四）大宗交易的发生

资产交易的数额一般都比较大，对双方利益的影响也较大，双方都希望在理性的基础上进行交易，由此产生了对评估信息的需求。此外，评估费用远远低于在缺少评估信息情况下交易所带来的预期损失，使资产评估成为一种能够支付得起的客观需求。

二、资产评估的发展

随着市场经济的逐步深入，资产评估的业务范围越来越广泛，涉及企业改制、重组、投资、参股、上市、抵押、质押、破产、清算、诉讼、纳税、保险、管理和租赁等经济行为。资产评估活动的产生与人类社会的资产交易行为一样久远，历经长期的发展与完善，已成为现代市场经济中发挥基础性作用的专业服务行业之一。总体来看，资产评估大体经历了三个发展阶段：原始评估阶段、经验评估阶段和科学评估阶段。

（一）原始评估阶段

原始社会后期，生产的发展导致剩余财产的出现，产生了产品或资产交易。交易双方在等价原则的基础上进行剩余财产交换时，就必须对剩余财产价值进行原始意义上的资产评估。在这一阶段，交易对象价值最小，且表现为简单的商品，因此，资产评估具有直观性、非专业性和无偿性等特点。

1. 直观性

评估人员主要依赖其直观感觉、主观偏好进行估价，评估过程中很少借助其他专业测评手段。

2. 非专业性

在资产评估专业化尚未形成的原始评估阶段，整个社会还缺乏独立的评估机构和评估人员。一般是由交易双方或一方指定的人员来进行评估，这些人往往是那些缺乏评估知识、不具备专业评估方法与技能，仅可能在一定地域或特定专业领域内德高望重的人员。

3. 无偿性

当时的资产交易双方无须支付评估人员报酬。这一特点是与早期资产评估业务的偶发性、方法的简单性及评估过程的非专业性特点相适应的。目前，在经济发展水平相对落后的广大农村地区，对偶然发生的资产交易特别是自制生产资料进行评估时，依然采用原始评估方法。

（二）经验评估阶段

随着商品经济的日益发达，资产交易日益频繁，资产评估业务逐步向专业化、经常化发展，产生了一批具有一定实务经验的评估人员。这些评估人员利用经验数据，依托自身长期实践所累积的评估知识与经验开展工作，使得对财产价值的评定更加准确。专业队伍的产生是区别原始评估阶段与经验评估阶段的重要标志。前资本主义阶段的资产评估基本上属于经验评估。这一阶段的特点是：

1. 经验性

频繁发生的资产评估业务，使得评估人员得以积累丰富的执业经验，这些经验直接决定了评估结果的准确与否。由于这些经验尚缺乏理论上的提升，因而并未形成系统化的评估理论与方法，评估的科学性有待提高。

2. 有偿性

与原始评估阶段不同，经验评估阶段的评估人员对资产评估业务进行有偿服务。

3. 责任性

评估机构或人员对评估结果，特别是对因欺诈行为和其他违法行为而产生的后果负有法律上的责任。

（三）科学评估阶段

科学评估阶段是现代资本主义发展走向成熟时出现的。产业革命促使资本主义经济飞跃发展，生产要素市场日臻发达，资产业务的社会化分工日益精细，从而推动了资产评估活动向职业化方向不断发展。特别是随着现代金融的发展，资产抵押、资产交易及资产课税等业务急剧扩大，资产评估已成为资产管理和资产交易不可或缺的一环，资产评估行业应运而生并获得了快速发展。目前市场经济发达国家的资产评估一般都已进入科学评估阶段，我国的资产评估也正在过渡或部分实现了科学评估。科学评估阶段的主要特点有：

1. 评估机构公司化

评估机构通常是产权明晰、权责明确、政企分开、管理科学的现代服务型企业，以自主经营、自负盈亏的企业法人形式进行经营管理。其客户就是参与资产业务的交易双方，其产品就是以评估报告形式提交给客户的优质评估结果。

2. 评估人员专业化

专业评估公司的出现，使资产评估行业更有利于吸引优秀的人才专门从事评估业务，有利于在积累和总结评估经验的基础上发展资产评估理论。专业评估人员以评估师、专业工程师和各类专家（包括会计师）居多，负责完成评估业务的技术性工作，是资产评估行业的骨干力量。

3. 评估方法科学化

资产评估中不断引入现代科学技术与方法，针对不同的被评估资产采用科学、合理的方法与手段，极大地提高了资产评估结果的准确性与科学性。

4. 评估结果法律化

一方面，评估人员必须在共同完成的评估报告上签章，评估机构和评估人员对签章的资产评估报告承担相应的法律责任。另一方面，由于资产评估机构对评估结论承担法律责任，且具有公正性质，从而提高了资产评估业在社会上的地位。

5. 评估业务多元化

激烈的市场竞争迫使评估机构注重品牌培植，树立经营特色，同时不断通过优质的服务拓展业务范围，实施多元化经营战略。目前评估业务十分丰富，不仅包括有形资产评估，还包括无形资产评估，甚至延伸到金融资产、企业价值等方面的评估。

在西方发达资本主义国家，资产评估行业经过长期的发展与积淀，已经成为举世公认的市场经济体系不可或缺的社会中介行业之一。

三、资产评估在我国的发展

资产评估是市场经济的产物。英国是不动产评估的起源国，目前仍保持着以土地、房屋等不动产估价为主要评估内容的特色。1792 年成立的英国测量师协会（即目前的皇家特许测量师协会，RICS）是世界上第一个资产评估行业协会。从世界范围来讲，现代意义上的资产评估作为一种有组织、有理论指导的专业服务活动，始于 19 世纪中后期。第二次世界大战以后，随着世界经济的发展，资产评估也在一些经济发展较快的国家得到较大发展。20 世纪 80 年代以来，世界各国的资产评估活动开始趋于规范化和国际化，其标志是 1981 年国际评估准则委员会的成立。

我国资产评估的产生与发展有其深刻的社会背景。新中国成立后长期实行“大一统”的计划经济体制，资产的转移通过国家计划调拨方式进行。相应地，资产业务主要表现为少量的民间交易和规模有限的对外经济贸易，很难催生科学化、规范化的资产评估活动。中国的资产评估是在改革开放后，发展社会主义市场经济的过程中逐渐形成和发展起来的，并首先是适应保护国有资产、加强国有资产管理的要求而产生的。历经近 40 年的发展，资产评估行业已经与注册会计师行业、律师行业一样，成为我国发展市场经济、推进改革开放不可缺少的基础性中介服务行业，在经济发展和社会进步的历史进程中发挥着日益重要的作用。回顾资产评估行业在我国发展的历程，可大体将其分为如下几个阶段：

1. 1989 ~ 1992 年，政府直接管理阶段

改革开放以后，国有企业对外合资合作、承包租赁、兼并破产等产权变动行为日益增多，为确定合理的产权转让价格，维护国家作为所有者的合法权益，防止国有资产流失，在 20 世纪 80 年代末期出现了国有资产评估活动。1989 年 9 月，原国家国有资产管理局下发了《关于国有资产产权变化时必须进行资产评估的若干暂行规定》，对资产评估主体、管理机构、评估程序和评估办法进行了初步规定。这是我国政府颁布的第一个关于资产评估问题的政策性文件，标志着资产评估在我国被正式确认为合法的社会中介服务活动。1990 年 7 月，原国家国有资产管理局批准组建资产评估中心，负责全国的资产评估管理工作。1991 年 11 月，国务院以第 91 号令发布《国有资产评估管理办法》，对我国资产评估工作的组织管理、评估程序、评估方法、评估范围及法律责任等进行了明确规定，标志着我国国有资产评估制度基本形成，有力地推动了中国资产评估事业的进一步发展。这些行政法规确立了我国资产评估的基本依据、基本方针和基本政策，系统地规定了工作要求，形成了初步的法律基础。

2. 1993 ~ 1995 年，政府管理与行业自律相结合阶段

1993 年 12 月，中国资产评估协会正式成立，开始了资产评估在政府监督指导下的行业自律性管理体制，评估对象扩展到除国有资产以外的其他各类所有制性质的资产。1995 年 3 月，中国资产评估协会代表中国资产评估行业加入国际评估准则委员会，标志着我国资产评估业管理组织已经与国际评估组织接轨。1995 年 5 月，原国家国有资产管理局、人事部共

同发布了《注册资产评估师执业资格制度暂行规定》和《注册资产评估师执业资格考试实施办法》，建立了我国的注册资产评估师制度，为进一步规范评估机构和评估人员管理打下了必要的基础。

3. 1996～2000 年，逐步迈向科学化与规范化阶段

1996 年 5 月，我国发布实施了《资产评估操作规范意见（试行）》，标志着资产评估行业从此进入了科学化、规范化操作的新阶段。该法规的出台，不仅有利于提高评估业务水平，规范评估业务，同时也为以后制定行业统一的评估准则奠定了基础。1998 年 6 月 1 日开始实行注册资产评估师签字制度，旨在强化注册资产评估师的责任，增强其风险意识。这一制度使资产评估师的责权利有机结合起来，进一步规范了资产评估师的行为。迅速发展的资产评估事业，在体制改革与对外开放中，维护了资产业务所涉及的各类产权主体的利益，在促进我国经济发展的同时，也得到了国际评估界的认可与重视。在 1999 年国际评估准则委员会北京年会上，中国成为国际评估准则委员会常任理事国。2000 年 7 月，中国资产评估协会赴美国参加世界评估师大会，进一步加强了中外评估师之间的联系。

4. 2001～2016 年，初步建立了中国资产评估准则体系

为了发展具有中国特色、适应社会主义市场经济并与国际接轨的资产评估事业，政府和资产评估行业自律管理组织陆续制定发布了一系列相关法规和执业（职业）规范，以保证行业健康发展。到目前为止，我国关于资产评估职业的法律规范已初具雏形，资产评估准则体系已初步建立。截至 2022 年 1 月，财政部和中国资产评估协会累计发布 32 项评估准则。这些准则包括 1 项基本准则、12 项具体准则、5 项评估指南、13 项指导意见和 1 项职业道德准则，如表 1－1 所示。

表 1－1　　我国资产评估准则体系

准则分类	准则名称		
基本准则	《资产评估基本准则》		
执业准则	具体准则	程序性准则（6 项）	《资产评估执业准则——资产评估程序》
			《资产评估执业准则——资产评估报告》
			《资产评估执业准则——资产评估委托合同》
			《资产评估执业准则——资产评估档案》
			《资产评估执业准则——利用专家工作及相关报告》
			《资产评估执业准则——资产评估方法》
		实体性准则（6 项）	《资产评估执业准则——企业价值》
			《资产评估执业准则——无形资产》
			《资产评估执业准则——不动产》
			《资产评估执业准则——机器设备》
			《资产评估执业准则——珠宝首饰》
			《资产评估执业准则——森林资源资产》

续表

准则分类		准则名称
执业准则	评估指南	《企业国有资产评估报告指南》
		《金融企业国有资产评估报告指南》
		《知识产权资产评估指南》
		《以财务报告为目的的评估指南》
		《资产评估机构业务质量控制指南》
	指导意见	《资产评估价值类型指导意见》
		《资产评估对象法律权属指导意见》
		《专利资产评估指导意见》
		《著作权资产评估指导意见》
		《商标资产评估指导意见》
		《文化企业无形资产评估指导意见》
		《金融不良资产评估指导意见》
		《投资性房地产评估指导意见》
		《实物期权评估指导意见》
		《人民法院委托司法执行财产处置资产评估指导意见》
		《珠宝首饰评估程序指导意见》
		《企业并购投资价值评估指导意见》
		《体育无形资产评估指导意见》
职业道德准则	《资产评估职业道德准则》	

除资产评估准则体系外，为指导资产评估机构及其资产评估专业人员执行特定业务，履行特定程序，中国资产评估协会在归纳总结评估实践中科学合理做法的基础上，制定发布了资产评估专家指引。

但是由于评估业务因经济行为、交易目的不同存在复杂多样的情况，专家指引中有些技术方法要求不适用于所有业务，因此，其不作为评估机构执业的强制性标准，仅作为参考，评估机构可以根据具体情况采用其他适当的做法。

中国资产评估协会根据业务发展，会对专家指引进行更新。目前资产评估专家指引包括《资产评估专家指引第 1 号——金融企业评估中应关注的金融监管指标》《资产评估专家指引第 2 号——金融企业首次公开发行上市资产评估方法选用》《资产评估专家指引第 3 号——金融企业收益法评估模型与参数确定》《资产评估专家指引第 4 号——金融企业市场法评估模型与参数确定》《资产评估专家指引第 5 号——寿险公司内部精算报告及价值评估中的利用》《资产评估专家指引第 6 号——上市公司重大资产重组评估报告披露》《资产评估专家指引第 7 号——中小评估机构业务质量控制》《资产评估专家指引第 8 号——资产评估中的核查验证》《资产评估专家指引第 9 号——数据资产评估》《资产评估专家指引第 10 号——在新冠肺炎疫情期间合理履行资产评估程序》《资产评估专家指引第 11 号——商誉减值测试评估》《资产评估专家指引第 12 号——收益法评估企业价值中折现率的测算》《资产评估专家指引第 13 号——境外并购资产评估》和《资产评估专家指引第 14 号——科创企业资产评估》。

5. 2016 年 12 月至今，资产评估法颁布实施

为了规范资产评估行为，保护资产评估当事人合法权益和公共利益，促进资产评估行业健康发展，维护社会主义市场经济秩序，《中华人民共和国资产评估法》（以下简称《资产评估法》）已由第十二届全国人大常委会第二十一次会议于 2016 年 7 月 2 日通过，自 2016 年 12 月 1 日起实施。该法律首次确立了资产评估行业的法律地位，对资产评估行业发展具有里程碑式的重要意义。

（1）弥补了资产评估行业基本法的空白。在此之前，1991 年国务院发布的《国有资产评估管理办法》仅侧重于国有资产的评估，长期以来一直缺少一部系统性、全局性的行业大法。《资产评估法》的出台，对我国资产评估行业乃至经济社会发展而言，都具有十分重要的意义。

首先，《资产评估法》是维护社会主义市场经济秩序的迫切需要。资产评估是通过资产的价值优化资源配置的重要工具，是维护社会秩序，促进市场公平竞争不可或缺的。通过立法尽快建立与现代市场体系相适应的资产评估法律制度，是完善市场经济体制、促进市场经济健康发展的迫切需要。

其次，《资产评估法》是防范国有资产流失的迫切需要。当前资产评估业务的 80% 以上属于国有资产评估，随着国企改革的不断深化，国有企业与非国有企业之间的资本转让、并购、重组、股权交易等活动更趋频繁，对参与融合的各方资本进行资产评估，既是取信于非国有企业的需要，也是国有资产管理的要求。通过立法，进一步强化资产评估管理，规范资产评估行为，有助于充分发挥其防范国有资产流失的重要屏障作用。

最后，出台《资产评估法》是资产评估行业规范发展的迫切需要。资产评估行业是重要的现代服务业，经过多年发展逐步形成了六大专业类别，为我国社会经济发展作出了重要贡献。但由于缺乏法律规范，也面临机构和人员良莠不齐、评估责任难以追究等突出问题，制约了行业的健康可持续发展，迫切需要出台法律予以规范。

（2）完善了资产评估行政管理制度。《资产评估法》按照简政放权、放管结合的改革要求，对资产评估行政管理进行了重大调整。一是贯彻落实简政放权精神，将评估机构设立由后置审批改为备案管理，并放宽评估机构设立门槛，让更多评估专业人员自由创业。二是非法定评估业务由市场自主选择评估机构和评估专业人员，法律不作任何额外的强制性规定。三是明确设区的市级以上地方人民政府有关评估行政管理部门按照各自职责分工，对本行政区域内的评估行业进行监督管理。四是体现放管结合的要求，强化行政管理部门的监督管理职责，赋予行政管理部门对评估专业人员、评估机构和评估协会的处罚权力。

（3）推动行业自律、健康发展。首先，《资产评估法》的出台，明确规定了评估行业协会的权利和责任，准确界定了协会的法律地位和功能定位，即建立政府依法行政、行业协会依法自治的新体制，推动协会将工作重心转向更好服务行业、市场和企业，为维护市场经济秩序和行业健康发展发挥重要作用。具体体现在：一是按照行业协会与行政管理部门脱钩的精神，强调评估行业协会是自律性组织，依法实行自律管理；二是有关全国性评估行业协会按照国家规定组织实施评估师资格全国统一考试，确立行业协会与政府相关部门在考试管理中的关系；三是赋予评估行业协会受理对会员的投诉、规范会员从业行为等具体职责，确保评估行业协会履行职责有法可依。

其次，统一规范不同评估领域管理体制，建立沟通协作和信息共享机制，有利于统一自律规则、统一执业标准、统一行业监管尺度、统一落实法律责任，促进多种专业评估综合发展。

最后，厘清了评估各方的权责关系。一是明确规定了评估专业人员的权利、义务和禁止行为，强化评估专业人员管理和自律要求，加大对评估机构和评估专业人士的惩处力度，规范、引导评估专业人员作出适当、正确的判断和选择，充分保障评估专业作用的发挥和营造公平公正的市场环境。二是明确规定了委托人和报告使用人的法律责任，准确界定委托关系，充分维护评估机构和评估人员的合法权益，创造良好的评估执业环境。

第二节　资产评估的概念和特征

一、资产评估的定义

市场经济中，在交易对象的价值难以判断和把握，并且价格难以确定的情况下，交易当事人往往委托资产评估专业人员和机构为其作出专业判断。准确地理解与把握资产评估的概念，熟悉资产评估的专业特点，是资产评估从业人员应当具备的基本专业知识。

资产评估是专业机构和人员，按照国家法律法规和资产评估准则，根据特定目的，遵循评估原则，依照相关程序，选择适当的价值类型，运用科学方法，在特定评估假设基础上，对资产某一时点的价值进行分析、估算并发表专业意见的专业化活动。

由上述定义可知，资产评估涉及十一项基本要素：（1）评估主体，表明由谁来进行评估。评估主体包括专业评估机构和评估从业人员。评估主体既可以是自然人，也可以是合伙人或法人，是资产评估工作的主导者。（2）评估客体，即被评估的资产，又称评估对象，是对评估内容的界定。（3）评估依据，即评估工作中遵循的法律、法规、经济行为文件、重大合同协议、取费标准和其他参考依据。（4）评估目的，即资产业务引发的经济行为对资产评估结果的要求，或资产评估结果的具体用途，它对价值类型的选择具有约束作用。（5）评估原则，即资产评估的行为规范，是协调评估当事人各方关系、处理评估业务的行为准则。（6）评估程序，即资产评估工作从开始准备到最后结束所应遵循的工作顺序。（7）评估价值类型，即对资产评估价值的质的规定，它对评估参数的选择具有约束性。（8）评估方法，即资产评估所运用的特定技术，它是确定资产价值的具体手段和途径。（9）资产评估的假设，即资产评估前针对资产业务的前提条件假设。（10）资产评估基准日，即资产评估价值对应的时点。（11）评估结论。以上要素构成了资产评估活动的有机整体，我们将在第二章中进行具体探讨。

二、资产评估的种类和特点

（一）资产评估的种类

1. 按评估的内容不同划分

目前，国际上将资产评估分为评估、评估复核和评估咨询三类。也有人将此种分类称为三种评估服务。

评估，类似于我国目前广泛进行的为产权变动和交易服务的资产评估。它一般服务于产权变动主体，对评估对象的价值进行评估，评估人员及其机构要对其评估结果的真实性和合理性负责。

评估复核是指受托评估机构及其评估师对其他评估机构及其评估师出具的评估报告进行评判鉴定的行为和过程，即对他人的评估过程和结果的再评估。

评估咨询是一个较为宽泛的术语，评估咨询可以是对评估标的物价值的估计和判断，也可以是对评估标的物的利用价值、利用方式、利用效果的分析，以及与此相关的市场分析、可行性研究等。评估咨询对评估主体的信誉、专业水准和职业道德有一定的要求。评估咨询主体要对其出具的咨询意见承担相应的责任。

2. 按评估对象的不同划分

根据评估对象不同，资产评估可具体分为单项评估和整体评估。

单项评估是指对某项可以确指的资产进行评估。单项评估的范围大致包括：机器设备评估、土地使用权评估、建筑物评估和可确指无形资产评估等。用单项评估的方法对某个企业的所有资产进行评估，是把企业所有的有形资产和无形资产的评估值进行加总的评估过程。

对若干单项资产组成的资产综合体所具有的整体生产能力或获利能力的评估称为整体评估。最为典型的整体评估就是企业价值评估。整体评估是把企业看作一个获利的整体，将未来年份的收益现金流折算成现值从而确定企业价值的评估过程。适用的资产业务主要是企业兼并等。

对一个企业来说，既可以采用单项评估，也可以采用整体评估，两者的差即整体评估值减去单项评估值，就是企业的商誉。企业的商誉既可以是正值，也可以是负值。

3. 按评估是否受限以及是否运用了评估准则中的背离条款划分

根据评估是否受限以及是否运用了评估准则中的背离条款，可将资产评估具体分为完整性评估和有限性评估。

完整性评估一般是指完全按照资产评估准则及其规定的程序和要求进行的资产评估，在资产评估中没有受到限制或没有限制性条件。

有限性评估是指在资产评估准则允许或规定允许的前提下，由于某些条件的限制不能完全按照资产评估准则及其规定的程序和要求进行的资产评估，评估结论是在受限制的条件下得出的。

完整性评估和有限性评估在评估精度和评估结论的适用范围方面都是有区别的。

（二）资产评估的特点

资产评估业务与其他资产计价业务相比较，具有市场性、公正性、咨询性和专业性的特点。理解和把握资产评估的特点，有助于进一步认识资产评估的实质，对搞好资产评估工作，提高资产评估质量具有重要意义。

1. 市场性

资产评估是适应市场经济要求的专业中介服务活动，其基本目标就是根据资产业务的不同性质，通过模拟市场条件对资产价值作出经得起市场检验的评定估算和报告。其市场性特征表现在：

（1）资产评估是市场经济发展到一定阶段的产物。

（2）资产评估活动的本质是对资产在模拟市场条件下价值的估计和判断。

（3）评估结果是否客观需要接受市场价格的检验。

2. 公正性

公正性是指资产评估行为对于评估当事人具有独立性。它服务于资产业务的需要，而不是服务于资产业务当事人的任何一方的需要。公正性的表现有两点：

（1）资产评估是按照公允、法定的准则和规程进行的，具有公允的行为规范和业务规范，这是公正性的技术基础。

（2）评估人员或机构通常是与资产业务没有利害关系的第三方，这是公正性的组织基础。

公正性使资产评估结论常用于企业上市、财产诉讼和政府对财产的征用等方面，从而使资产评估具有鉴证作用。

3. 咨询性

咨询性是指资产评估结论为资产业务提供专业化估价意见。其咨询性特性体现在以下两方面：

（1）资产评估结论本身并无强制执行的效力。资产评估既非定价，也不作价格保证。

（2）评估师只对结论本身合乎职业规范要求负责，而不对资产业务定价决策负责。

事实上，资产评估为资产交易提供的估价往往由当事人作为要价和出价的参考，最终的成交价取决于当事人的决策动机、谈判地位和谈判技巧等综合因素。

4. 专业性

资产评估人员在对被评估资产价值作出专业判断的过程中，需要依据大量的数据资料，进行复杂细致的技术性处理和必要的计算，不具备相应的专业知识很难完成评估工作。其专业性具体表现在以下两方面：

（1）从事资产评估业务的机构应由一定数量和不同类型的专家及专业人士组成。

（2）评估机构及其评估人员对资产价值的估计判断是建立在专业技术知识和经验基础之上的。

三、资产评估的功能和作用

（一）资产评估的功能

评价和评值是资产评估最基本的内在功效和能力。

资产评估源于人们希望了解和掌握在一定条件下资产的价值的需求。随着人们对在各种条件下了解资产价值的需求不断增加，资产评估不断发展，其评价和评值的功能也得到不断完善。

在不同的历史条件下，人们在充分利用资产评估评价及评值功能的基础上，产生了一系列的作用，比如咨询作用、管理作用和鉴证作用等。

（二）资产评估的基本作用

1. 咨询作用

资产评估的咨询作用是指资产评估结论是为资产业务提供专业化估价意见，该意见本身并无强制执行的效力，它只是给相关当事人提供有关资产交换价值方面的专业判断或专家意见，资产评估不能也不应该取代资产交易当事人的交易决策。

2. 管理作用

资产评估的管理作用是指在以公有制为基础的社会主义市场经济初级阶段，国家或政府在利用资产评估过程中所发挥出的特殊作用。

在社会主义市场经济初级阶段，作为国有资产所有者代表的国家，不仅把资产评估视为提供专业服务的中介，而且将其作为维护国有资产安全完整、促使国有资产保值增值的工具和手段。

3. 鉴证作用

鉴证由鉴别和举证两个部分组成。鉴别是专家依据专业原则对经济活动及其结果作出的独立判断，而举证则是为该判断提供理论和事实支撑。

随着抵押贷款、财产担保、司法鉴定、房地产交易价格鉴定等经济活动的日益频繁，资产评估经常被要求从事专业举证以及鉴别资产的存在、资产的价值量和资产正常交易价格的工作，以满足银行及有关部门发放贷款以及其他形式融资的需要；满足司法机关定案、裁决的需要；满足房地产管理部门和税务部门等进行房地产、纳税管理的需要等。

特定权利主体和权力机关要求资产评估鉴证资产及资产价值量的特殊需求和授权，使得资产评估具有了鉴证的作用。从这个意义上讲，资产评估的鉴证作用是特定权利主体和权力机关在运用资产评估的评价及评值功能时产生的特殊作用。资产评估鉴证作用的存在，也表明资产评估机构和人员在一定情况下必须对自己的行为承担相应的专业责任、民事责任和刑事责任。

第三节 资产评估的理论基础

在市场经济中，生产商品的资产本身也是商品。因此，资产价值构成与商品价值构成在本质上是一样的，从而经济学有关商品价值的探讨同样适用于有关资产价值的探讨。关于什么是资产（商品）的价值，人们应从哪条路径来判断其价值的讨论自经济学创始之时就已开始。从早期的重商主义者和重农学派到近现代经济学都对商品价值的形成进行了探讨，而且形成了不同的价值观和不同的经济学流派。这些经济学流派的观点从不同侧面探讨了价值形成的路径，对于如何评定资产的价值有着重要影响。

一、劳动价值论

劳动价值论由威廉·配第（William Petty）创立，后经亚当·斯密（Adam Smith）、大卫·李嘉图（David Ricardo）等经济学家丰富和完善，由卡尔·马克思（Karl Marx）发展到成熟阶段。就资产评估工作而言，该理论的主要内容突出表现在以下三个方面：

（1）资产的价值由劳动所决定，即由生产该项资产的社会必要劳动时间所决定。从分配角度看，劳动者即生产该项资产的工人所付出的活劳动与凝聚到资产中的物化劳动，构成资产价值的全部来源。

（2）生产某项资产的社会必要劳动时间，会随着社会技术水平的进步和劳动条件的改善，以及劳动者劳动技能的提高而不断变化，并呈现下降的趋势。因而，资产价值会随着社会技术水平和劳动者劳动技能的提高而下降。

（3）资产的价值量会随着社会必要劳动时间的变化而变化，并最终由先进技术水平条件下生产同类资产的社会必要劳动时间所决定。

马克思将上述劳动价值论总结为：“商品的价值量与体现在商品中的劳动量成正比，与

的作用又有所不同。

均衡价值论说明在资产评估中，既需要考虑资产的购建成本，也需要考虑资产的效用，即资产为其占有者带来的收益。在完全竞争市场中，从理论上讲，资产的生产费用与效用在价值上应呈正相关的关系，即一项资产在购建时所需的费用（必要的）越高，其效用就越大，否则就无人愿意花如此高的费用去购建它。但是这一结论在资产评估中的运用还需视具体资产而定。某些资产由于其自身的特点，不符合成本费用与效用正相关的关系。此类资产主要有资源性资产与无形资产（包括企业的商誉）。资源性资产原本就不是劳动创造的，属于不可复制的资产，不存在生产费用，其价值从本质上讲就是由效用（租金的资本化）决定的。无形资产由于难以复制，生产成本具有不完整性和弱对应性等特点，其生产费用与效用往往是不对称的，因此，无形资产的价值也主要由效用决定。

均衡价值论是采用市场法评估资产价值的理论基础。

第四节　资产评估与会计、审计的关系

在现代社会，资产评估与会计、审计均服务于市场经济，但是由于专业分工不同，它们之间既有联系又有区别。

一、资产评估与会计的关系

（一）资产评估与会计的联系

1. 资产评估结论为会计计价提供依据

在企业兼并、重组等产权变动过程中，资产评估结果可能是产权变动后企业重新建账、调账的重要依据。例如，在我国 2006 年发布的《企业会计准则》中，允许在投资性房地产、长期股权投资、交易性金融资产、债务重组、非货币性资产交换、非同一控制下企业合并、资产减值等具体业务中采用公允价值计量。

根据我国现阶段市场的发育程度，《企业会计准则》对采用公允价值计量规定了一些条件：（1）资产存在活跃市场的，应当以市场中的交易价格作为公允价值；（2）资产本身不存在活跃市场，但类似资产存在活跃市场的，应当以类似资产的交易价格为基础确定公允价值；（3）对于不存在同类或类似资产可比市场交易的资产，应当采用估值技术确定其公允价值。《企业会计准则》的这一变化强化了会计资产计价与资产评估的联系，进而使以财务报告为目的的资产评估逐步成为资产评估业务中的一项重要内容。

2. 资产评估结论的形成有赖于会计提供有关数据资料

资产评估需要参考会计数据资料，尤其是在企业价值评估中，需要广泛地利用企业财务报表、有关财务指标及财务预测数据等。

（二）资产评估与会计的区别

1. 性质和基本职能不同

会计是以记账、算账和报账为基本手段，连续地、系统地反映和监督企业生产经营、财务收支及其成果的一种管理活动，是企业组织管理中的一个重要组成部分，其基本职能是对会计主体经济活动的反映和监督。资产评估则是以提供资产价值判断为主要内容的咨询活

动，是一种社会中介服务活动，评值和评价是其基本职能。

2. 确定资产价值的依据不同

会计主要是以历史成本为依据记录资产的价值，对于没有发生实际耗费的资产，通常情况下不予确认。如提足折旧的资产，会计不确认其价值。资产评估是以资产的效用和市场价值为依据判断一项资产是否有价值以及价值的大小。对于那些虽有历史成本的发生，但在评估基准日以后不能再给企业创造收益的资产，或没有市场需求的资产，则没有价值。而对于那些虽没有发生实际支出，但能给企业带来预期收益的项目，仍然可以对其价值进行评估，如提足折旧的资产等。

3. 计价方法不同

到目前为止，世界各国会计普遍采用的资产计价方法仍然以历史成本为主。资产评估中的资产价值评估除了可以利用核算方法外，还广泛应用收益法、市场法等多种技术方法。

4. 计价目的不同

会计计价的总体目标是全面反映企业的历史和现实资产状况，为企业管理服务。资产评估的总体目标则是为资产交易提供估值服务。

二、资产评估与审计的关系

（一）资产评估与审计的联系

1. 使用的方法有相同之处

审计主要是对反映企事业单位经济活动的财务资料及其相关资料的真实性、公允性、合理性等方面作出判断，属于“事实判断”的范畴，因此，审计中主要运用的方法是分析和证实法。

资产评估是对被评估资产的价值作出判断，具有“价值判断”的性质，也广泛运用分析和证实方法，资产评估中很多方法是借鉴了审计的方法，特别是对流动资产、流动负债的评估。根据我国现行资产评估法规要求，流动资产及企业负债也被纳入企业价值评估范围之内，而流动资产和企业负债的评估有相当部分可以借鉴审计的方法来进行。

2. 资产评估与审计相互配合开展工作

在实际工作中，资产评估与审计通常情况下是相互配合的。企业经过审计后，剔除了财务资料中的虚假成分，使其公允性得到证实，在此基础上开展资产评估工作，可以大大减少资产评估的工作量，如评估前期的财产清查、企业整体资产评估中的流动资产评估等，审计结果为评估提供了基础数据。企业经过资产评估后，对资产的现存数量及其产权进行了核实，对资产的现实价值进行了估算，这些资料都为审计财务报表提供了重要参考。

（二）资产评估与审计的区别

1. 产生的社会条件和活动的本质不同

审计是在现代企业两权分离背景下产生的，旨在对企业财务报表所反映的企业财务状况和经营成果的真实性和公允性作出事实判断，具有明显的公正性特征。资产评估是在市场经济充分发展，适应资产交易、产权变动的需要，旨在为委托人与有关当事人的被评估资产作出价值判断，具有明显的咨询性特征。

2. 执业过程中遵循的原则不同

审计所依据的原则是真实、合法、有效，关注的重点是企业财务处理是否符合会计准则和财务制度规定，其所提供的会计报表是否真实、合法；资产评估依据的原则包括工作原则和经济技术原则两部分，关注的重点是企业资产的现实状况。

3. 专业基础不同

开展审计工作所需的专业知识主要以会计学、税法及其他经济法规等为基础，因此，审计人员主要由具有财务方面知识的人员构成。开展资产评估工作不但要有经济学、法律、会计学等社会科学知识，还必须具有工程、技术等方面的自然科学知识，因此，资产评估人员不但要由具有财务方面知识的人员构成，而且还应当由具有建筑、设备、土地等方面的专业技术人员构成。

4. 与会计原则的关系不同

尽管现代审计的业务范围不断扩大，但对会计报告的审计仍然是审计的基本业务，审计会计报表及其相关业务的标准与会计是一致的。资产评估虽然与会计有着密切的联系，但对资产价值计量标准上却有很大区别，会计强调资产的历史成本，而资产评估则强调资产的现时价值，注重资产的重置成本、市场价值和未来收益的价值。

课程思政要点

1. 资产评估的发展

结合国内外资产评估的发展历史及现状，采用小组讨论的方式，讨论资产评估的发展之路，特别是我国资产评估高速发展的现状以及丰富的评估实践，增强中国特色社会主义道路自信、理论自信、制度自信、文化自信，拓展国际视野，激发学生的学习热情、爱国热情，为我国资产评估事业的发展贡献自己的力量。同时，引导学生明确认识我国资产评估走出了一条具有中国特色的发展道路，进而深刻理解中国式现代化为人类实现现代化提供了新的选择，中国共产党和中国人民为解决人类面临的共同问题提供更多更好的中国智慧、中国方案、中国力量，为人类和平与发展的崇高事业作出新的更大的贡献。

2. 资产评估在我国社会主义市场经济中的作用

在国有企业混合所有制改革中，资产评估为维护产权交易的公平、公正，防止国有资产流失，提供了专业的技术咨询意见。资产评估师是国企混合所有制改革顺利进行的第一道防线。因此，需培养学生客观、公正、专业的职业品质，为混合所有制改革保驾护航，为社会主义市场经济的繁荣添砖加瓦。我们必须坚持守正创新，坚持马克思主义基本原理不动摇，坚持党的全面领导不动摇，坚持中国特色社会主义不动摇，紧跟时代步伐，顺应实践发展，以满腔热忱对待一切新生事物，不断拓展认识的广度和深度，敢于说前人没有说过的新话，敢于干前人没有干过的事情，以新的理论指导新的实践。

本章练习

一、单项选择题

1. 从资产交易各方利用资产评估结论的角度看，资产评估结果具有（　　）。

A. 现实性　　B. 咨询性　　C. 公正性　　D. 市场性

2. 资产评估中的完整性评估和有限性评估是按照（　　）标准划分的。

A. 评估时收集资料的数量　　B. 评估人员的水平

C. 评估时遵守的准则　　D. 评估经历的时间

3. 资产评估是判断资产价值的经济活动，评估价值是资产的（　　）。

A. 时期价值　　B. 时点价值　　C. 阶段价值　　D. 时区价值

4. 资产评估最基本的功能是（　　）。

A. 咨询　　B. 评价及评值　　C. 鉴证　　D. 管理

5. 资产评估的（　　），是指资产评估的行为服务于资产业务的需要，而不是服务于资产业务当事人的任何一方的需要。

A. 公正性　　B. 市场性　　C. 咨询性　　D. 专业性

6. 资产评估值与资产交易中的实际成交价格存在下列关系（　　）。

A. 前者必须高于后者　　B. 前者必须低于后者

C. 前者必须等于后者　　D. 前者可以高于、低于或者等于后者

二、多项选择题

1. 资产评估的作用有（　　）。

A. 管理　　B. 咨询　　C. 鉴证　　D. 定价

E. 核算

2. 资产评估与会计计价的区别主要有（　　）。

A. 操作者不同　　B. 目的不同

C. 前提条件不同　　D. 假设不同

E. 方法不同

3. 我国资产评估师的考试科目中除《资产评估基础》外，还有（　　）。

A.《资产评估实务（一）》　　B.《资产评估实务（二）》

C.《资产评估相关知识》　　D. 机电设备评估

E. 建筑工程评估

4. 资产评估的特点主要有（　　）。

A. 市场性　　B. 公正性　　C. 咨询性　　D. 管理性

E. 专业性

5. 资产评估的市场性主要体现在（　　）。

A. 资产评估是市场经济的产物

B. 资产评估的运作是模拟市场完成的

C. 资产评估结论是市场上的交易价格

D. 资产评估的结果要经得起市场检验

E. 被评估的资产最终要进入市场

6. 根据评估对象不同，资产评估可分为（　　）。

A. 整体资产评估　　B. 评估复核　　C. 单项资产评估

D. 评估咨询　　E. 完整性评估

三、判断题

1. 专业性是指资产评估机构必须是提供评估服务的专业技术机构。（　　）

2. 资产评估是一项国际性的社会经济活动。（　　）

3. 资产评估结论是专家的专业判断和专家意见，因此具有强制执行的效力，资产评估结论应该直接等同于资产交易的价格。（　　）

4. 公正性是资产评估存在和立足的根本。（　　）

四、简答题

1. 试述资产评估的含义。

2. 简述资产评估的特点。

3. 简述资产评估在我国发展的几个阶段。

4. 简述资产评估产生的客观必然性。

5. 简述资产评估与会计和审计的关系。

6. 简述资产评估的理论基础。

第二章

资产评估要素

本章教学目的与要求

通过本章的学习，学生应充分了解资产评估要素的内容，掌握资产评估的主体、客体与目的，熟练掌握资产评估的假设、原则，理解资产评估的价值类型。

本章教学重点与难点

资产的定义及分类，资产评估的目的、假设、原则与价值类型。

参考课时

3课时。

教学方法与手段

课堂讲授。

根据资产评估的定义，资产评估业务共涉及十一项基本要素，分别是评估主体、评估客体、评估依据、评估目的、评估原则、评估程序、评估价值类型、评估方法、评估假设、评估基准日和评估结论。其中，评估依据主要是资产评估遵循的评估法律法规以及评估准则等，在第一章已经阐述；资产评估中采用的评估方法将在第三章中详细展开；评估程序将在第四章中阐述。本章所讲的评估要素主要包括：资产评估主体与客体、资产评估的目的、资产评估的假设、资产评估的价值类型和资产评估的原则。

第一节　资产评估主体与客体

一、资产评估主体及分类

（一）资产评估主体界定

资产评估主体是指资产评估业务的承担者，具体包括从事资产评估工作的专业人员及由评估专业人员组成的评估机构。

评估专业人员包括评估师和其他具有评估专业知识及实践经验的评估从业人员。

资产评估机构，是指依法设立，从事资产评估业务的专业机构。

（二）资产评估机构分类

资产评估主体是由评估机构和评估专业人员组成的。评估主体的划分，主要是针对评估机构进行的。根据不同的标准，评估机构有不同的划分：

1. 从资产评估机构的执业范围角度划分

根据评估机构执业范围不同，分为专营性资产评估机构和专项资产评估机构两种类型。

（1）专营性资产评估机构是指专门从事资产评估业务，而不从事其他中介业务的资产评估事务所或资产评估公司。一般情况下，专营性资产评估机构的评估业务范围比较广泛，评估人员比较固定，评估人员的素质相对较高。

（2）专项资产评估机构是指专门评估某一种或某一类资产的专项评估机构，如土地估价事务所、房地产估价事务所等。专项资产评估机构由于评估范围较窄，评估对象的性质、功能比较统一、专业性比较强。因而，专项资产评估机构的专业化程度和专业技术水平比较高，具有比较明显的专业优势。

2. 从资产评估机构的企业组织形式的角度划分

根据评估机构的企业组织形式不同，大致可划分为合伙制的资产评估机构和有限责任制的资产评估机构。

（1）合伙形式的资产评估机构由发起人共同出资设立，共同经营，对合伙债务承担无限连带责任。

（2）公司形式的资产评估机构由发起人共同出资设立，评估机构以其全部财产对其债务承担责任。

二、资产评估客体

资产评估客体是指资产评估的对象，包括不动产、动产、无形资产、企业价值、资产损失或者其他经济权益等。它确立了评估业务边界的范畴，表明对什么进行评估。为此，需了解资产的定义与被评估资产的分类。

（一）资产的定义

经济学中的资产是泛指特定经济主体拥有或控制的，能够给特定经济主体带来经济利益的经济资源。也有将其表述为特定经济主体拥有或控制的，具有内在经济价值的实物和无形的权利。

会计学中的资产是指过去的交易或事项形成并由企业拥有或控制的资源，该资源预期会给企业带来经济利益。

会计学中的资产，主要指的是企业的资产，这是资产评估对象的重要组成部分，但资产评估对象或资产评估中的资产并不完全局限于企业的资产。

资产评估中涉及的资产内涵与会计学中的资产有一定的区别。资产评估涉及的资产既可以是企业的单项资产，又可以是企业各单项资产的有机组合；既包含会计意义上所说的大部分资产，如物质资源、技术资源，又包含会计上无法包含的人力资源、管理资源、组合资源等综合性资源，比会计学中“资产”所包含的内容更广，但不包含按会计原则被列示在资产负债表资产方、在评估基准日后不对企业生产经营或资产延续起作用、仅因会计处理原则可以列示的费用类“资产”。

在资产评估中定义“资产”虽仍借用“由企业拥有或控制的、预期会给企业带来经济利益的资源”，但其内涵已离开资产负债表，是包含了自然资源、人力资源、技术资源、管理资源、组合资源等综合性资源的概念了。因此，资产评估中的资产或作为资产评估对象的资产，其内涵更接近于经济学中的资产，即特定经济主体拥有或控制的并能给特定经济主体带来未来经济利益的经济资源。

（二）资产的分类

1. 按资产存在形态分类，可以分为有形资产和无形资产

有形资产是指那些具有实体形态的资产。有形资产主要包括实物资产和金融资产：(1) 流动资产，如原材料、在产品、产成品、库存现金、银行存款、短期证券等；(2) 长期股权投资，如长期股票投资等；(3) 债权投资，如长期债权投资等；(4) 固定资产，如机器设备、厂房等；(5) 专项资产，如专项工程物资等；(6) 自然资源资产，如土地、矿藏、森林、水利资源等。无形资产是指那些没有物质实体而以某种特殊权利和技术知识等经济资源状态存在并发挥作用的资产，包括专利权、商标权、非专利技术、土地使用权、商誉等。

2. 按资产是否具有综合获利能力分类，可以分为单项资产和整体资产

单项资产是指单台、单件的资产。如一台车床、一个备件、一种原材料等。就企业而言，形成完整的生产能力所使用的资产是一个有机的系统，单台（件）资产是这个系统的基本构成要素。因此，单项资产评估是评估单个生产要素的价值。

整体资产是指由一组单项资产组成的具有获利能力的资产综合体。以整体资产作为评估对象就不是评估其构成要素——单件资产的价值量，而是根据整体资产的预期获利能力来评估。典型的整体资产一般是指一个企业，但也可以是一个车间，其确定标准在于是否由多个单项资产组成，是否能单独计算其获利能力。这里需要强调的是，单项可确指资产价值的总和并不等于整体资产的价值。因为整体资产评估所评估的是其获利能力，其价值除了包括各单项资产的价值外，还包括不可确指的资产商誉。商誉是在整体资产预期收益率高于社会平均收益率情况下产生的。

3. 按资产能否独立存在分类，可以分为可确指的资产和不可确指的资产

可确指的资产是指能独立存在的资产，所有的有形资产与除商誉以外的无形资产都是可确指的资产。不可确指的资产是指不能独立于有形资产而单独存在的资产，如商誉。商誉是由于企业地理位置优越、信誉卓著、经营有特色、历史悠久、技术先进等原因，能获得高于一般正常投资收益率的超额收益。从它形成的原因看，它不能脱离企业的有形资产而单独存在。

4. 按资产在生产经营过程中的作用分类，可以分为经营性资产和非经营性资产

经营性资产是指处于生产经营过程中的资产，如企业的机器设备、厂房、交通工具等。经营性资产又可按是否对盈利产生贡献分为有效资产和无效资产。非经营性资产是指处于生产经营过程以外的资产，如政府机关用房、办公设备等。

第二节　资产评估的目的

资产评估的目的是指资产评估服务于什么业务，即评估委托人要求对评估对象的价值进行评估后所要从事的行为。评估目的是评估业务的基础，它决定了资产估价标准的采用，并

在一定程度上制约着评估方法的选择。

通俗地讲，资产评估的目的就是资产评估所要达到的目标。资产评估的目的有资产评估一般目的和特定目的之分。资产评估的一般目的是泛指所有资产评估活动共同的目的或目标，即抽象掉所有个别资产评估的特殊性，抽象掉所有个别委托方的特殊要求，只保留进行资产评估最基本的目的和要求。资产评估的特定目的是每一项资产评估所要实现的具体目标，是每一项引起资产评估的经济事项对资产评估的具体条件要求和目标要求。

一、资产评估的一般目的

资产评估的一般目的或资产评估的基本目标是由资产评估的性质及其基本功能决定的。资产评估作为一种专业人士对特定时点及特定条件约束下资产价值的估计和判断的社会中介活动，一经产生就具有了为委托人以及资产交易当事人提供合理的资产价值咨询意见的功能。不论是资产评估的委托人还是与资产交易有关的当事人，他们所需要的无非是评估师对资产在一定时间及一定条件约束下资产公允价值的判断。

资产评估所要实现的一般目的只能是资产在评估时点的公允价值。也就是说，不论因何原因引起，不论是什么样的评估对象，就资产评估总体而言，资产评估结果必须是公允的。

公允价值是会计、资产评估等专业和行业广泛使用的专业术语。从资产评估的角度来看，公允价值是一种相对合理的评估价值，它是一种相对于当事人各方的地位、资产的状况及资产面临的市场条件的合理的评估价值；是评估人员根据被评估资产自身的条件及其所面临的市场条件，对被评估资产客观交换价值的合理估计值。公允价值的一个显著特点是，它与相关当事人的地位、资产的状况及资产所面临的市场条件相吻合，且并没有损害各当事人的合法权益，也没有损害他人的利益。

二、资产评估的特定目的

通常把资产业务对评估结果用途的具体要求称为资产评估的特定目的。资产评估具体要求的表述多种多样，从我国资产评估业务的实践来看，资产评估的特定目的分类如下：

（一）根据资产业务分类

1. 资产转让。资产转让是指资产拥有单位有偿转让其拥有的资产，通常是指转让非整体性资产的经济行为。

2. 企业兼并。企业兼并是指一个企业以承担债务、购买、股份化和控股等形式有偿接收其他企业的产权，使被兼并方丧失法人资格或改变法人实体的经济行为。

3. 企业出售。企业出售是指独立核算的企业或企业内部的分厂、车间及其他整体资产产权的出售行为。

4. 企业联营。企业联营是指国内企业、单位之间以固定资产、流动资产、无形资产及其他资产投入组成各种形式的联合经营实体的行为。

5. 股份经营。股份经营是指资产占有单位实行股份制经营方式的行为，包括法人持股、内部职工持股、向社会发行不上市股票和上市股票等。

6. 中外合资、合作。中外合资、合作是指我国的企业和其他经济组织与外国企业和其他经济组织或个人在我国境内举办合资或合作经营企业的行为。

7. 企业清算。企业清算包括破产清算、终止清算和结业清算。

8. 抵押。抵押是指抵押人和抵押权人（债权人）以书面形式订立合同，不转移抵押财产的占有，将该财产作为债权的担保。当债务人不履行债务时，债权人有权依法以该财产折价或者以拍卖、变卖该财产的价款优先受偿。

9. 担保。担保是指法律为确保特定的债权人实现债权，以债务人或第三人的信用或者特定财产来督促债务人履行债务的制度。担保通常包括抵押、质押、保证等。

10. 企业租赁。企业租赁是指资产占有单位在一定期限内，以收取租金的形式，将企业全部或部分资产的经营使用权转让给其他经营使用者的行为。

11. 债务重组。债务重组是指债权人按照其与债务人达成的协议或法院的裁决同意债务人修改债务条件的事项。

（二）根据产权变动分类

以产权变动分类，资产评估的目的可以分为以产权变动为目的的评估和以非产权变动为目的的评估。

1. 产权变动类

产权变动是一个概括性很强的概念，它包括了许多具体的资产业务，从企业法人的单项资产转让买卖，到企业整体产权的交易重组等，都可以归并为产权变动。在现实生活中变现为：企业出售，企业兼并，企业合并，资产重组，股权重组，企业分设，企业发行股票，合资、合作经营，企业联营，企业租赁，企业及个人资产买卖等。由于产权变动涉及不同权益主体的正当权益，资产评估需要考虑当事人的内在需求，维护其正当权益。

2. 非产权变动类

资产业务或其他经济活动既不改变资产的所有权，也不影响其经营权或使用权。但是当事人有对资产进行评估的要求，如财产担保、资产抵押、财产纳税、财产保险、法律诉讼、财产报告、经营业绩评价等。

三、资产评估的特定目的在资产评估中的地位和作用

资产评估的特定目的是由引起资产评估的特定经济行为（资产业务）所决定的。特定经济行为（资产业务）对资产评估的条件约定和目标约定对评估结果的性质、价值类型等有直接和间接的影响。资产评估的特定目的不仅是某项具体资产评估活动的起点，同时它又是资产评估活动所要达到的目标。资产评估的特定目的贯穿资产评估的全过程，影响着评估人员对评估对象界定、资产价值类型选择等。它是评估人员在进行具体资产评估时必须首先明确的基本事项之一。

资产评估的特定目的是界定评估对象的基础。任何一项资产业务，无论产权是否发生变动，它所涉及的资产范围必须接受资产业务本身的制约。资产评估委托方正是根据资产业务的需要确定资产评估的范围的。评估人员不仅要对该范围内的资产权属予以说明，而且要对其价值作出判断。

资产评估的特定目的对于资产评估的价值类型选择具有约束作用。特定资产业务决定了资产的存续条件。资产价值受制于这些条件及其可能发生的变化。资产评估人员在进行具体资产评估时，一定要根据具体的资产业务的特征选择与之相匹配的评估价值类型。按照资产业务的特征与评估结果的价值属性一致性原则进行评估，是保证资产评估趋于科学、合理的基本前提。

第三节　资产评估的假设

资产评估与其他学科一样，其理论和方法体系的形成也是建立在一定假设条件之上的。由于同一资产在不同用途和不同经营环境下的经济效用与价值量不同，因此，评估人员在评估时就必须对被评估资产的未来用途和经营环境作出合乎逻辑的假定与说明，这就是资产评估假设。

一、交易假设

交易假设是资产评估最基本的假设，假定所有待评估资产已经处在交易过程中，评估人员根据待评估资产的交易条件等模拟市场进行估价。为了发挥资产评估的作用，在资产实际交易之前，为委托人提供资产交易底价的专家咨询意见，同时又能够使资产评估得以进行，就有必要利用交易假设将待评估资产置于“交易”当中，模拟市场进行评估。

交易假设一方面为资产评估得以进行创造了条件，另一方面它明确规定了资产评估外部环境，即资产是被置于市场交易之中，资产评估不能脱离市场条件而孤立地进行。

二、公开市场假设

公开市场是指充分发达与完善的市场条件。公开市场假设是假设在市场上交易的资产，或拟在市场上交易的资产，资产交易双方彼此地位平等，双方都有获取足够市场信息的机会和时间，以便对资产的功能、用途及其交易价格等作出理智的判断。该假设假定市场是一个充分竞争的市场，资产的价格取决于资产的交换能力，即取决于潜在投资者使用该项资产获利的可能性、获利的大小和潜在投资者数量的多少，资产在公开市场上实现的交换价格隐含着市场对该资产在当时条件下有效使用的社会认同。凡是能在公开市场上交易、用途较为广泛或通用性较强的资产，都可以考虑按公开市场假设前提进行评估。

事实上，现实中的市场条件未必真能达到上述公开市场的完善程度。公开市场假设就是假定那种较为完善的公开市场存在。被评估资产将要在这样一种完善的市场中进行交易。当然，公开市场假设也是基于市场客观存在的现实，即以资产在市场上可以公开买卖这样一种客观事实为基础的。不同类型的资产，其性能、用途不同，市场化程度也不一样，即用途广泛的资产一般要比用途狭窄的资产市场活跃。

采用公开市场假设，被评估资产需要符合：（1）资产公开出售和改变用途在法律上是允许的；（2）在公开市场上该种资产的交易比较普遍，既有一定的需求，也有一定的供给，存在着供需双方的竞争；（3）资产有一定的寿命；（4）评估值不高于该项资产新建或购置的投资额。

公开市场假设是市场经济发展的内在要求，是实现资源最优配置的前提条件。在进行资产评估时，只有遵循公开市场假设处理资产业务或做适当的调整，才能体现出资产的真正市场价值，使资产得到最佳利用。

三、继续使用假设

继续使用假设是指资产在原来的安装地继续被使用，或者被转移到另一个地方继续使用，其使用方式和目的可能不变，也可能会改变。该假设强调资产对未来的有效性。这一假设既说明了待评估资产所面临的市场条件或市场环境，又着重说明了资产的存续状态。该假设要求，一般情况下不能按资产拆零出售所得收益之和来估价，而应将资产看成是一种获利能力而不是物的堆积。比如，一台机床用作制造产品时，其估价可能是 5 万元；而要是将其拆成发动机、床身等零部件分别出售时，则可能仅值 2 万元。所以，同一资产按照不同的假设用作不同的目的，其价格是不同的。又如，就一个企业而言，它是由众多的机器设备、流动资产、房屋及其建筑物和无形资产组成的整体，在继续经营条件下评估，其估价是 800 万元，如果因破产而强制清算拍卖时，其价值可能就会远低于 800 万元。

资产继续使用的方式包括：（1）在用续用，即处于使用中的被评估资产在产权发生变动或资产业务发生后，按照其正在使用的用途及方式继续下去。（2）转用续用，即被评估资产在产权发生变动或资产业务发生后，改变资产现在的用途，按照新的用途继续使用下去。（3）移地续用，即被评估资产在产权发生变动或资产业务发生后，改变资产现在的空间位置，转移到其他空间位置上继续使用。

在确认继续使用的资产时，必须充分考虑以下条件：（1）资产能以其提供的服务或途径，满足所有者经营上期望的收益；（2）资产尚有显著的剩余使用寿命；（3）资产所有权明确，并保持完好；（4）资产从经济上、法律上是否允许转作他用；（5）充分地考虑了资产的使用功能。

四、清算假设

清算是指资产所有者在某种压力下被强制进行整体或拆零，经协商或以拍卖的方式在公开市场上出售。清算假设首先是基于被评估资产面临清算或具有潜在被清算的事实或可能性，再根据相应数据资料推定被评估资产处于被迫出售或快速变现的状态。

由于清算假设假定被评估资产处于被迫出售或快速变现条件之下，资产交易双方的地位不平等，交易时间短，待评估资产的评估值通常要低于同样资产在公开市场或持续使用假设前提下的评估值。因此，在清算假设前提下的资产评估结果的适用范围是非常有限的。当然，清算假设本身的使用也是较为特殊的。

在资产评估中，由于资产未来效用不同而形成了四种假设。在不同的假设条件下，评估结果各不相同。在继续使用假设前提下要求评估资产的继续使用价值；在公开市场假设前提下要求评估资产的公平市场价值；在清算假设前提下要求评估资产的清算价格。因此，资产评估人员在评估业务活动中要充分分析了解、判断认定被评估资产最可能的效用，以便得出有效结论。

第四节　资产评估的价值类型

一、资产评估价值类型的含义

资产评估的价值类型是指资产评估结果的价值属性及其表现形式。资产评估价值类型指的是评估价值的类别，是每一项评估价值的具体价值尺度，它是影响和决定资产评估价值的重要因素。不同的价值类型从不同的角度反映资产的评估价值及其特征。不同属性的价值类型所代表的资产评估价值不仅在性质上存在着差别，而且在数量上往往也存在着差异。

《国际评估准则》中指出："专业评估师应避免使用未经限定的'价值'概念，而应对所涉及的特定价值类型进行详细描述。"在运用和理解评估时明确披露价值类型和定义尤为重要，价值类型和定义需要与特定的资产评估业务相适应，价值定义的改变会对各种资产所具有的价值产生实质性的影响。因此，每一项资产评估价值都是有条件的特定价值，而非资产本身的客观价值和内在价值。

按照我国《资产评估价值类型指导意见》规定，资产评估的价值类型主要包括市场价值、投资价值、清算价值和残余价值，并需要与其他准则或规范协调使用，采用这四种价值之外的价值定义时，应当确信其符合上述指导意见的基本要求，并在评估报告中披露。

资产评估的价值类型的形成，不仅与引起资产评估的特定经济行为，即资产评估特定目的有关，而且与被评估对象的功能、状态、评估时的市场条件等因素有着密切的联系。

二、资产评估价值类型分类

（一）资产评估价值类型的分类

资产评估价值类型主要有以下几种分类：

1. 依据资产评估的估价标准形式不同，资产评估的价值类型包括：重置成本、收益现值、现行市价（或变现价值）和清算价格四种。

2. 依据资产评估假设不同，资产评估的价值类型包括：继续使用价值、公开市场价值和清算价值三种。

3. 依据资产业务性质，即资产评估的特定目的不同，资产评估的价值类型包括：抵押价值、保险价值、课税价值、投资价值、清算价值、转让价值、保全价值、交易价值、兼并价值、拍卖价值、租赁价值、补偿价值等。

4. 依据资产评估时的市场条件、被评估资产的使用状态不同，资产评估的价值类型包括市场价值和非市场价值。

（二）不同价值类型划分标准的特点与选择

第一种划分标准基本上是承袭了现代会计理论中关于资产计价标准的划分方法和标准，将资产评估与会计的资产计价紧密地联系在一起。第二种划分方法有利于人们了解资产评估结果的假设前提条件，同时也强化了评估人员对评估假设前提条件的运用。第三种划分方法强调资产业务的重要性，认为有什么样的资产业务就应有什么样的资产价值类型。第四种划分方法不仅注重了资产评估结果适用范围与评估所依据的市场条件及资产使用状态的匹配，而且通过资产的市场价值概念的提出，树立了一个资产公允价值的坐标。资产的市场价值是资产公允价值的基本表现形式，非市场价值则是资产公允价值的特殊表现形式。从纯学术的角度，不同的价值类型划分并无优劣之分，只是划分标准和角度的差异。但是，从资产评估的角度以及对资产评估实践具有理论指导意义和作用的角度，确实存在着是否适当以及最佳选择问题。对资产价值进行合理分类主要有两个层面的目的：第一，为评估人员科学合理地进行资产评估提供指引；第二，使资产评估报告使用者能正确理解和恰当使用资产评估结果。从这个意义上讲，将资产评估价值划分为市场价值和非市场价值更有利于实现划分资产评估价值类型的目的。

三、市场价值和非市场价值

根据《国际评估准则》的观点，资产评估中的价值类型可分为两类：以市场价值为基础的评估（Market value basis of valuation）与以非市场价值为基础的评估（Valuation basis other than market value）。

（一）市场价值

广义的市场价值泛指经过市场（条件下）形成的价值的统称，或者是指利用市场价格衡量各种货物或服务的价值的总称。狭义的市场价值可能并无严格的定义，它只是相对于广义的市场价值而言，是针对特定条件或在特定领域使用的有限制条件的价值概念。本节讨论的市场价值，即资产评估中的市场价值属于狭义市场价值范畴，是一个专业术语，而不是广义的市场价值或泛指的市场价值。从目前可收集的资料来看，关于资产评估中的市场价值的完整定义可以从《国际评估准则》"国际评估准则 1"和"国际评估准则 2"中找到。

在国际评估准则中，市场价值定义如下："自愿买方与自愿卖方在评估基准日进行正常的市场营销之后，所达成的公平交易中某项资产应当进行交易的价值的估计数额，当事人双方应当各自精明、谨慎行事，不受任何强迫压制。"根据"国际评估准则 1"关于对市场价值的其他补充说明，我们把资产评估中的市场价值定义整理如下：资产评估中的市场价值是指资产在评估基准日公开市场上正常使用，即最佳使用或最有可能使用条件下所能实现的交换价值的估计值。

所谓公开市场，是指在该市场上有众多的买者和卖者，没有垄断与强迫，买卖双方自愿交易，双方均拥有充分的时间了解信息，且均为有理智的经济人。

所谓最佳使用状态，是指被评估资产在法律允许的范围内能够在财务上获得最高价格。

市场价值通常适用于正常的产权变动类资产业务。同时，市场价值要求将被评估的资产视为可以在公开市场上出售的资产。即适宜采用市场价值标准评估的资产一般应具有独立功能（而不是持续经营企业的部分资产），可独立交易转让，且资产功能具有一定的通用性或用途多样性。

（二）非市场价值

非市场价值也称市场价值以外的价值、其他价值。它是一个相对于狭义及资产评估专有的市场价值概念的专有名词。《国际评估准则》将"非市场价值"定义为市场价值以外的价值。可见，非市场价值其实没有定义，它并不是某一种价值类型，只是市场价值以外的价值类型的统称。《国际评估准则》中的非市场价值类型包括：使用价值、投资价值、持续经营价值、清算或强制销售价值、保险价值等。

按照我国《资产评估价值类型指导意见》规定，资产评估的价值类型主要包括市场价值、投资价值、清算价值和残余价值。因此，这里主要介绍投资价值、清算价值和残余价值这几种主要的非市场价值类型。

1. 投资价值

投资价值（Investment Value）是企业并购、资产转让等资产经营活动中所涉及的频率最高的价值类型。它是某项特定资产相对于某个或某类特定的购买者（或所有者）的价值，表现为该资产给其所有者（或未来所有者）带来的未来收益的价值。

由于种种原因，对不同的潜在购买者而言，某项资产的投资价值可能明显不同。影响某个特定购买者对资产投资价值估计的因素包括：

（1）可以预计到的协同作用和价值创造机会。例如，一个拥有资金实力和强大销售网络的企业欲并购一个拥有市场潜力的商品的企业。

（2）购买者进入一个新市场的愿望。例如，一个企业拟采取多元化经营战略时，若想进入一个新的行业或市场，该行业的现有企业相对于他来说就具有更高的投资价值。

（3）对风险的识别和对盈利能力变化规律的把握。

（4）购买者的纳税地位。

（5）购买者的信心。

所有这些因素都会影响特定购买者对资产未来收益的预期资产价值的估计。

2. 清算价值

清算价值（Liquidation Value）是企业停止经营，变卖企业所有资产减去所有负债后以货币形式存在的余额。按照允许寻找购买者的时间长短，清算可以分为强制清算和有序清算两种。

强制清算价值是指在公开市场上限时、公开出售的情况下，一项资产所带来的净值；买卖双方都了解该资产现有的或可能被使用的用途，但卖者是被迫出售，而买者是自愿购买。

有序清算价值是指在公开市场上允许在一定合理时间内寻找购买者、公开出售一项资产所带来的净值；买卖双方都了解该资产现有的或可能被使用的用途，但卖者是被迫出售，而买者是自愿购买。

从上述有关清算价值的定义可知，其与市场价值的区别主要表现在两方面：一是买卖双方地位不平等，卖方是被迫出售；二是没有充足的时间询价，有序清算与强制清算的区别只是两者在时间限定程度上的差异。此外，值得注意的是，清算价值属于非市场价值，或者更确切地说是非正常市场价值，因此通常低于资产在正常交易条件下的市场价值。在资产评估时，清算价值一般是在市场价值的基础上进行调整获得。但是具体的调整因素较多且不易确定，因此往往由评估人员根据经验对这些因素进行推测和判断来确定资产的清算价值。

3. 残余价值

残余价值（Salvage Value）是指机器设备、房屋建筑物或其他有形资产等的拆零变现价值的估计数额。

一般而言，属于市场价值性质的资产评估结果主要适用于产权变动类资产业务。在特定评估时点的公开市场上，资产的市场价值对于潜在的买者或卖者来说都是相对公平合理的。非市场价值性质的评估结果，既适用于产权变动类资产业务，也适用于非产权变动类资产业务。在特定评估时点，资产的非市场价值只对特定的资产业务当事人来说是公平合理的。资产评估结果公平合理性所能涵盖的范围，基本上限定了评估结果的适用范围和使用范围。

应当指出的是，将评估结果分为市场价值和非市场价值，不仅能够合理而有效地限定评估结果的适用范围和使用范围，而且便于评估人员进行实际操作，符合资产评估服务于客户和社会的内在要求。

第五节 资产评估的原则

资产评估原则是规范资产评估行为和业务的准则，包括工作原则和经济技术原则。

一、资产评估的工作原则

资产评估工作性质决定了资产评估机构及其资产评估师在执业过程中应坚持独立性、客观公正性与科学性等工作原则。

（一）独立性原则

独立性原则要求资产评估机构和评估人员要公正无私地进行评估，在评估过程中不受外来或内在因素的影响和干扰。评估机构自身应是一个独立的、不依附于他人的社会公正性中介组织，与资产业务各方当事人没有任何利益及利害关系。评估机构及评估人员在执业过程中应始终保持独立，不受任何干扰地开展评估工作。

（二）客观公正性原则

客观公正性原则要求评估结果应以充分的事实为依据。这就要求评估者在评估过程中以公正、客观的态度收集有关数据与资料，并要求评估过程中的预测、推算等主观判断建立在市场与现实的基础之上。此外，为了保证评估的公正、客观性，按照国际惯例，资产评估机构收取的劳务费用应该只与工作量相关，不与被评估资产的价值挂钩。

（三）科学性原则

科学性原则要求评估人员在评估过程中，必须根据特定的评估目的选择恰当的评估价值类型、评估方法，制定科学的评估方案，保证资产评估结果的准确性和科学性。科学性原则具体体现在：

1. 在选择评估方法时，不仅要注意方法本身的科学性，更要注意严格遵循评估方法与评估价值类型相匹配。价值类型对评估方法具有约束性，不能以方法的多样性来模糊方法与价值类型的匹配关系，影响评估结果的科学性。

2. 制定科学的评估方案。评估的具体业务不同，评估程序也不相同，应结合实际情况制定科学的方案。因此，应根据国家的有关规定和评估本身的规律性，结合资产评估的实际情况，确定科学合理的评估方案。这样既有利于节约评估的人力、物力、财力，降低评估成本，又有利于提高评估效率，保证评估工作顺利进行。

二、资产评估的经济技术原则

经济技术原则是指在资产评估执业过程中的一些技术规范和业务准则，它们为评估人员在执业过程中的专业判断提供技术依据和保障。简单地说，资产评估的经济技术原则是指在资产评估过程中进行具体技术处理的原则。它是在总结资产评估经验、国际惯例以及市场能够接受的评估准则的基础上形成的。主要包括预期收益原则、供求原则、贡献原则、替代原则和评估时点原则。

（一）预期收益原则

预期收益原则要求在资产评估的过程中，资产的价值可以不按照过去的生产成本或销售价格决定，而是基于对未来收益的期望值决定的。资产评估价值的高低，取决于现实资产的未来效用或获利能力。比如，一项资产取得时的成本很高，但对于购买者来说，其效用不高，评估值就不会很大。

（二）供求原则

供求原则是经济学中关于供求关系影响商品价格原理的概述。假设在其他条件不变的情况下，商品的价格会随着需求的增长而上升，随着供给的增加而下降。尽管商品价格随供求变化并不成固定比例变化，但变化的方向都带有规律性。供求规律对商品价格形成的作用力同样适用于资产价值的评估，评估者在判断资产价值时应充分考虑供求原则。

（三）贡献原则

从一定意义上讲，贡献原则是预期收益原则的一种具体化，它也要求资产价值的高低要由该资产的贡献来决定。贡献原则下，某一项资产或资产的某一构成部分的价值，取决于它对其他相关资产或资产整体的价值贡献，或者根据当缺少它时对整体资产价值下降的影响程度来衡量确定。贡献原则要求在评估一项资产的价值时，必须综合考虑该项资产在整体资产构成中的重要性，而不是孤立地确定该项资产的价值。

（四）替代原则

在替代原则下，当同时存在几种效能相同的资产时，最低价格的资产需求一般最大。这是因为有经验的买方对某一项资产不会支付高于能在市场上找到相同效用替代物的价格。评估时，资产的可选择性和可替代性是需要考虑的一个重要因素。

（五）评估时点原则

市场是变化的，资产的价值会随着市场条件的变化而不断改变。为了使资产评估得以操作，同时又能保证资产评估结果可以被市场检验。在资产评估时，必须假定市场条件固定在某一时点。这一时点就是评估基准日，或称估价日期。它为资产评估提供了一个时间基准。资产评估的评估时点原则要求资产评估必须有评估基准日，而且评估值就是评估基准日的资产价值。

课程思政要点

1. 资产评估的基本要素

通过量子高科收购上海睿智化学研究有限公司、斯太尔公司商誉价值测试等案例分析，明确评估委托人、报告使用者、评估机构等的权利和义务，使学生建立正确的是非观，树立诚实守信、勤勉尽责、谨慎从业的职业道德规范，增强学生履行职业道德行为、提高职业素质、维护职业形象的意识；明确评估目的、评估基准日、评估对象及范围、评估假设的确定原则，提升学生的专业胜任能力。

2. 资产评估原则

通过资产评估一般原则的学习，特别是独立性原则的学习，增强学生对社会主义核心价值观中“公正、法制、诚信”内涵的认识和理解；同时通过对资产评估经济技术原则的学习，增强学生对执业原则的理解，建立科学、精准的执业理念。

本章练习

一、单项选择题

1. 直接决定资产评估价值类型的要素是（　　）。

A. 资产评估的客体　　B. 资产评估方法

C. 资产评估的特定目的　　D. 法定的程序

2. 评估资产的（公允）市场价值所适用的最直接的假设前提是（　　）。

A. 继续使用假设　　B. 公开市场假设

C. 清算假设　　D. 会计主体假设

3. 以资产保全、补偿为目的的资产评估，适用（　　）。

A. 重置成本标准　　B. 现行市价标准

C. 收益现值标准　　D. 清算价格标准

4. 资产评估的一般目的是评估资产的（　　）。

A. 价格　　B. 价值

C. 公允价值　　D. 公开市场价值

5. （　　）是资产评估业务的基础，决定了资产价值类型的选择，并在一定程度上制约着评估方法的选择。

A. 评估目的　　B. 评估方法　　C. 评估准则　　D. 评估对象

6. 资产评估的主体是指（　　）。

A. 被评估资产占有人　　B. 被评估资产

C. 资产评估委托人　　D. 从事资产评估的机构和人员

二、多项选择题

1. 资产评估的经济技术原则包括（　　）。

A. 科学性原则　　B. 替代原则

C. 专业性原则　　D. 预期原则

E. 供求原则

2. 适用于资产评估的假设有（　　）。

A. 重置成本假设　　B. 公开市场假设

C. 收益现值假设　　D. 清算假设

E. 交易假设

3. 在资产评估中，评估方法的选择要与（　　）相适应。

A. 评估目的　　B. 评估时的市场条件

C. 评估机构的能力　　D. 评估价值类型

E. 评估假设

4. 从资产业务性质表述，资产评估价值类型有（　　）等。

A. 市场价值　　B. 投资价值

C. 重置成本　　D. 清算价值

E. 保全价值

5. 资产评估的预期收益原则要求在进行资产评估时必须合理预测其未来的（　　）。

A. 市场需求量　　B. 技术进步替代情况

C. 获利能力　　D. 拥有获利能力的有效期限

E. 市场价格

6. 评估价值主要有（　　）。

A. 市场价值　　B. 在用价值

C. 投资价值　　D. 持续经营价值
E. 清算价格

7. 适用于资产评估的假设有（　　）。
A. 一贯性假设　　B. 清算假设
C. 继续使用假设　　D. 预期性假设
E. 公开市场假设

8. 资产评估的工作原则有（　　）。
A. 预期性原则　　B. 独立性原则
C. 专业性原则　　D. 科学性原则
E. 客观性原则

9. 资产评估的要素除了评估主体和评估客体外，另外还有（　　）。
A. 特定目的　　B. 价值类型
C. 折旧率　　D. 评估程序
E. 评估方法

10. 根据被评估资产能否独立存在分类，资产可分为（　　）。
A. 整体资产　　B. 可确指资产
C. 单项资产　　D. 不可确指资产
E. 有形资产

三、判断题

1. 同一资产在不同的假设条件下，评估结果应趋于一致。（　　）
2. 属于非市场价值的评估结果既适用于产权变动类资产业务，又适用于非产权变动类资产业务。（　　）
3. 非市场价值就是不公平价值，因此评估人员要把资产的市场价值作为追求的目标。（　　）
4. 资产的非市场价值也是资产交易中的一种相对公平合理的价值，只是其相对合理性的适用范围较窄。（　　）
5. 公允价值是指资产在评估基准日的市场上交易的价格。（　　）
6. 资产评估价值类型完全是由资产评估目的决定的。（　　）

四、简答题

1. 资产评估的基本构成要素有哪些？
2. 继续使用假设的含义是什么？
3. 资产评估的假设有哪些？
4. 资产评估的市场价值基础条件是什么？
5. 资产评估的经济技术原则有哪些？
6. 资产评估价值类型有哪几种？
7. 为什么说非市场价值也具有合理性？

第三章

资产评估的基本方法

本章教学目的与要求

通过本章的学习，学生应充分了解市场法、收益法、成本法的基本原理，掌握三种方法的具体计算公式及公式中各参数的估测，熟练掌握各种具体方法的应用，理解各种方法之间的关系及选择。

本章教学重点与难点

市场法、收益法、成本法的思路、计算公式及各参数的估测。

参考课时

9课时。

教学方法与手段

课堂讲授和案例分析。

资产评估方法是实现评定估算资产价值的技术手段，是在工程技术、统计、会计等学科技术方法的基础上，结合自身特点形成的一整套方法体系。目前最具代表性的资产评估方法主要有三种：市场法、收益法和成本法。

第一节　市场法

一、市场法的基本原理

（一）市场法的理论基础

市场法是以马歇尔的均衡价值论为理论基础，即认为资产的价值是由在公开市场上买卖双方力量达成一致时的均衡价格所决定的。在均衡理论基础上，根据“替代原则”，当同时存在几种效能相同的资产时，最低价格的资产需求最大。这是因为，一个投资者在购置某项资产时，他所愿意支付的价格不会高于市场上相同用途替代物的现行市价，市场法就是基于这样的理论和原则而得到运用的。

（二）市场法的含义及思路

市场法也称现行市价法、市场价格比较法，是指通过比较被评估资产与最近售出类似资产的异同，并据此将类似资产的市场价格进行调整，从而确定被评估资产价值的一种资产评估方法。

市场法是采用比较和类比的思路及其方法判断资产价值的评估技术手段。运用市场法要求充分利用类似资产成交价格信息，并以此为基础判断和估算被评估资产的价值。这种运用已经市场检验的结论来评定资产价值，显然是很容易被资产业务当事人所接受的。因此，市场法是资产评估中最为直接、最具有说服力的评估方法之一。

（三）市场法的基本前提

1. 评估对象的可比参照物具有公开的市场，以及活跃的交易

公开市场是指充分发达与完善的市场条件。市场上有自愿的买方和买方，他们之间进行平等的交易，这就排除了个别交易的偶然性，成交市场价格基本上可以反映市场行情。按市场行情估测被评估资产价值，评估结果更贴近市场，更容易被资产交易双方接受。

2. 有关交易的必要信息可以获得

即参照物及其与被评估资产可比较的技术参数指标等资料是可以收集到的。运用市场法，重要的是能找到与被评估资产相同或类次的参照物。但与被评估资产完全相同的资产是很难找到的，这就要求对类似资产参照物进行调整，有关调整的指标、技术参数能否获取，是决定市场法运用与否的关键。

可比性主要体现在以下几个方面：

（1）功能可比：用途、性能相同或者类似。

（2）市场条件可比：供求关系、竞争关系、交易条件等。

（3）成交时间可比：近期交易，影响因素可调整。

（四）市场法的基本程序

1. 选择参照物

选择参照物是市场法的基础，不同的资产业务对参照物的具体要求有所不同，但也存在共同的基本要求：

（1）参照物的可比性。不论评估对象是单项资产还是整体资产，运用市场法评估资产时都需经历选择参照物这样一个程序。对参照物的要求关键是可比性问题，即参照物与被评估资产之间大体可以替代。参照物与被评估资产要尽可能类似，包括功能、市场条件、资产实体特征和质量、成交时间等。

（2）参照物数量。因为运用市场法评估资产价值，被评估资产的评估值高低在很大程度上取决于参照物成交价格水平，而参照物成交价又不仅仅是参照物功能自身的市场体现，它还受买卖双方交易地位、交易动机、交易时限等因素的影响。为了避免某个参照物个别交易中的特殊因素和偶然因素对成交价及评估值的影响，运用市场法评估资产时应尽可能选择多个参照物。我国目前一般要求至少有三个以上交易案例，国外在正常情况下要求至少有四个到五个交易案例，才能有效运用市场法。

2. 选择比较因素

从大的方面讲，影响资产价值的因素基本相同，比如资产的功能、交易的时间（时间因素）、市场条件（地域因素）等。但具体到每一种资产时，主要的影响因素是有区别的。

比如，房地产的价值主要是由地理位置决定的，而决定机器设备价值的主要因素是机器的功能，即机器的技术水平。所以，应根据各类资产价值的形成特点，选择对资产价值影响最大的因素作为比较的指标，在参照物与评估对象之间进行比较。

3. 指标对比、量化差异

根据前面所选定的对比指标，在参照物及评估对象之间进行比较，并将两者的差异数量化。例如，资产功能指标，尽管参照物与评估对象功能相同或相似，但在生产能力、产品质量以及在资产运营过程中的能耗、料耗和工耗等方面都可能有不同程度的差异。运用市场法的一个重要环节就是将参照物与评估对象对比指标之间的上述差异数量化和货币化。

4. 调整差异

市场法是以参照物的成交价格作为评定估算评估对象价值的基础。在此基础上将已经量化的各对比指标差异进行调增或调减，就可以得到以每个参照物为基础的评估对象的初步评估结果。初步评估结果与所选择的参照物个数密切相关。

5. 综合分析确定评估结果

按照一般要求，运用市场法通常需要选用三个以上的参照物，所以经过上一步差异调整得到三个以上的计算结果。根据资产评估的一般惯例，正式的评估结果只能是一个，这就需要评估人员对若干评估初步结果进行综合分析，以确定最终的评估值。在这个环节上没有什么硬性规定，主要取决于评估人员的经验及对参照物的把握和对评估对象的认识。当然，如果参照物与评估对象可比性都很高，评估过程中没有明显的遗漏或疏忽，采用加权平均的办法或算术平均的办法将初步结果转换成最终评估结果是常用的方法。

（五）运用市场法考虑的可比因素

市场法中涉及的相关因素主要有参照物和可比指标。参照物是运用市场法的必备条件，没有参照物就没有市场法，有参照物还要保证参照物与评估对象具有良好的可比性，参照物的数量应符合要求。运用市场法评估单项资产应考虑的可比因素主要有：时间因素、功能因素、区域因素、交易情况因素和个别因素等。

1. 时间因素

时间因素是指参照物交易时间与被评估资产评估基准日不同所影响的被评估资产价格的差异。在不同时间条件下，资产价格不同，因此应注意时间因素导致的价格变化。

2. 功能因素

资产的功能是资产使用价值的主体，是影响资产价值的重要因素之一。功能因素是指资产实体功能过剩或不足对价格的影响。通常情况下，功能的高低与资产价值的高低呈正相关关系。在资产评估中强调资产的使用价值或功能，并不是纯粹抽象意义上讲，而是资产的功能结合社会需求，从资产实际发挥效用的角度来考虑。也就是说，在社会需求的前提下，资产的功能越强，其价值越高；反之，亦然。

3. 区域因素

区域因素是指资产所在地区或地段条件对资产价格的影响差异。区域因素对房地产价格的影响尤为突出。同类资产特别是房地产，即使在同一地区的市场上出售，也会有明显的价格差异。

4. 交易情况因素

交易情况主要包括交易的市场条件和交易条件。市场条件主要是指参照物成交时的市场条件与评估时的市场条件是属于公开市场或非公开市场以及市场供求状况。交易条件主要包括交易批量、动机、时间等。

5. 个别因素

个别因素主要包括资产的实体特征和质量。资产的实体特征主要是指资产的外观、结构、规格型号、新旧程度等。资产的质量主要是指资产本身的建造或制造的工艺水平。

二、市场法的具体操作方法

从理论上讲，市场法按照参照物与评估对象的差异程度以及需调整的范围，又可以划分为直接比较法和类比调整法。

（一）直接比较法

直接比较法是指直接利用参照物价格或参照物的交易价格及参照物的某一基本特征，与评估对象的同一基本特征进行比较，来判断评估对象价值的各种具体评估技术方法。其基本数学表达式为：

资产评估价值 = 参照物成交价

或：

$$资产评估价值 = 参照物成交价 \times \frac{评估对象某特征}{参照物某特征}$$

直接比较法的优点是直观简捷，便于操作；缺点是通常对参照物与评估对象之间的可比性要求较高，参照物与评估对象要达到相同或基本相同的程度，或参照物与评估对象的差异主要体现在某一明显的因素上，例如，新旧程度或交易时间不同等，因此在具体评估过程中寻找参照物可能会受到局限。直接比较法主要包括现行市价法、市价折扣法、功能价值类比法、价格指数法和成新率价格调整法等。

1. 现行市价法

当评估对象本身具有现行市场价格或与评估对象基本相同的参照物具有现行市场价格的时候，可以直接利用评估对象或参照物在评估基准日的现行市场价格作为评估对象的评估价值。例如，可上市流通的股票和债券可按其在评估基准日的收盘价作为评估价值；批量生产的设备、汽车等可按同品牌、同型号、同规格、同厂家、同批量等的现行市场价格作为评估价值。

2. 市价折扣法

市价折扣法是以参照物成交价格为基础，考虑到评估对象在销售条件、销售时限等方面的不利因素，凭评估人员的经验或有关部门的规定，设定一个价格折扣率来估算评估对象价值的方法。用数学式表达为：

资产评估价值 = 参照物成交价格 ×（1 − 价格折扣率）

此方法一般只适用于评估对象与参照物之间仅存在交易条件方面差异的情况。

【例 3－1】 评估某拟快速变现资产，在评估时点与其完全相同的正常变现价为 100 万元。经评估师综合分析，认为快速变现的折扣率应为 40%，因此，拟快速变现资产价值接近 60 万元。

分析：快速变现折扣率为 40%，即快速变现价值应为正常变现价值的 60%。

资产评估价值 = 100 ×（1 − 40%）= 60（万元）

3. 功能价值类比法

功能价值类比法是以参照物的成交价格为基础，考虑参照物与评估对象之间的功能差异进行调整来估算评估对象价值的方法。根据资产的功能与其价值之间的线性关系和指数关系的区别，可以分为两种情况。

（1）功能价值法。资产价值与其功能呈线性关系的情况，通常被称作功能价值法。其计算公式为：

$$资产评估价值 = 参照物成交价 \times \frac{评估对象生产能力}{参照物生产能力}$$

当然，功能价值法不仅仅表现为资产的生产能力这一项指标上。它还可以通过对参照物与评估对象的其他功能指标的对比，利用参照物成交价格推算出评估对象价值。

【例3-2】 被评估资产年生产能力为90吨，参照资产的年生产能力为120吨，评估时点参照资产的市场价格为100万元，由此确定被评估资产价值接近75万元。

分析：参照资产与被评估资产的价值与功能呈线性关系。

资产评估价值 $= 100 \times 90 \div 120 = 75$（万元）

（2）规模经济效益指数法。资产价值与其功能呈指数关系的情况，通常被称作规模经济效益指数法。其计算公式为：

$$资产评估价值 = 参照物成交价 \times \left(\frac{评估对象生产能力}{参照物生产能力}\right)^x$$

【例3-3】 被评估资产年生产能力为90吨，参照资产的年生产能力为120吨，评估时点参照资产的市场价格为100万元，该类资产的功能价值指数为0.7，由此确定被评估资产价值接近81.8万元。

分析：参照资产与被评估资产的价值与功能呈指数关系。

资产评估价值 $= 100 \times (90 \div 120)^{0.7} = 81.8$（万元）

4. 价格指数法

价格指数法是以参照物成交价格为基础，考虑参照物的成交时间与评估对象的评估基准日之间的时间间隔对资产价值的影响，利用价格指数调整估算评估对象价值的方法。其计算公式为：

$$资产评估价值 = 参照物成交价格 \times (1 + 物价变动指数)$$

$$资产评估价值 = 参照物成交价格 \times 价格指数$$

公式中，价格指数可以是定基价格指数或者环比价格指数。定基价格指数是评估时点的价格指数与资产购建时点的价格指数之比，用公式表示如下：

$$定基价格指数 = \frac{评估基准日价格指数}{资产购建时价格指数} \times 100\%$$

而环比价格指数通常可考虑按以下公式计算：

$$X = (1 + a_1) \times (1 + a_2) \times (1 + a_3) \times \cdots\cdots \times (1 + a_n) \times 100\%$$

其中：X为环比价格指数；a_n为第n年环比价格变动指数，$n = 1, 2, 3, \cdots\cdots$。

此方法一般只适用于评估对象与参照物之间仅有时间因素存在差异的情况，且时间差异不能过长。当然，此方法稍作调整可作为市场售价类比法中估测时间差异系数或时间差异值的方法。

【例3-4】被评估房地产于2022年6月30日进行评估，该类房地产2022年上半年各月末的价格与2021年年末相比，分别上涨了2.5%、5.7%、6.8%、7.3%、9.6 %、10.5%。参照房地产在2022年3月末的价格为19 800元/平方米。

分析：价格指数为定基价格指数。

则评估对象在2022年6月30日的评估价值为：

资产评估价值＝19 800×[(1+10.5%)÷(1+6.8%)]＝20 486（元/平方米）

【例3-5】已知某资产2022年1月的交易价格为500万元，该类资产已不再生产，该类资产价格的变化情况如下：2022年1～5月的环比价格指数分别为103.6%、98.3%、103.5%和104.7%。

分析：价格指数为环比价格指数。

则被评估资产在2022年5月的评估价值为：

资产评估价值＝500×103.6%×98.3%×103.5%×104.7%＝551.8（万元）

5. 成新率价格调整法

成新率价格调整法是指以参照物的成交价格为基础，考虑参照物与评估对象新旧程度之间的差异，通过成新率调整估算出评估对象价值的方法。其计算公式为：

$$资产评估价值 = 参照物成交价 \times \frac{评估对象成新率}{参照物成新率}$$

$$成新率 = \frac{资产尚可使用年限}{资产尚可使用年限 + 资产已使用年限}$$

此方法一般只适用于评估对象与参照物之间仅有成新程度差异的情况。

【例3-6】待估资产为某机器设备，其生产时间为2013年，评估基准日为2022年1月。收集到一交易案例，该机器设备和待估设备型号相同，属同一厂家生产，交易时间为2021年12月，交易价格为124 000元，该机器设备的生产时间为2013年。经调查了解，待估设备已使用年限为7.5年，尚可使用年限为13年；参照资产已使用年限为8年，尚可使用年限为15年。要求评估该机器设备的价值。

分析：资产的市场交易案例易于选取，应采用市场法进行评估。待估资产与参照资产的差异主要体现在新旧程度这一指标上，可通过对成新率指标的调整来估算待估资产的市场价值。

经调查了解，待估设备尚可使用年限为13年，则待估资产的成新率为：待估资产成新率＝待估资产尚可使用年限/(待估资产已使用年限＋待估资产尚可使用年限)×100%＝13÷(7.5+13)×100%＝63%

参照资产已使用年限为8年，尚可使用年限为15年，则参照资产的成新率为：

参照资产的成新率＝15÷(8+15)×100%＝65%

则待估资产的评估值可通过下式计算：

资产评估值＝参照物成交价格×(评估对象成新率/参照物成新率)

该待估资产的评估值为：

评估值＝124 000×(63%÷65%)＝120 184.62（元）

（二）类比调整法

类比调整法是市场法中最基本的评估方法。该方法不同于直接比较法，并不要求参照物与评估对象必须一样或基本一样，只要参照物与评估对象在大的方面基本相同或类似，通过对比分析参照物和成交价格之间差异，就能够在参照物成交价格的基础上确定评估对象的评估值。与直接比较法相比，类比调整法的比较因素多，比较难度大，参照物与评估对象相似度要求低，因此应用范围更广。在具体操作过程中，类比调整法包括市场售价类比法、成本市价法和市盈率倍数法三种技术方法。

1. 市场售价类比法

市场售价类比法是以参照物的成交价格为基础，考虑参照物与评估对象在功能、市场条件和销售时间等方面的差异，通过对比分析和量化差异，调整估算出评估对象价值的方法。具体计算公式如下：

资产评估值 = 参照物价格 × 功能差异修正系数 × 交易时间修正系数 ×…… × 交易情况修正系数

或：资产评估值 = 参照物价格 + 功能差异值 + 时间差异值 +…… + 交易情况差异值

【例 3－7】 待估地块为城市规划属于住宅区的一块空地，面积为 500 平方米，地形为长方形。要求：评估该地块 2022 年 10 月 10 日的公平市场交易价格。

分析：评估过程如下：

(1) 选择评估方法。

该种类型的土地有较多的交易实例，故采用市场法进行评估。

(2) 收集有关的评估资料。

①收集待估土地资料。(略)

②收集交易实例资料。选择 4 个交易实例作为参照物，具体情况如表 3－1 所示。

表 3－1　　交易实例情况表

影响因素	交易实例 A	交易实例 B	交易实例 C	交易实例 D	评估对象
坐落位置	略	略	略	略	略
所处地区	临近	类似	类似	类似	一般市区
用地性质	住宅	住宅	住宅	住宅	住宅
土地类型	空地	空地	空地	空地	空地
交易日期	2022 年 4 月	2022 年 3 月	2021 年 10 月	2021 年 12 月	2022 年 10 月
总价（万元）	196	312	274	378	
单价（元/平方米）	8 700	8 200	8 550	8 400	
面积（平方米）	225	380	320	450	500
形状	长方形	长方形	长方形	略正方形	长方形
地势	平坦	平坦	平坦	平坦	平坦
地质	普通	普通	普通	普通	普通
基础设施	较好	完备	较好	很好	很好
交通状况	很好	较好	较好	较好	很好
正面路宽	8 米	6 米	8 米	8 米	8 米
容积率	6	5	6	6	6
剩余使用年限	35 年	30 年	35 年	30 年	30 年

（3）进行交易情况修正。

经分析，交易实例 A、D 为正常买卖，无需进行交易情况修正；交易实例 B 较正常买卖价格偏低 2%；交易实例 C 较正常买卖价格偏低 3%。则各交易实例的交易情况修正率为：

交易实例 A：0%；交易实例 B：-2%；交易实例 C：-3%；交易实例 D：0%。

（4）进行交易日期修正。

根据调查，2021 年 10 月以来土地价格平均每月上涨 1%，则各参照物交易实例的交易日期修正率为：

交易实例 A：6%；交易实例 B：7%；交易实例 C：12%；交易实例 D：10%。

（5）进行区域因素修正。

交易实例 A 与待估土地处同一地区，无需进行区域因素修正。

交易实例 B、C、D 的区域因素修正情况可参照表 3-2 判断。

表 3-2　区域因素比较表

区域因素	交易实例 B	交易实例 C	交易实例 D
自然条件	相同（10）	相同（10）	相同（10）
社会环境	稍差（7）	相同（10）	相同（10）
街道条件	相同（10）	相同（10）	相同（10）
交通便捷度	稍差（8）	稍好（12）	相同（10）
离交通车站点距离	稍远（7）	稍近（12）	相同（10）
离市中心距离	相同（10）	稍近（12）	相同（10）
基础设施状况	稍差（8）	相同（10）	稍好（12）
公共设施完备状况	相同（10）	稍好（12）	相同（10）
环境污染状况	相同（10）	相同（10）	相同（10）
周围环境及景观	稍差（8）	相同（10）	稍差（8）
综合打分	88	108	100

本次评估设定待估地块的区域因素值为 100，则根据表 3-2 各种区域因素的对比分析，经综合判定打分，交易实例 B 所属地区为 88，交易实例 C 所属地区为 108，交易实例 D 所属地区为 100。

（6）进行个别因素修正。

①经比较分析，待估土地的面积较大，有利于充分利用。另外，其环境条件也比较好，故判定比各交易实例土地价格高 2%。

②土地使用年限因素的修正。交易实例 B、D 与待估土地的剩余使用年限相同，无需修正。

交易实例 A、C 均需进行使用年限因素的调整，其调整系数测算如下（假定折现率为 8%）：

$$年限修正系数=\left[1-\frac{1}{(1+8\%)^{30}}\right]\div\left[1-\frac{1}{(1+8\%)^{35}}\right]=0.9006\div0.9324=0.9659$$

（7）计算待估土地的初步价格。

交易实例 A 修正后的单价为：

$$8\,700\times\frac{100}{100}\times\frac{106}{100}\times\frac{100}{100}\times\frac{102}{100}\times0.9659=9\,086\text{（元/平方米）}$$

交易实例 B 修正后的单价为：

$$8\,200\times\frac{100}{98}\times\frac{107}{100}\times\frac{100}{88}\times\frac{102}{100}=10\,377\text{（元/平方米）}$$

交易实例 C 修正后的单价为：

$$8\,550\times\frac{100}{97}\times\frac{112}{100}\times\frac{100}{108}\times\frac{102}{100}\times0.9659=9\,006\text{（元/平方米）}$$

交易实例 D 修正后的单价为：

$$8\,400\times\frac{100}{100}\times\frac{110}{100}\times\frac{100}{100}\times\frac{102}{100}=9\,425\text{（元/平方米）}$$

（8）采用简单算术平均法求取评估结果。

土地评估单价 =（9 086 + 10 377 + 9 006 + 9 425）÷ 4 = 9 473.5（元/平方米）

土地评估总价 = 500 × 9 473.5 = 4 736 750（元）

2. 成本市价法

成本市价法是以评估对象的现行合理成本为基础，利用参照物的成本市价比率来估算评估对象的价值的方法。其计算公式为：

$$\text{资产评估价值}=\text{评估对象现行合理成本}\times\frac{\text{参照物成交价格}}{\text{参照物现行合理成本}}$$

【例 3－8】 评估时某地商品住宅的成本市价率为 150%。已知被估全新住宅的现行合理成本为 50 万元，估测其价值。

分析：应用成本市价法。

被估全新住宅的资产评估值为：

资产评估价值 = 50 × 150% = 75（万元）

3. 市盈率乘数法

市盈率乘数法主要适用于整体企业的评估。市盈率乘数法是以参照物（企业）的市盈率作为乘数（倍数），以此乘数与评估对象（企业）的收益额相乘估算评估对象（企业）价值的方法。这种方法主要适用于企业整体价值评估和长期投资（主要是股票投资）评估。其计算公式为：

资产评估价值 = 评估对象收益额 × 参照物市盈率

【例 3－9】 某被评估企业的年净利润为 1 000 万元，评估时点资产市场上同类企业平均市盈率为 15 倍。

分析：利用市盈率乘数法。

该企业的评估值为：

资产评估价值 = 1 000 × 15 = 15 000（万元）

三、市场法的评价

（一）市场法的优点

1. 市场法原理简单，易于理解和掌握，是国际上公认的三大基本评估方法之一。

2. 评估值更能反映市场现实价格，评估结果易于被各方理解和接受。市场法充分考虑了市场因素，评估所用数据资料均来源于市场，因此评估值更能接近市场，反映市场价值变动趋势，评估结论易于为各方所接受。

（二）市场法的缺点

1. 市场法对市场环境要求较为严格，需要有公开活跃的市场作为基础。而事实上，理想状态下的公开市场条件常常是很难满足的，因此，这一方法的使用受到很大的限制。

2. 在进行影响因素比较、差异调整时，往往受评估人员主观因素影响较大，这在一定程度上影响其评估结果的准确性。

3. 市场法一般不适用于专用机器设备、大部分无形资产，以及受地区、环境等严格限制的资产的评估。

第二节　收益法

一、收益法的基本原理

（一）收益法的理论基础

收益法的理论基础是效用价值论。该理论认为资产的价值是由其效用决定的，而资产的效用则体现在资产为其拥有者带来的收益。在风险报酬率既定的情况下，一项资产的未来收益越高，该资产的价值就越大，而不是由创建的成本耗费所决定。资产的收益通常表现为一定时期内的收益现金流，而收益有时间价值，因此为了估算资产的现时价值，需要把未来一定时期内的收益折算为现值，这就是资产的评估值。

（二）收益法的含义及思路

收益法又称收益折现法，是通过估测被评估资产的未来预期收益并折算成现值，来确定资产价值的一种资产评估方法。

采用收益法对资产进行评估，符合资产评估中“将利求本”的思路，所确定的资产价值，是指为获得该项资产以取得预期收益的权利所支付的货币总额。该思路认为，任何一个理智的投资者在购置或投资某一资产时，所愿意支付或投资的数额不会高于所购置或投资的资产在未来能给其带来的回报，即收益额。这种方法主要利用投资回报和收益折现等技术手段，把评估对象的预期产出能力和获利能力作为评估标的来估算评估对象的价值。根据评估对象的预期收益来评估其价值，是很容易被资产业务各方所接受的。所以，从理论上讲，收益法是资产评估中较为科学合理的评估方法之一。

（三）收益法的基本前提

从收益法概念本身也可以分析确定该方法应用的前提条件。通常资产成交后能为新的所有者带来一定的收益，所有者支付的货币量不会超过该项资产的期望收益的折现值。因而，应用收益法评估资产必须具备的前提条件是：

1. 被评估资产未来预期收益可预测并可用货币衡量。收益法是从产生收益的能力的角度来评估一项资产，这就要求被评估资产与其经营收益之间存在着较为稳定的比例关系，因此它只适用于能直接产生收益，或者说能直接带来现金流的资产。对于那些虽然有持续效用却不能产生现金流的资产，如公益性资产，以及不能单独计算收益的资产，如单台（件）设备，就不能由此方法得到正确评估。

2. 资产所有者获得预期收益所承担的风险也可预测并可以用货币衡量。被评估对象所具有的行业风险、地区风险、企业风险等是可以预测并可以计量的，这是测算折现率或资本化率的基本参数之一。因为资产的价值不仅取决于预期收益，还取决于其风险报酬率的高低。如果一项资产的预期收益很高，但它的风险也很大，投资者就会要求较高的风险补偿，那么该资产的现值就不一定高。反之，如果一项资产的预期收益并不高，但其收益稳定，风险极小，投资者对风险补偿的要求就不会高，那么该资产的现值也就不一定低。

3. 被评估资产预期获利年限可以预测。被评估资产获利年限的长短，即被评估资产的寿命，也是影响其评估值的重要因素之一。

（四）收益法的基本程序

采用收益法进行评估，其基本程序如下：

1. 收集并验证与被评估资产未来预期收益有关的数据资料，包括经营前景、财务状况、市场形势以及经营风险等。

2. 分析并测算被评估资产未来预期收益。

3. 确定折现率或资本化率。

4. 用折现率或资本化率将评估资产未来预期收益折算成现值。

5. 分析确定评估结果。

二、收益法的基本公式

收益法实际上是在预期收益还原思路下若干具体方法的集合。总体来说，收益法在具体运用时又可分为若干类。一种是根据被评估资产未来预期收益有无限期的情况划分，分为有限期和无限期的评估方法；另一种是根据被评估资产预期收益额的情况划分，可分为等额收益评估方法和非等额收益评估方法等。为了便于收益法基本计算公式的运用，先对符号作如下的统一定义：

P——评估值；

i——第 i 年；

P_i——未来第 i 年的评估值；

R_i——未来第 i 年的预期收益；

r——折现率或资本化率；

r_i——第 i 年的折现率或资本化率；

n——收益年期；

t——第 t 年，t = 1，2，……，n；

A——年金。

（一）纯收益不变

1. 在收益永续，各因素不变的条件下，计算公式为：

$P = A/r$

其成立的基本条件是：①纯收益每年不变；②资本化率固定且大于零；③收益年期无限。

2. 在收益期有限，资本化率大于零的条件下，计算公式为：

$$P=\frac{A}{r}[1-\frac{1}{(1+r)^{n}}]$$

这是一个在评估实务中经常运用的计算公式，其成立的基本条件是：①纯收益每年不变；②资本化率固定且大于零；③收益年期有限为 n。

3. 在收益期有限，资本化率等于零的条件下，计算公式为：

$$P=A\times n$$

其成立的基本条件是：①纯收益每年不变；②资本化率等于零；③收益年期有限为 n。

（二）纯收益若干年后保持不变

1. 无限年期收益，计算公式为：

$$P=\sum_{i=1}^{n}\frac{R_i}{(1+r)^i}+\frac{A}{r(1+r)^n}$$

其成立的条件是：①纯收益在 n 年（含第 n 年）以前有变化；②纯收益在 n 年（不含第 n 年）以后保持不变；③收益年期无限；④r 大于零。

2. 有限年期收益，计算公式为：

$$P=\sum_{i=1}^{t}\frac{R_i}{(1+r)^i}+\frac{A}{r(1+r)^t}[1-\frac{1}{(1+r)^{n-t}}]$$

其成立的条件是：①纯收益在 t 年（含第 t 年）以前有变化；②纯收益在 t 年（不含第 t 年）以后保持不变；③收益年期有限为 n；④r 大于零。

这里要注意的是，纯收益 A 的收益年期是（n－t）而不是 n。

（三）纯收益按等差级数变化

1. 在纯收益按等差级数递增、收益年期无限的条件下，有以下计算式：

$$P=\frac{A}{r}+\frac{B}{r^2}$$

其成立条件是：①纯收益按等差级数递增；②纯收益逐年递增额为 B；③收益年期无限；④r 大于零。

2. 在纯收益按等差级数递增、收益年期有限的条件下，有以下计算式：

$$P=(\frac{A}{r}+\frac{B}{r^2})[1-\frac{1}{(1+r)^n}]-\frac{B}{r}\times\frac{n}{(1+r)^n}$$

其成立条件是：①纯收益按等差级数递增；②纯收益逐年递增额为 B；③收益年期有限为 n；④r 大于零。

3. 在纯收益按等差级数递减、收益年期无限的条件下，有以下计算式：

$$P=\frac{A}{r}-\frac{B}{r^2}$$

其成立条件是：①纯收益按等差级数递减；②纯收益逐年递减额为 B；③收益递减到零为止；④r 大于零。

4. 在纯收益按等差级数递减、收益年期有限的条件下，有以下计算式：

$$P=(\frac{A}{r}-\frac{B}{r^2})[1-\frac{1}{(1+r)^n}]+\frac{B}{r}\times\frac{n}{(1+r)^n}$$

其成立条件是：①纯收益按等差级数递减；②纯收益逐年递减额为 B；③收益年期有限为 n；④r 大于零。

（四）纯收益按等比级数变化

1. 在纯收益按等比级数递增、收益年期无限的条件下，有以下计算式：

$$P=\frac{A}{r-s}$$

其成立条件是：①纯收益按等比级数递增；②纯收益逐年递增比率为 s；③收益年期无限；④r 大于零；⑤$r>s>0$。

2. 在纯收益按等比级数递增、收益年期有限的条件下，有以下计算式：

$$P=\frac{A}{r-s}\left[1-\left(\frac{1+s}{1+r}\right)^n\right]$$

其成立条件是：①纯收益按等比级数递增；②纯收益逐年递增比率为 s；③收益年期有限；④r 大于零；⑤$r>s>0$。

3. 在纯收益按等比级数递减、收益年期无限的条件下，有以下计算式：

$$P=\frac{A}{r+s}$$

其成立条件是：①纯收益按等比级数递减；②纯收益逐年递减比率为 s；③收益年期无限；④r 大于零；⑤$r>s>0$。

4. 在纯收益按等比级数递减、收益年期有限的条件下，有以下计算式：

$$P=\frac{A}{r+s}\left[1-\left(\frac{1-s}{1+r}\right)^n\right]$$

其成立条件是：①纯收益按等比级数递减；②纯收益逐年递减比率为 s；③收益年期有限为 n；④r 大于零；⑤$0<s\leqslant 1$。

（五）已知未来若干年后资产价格

在此情况下，有以下计算式：

$$P=\frac{A}{r}\left[1-\frac{1}{(1+r)^n}\right]+\frac{P_n}{(1+r)^n}$$

其成立条件是：①纯收益在第 n 年（含 n 年）前保持不变；②预知第 n 年的价格为 P_n；③r 大于零。

【例 3－10】 经评估人员调查分析，预测评估对象是一项在未来 4 年内可以获得收益的资产，在未来 4 年内的预期收益分别为 2 000 元、2 200 元、2 400 元和 2 800 元，假定折现率为 10%。则该项资产的评估值计算如下：

$$\begin{aligned}\text{资产评估价值}&=\frac{2\,000}{(1+10\%)}+\frac{2\,200}{(1+10\%)^2}+\frac{2\,400}{(1+10\%)^3}+\frac{2\,800}{(1+10\%)^4}\\&=2\,000\times0.9091+2\,200\times0.8264+2\,400\times0.7513+2\,800\times0.6830\\&=1\,818.2+1\,818.08+1\,803.12+1\,912.4\\&=7\,351.8\ (\text{元})\end{aligned}$$

【例 3－11】 某评估对象为一项在未来 5 年后可获得 10 000 元预期收益的资产，假定折现率为 10%，则资产的评估值计算为：

$$资产评估价值 = \frac{10\ 000}{(1+10\%)^5} = 10\ 000 \times 0.6209 = 6\ 209（元）$$

【例3-12】 某收益性资产预计未来5年收益额分别是12万元、15万元、13万元、11万元和14万元。假定从第6年开始，以后各年收益均为14万元。确定的折现率和资本化率为10%。确定该收益性资产在永续经营下和50年收益的评估值。

（1）永续经营条件下的评估过程：

首先，确定未来5年收益额的现值。

$$现值总额 = \frac{12}{(1+10\%)} + \frac{15}{(1+10\%)^2} + \frac{13}{(1+10\%)^3} + \frac{11}{(1+10\%)^4} + \frac{14}{(1+10\%)^5}$$

$$= 12 \times 0.9091 + 15 \times 0.8264 + 13 \times 0.7513 + 11 \times 0.6830 + 14 \times 0.6209$$

$$= 49.2777（万元）$$

其次，将第6年以后的收益进行资本化处理，即：$14 \div 10\% = 140$（万元）

最后，确定该企业的评估价值：

$$企业评估价值 = 49.2777 + 140 \times 0.6209 = 136.2037（万元）$$

（2）50年的收益价值评估过程：

$$评估价值 = \frac{12}{(1+10\%)} + \frac{15}{(1+10\%)^2} + \frac{13}{(1+10\%)^3} + \frac{11}{(1+10\%)^4} + \frac{14}{(1+10\%)^5} + \frac{14}{10\%(1+10\%)^5} \times \left[1 - \frac{1}{(1+10\%)^{50-5}}\right]$$

$$= 49.2777 + 140 \times 0.6209 \times (1 - 0.0137)$$

$$= 49.2777 + 85.7351$$

$$= 135.01（万元）$$

三、收益法中参数的确定

收益法的运用，不仅在于掌握各种情况下的计算公式，更重要的是科学、合理地确定方法运用中的各项指标参数。收益法评估中主要有三个参数：预期收益额、折现率或资本化率以及收益期限。

（一）预期收益额

1. 预期收益额的含义

预期收益额的确定是收益法运用的关键。根据投资回报的原理，收益额指的是资产在正常情况下所能得到的归其产权主体的所得额。同理，预期收益额指的是归属产权主体的预期所得额。对于预期收益额的确定，应把握两个特征：

（1）预期收益额指的是资产使用带来的未来收益期望值，是通过预测分析获得的，而不是资产的历史收益额或现实收益额。不论对于所有者还是购买者，判断该项资产是否有价值，首先要判断该项资产是否有收益。评估时对其收益的判断，不仅看其现在的收益能力，更重要的是预测未来收益能力。

（2）预期收益额必须是由被评估资产直接形成的，不是由该项资产形成的收益应分离出来。不能明确区分收益的资产，不能采用收益法单独进行评估。

2. 预期收益额的选择

一般来说，资产预期收益额有三种可选择的类型：净利润、净现金流量和利润总额。

净利润和净现金流量都属于税后净收益，都是资产所有者的收益，在收益法中被普遍采用。两者的区别在于确定的原则不同，净利润是按权责发生制确定的，净现金流量是按收付实现制确定的。从资产评估的角度看，净现金流量更适宜作为预期收益指标，其与净利润相比有以下两点优势：

（1）净现金流量能够更准确地反映资产的预期收益。将折旧视为预期收益的一部分有其合理性。折旧是为取得收益而发生的贬值，是资产价值的时间表现形式。由于资产特别是固定资产在一个限定时间内并不能完全消耗，它对企业生产经营的贡献将长期存在。这种贡献从价值角度上讲就是折旧，所以折旧的存在实际上是资产价值的另一种表现形式。从另一个角度讲，折旧在资产的整个使用期内并未真正发生支出，也没有一个企业因为折旧的存在而准备大量资金用于支付，但是折旧所形成的价值却被企业以收益形式获得。这一点在会计上已被人们认可。

（2）净现金流量体现了资金的时间价值。净现金流量是动态指标，它不仅仅是对数量的描述，而且与发生的时间形成密不可分的整体。而净利润没有考虑现金流入流出的时间差异，它并不一定表明在未来某个时点资产所有者可支配的现金流量。由于收益法是通过将资产未来某个时点的收益折算为现值来估算资产的价值，因此用净现金流量来表示收益更加准确，更能体现资金的时间价值。

利润总额由于包含了不属于资产所有者的税收，因而一般不适宜作为预期收益指标。但是当税收优惠政策过多，资产的净收益难以公平、准确地反映资产的预期收益水平时，为了使各项投资收益之间具有可比性，也可采用利润总额作为预期收益指标。

3. 预期收益额的测算方法

在现实经济生活中，无论是投资者还是理性分析人员都无法准确预知资产的未来收益，除非是无风险资产。预测资产未来收益的方法很多，但归纳起来主要有两种：时间序列法和因素分析法。

（1）时间序列法。时间序列法是一种通过建立资产以往收益的时间序列方程，并假定该时间序列在可预见的将来会持续下去，从而测算预期收益的方法。时间序列法是根据历史数据，用回归分析的统计方法获得的。如果在评估基准日之前，资产的收益随着时间的推移，呈现出平稳增长趋势，同时预计在评估基准日之后这一增长趋势仍将保持，则适合采用时间序列分析方法来预测资产的未来收益。

【例 3－13】 某企业评估基准日为 2022 年 12 月 31 日，评估基准日前每年收益如表 3－3 所示。

表 3－3　　某企业过去 5 年的历史收益

年份（X）	2018	2019	2020	2021	2022
净收益（Y：万元）	1 000	1 150	1 210	1 300	1 340

若以2022年为0，则评估基准日前一年为-1，前两年为-2，评估基准日后第一年为1，第二年为2，以此类推。按时间序列计算的回归方程为：

$$Y = 1\ 336 + 83X$$

于是按时间序列法预测企业2023～2027年的收益如表3-4所示。

表3-4　　某企业未来5年的收益预测

年份（X）	2023	2024	2025	2026	2027
净收益（Y：万元）	1 419	1 502	1 585	1 668	1 751

该企业评估基准日前后的收益情况如图3-1所示。

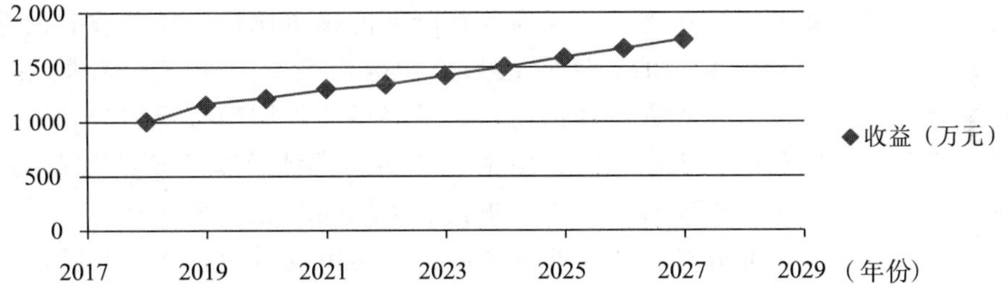

图3-1　历史收益及预测收益

（2）因素分析法。因素分析法是一种间接预测收益的方法。它首先确定影响一项资产收入和支出的具体因素，然后建立收益和这些因素之间的数量关系，例如销售收入增长百分之一对收益水平的影响等，同时对这些因素未来可能的变动趋势进行预测，最后估算出基于这些因素的未来收益水平。这种间接预测收益的方法难以操作，原因是这种方法要求对收入和支出的背后原因作深入分析，但它的适用面比较广，预测结果也具有一定的客观性，因而在收益预测中被广泛采用。

（二）折现率或资本化率

在收益法运用中，影响评估值的第二个关键因素就是折现率或资本化率。它们的微小变动会对评估值产生巨大影响。

1. 折现率或资本化率的含义

折现率或资本化率在本质上并无多大差别，是一种期望投资报酬率，是投资者在投资风险一定的情况下，对投资所期望的回报率。只是两者适用场合不同，折现率是将未来有限期的预期收益折算成现值的比率，资本化率则是将未来永续期的预期收益折算成现值的比率。

2. 折现率或资本化率的计算公式

在内含上折现率和资本化率略有区别。折现率可被视为投资中对收益现金流要求的回报率，需考虑投资的机会成本和收益的不确定性，因此折现率一般由无风险报酬率和风险报酬率组成。无风险报酬率通常由政府债券的利率决定，而风险报酬率则是综合考虑各种风险，诸如行业风险、经营风险、财务风险与其他风险等因素后进行的判断。折现率的计算公式如下：

折现率 = 无风险报酬率 + 风险报酬率

资本化率除了反映无风险报酬率和风险报酬率外，还反映资产收益的长期增长前景。当其他条件相同时，收益增长越快的资产其价值就越高，因此需要将未来收益增长率从折现率中扣除。因此，资本化率的计算公式如下：

资本化率 = 折现率 - 未来年收益的增长率

只有当资产的年收益增长率为零时，折现率才与资本化率相等。那么是否有可能增长率超过折现率呢？在实务中，一般不会出现这种现象，一方面是由于任何企业都不可能永远保持高速增长；另一方面是由于高增长意味着高风险，即需要提高风险报酬率。

3. 折现率或资本化率的测算方法

由于资本化率与折现率的同质性，且资本化率是以折现率为基础的，因此测算两者的关键是折现率的确定。确定折现率的基本方法有加和法、资本成本加权法和市场法等。

（1）加和法。加和法认为，折现率包含无风险报酬率和风险报酬率两部分，每一部分可分别求取，然后相加即可得到折现率。无风险报酬率的确定比较容易，政府债券投资收益率通常被看做无风险报酬率的替代值。通常认为短期政府债券（如 3 个月期限的国库券）是最没有风险的投资对象，但是对资产评估而言，最好用较长期的政府债券利率作为基本收益率。尽管长期债券变现存在一定的风险，但由于评估通常涉及基于长期收益趋势的资产，因此，选择长期债券利率作为无风险报酬率，更具有可比性和相关替代性。

折现率中的风险报酬率部分必须反映两种风险：一是市场风险，二是与特定的被评估资产或企业相联系的风险。表 3 - 5 以企业为例，列出了风险报酬率确定过程中需要考虑的主要因素。

表 3 - 5　　影响风险报酬率的因素

与市场相关的风险	与被评估资产相联系的风险
行业的总体状况	产品或服务的类型
宏观经济情况	企业规模
地区经济状况	财务状况
市场竞争状况	管理水平
法律或法规约束	收益数量及质量
国家产业政策	区位

由此可见，风险报酬率的确定相当复杂，而且对于每一个潜在的投资者而言都会有所不向。在评估实践中，风险报酬率的确定方法有多种，需要根据被评估资产的具体风险状况进行选择。下面介绍两种常见的风险报酬率的确定方法：风险累加法和 β 系数法。

①风险累加法。风险累加法的基本思路是将企业在生产经营过程中可能面临的行业风险、经营风险、财务风险和其他风险对投资报酬率的要求加以量化并予以累加，即可得到企业的风险报酬率。其计算公式为：

风险报酬率 = 行业风险报酬率 + 经营风险报酬率 + 财务风险报酬率 + 其他风险报酬率

②β 系数法。β 系数法可用于估算企业所在行业的风险报酬率，也可用于估算企业自身的风险报酬率。其基本思路是：行业风险报酬率或企业自身的风险报酬率是市场平均风险报酬率与被评估企业所在行业平均风险或被评估企业自身风险和市场平均风险的比例系数的乘积。其计算公式为：

$$R_i = (R_m - R_f) \times \beta$$

式中：

R_i——被评估企业所在行业或被评估企业自身的风险报酬率；

R_m——市场平均收益率；

R_f——无风险报酬率；

β——被评估企业的风险相对于市场平均风险的比值。

上述公式中，市场平均收益率（R_m）和无风险报酬率（R_f）比较容易获得。β系数的计算较为复杂，但在国外有专门的机构根据上市公司的经营状况和市场表现编制行业和公司的β系数，并及时予以更新。如美国BARRA（前罗森伯格事务所）为在美国证券市场上市的约7 000家公司提供β系数，且每季度予以更新。

通过β系数法来量化折现率中的风险报酬率部分的技术，又被称为资本资产定价模型（Capital Asset Pricing Model，CAPM），其计算公式为：

$$r = R_f + (R_m - R_f) \times \beta$$

上述公式中，（$R_m - R_f$）表示市场平均风险报酬率；β反映了与其他企业相比被评估企业特定的风险程度；r为投资者要求的投资收益率，它与β系数正相关，即由β系数所测算的被投资项目的风险越大，投资者所要求的收益率越高。

（2）资本成本加权法。资本成本加权法的基本思路是，将资产视作投入资金总额，则企业资产可以理解为长期负债与所有者权益之和。从这一角度分析，长期负债和所有者权益所表现出的利息率和投资报酬率必然影响折现率的计算。对此可通过加权平均法计算如下：

折现率 = 长期负债占资产总额的比重 × 长期负债利息率 ×（1 − 企业所得税税率）+ 所有者权益占资产总额的比重 × 投资报酬率

其中：投资报酬率 = 无风险报酬率 + 风险报酬率

【例3－14】 某企业资本构成如下：长期借款占30%，利息率10%；应付债券占20%，利息率12%；股东权益占50%，投资报酬率14%；适用的企业所得税税率为25%，则该企业的折现率计算如下：

分析：计算负债与所有者权益的加权平均资本成本，如表3－6所示。

表3－6　　资本成本加权法下计算企业的折现率

资本的构成	占资本的比重	税前成本	税后成本
长期负债：			
长期借款	30%	10%	7.5%
应付债券	20%	12%	9%
股东权益	50%	14%	14%
折现率（加权平均资本成本）			11.05%

注：税后成本 = 税前成本 ×（1 − 所得税税率），此例中所得税税率为25%。

$$r = 30\% \times 10\% \times (1-25\%) + 20\% \times 12\% \times (1-25\%) + 50\% \times 14\%$$

$$= 11.05\%$$

（3）市场法。市场法是通过寻找与被评估资产相类似资产的市场价格以及该资产的收益来倒求折现率的方法。其计算公式如下：

$$被评估资产的折现率=\left(\sum_{i=1}^{n}\frac{样本资产收益}{样本资产价格}\right)\div n$$

所谓样本资产，是指与被评估资产在行业、销售类型、收益水平、风险程度和流动性等方面相类似的资产。同时，市场法要求尽可能多的样本，否则不能准确反映市场对某项投资回报的普遍要求。此外，市场法的具体运用需视具体评估对象而定。例如，对房地产评估可采用租价比法，对企业评估可采用市盈率法。其具体操作方法将在相关资产业务中探讨。

（三）收益期限

收益期限是指资产具有获利能力持续的时间，通常以年为单位。它由评估人员根据资产未来的获利能力、资产损耗情况、法律规定等因素确定。

若无特殊情况，资产使用比较正常且没有对资产的使用年限进行限定，或者这种限定是可以解除的，并可以通过延续方式永续使用，则可以假定收益期为无限期。如果资产的收益期限受到法律、合同等规定的限制，则应以法律、合同规定的年限作为收益期。例如，中外合资经营企业在确定其收益期限时，应以中外合资双方共同签订的合同中所规定的期限作为企业整体资产收益期。当资产没有规定收益期限的，也可按其正常的经济寿命确定收益期，即资产能够给其拥有者带来最大收益的年限。当继续持有资产对所有者不再有利时，从经济上讲，该项资产的寿命也就结束了。

四、收益法的优缺点

（一）收益法的优点

1. 使用收益法进行资产评估，充分考虑了资产的未来收益和货币时间价值，能真实准确地反映资产本金化的价值。企业经营的本质是获得收益，因此，在企业价值评估中，收益法的评估结果更能体现企业存在和运营的本质特征，也是企业价值更为直观的体现。

2. 资产未来预期收益的折现过程较好地体现了所有者或者潜在投资者的合理预期，与投资决策相结合，结论易为买卖双方所接受。

（二）收益法的缺点

1. 资产预期收益额以及折现率等的预测难度较大，受较强的主观判断和未来不可预测因素的影响。

2. 收益法的使用范围比较小，通常适用于企业整体资产和可预测未来收益的单项资产的评估。

第三节　成本法

一、成本法的基本原理

（一）成本法的理论基础

成本法的理论基础是生产费用价值理论。该理论认为，资产的价值取决于资产的成本，资产的取得成本越高，相应的资产价值就越大。换言之，任何一个潜在的投资者在决定投资某项资产时，他愿意支付的价格不会超过该资产的现行购建成本。

（二）成本法的含义及思路

成本法是在被评估资产的现时重置成本的基础上，扣减其各项价值损耗，来确定资产价值的方法。

成本法的基本思路是：先计算被评估资产的现时重置成本，即按现时市场条件重新购建与被评估资产功能相同的处于全新状态下的资产所需要的全部耗费，然后再减去各项损耗价值。由于资产价值是一个变量，影响资产价值量变化的因素，除了市场价格以外还有很多，如因使用磨损和自然力作用而产生的实体性贬值，因技术进步而产生的功能性贬值，因资产外部环境因素变化而产生的经济性贬值等。这种评估思路可以用公式表示为：

资产评估价值 = 资产的重置成本 − 资产实体性贬值 − 资产功能性贬值 − 资产经济性贬值

或：资产评估价值 = 重置成本 × 综合成新率

由于被评估资产的再取得成本的有关数据和信息来源较为广泛，并且资产重置成本与资产的现行市价及收益现值也存在着内在联系和替代关系，因而，在市场发育欠完善的条件下，成本法是一种应用广泛的资产价值评估方法。

（三）成本法的基本前提

1. 评估对象能正常使用或在用。

成本法是从资产再取得的角度来反映资产价值，即通过资产的重量成本扣减其各项价值损耗来确定资产价值的方法。因此，只有在评估对象处于继续使用状态下，重新取得评估对象的全部费用才能构成其价值的组成内容。资产的继续使用不仅仅是一个物理上的概念，它包含着有效使用资产的经济意义。只有当资产能够继续使用并且在持续使用中为潜在所有者或控制者带来经济利益，资产的重置成本才能被那些潜在投资者和市场所接受。从这个意义上讲，成本法主要适用于继续使用前提下的资产评估。

2. 评估对象能够通过重置途径获得。否则，从重置或者重建的角度计算其成本就不具有理论和现实的意义。

3. 评估对象的重置成本以及相关贬值能够合理估算。

成本法是从成本耗费的角度评估资产的价值。但是成本耗费包括有效成本耗费和无效成本耗费。有效成本耗费应该是取得资产所必须付出的代价。采用成本法评估资产的价值，首先要确定这些成本耗费是有效的、必需的，或者说是体现整个社会或行业的平均成本耗费水平的，而不是某项资产的个别成本耗费水平。另外，还需要考虑最佳使用和快速变现情形。

（四）成本法的基本要素

一般情况下，成本法在运用过程中主要涉及资产重置成本、资产实体性贬值、资产功能性贬值和资产经济性贬值四个基本要素。

1. 资产重置成本

资产重置成本就是资产的现行再取得成本。按其确定的依据，可分为复原重置成本和更新重置成本两类。复原重置成本是指采用与评估对象相同的材料、建筑或制造标准、设计、规格及技术等，以现时价格水平重新购建与评估对象相同的全新资产所发生的费用。更新重置成本是指采用新型材料，现代建筑或制造标准、新型设计、新型规格及技术等，以现时价格水平购建与评估对象具有同等功能的全新资产所发生的费用。

复原重置成本和更新重置成本的相同点在于均采用资产的现时价格，不同点在于采用的材料、标准、设计、规格及技术等方面存在差异，复原重置成本采用旧标准购建资产，更新重置成本按照新标准购建资产。应该注意的是，即便是更新重置成本也没有完全改变被评估资产的原有功能。

计算重置成本，在同时可以计算复原重置成本和更新重置成本时，应选择计算更新重置成本。主要原因有两点：一是更新重置成本小于复原重置成本，因为新技术提高了劳动生产率，使采用新技术生产相同功能的资产所需的必要劳动时间减少。根据资产评估的替代原则，应选择更新重置成本；二是采用新型设计、材料、工艺制造的资产，在日常运营中无论从使用性能，还是从成本耗费方面都会优于旧资产。由此可见，更新重置成本与复原重置成本的差异主要体现在超额投资成本与超额运营成本两个方面。采用更新重置成本，在计算功能性贬值时，一般不计算超额投资成本，往往只计算超额运营成本。因为在计算重置成本时，如果采用更新重置成本，所选用的价格既反映了在现行物价水平下被评估资产的价格，也反映了在现有技术条件下生产该类资产的社会必要劳动时间，这说明在更新重置成本的计算中已将超额投资成本剔除。

2. 资产实体性贬值

资产实体性贬值，也称有形损耗，是指资产由于使用磨损和自然力作用而导致的物理性能损耗或作用下降而引起的资产价值损失。

资产实体性贬值通常采用相对数即实体性贬值率计量，其计算公式如下：

$$实体性贬值率 = \frac{资产实体性贬值}{资产重置成本} \times 100\%$$

通常决定实体性贬值的因素有：①使用时间；②使用率，也叫利用率；③资产本身的质量；④维修保养程度等。

3. 资产功能性贬值

资产功能性贬值是指由于技术进步引起的资产功能相对落后而造成的资产价值损失。它包括由于新工艺、新材料和新技术的采用，而使原有资产的建造成本的超支额，以及原有资产超过体现技术进步的同类资产的运营成本的超支额。引起功能性贬值的原因很多，如新技术的出现导致生产率的提高而使原有资产贬值，生产方法的改进导致劳动生产率提高而使原有资产贬值，由于分工日益精细导致劳动生产率提高而使原有资产贬值等。

4. 资产经济性贬值

资产经济性贬值是指由于外部条件引起资产闲置、收益下降等而造成的资产价值损失。引起经济性贬值的原因主要有：①竞争加剧，社会总需求减少，导致资产开工不足；②原材料供应不畅，导致生产中断；③原材料成本增加，导致企业费用直线上升；④在通货膨胀情况下，国家实行高利率政策，导致企业负担加重；⑤国家产业政策的变动；⑥环境保护；⑦其他。

（五）成本法的基本程序

运用成本法评估资产价值一般按下列程序进行：

1. 确定被评估资产的范围，并估测资产的重置成本。

2. 确定被评估资产的使用年限。

3. 估测被评估资产的各项损耗或贬值。

4. 从资产重置成本中扣减各项贬值额，计算确定被评估资产的价值。

二、成本法的具体操作方法

通过成本法评估资产的价值，不可避免要涉及被评估资产的重置成本、实体性贬值、功能性贬值和经济性贬值四大要素。成本法中的各种具体操作方法实际上都是在成本法基本评估思路的基础上，围绕上述基本要素采用不同的方式、方法测算形成的。

（一）重置成本的估测

估算重置成本的方法有多种，常用的有重置核算法、价格指数法、功能价值类比法和统计分析法等。评估时可根据具体评估对象和可以获得的资料进行选择。

1. 重置核算法

重置核算法也称细节分析法、细节核算法等，它是利用成本核算的原理，根据重新取得资产所需的费用支出项目，逐项计算并累加得到资产的重置成本的方法。在实际测算过程中又具体划分为两种类型：购买型和自建型。

购买型是以购买资产的方式作为资产的重置过程。资产的重置成本具体是由资产的现行购买价格、运杂费、安装调试费以及其他必要费用构成。

自建型是以自建资产作为资产重置方式，它根据重新建造资产所需的料、工、费及必要的资金成本和开发者的合理收益等分析和计算出资产的重置成本。自建型资产的重置成本应包括开发者的合理收益：其一，重置成本是按在现行市场条件下重新购建一项全新资产所支付的全部货币总额，应该包括资产开发和制造商的合理收益；其二，资产评估旨在了解被估资产模拟市场条件下的交易价格。一般情况下，价格都应该含有开发者或制造者合理收益部分。资产重置成本中的收益部分的确定，应该以现行行业或者社会平均收益水平为标准。

无论是购买型还是自建型，其重置成本的计算均可用下列公式表示：

重置成本 = 直接成本 + 间接成本

上式中，直接成本是购建全新资产时所花费的直接计入购建成本中的那部分成本，如购置费用、运输费用、安装调试的材料和人工费用等，通常按现时价格标准计算逐项加总后得出。间接成本是购建过程中不能直接计入的成本，但又是与资产形成有关的一些支出，如购置资产所发生的管理费、前期准备费、总体设计制图费和维修费等。对间接成本往往采取一定的标准和方法进行分配，以便使资产的成本真实反映购建资产时的实际耗费情况。通常对间接成本的分配可以采用人工成本比例法、单位价格法（工作量比重法）和直接成本比例法等。但如果间接成本金额较小，则可以忽略不计。

【例 3－15】 重置购建设备一台，现行市场价格每台 5 万元，运杂费 1 000 元，直接安装成本 800 元，其中原材料 300 元，人工成本 500 元。根据统计分析，计算求得安装成本中的间接成本为每元人工成本 0.8 元，该机器设备重置成本计算如下：

分析：被评估机器设备的重置成本计算过程如表 3－7 所示。

表 3－7　　重置核算法下计算被评估设备的重置成本　　单位：元

直接成本	51 800
其中：	
买价	50 000
运杂费	1 000
安装成本	800
其中：	
原材料	300
人工成本	500
间接成本（人工成本的 80%）	400
重置成本合计	52 200

被评估资产的重置成本 $=50\ 000+1\ 000+800+500\times0.8=52\ 200$（元）

采用重置核算法的前提是能够获得处于全新状态的被估资产的现行市价。该方法可用于计算复原重置成本，也可用于计算更新重置成本。

2. 价格指数法

价格指数法是利用与资产有关的价格变动指数，将被估资产的历史成本（账面价值）调整为重置成本的一种方法。其计算公式为：

重置成本 = 资产的账面原值 ×（1 + 价格变动指数）

　　　　= 资产的账面原值 × 价格指数

公式中，价格指数可以是定基价格指数或者环比价格指数。价格指数分为三类：综合价格指数、类别价格指数和个别价格指数。公式中，由于资产账面价值（历史成本）要求真实、准确并符合社会平均的、合理成本的要求，因此所采用的价格指数应是评估基准日的资产类别价格指数或个别价格指数。

【例 3－16】 某机床于 2017 年购置安装，账面原值为 16 万元。2019 年进行一次改造，改造费用为 4 万元；2021 年又进行一次改造，改造费用为 2 万元。若定基价格指数 2017 年为 105%，2019 年为 128%，2021 年为 135%，2022 年为 160%，要求计算该机床 2022 年的重置成本。

分析：采用的价格指数为定基价格指数。具体计算方法是用被评估机床各部分的历史成本乘以相应的价格指数，得出各部分的重置成本，将各部分的重置成本相加，即可得到该设备的重置成本。具体计算过程如表 3－8 所示。

表 3－8　　价格指数法下计算被评估设备的重置成本　　单位：万元

投资日期	历史成本	定基价格指数	重置成本
2017 年	16	160% ÷ 105% = 1.52	24.32
2019 年	4	160% ÷ 128% = 1.25	5
2021 年	2	160% ÷ 135% = 1.19	2.38
合　计			31.7

资产的重置成本 $=16\times(160\%\div105\%)+4\times(160\%\div128\%)+2\times(160\%\div135\%)$

$=31.7$（万元）

【例3-17】 被评估资产账面价值为200 000元，2017年建成，2022年进行评估，经调查，已知同类资产环比价格变动指数分别为：2018年11.7%，2019年17%，2020年30.5%，2021年6.9%，2022年4.8%，则被评估资产重置成本计算如下：

分析：采用的价格指数为环比价格指数。

被评估资产重置成本 $=200\,000\times(1+11.7\%)\times(1+17\%)\times(1+30.5\%)$

$\times(1+6.9\%)\times(1+4.8\%)\times100\%$

$=200\,000\times191\%$

$=382\,000$（元）

价格指数法与重置核算法是重置成本估算较常用的方法，但两者具有明显的区别：

①价格指数法估算的重置成本，仅考虑了价格变动因素，因而确定的是复原重置成本；而重置核算法既可以考虑价格因素，又可以考虑生产技术进步和劳动生产率的变化因素，因而既可以估算复原重置成本，也可以估算更新重置成本。

②价格指数法建立在不同时期的某一种或某类甚至全部资产的物价变动水平上；而重置核算法建立在现行价格水平与购建成本费用核算的基础上。

明确价格指数法和重置核算法的区别，有助于重置成本估算中方法的判断和选择。科学技术进步较快的资产，采用价格指数法估算的重置成本往往会偏高。当然，价格指数法和重置核算法也有其相同点，即都是建立在利用历史资料基础上。因此，分析、判断资产评估时重置成本口径与委托方提供的历史资料（如财务资料）的口径差异，是以上两种方法应用时需注意的问题。

3. 功能价值类比法

功能价值类比法是选择与被评估资产具有相同或相似功能（生产能力）的资产作参照物，根据资产功能与成本（价值）之间的内在关系，由参照物价格或者重置成本推算被评估资产重置成本的方法。

根据资产的功能与成本（价值）之间的函数关系的不同，功能价值类比法分为两种计量方法。当资产的功能（生产能力）与其价格或重置成本呈线性关系时，我们称之为生产能力比例法。当资产的功能（生产能力）与其价格或重置成本呈指数关系时，我们称之为规模经济效益指数法。

（1）生产能力比例法。这种方法是寻找一个与被评估资产相同或相似的资产为参照物，根据参照物的重置成本及参照物与被评估资产生产能力的比例，估算被评估资产的重置成本。其计算公式如下：

$$\text{被评估资产重置成本}=\text{参照物重置成本}\times\frac{\text{被评估资产年产量}}{\text{参照物年产量}}$$

【例3-18】 某重置全新的一台机器设备价格5万元，年产量为5 000件。现知被评估资产年产量为4 000件，估测其重置成本。

分析：采用生产能力比例法估测被评估机器设备重置成本。

资产重置成本 $=50\,000\times(4\,000\div5\,000)$

$=40\,000$（元）

这种方法运用的前提条件和假设是资产的成本与其生产能力呈线性关系，生产能力越大，成本越高，而且是成比例变化，如果不存在这种关系，这种方法就不可以采用。

（2）规模经济效益指数法。如果资产的功能与成本呈指数关系，即虽然功能与成本呈同方向变化，但不是同比例变化，即随着资产功能的增大，资产成本的上升幅度会趋缓，表现出规模经济效应，此时可采用规模经济效益指数法确定资产的重置成本，资产的生产能力与其成本之间关系可用下列公式表示：

$$\frac{\text{被评估资产的重置成本}}{\text{参照物的重置成本}}=\left(\frac{\text{被评估资产的产量}}{\text{参照物的产量}}\right)^{x}$$

推导可得：

$$\text{被评估资产的重置成本}=\text{参照物的重置成本}\times\left(\frac{\text{被评估资产的产量}}{\text{参照物的产量}}\right)^{x}$$

公式中的 x 是一个经验数据，又被称为规模经济效益指数。在美国，这个经验数据一般在 0.4～1 之间，如加工工业一般为 0.7，房地产行业一般为 0.9。我国到目前为止尚没有统一的经验数据，评估过程中要谨慎使用。公式中参照物一般可选择同类资产中的标准资产。

【例 3－19】 某设备生产能力为 50 000 件/年，参照设备生产能力为 30 000 件/年，重置成本为 12 000 元。设规模经济效益指数为 0.7，估测该设备的重置成本。

分析：设备的功能与价值之间呈指数关系，因此采用规模经济效益指数法评估设备的重置成本。

$$\begin{aligned}\text{资产重置成本}&=12\,000\times(50\,000\div30\,000)^{0.7}\\&=17\,159\text{（元）}\end{aligned}$$

由于功能价值类比法所选择的参照物一般为新技术条件下生产的资产，因此通过调整被评估资产与参照物之间的功能差异获得的重置成本，是已经考虑了资产功能性贬值的更新重置成本，从而在计算评估值时无需再扣减功能性贬值。

4. 统计分析法

采用成本法对企业整体资产及某一相同类型资产进行评估时，为了简化评估业务，节省评估时间，还可以采用统计分析法确定某类资产的重置成本。这种方法运用的步骤是：

（1）在核实资产数量的基础上，把全部资产按照适当标准划分为若干类别。如房屋建筑物按结构划分为钢结构、钢筋混凝土结构等，机器设备按有关规定划分为专用设备、通用设备、运输设备、仪器、仪表等。

（2）在各类资产中抽样选择适量具有代表性的资产，应用重置核算法、价格指数法或功能价值类比法等方法估算其重置成本。

（3）依据分类抽样估算资产的重置成本与账面历史成本，计算出分类资产的调整系数，其计算公式为：

$$K=R'/R$$

其中：

K——资产重置成本与历史成本的调整系数；

R′——某类抽样资产的重置成本；

R——某类抽样资产的历史成本。

（4）根据调整系数 K 估算被评估资产的重置成本，计算公式为：

被评估资产重置成本 = $\sum$某类资产账面历史成本 × K

其中，某类资产账面历史成本可从会计记录中取得。

【例 3-20】 评估某企业某类通用设备，经抽样选择具有代表性的通用设备 5 台，估算其重置成本之和为 30 万元，而该 5 台具有代表性通用设备历史成本之和为 20 万元，该类通用设备账面历史成本之和为 500 万元，估测该类通用设备的重置成本。

分析：对于某一类型资产进行评估时，可以采用统计分析法确定该类资产的重置成本。具体步骤是：首先确定调整系数 K，然后根据该类资产账面历史成本乘以 K 确定该类资产重置成本。

$K = 30 \div 20 = 1.5$

该类通用设备重置成本 = 500 × 1.5 = 750（万元）

（二）实体性贬值的估测

实体性贬值，也称有形损耗，对其的估测方法，通常有观察法、使用年限法和修复金额法等可供选择。

1. 观察法

观察法也叫成新率法，它是由具有专业知识和丰富经验的工程技术人员对被评估资产的实体各主要部位进行技术鉴定，并综合分析资产的设计、制造、使用、磨损、维护、修理、大修理、改造情况和物理寿命等因素，将评估对象与其全新状态相比较，考察由于使用磨损和自然损耗对资产的功能、使用效率带来的影响，判断被评估资产的成新率，从而估算实体性贬值的方法。其计算公式为：

资产实体性贬值 = 重置成本 ×（1 - 实体性成新率）

其中：实体性成新率 = 1 - 实体性贬值率

2. 使用年限法

使用年限法是利用被评估资产的实际已使用年限与其总使用年限的比值来判断其实体贬值率（程度），进而估测资产的实体性贬值的方法。其计算公式为：

$$资产的实体性贬值 = \frac{重置成本 - 预计残值}{总使用年限} \times 实际已使用年限$$

公式中：

（1）预计残值是指被评估资产在清理报废时净收回的金额。在资产评估中，通常只考虑数额较大的残值，若残值数额较小可以忽略不计。

（2）总使用年限指的是资产实际已使用年限与尚可使用年限之和。

总使用年限 = 实际已使用年限 + 尚可使用年限

实际已使用年限是指资产在实际使用中实际损耗的年限，与资产在使用中负荷程度以及日常保养有关。名义已使用年限是指资产从购进使用到评估时的年限。名义已使用年限可通过会计记录、资产登记簿、登记卡片查询确定。实际已使用年限与名义已使用年限的差异，可以通过资产利用率来调整。两者的调整公式如下：

实际已使用年限 = 名义已使用年限 × 资产利用率

公式中，资产利用率的计算如下：

$$资产利用率 = \frac{截至评估基准日资产累计实际利用时间}{截至评估基准日资产累计法定利用时间} \times 100\%$$

①当资产利用率 >1 时，表示资产超负荷运转，资产实际已使用年限比名义已使用年限要长。

②当资产利用率 =1 时，表示资产满负荷运转，资产实际已使用年限等于名义已使用年限。

③当资产利用率 <1 时，表示开工不足，资产实际已使用年限小于名义已使用年限。

【例 3－21】 被评估资产为企业的一台设备，评估人员收集到的有关资料如下：该设备2017 年 2 月购进，2022 年 2 月评估；该设备的重置成本为 500 000 元，其残值为 2 000 元，尚可使用 5 年；根据该设备技术指标，正常使用情况下，每天应工作 8 小时，该设备实际每天工作 5 小时。要求计算该设备的实体性贬值。

分析：采用使用年限法确定资产的实体性贬值。

资产利用率 $=[(5\times360\times5)\div(5\times360\times8)]\times100\%=62.5\%$

资产实际已使用年限 $=5\times62.5\%=3.1$（年）

资产总使用年限 $=3.1+5=8.1$（年）

资产的实体性贬值 $=(500\ 000-2\ 000)\div8.1\times3.1=190\ 592.6$（元）

实际评估中，资产利用率指标往往较难确定，需要评估人员综合分析资产的使用情况，如资产的实际开工情况、修理间隔期、原材料供应状况、电力供应状况以及是否属于季节性生产等因素后加以确定。

尚可使用年限是根据资产的有形损耗情况，预计资产的继续使用年限。

3. 修复金额法

修复金额法是根据修复资产的已损实体所需要支付的金额来判断资产实体性贬值的一种方法，也称直接价值法。此方法主要适用于具有特殊结构的可补偿性资产有形损耗率的估测。可补偿性有形损耗是指技术上可修复且经济上合理的有形损耗。

使用这种方法时，要尽可能把实体性贬值的可修复部分与不可修复部分区分开来。其中，可修复部分是可以修复而且经济上合算，而不可修复部分的实体性贬值则不能修复，或者可以修复，但在经济上不合算。对于可修复部分的实体性贬值以直接支出的金额来估算，对于不可修复的实体性贬值，则可运用上述的观察法和使用年限法来确定。可修复部分与不可修复部分的实体性贬值之和，构成被评估资产的全部实体性贬值。

（三）功能性贬值的估测

资产功能性贬值是由于技术相对落后造成的贬值，其表现形式有两种：一种是超额投资成本，另一种是超额运营成本。

1. 超额投资成本

超额投资成本是指由于新技术、新材料、新工艺不断出现，使被评估资产在原有方式下的建造成本超过了现行建造成本。它主要反映为更新重置成本低于复原重置成本。其计算公式为：

功能性贬值（超额投资成本）＝复原重置成本－更新重置成本

在资产评估中一般不刻意计算超额投资成本，往往只计算超额运营成本。因为在计算重置成本时，如果采用重置核算法或功能价值类比法，所选用的价格均为现行价格。该价格既反映了在现行物价水平下被评估资产的价格，也反映了在现有技术条件下生产该类资产的社会必要劳动时间。这说明在重置成本的计算中已将超额投资成本剔除。只有在采用价格指数法计算的重置成本中，没有考虑因劳动生产率提高而产生的超额投资成本问题时才需要考虑。

考虑超额投资成本时，要重视技术进步因素，注意替代设备、替代技术、替代产品的影响，以及行业技术装备水平现状和资产更新换代程度。

2. 超额运营成本

超额运营成本是指由于技术进步出现了新的、性能更优的设备，使被评估资产继续运营会出现超过现有技术进步的同类资产的运营成本。资产的超额运营成本主要体现在材料消耗、能源消耗、工时消耗的增加，废品率上升，产品质量下降等方面。其具体计算步骤如下：

（1）将被评估资产的年运营成本与功能相同但性能更好的新资产的年运营成本进行比较。分析资产的运营成本时，应考虑下列因素：生产效率是否提高；维护保养费用是否降低；材料消耗是否降低；能源消耗是否降低；操作工人数量是否降低。

（2）计算两者的差异，确定净超额运营成本。由于企业支付的运营成本是在税前扣除的，企业支付的超额运营成本会引起税前利润额下降，所得税额降低，使得企业负担的运营成本低于其实际支付额。因此净超额运营成本是超额运营成本扣除其抵减的所得税之后的余额。

（3）估计被评估资产的剩余寿命。

（4）以适当的折现率将被评估资产在剩余寿命内每年的净超额运营成本折现，这些折现值之和就是被评估资产的功能性贬值。

根据功能性贬值的测算步骤，其计算公式为：

功能性贬值 = ∑（被评估资产年净超额运营成本 × 折现系数）

【例 3－22】 某被评估设备，技术先进的设备比原有的陈旧设备的生产效率高，能节约工资费用。有关资料及计算结果如表 3－9 所示。

表 3－9　　被评估设备的技术资料

项　　目	技术先进设备	技术陈旧设备
月产量	10 000 件	10 000 件
单件工资	0.80 元	1.20 元
月工资成本	8 000 元	12 000 元
月差异额		4 000 元
年工资成本超支额		48 000 元
减：所得税（税率 25%）		12 000 元
扣除所得税后年净超额工资		36 000 元
资产剩余使用年限		5 年
假定折现率 10%，5 年年金折现系数		3.7908
功能性贬值额		136 469 元

（四）经济性贬值的估测

经济性贬值是由于外部环境变化引起资产闲置、收益下降等而造成的资产价值损失。引起环境变化的原因主要有：宏观经济衰退导致社会总需求不足进而影响对资产或资产所生产产品的需求，国家调整产业政策对资产所在行业的冲击，国家环保政策对资产或资产所生产产品的限制，经济地理位置变化或污染问题对不动产价值的影响等。

资产经济性贬值一般表现为两种形式：一是资产利用率的下降甚至闲置，如设备利用率下降、房屋出租率下降等；二是资产年收益额的减少。与两种表现形式相对应形成两种计算方法。

（1）间接计算法。间接计算法也叫生产能力估算法，适用于由于资产利用率下降所造成的经济性贬值的计量。计算步骤是：首先计算经济性贬值率，然后再计算经济性贬值额。其计算公式如下：

$$经济性贬值率=\left[1-\left(\frac{资产预计可被利用的生产能力}{资产原设计生产能力}\right)^{x}\right]\times100\%$$

公式中，x 为功能价值指数，实践中多采用经验数据，数值一般在 0.6 ~ 0.7 之间。

经济性贬值额 = 重置成本 × 经济性贬值率

（2）直接计算法。该方法适用于能够获得被评估资产持续存在的收益损失的计量，其计算公式如下：

经济性贬值额 = 资产年收益损失额 ×（1 - 企业所得税税率）×（P/A，r，n）

公式中，（P/A，r，n）为年金现值系数。

需要注意的是，并非每项被评估资产都需要计算经济性贬值。一般来说，只有能够单独计算收益的资产，如一个企业、一个车间、一条生产线等需要考虑在评估基准日以后、资产的寿命期内是否存在利用率降低或收益额减少的问题，这主要是基于两点考虑：一是资产评估的时点——预期性；二是评估基准日之前资产利用率问题是通过计算实际已使用年限来体现的。

【例 3-23】 某电视机生产厂家，其电视机生产线年生产能力为 10 万台，由于市场竞争加剧，该厂电视机产品销售量锐减，企业不得不将电视机生产量减至年产 7 万台。请估算该电视机生产线的经济性贬值率。评估师根据经验判断，电视机行业的生产规模效益指数为 0.6，估算生产线的经济性贬值率。

分析：估算由于资产利用率下降所造成的经济性贬值应采用间接计算法。

$$\begin{aligned}经济性贬值率&=[1-(70\ 000\div100\ 000)^{0.6}]\times100\%\\&=(1-0.81)\times100\%\\&=19\%\end{aligned}$$

又如，数据承上例，如果该电视机生产企业不降低生产量，就必须降价销售电视机。假定原电视机销售价格为 2 000 元/台，经测算每年完成 10 万台的销售量，售价需降至 1 900 元/台，即每台损失毛利 100 元。经估算，该生产线还可以继续使用 3 年，企业所在行业的平均投资报酬率为 10%，该生产线的经济性贬值计算如下：

分析：评估资产存在持续收益损失的，应采用直接计算法确定资产的经济性贬值。

$$\begin{aligned}经济性贬值&=(100\times100\ 000)\times(1-25\%)\times(P/A,10\%,3)\\&=7\ 500\ 000\times2.4869\\&=18\ 651\ 750（元）\end{aligned}$$

（五）综合成新率的估测

综合成新率是指在综合考虑资产的各种损耗后确定的成新率。它反映资产的现行价值与其全新状态重置价值的比率。通常，确定综合成新率有以下几种方法。

1. 观察法

观察法又称经验估算法，是指组织具有专业知识和丰富经验的专家和工程技术人员，对资产实体的各主要部位和功能进行技术性和经济性鉴定，并对资产所提供的产品或服务的市场前景进行分析，在综合考虑资产的实体性贬值、功能性贬值和经济性贬值的基础上，判断、确定被评估资产的尚可使用年限或成新率的方法。必要时可以组织以上若干人员独立评价，最后将各自的评价结果平均计算得出最终的结果。

2. 使用年限法

使用年限法是根据被评估资产的预计尚可使用年限与其总使用年限的比率确定综合成新率的方法。其中，预计尚可使用年限是由经验丰富的专家、工程技术人员在综合考虑资产的各项损耗后确定的。使用年限法的计算公式为：

$$综合成新率=\frac{预计尚可使用年限}{实际已使用年限+预计尚可使用年限}\times 100\%$$

3. 修复金额法

修复金额法是通过估算将被评估资产恢复到原有全新功能所需投入的修复费用占该资产重置成本的比率来确定综合成新率的方法。其计算公式为：

$$综合成新率=1-\frac{修复费用}{重置成本}\times 100\%$$

三、成本法的优缺点

（一）成本法的优点

1. 评估结果更合理

成本法比较充分地考虑了资产的各种损耗，包括实体性贬值、功能性贬值和经济性贬值，评估结果更趋于公平合理。

2. 成本法的使用范围广泛

成本法除了适用于单项资产和具有特定用途的专项资产评估外，对于那些不易计算资产未来收益、无法重置的特殊资产以及难以取得市场参照物的资产评估也可以使用此法。

（二）成本法的缺点

1. 工作量大

采用成本法进行评估时，涉及大量参数指标的计算，如资产价格变动指数、资产成新率、规模经济效益指数等，这些指标的计算工作量大、操作困难。

2. 计算难度大

各种贬值尤其是经济性贬值不易计算，难以把握，往往影响评估结论的准确性。

第四节　评估方法的选择

一、评估方法之间的关系

资产评估的市场法、收益法和成本法以及由以上三条基本评估思路衍生出来的其他评估思路，共同构成了资产评估的方法体系。资产评估的专业性质决定了构成资产评估方法体系的各种评估方法之间存在着内在联系，而各种评估方法的独立存在又说明它们有各自特点。正确认识资产评估方法之间的内在联系以及各自的特点，对于恰当地选择评估方法、高效地进行资产评估是十分重要的。

（一）资产评估方法之间的联系

评估方法是实现评估目的的手段。对于特定经济行为，在相同的市场条件下，对处在相同状态下的同一资产进行评估，其评估值应该是客观的。这个客观的评估值不会因评估人员所选用的评估方法的不同而出现截然不同的结果，是因为评估基本目的决定了评估途径和方法间的内在联系，而这种内在联系为评估人员运用多种评估方法评估同一条件下的同一资产，并且相互验证提供了理论根据。但需要指出的是，运用不同的评估方法评估同一资产，必须保证评估目的、评估前提、被评估对象状态的一致，以及运用不同评估方法所选择的经济技术参数合理。

由于资产评估工作基本目标的一致性，在同一资产的评估中可以采用多种方法，如果使用这些方法的前提条件同时具备，而且评估师也具备相应的专业判断能力，那么，多种方法得出的结果应该趋同。如果采用多种评估方法得出的结果出现较大差异，可能的原因有：

（1）某些评估方法的应用前提条件不具备；

（2）分析过程有缺陷；

（3）结构分析有问题；

（4）某些支撑评估结果的信息依据出现失真；

（5）评估师的职业判断有误。

建议评估师为不同评估方法建立逻辑分析框图，通过对比分析，有利于问题的发现。评估师在发现问题的基础上，除了对评估方法作出取舍外，还应该分析问题产生的原因，并据此研究解决问题的对策，以便最后确定评估价值。

（二）资产评估方法之间的区别

1. 评估思路不同

市场法的评估是按照市场同类资产类比的思路，即在比较被评估资产与近期已发生产权交易的参照物资产差异的基础上，将参照物资产的成交价格进行差异调整，从而确定被评估资产价值。市场法侧重于“现在”时点——近期参照物资产的成交价格。

收益法的评估是按照收益还原和以利求本的思路，即估测被评估资产未来预期收益并折算成现值，从而确定被评估资产价值。收益法侧重于“将来”时点——未来收益的获得。

成本法的评估是按照资产再取得思路，即在估算被评估资产的重置价值后，再扣除从资产的形成并开始投入使用至评估基准日这段时间内所产生的实体贬值和功能贬值以及未来的经济贬值，从而确定被评估资产价值。成本法侧重于“过去”时点——历史成本的构成。

资产评估三大方法与“时点”的关系如图 3－2 所示。

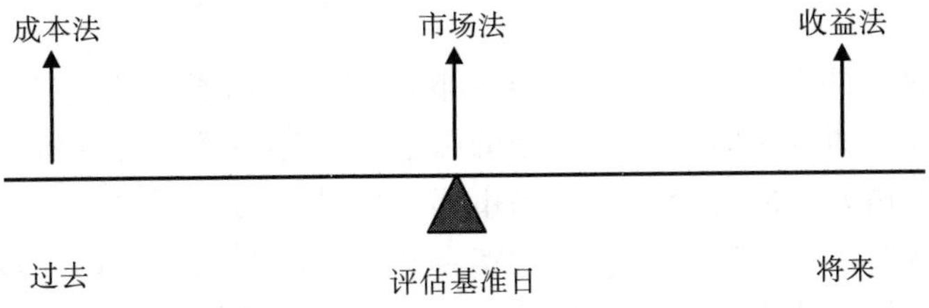

图 3－2 资产评估三大方法与“时点”的关系

2. 前提条件不同

运用市场法进行资产评估需要满足两个基本的前提条件：一是评估对象的可比参照物具有公开的市场，以及活跃的交易；二是有关交易的必要信息可以获得，即参照物及其与评估对象可比较的技术参数指标等资料是可以收集到的。

应用收益法必须具备三个前提条件：一是被评估资产的未来预期收益能够预测并能以货币形式进行量化；二是获得未来预期收益所承担的风险可以测算并能以货币形式进行量化；三是被评估资产获取未来预期收益的期限能够预测。

采用成本法评估资产的前提条件包括以下三个方面：一是评估对象能正常使用或在用；二是评估对象能够通过重置途径获得；三是评估对象的重置成本以及相关贬值能够合理估算。

3. 适用范围不同

市场法适用广泛，主要适用于公开交易的资产评估业务。但下列情况不宜采用市场法：其一，因资产具有特定用途或性质特殊很少在公开市场出售，以致没有公开市场价格的资产，如专用机器设备或无法重置的特殊设备；其二，对于大多数的无形资产而言，因其具有保密性、不确定性及不可重复性等特点，所以其交易价格资料往往不对外公开，评估人员无法收集其价格资料，因此不宜采用市场法。

收益法的应用范围较小，主要适用于企业整体价值的评估，或者能预测未来收益的单项资产或无法重置的特殊资产的评估活动。如企业整体参与的股份经营、中外合资、中外合作、兼并、重组、分立、合并均可采用收益法。此外，可以单独计算收益的房地产、无形资产也可应用此法。收益法不适用于无收益或风险不明的资产评估。

成本法主要适用于一切以资产重置、补偿为目的的资产业务。具体而言，除单项资产和特殊用途资产外，对那些不易计算未来收益的特殊资产以及难以取得市场参照物的资产评估业务都可用此法进行评估。成本法不适用于历史资料不全、价值不取决于成本以及随着时间的推移不具有贬值因素的资产评估。

4. 影响因素不同

市场法主要受被评估资产市场发育程度、供求关系及质量因素影响。收益法主要受未来预期收益、折现率和收益期限的影响。成本法主要受重置成本、各种贬值因素及成新率的影响。

二、评估方法的选择

评估人员在执行资产评估业务的过程中，选择评估方法会受到多种因素的影响，如评估目的、评估对象自身的条件、价值类型、掌握的数据资料等。评估人员选择评估方法时应注意以下因素：

1. 要与评估目的、市场条件、评估对象的状态以及价值类型相适应

评估目的是选择评估方法时首先要考虑的因素，对评估目的的分析判断是评估师选择评估方法的第一步。评估方法的选择还受不同市场条件的制约，不同评估方法对市场条件的要求不同。评估机构需要根据不同评估对象的特点和所处的市场条件选择最能客观反映资产价值的评估方法。资产的价值类型也决定评估方法的选择和使用，不同评估方法体现资产不同价值类型或价值属性，也必然形成不同的评估结果。

2. 受评估对象的类型等因素制约

对各种类型的资产进行评估时，评估方法的选择是有顺序和侧重的。在评估时首先应区别被评估资产是单项资产还是整体资产；是有形资产还是无形资产；是通用性资产还是专用性资产；是可以复制的劳动创造的资产，还是不可复制的资源性资产。如机器设备按照成本法能获得可靠充分的数据，较适宜采用成本法；无形资产更能满足收益法的评估思路和前提条件，一般优先选用收益法评估；如果在成熟发达的市场条件下，更易获得可比的参照物，可优先采用市场法评估。对于既无市场参照物，又无经营记录的资产，只能选择成本法进行评估。

3. 受评估方法运用所需的数据资料及主要经济技术参数能否收集的制约

采取某种评估方法时，应考虑所需的数据资料及主要经济技术参数的获取可能性。资产评估的过程，实际上就是对资料的收集、整理、分析和处理的过程。在评估方法运用方面，西方评估机构采用更多的是市场法。但在我国，由于受到市场发育不完善的限制，市场法的运用无论是从广度，还是使用效率方面都远远落后于其他成熟的市场经济国家的水平。采用收益法时，应分析企业的历史收益水平，其所在行业的资金收益率，企业的现实经营状况等足以影响企业未来预期收益的因素。因此，评估人员应根据可获得的资料，以及经过努力能收集到的资料的满足程度来选择适当的评估方法。就资产评估来说，评估方法的科学性还依赖于方法运用中指标参数的正确确定。

4. 尽可能选用多种评估方法

各种资产评估方法各有其特点和付诸实现的条件。这种条件界定了它们各自的适用范围，而各自的特点又能起到互相验证或分析、修正某些误差因素的作用。这样，多种评估方法的使用不但可以拓展评估的可行性，还可以从不同的角度验证评估结果的合理性，提高评估的准确性。同时，采用多种方法评估，如果某种方法的评估结果有较大差异，有利于评估人员分析评估过程中存在的失误，找出原因，使得对评估对象的价值认识更准确。

总之，在评估方法的选择过程中，应注意因地制宜和因事制宜，不可机械地按某种模式或某种顺序进行选择。但是，不论选择哪种方法进行评估，都应保证评估目的、评估时所依据的各种假设和条件与评估所使用的各种参数数据及其评估结果在性质和逻辑上的一致。尤其是在运用多种方法评估同一评估对象时，更要保证每种评估方法运用中所依据的各种假设、前提条件、数据参数的可比性，以便能够确保运用不同评估方法所得到的评估结果的可比性和相互可验证性。

课程思政要点

通过对《资产评估执业准则——资产评估方法》（中评协〔2019〕35 号）的学习，深

化学生对各种评估方法技术参数、适用性等的理解，运用现代评估技术处理相关评估问题，培养学生良好的人文素养、科学精神和多学科交融的创新思维。

本章练习

一、单项选择题

1. 超额运营成本带来的资产功能性贬值的计算公式为：被评估资产功能性贬值额 = Σ（被评估资产年净超额运营成本 × 折现系数）。其中，净超额运营成本是（　　）。

A. 超额运营成本乘以折现系数所得的数额

B. 超额运营成本扣除其抵减的所得税以后的余额

C. 超额运营成本扣除其抵减的所得税以后的余额乘以折现系数的所得额

D. 超额运营成本加上其应抵减的所得税额

2. 对被评估的机器设备进行模拟重置，按现行技术条件下的设计、工艺、材料、标准、价格和费用水平进行核算，这样求得的成本称为（　　）。

A. 更新重置成本　　B. 复原重置成本

C. 完全重置成本　　D. 实际重置成本

3. 某评估机构采用收益法对一项长期股权投资进行评估，假定该投资每年纯收益为 30 万元且固定不变，资本化率为 10%，则该项长期股权投资的评估值为（　　）。

A. 200 万元　　B. 280.50 万元　　C. 300 万元　　D. 350 万元

4. 已知某类设备的价值与功能之间存在线性关系，重置类似全新机器设备一台，其价值为 4 万元，年产量为 4 000 件，现知被评估资产年产量为 3 000 件，则其重置成本为（　　）。

A. 3 万元　　B. 4 万元

C. 3 万元至 4 万元　　D. 无法确定

5. 评估机器设备一台，三年前购置，据了解该设备尚无替代产品。该设备账面原值 10 万元，其中买价 8 万元，运输费 0.4 万元，安装费用（包括材料）1 万元，调试费用 0.6 万元。经调查，该设备现行价格 9.5 万元，运输费、安装费、调试费分别比三年前上涨 40%、30%、20%。该设备的重置成本是（　　）。（保留两位小数）

A. 12.08 万元　　B. 10.58 万元　　C. 12.58 万元　　D. 9.50 万元

6. 2022 年 1 月评估设备一台，该设备于 2018 年 12 月购建，账面原值为 20 万元，2020 年年底进行一次技术改造，改造费用（包括增加设备）2 万元。若定基物价指数 2018 年为 1.05，2020 年为 1.20，2021 年为 1.32。则该设备的重置成本是（　　）。

A. 22 万元　　B. 27.34 万元　　C. 27.43 万元　　D. 29.04 万元

7. 评估资产为一台年产量为 8 万件甲产品的生产线。经调查，市场现有类似生产线成本为 25 万元，年产量为 15 万件。如果规模经济指数为 0.7 时，则该设备的重置全价为（　　）。

A. 19.20 万元　　B. 17.35 万元　　C. 24 万元　　D. 16.10 万元

8. 某待估设备重置成本为 27 万元，经查阅，已使用 4 年，评估人员经分析后确定该设备尚可使用 5 年，那么它的实体性贬值额为（　　）。

A. 10 万元　　B. 12 万元　　C. 15 万元　　D. 18 万元

9. 某项专用技术预计可用 5 年，预测未来 5 年的收益分别为 40 万元、42 万元、44 万元、45 万元、46 万元，假定折现率为 10%，则该技术的评估价值为（　　）。

A. 217 万元　　B. 155.22 万元　　C. 150.22 万元　　D. 163.43 万元

10. 假定某企业长期负债占全部投入资本的比重为 20%，自有资金的比重为 80%，长期负债的平均利息率为 9%，社会无风险报酬率为 4%，该企业风险报酬率为 12%，则利用加权平均资本成本模型求得其资本化率为（　　）。（不考虑企业所得税的影响）

A. 15%　　B. 13.2%　　C. 14.6%　　D. 12.6%

11. 已知水泥厂的价值与功能之间呈指数关系，功能价值指数为 0.7，已知作为参照物的水泥厂 A 年生产能力为 1 000 万吨，价值为 4 亿元，作为评估对象的水泥厂 B 年生产能力为 2 000 万吨，由此可确定评估的水泥厂 B 的价值应该是（　　）。

A. 大于 8 亿元　　B. 小于 8 亿元　　C. 等于 8 亿元　　D. 小于 4 亿元

12. 采用收益法评估资产时，各指标存在的关系是（　　）。

A. 资本化率越高，收益现值越低

B. 资本化率越高，收益现值越高

C. 资产未来收益期对收益现值没有影响

D. 资本化率和收益现值无关

13. 一项科学技术进步较快的资产，采用物价指数法往往会比采用重置核算法估算的重置成本（　　）。

A. 高　　B. 低　　C. 相等　　D. 不能确定

二、多项选择题

1. 价格指数法通常是用于（　　）的机器设备的重置成本估测。

A. 技术进步速度不快　　B. 技术进步因素对设备价格影响不大

C. 技术进步因素对设备价格影响很大　　D. 单位价值较小的自制设备

E. 价值量较大的设备

2. 资产评估中不能采用会计学中的折旧年限来估算成新率是因为（　　）。

A. 会计计价是由企业会计进行的，而资产评估是由企业以外的评估人员进行的

B. 会计学中的折旧年限是对某一类资产作出的会计处理的统一标准，对同一类资产具有普遍性和同一性，而资产评估中的成新率则具有特殊性和个别性

C. 会计学中修理费的增加不影响折旧年限，而资产评估中修理费的增加会影响资产的成新率

D. 会计学中的折旧年限未考虑同一类资产中个别资产之间在使用频率、保养和维护等方面的差异

E. 会计学中的折旧年限是按照折旧政策确定的，而成新率反映了资产实际的新旧程度

3. 应用市场法必须具备的前提条件有（　　）。

A. 评估对象的可比参照物具有公开的市场，以及活跃的交易

B. 必须具有与被评估资产相同或相类似的全新资产价格

C. 可收集到参照物及其与被评估资产可比较的指标、技术参数

D. 被评估资产未来收益能以货币衡量

E. 被评估资产所面临的风险能够衡量

4. 造成资产经济性贬值的主要原因有（　　）。

A. 该项资产技术落后

B. 该项资产生产的产品需求减少

C. 社会劳动生产率提高

D. 政府公布淘汰该类资产的时间表

E. 市场对该项资产的需求下降

5. 下列有关收益法参数的说法中，正确的有（　　）。

A. 运用收益法涉及的参数主要有三个：收益额、折现率和收益期限

B. 收益额是资产的现实收益额

C. 折现率是一种风险报酬率

D. 收益期限是指资产具有获利能力持续的时间，通常以年为时间单位

E. 收益额是资产未来的实际收益额

三、判断题

1. 用于资产评估的收益额是资产的客观收益，而不是资产的实际收益。（　　）

2. 用于资产评估的收益额是资产的未来收益额，而不是资产的历史收益额。（　　）

3. 折现率和资本化率从本质上讲是没有区别的。（　　）

4. 运用市场法评估时，为了减少评估人员的工作量，一般只要求选择一个参照物。（　　）

5. 采用成本法进行资产评估时，其实体性贬值与会计上的折旧是一样的。（　　）

6. 成本法主要适用于继续使用前提下的资产评估。（　　）

7. 资产评估中，可采用观察法对资产的实体性贬值进行估算。（　　）

8. 为节省资源和减少污染，政府规定年产 1 万吨以下的造纸厂必须关闭，由此造成年产 1 万吨以下企业的设备产生贬值，这种贬值属于功能性贬值。（　　）

四、计算题

1. 被评估机组为 5 年前购置，账面价值 20 万元，评估时该类型机组已不再生产，被新型机组所取代。经调查和咨询了解到，在评估时点，其他企业购置新型机组的价格为 30 万元，专家认定被评估机组与新型机组的功能比为 0.8，被评估机组尚可使用 8 年。假定其他费用可以忽略不计。

要求：试根据所给条件计算下列数值：

（1）估测该机组的现时全新价格；

（2）估算该机组的成新率；

（3）估算该机组的评估值。

2. 某台机床需评估，企业提供的购建成本资料如下：该设备采购价 5 万元，运输费 0.1 万元，安装费 0.3 万元，调试费 0.1 万元，已服役 2 年。经市场调查得知，该机床在市场上仍很流行，且价格上升了 20%；铁路运价近两年提高了 1 倍，安装的材料和工费上涨幅度加权计算为 40%，调试费用上涨了 15%。试评估该机床原地续用的重置全价。

3. 现有一台与评估资产 X 设备生产能力相同的新设备 Y，使用 Y 设备比 X 设备每年可

节约材料、能源消耗和劳动力等约60万元。X设备的尚可使用年限为5年，假定年折现率为10%，该企业的所得税税率为25%，求X设备的超额运营成本。

4. 某上市公司欲收购一家企业，需对该企业的整体价值进行评估。已知该企业在今后保持持续经营，预计前五年的税前净收益分别为40万元、45万元、50万元、53万元和55万元；从第六年开始，企业进入稳定期，预计每年的税前净收益保持在55万元。折现率与资本化率均为10%，企业所得税税率为25%，试计算该企业的评估值是多少？

5. 某企业2019年6月1日购入挖掘机一台，评估人员准备对该挖掘机2022年6月1日的价值进行评估。通过对该设备考察以及对市场同类设备交易情况的了解，选择了两个与被评估设备相类似的近期成交的设备作为参照物，参照物与被评估设备的有关资料如下表所示：

序号	经济技术参数	计量单位	参照物A	参照物B	被评估对象
1	交易价格	元	600 000	700 000	
2	销售条件		公开市场	公开市场	公开市场
3	交易时间		2021年12月1日	2022年3月1日	
4	生产能力	立方米/年	50 000	58 000	55 000
5	已使用年限	年	9	9	9
6	尚可使用年限	年	12	12	12
7	成新率	%	60	70	70

另据调查：评估基准日前一年，每个月同类设备价格变化情况是每月平均上升0.5%左右；设备的功能与其市场售价呈正比例关系。

试用市场法评估该挖掘机在2022年6月1日的价值。

五、简答题

1. 运用市场法、成本法和收益法的前提条件各是什么？
2. 资产评估专业人员在选择评估方法时应考虑哪些因素？

第四章

资产评估程序

本章教学目的与要求

通过本章的学习，学生应了解资产评估程序的基本概念，理解资产评估程序的重要作用，掌握资产评估的具体步骤和操作环节，领会执行资产评估程序的基本要求。

本章教学重点与难点

资产评估的具体步骤和操作环节。

参考课时

3 课时。

教学方法与手段

课堂讲授。

第一节　资产评估程序及其作用

一、资产评估程序及其主要环节

资产评估程序是指资产评估机构和评估人员执行资产评估业务、形成资产评估结论所履行的系统性工作步骤。资产评估程序由具体的工作步骤组成，不同的资产评估业务由于评估对象、评估目的、评估资料收集情况等相关条件的差异，可能需要执行不同的资产评估具体程序或工作步骤，但资产评估基本程序是相同或相通的，可以适用丁各种类型的资产评估业务。

评估程序从不同角度去理解，有狭义和广义之分。狭义的资产评估程序开始于资产评估机构和评估人员接受委托，终止于向委托人或相关当事人提交资产评估报告书。广义的资产评估程序（资产评估基本程序）开始于承接资产评估业务前的明确资产评估基本事项环节，终止于资产评估报告书提交后的资产评估文件归档管理。

资产评估具体程序或工作步骤的划分取决于资产评估机构和评估人员对各资产评估工作步骤共性的归纳，资产评估业务的性质、复杂程度也是影响资产评估具体程序的重要因素。根据各工作步骤的重要性，资产评估程序通常包括以下主要环节：

（1）接受资产评估委托，明确相关事项；（2）签订资产评估业务委托合同；（3）编制资产评估作业计划；（4）资产勘察；（5）收集整理资产评估资料；（6）评定估算形成结论；（7）编制和提交资产评估报告书；（8）整理归集评估档案。

二、履行资产评估程序的重要性

长期以来，由于我国资产评估发展的特殊性，我国资产评估界对资产评估程序没有引起足够的重视，往往将《国有资产评估管理办法》中所确定的申请立项、资产清查、评定估算、验证确认等国有资产评估管理程序作为资产评估程序，没有反映出资产评估程序的本质属性。资产评估程序应当以资产评估机构和评估人员为主体，反映资产评估机构和评估人员为执行资产评估业务、形成资产评估结论所必须履行的系统性工作步骤。履行资产评估程序的重要性表现在：

1. 资产评估程序是规定资产评估行为、提高资产评估业务质量和维护资产评估服务公信力的重要保证

资产评估机构和评估人员接受委托，不论执行何种资产类型、何种评估目的的资产评估业务，都应当履行必要的资产评估基本程序，按照工作步骤有计划地进行资产评估。这样做不仅有利于规范资产评估机构和评估人员的执业行为，而且能够有效地避免在执行具体资产评估业务中可能出现的程序上的重要疏漏，切实保证资产评估业务质量。履行资产评估程序对于提高资产评估机构业务水平乃至资产评估行业整体业务水平具有重要意义。

2. 资产评估程序是相关当事方评价自查评估服务的重要依据

资产评估服务会引起许多相关当事方的关注，包括委托人、资产占有方、资产评估报告使用人、相关利益当事人、司法部门、证券监督及其他行政监督部门、资产评估行业主管协会以及社会公众、新闻媒体等。是否履行资产评估程序不仅是衡量资产评估机构和评估人员执行资产评估业务是否规范的重要标准，也为上述相关当事方提供了评价资产评估服务的依据，同时，也是委托人、司法和行政监管部门及资产评估行业协会监督资产评估机构和评估人员的主要依据。

3. 恰当执行资产评估程序是资产评估机构和评估人员防范执业风险、保护自身合法权益、合理抗辩的重要手段之一

从目前的实际情况来看，资产评估机构和评估人员与其他当事人之间就资产评估服务引起的纠纷和法律诉讼越来越多。资产评估机构和评估人员在履行必要资产评估程序方面是否存在疏漏，已经成为司法部门追究资产评估机构和评估人员责任的重要方面。因此，恰当履行资产评估程序是资产评估机构和评估人员防范执业风险的主要手段，也是在产生资产评估纠纷或诉讼后，合理保护自身权益、合理抗辩的重要手段之一。

第二节　资产评估程序的具体步骤

资产评估程序的具体步骤与基本内容主要体现在八个环节中，分别是：

一、接受资产评估委托，明确相关事项

接受资产评估委托是资产评估程序的第一个环节。包括签订资产评估业务委托合同以前

的一系列基础性工作，如对资产评估项目进行风险评价、明确与承接的资产评估项目有关的重要事项等。由于资产评估专业服务的特殊性，资产评估程序甚至在委托人委托资产评估机构、资产评估机构接受委托前就已开始。资产评估机构和评估人员在接受资产评估业务委托之前，应当采取与委托人等相关当事人讨论、阅读基础资料、进行必要的初步调查等方式，与委托人等相关当事人共同明确以下资产评估业务重要事项：

1. 接受委托应满足的基本要求

资产评估机构及其评估人员在受理或接受资产评估业务或委托时应严格遵守资产评估职业道德和行为规范的要求，着重注意以下几个方面：

（1）资产评估机构和评估人员不能利用主管部门或行政机关的权力，对行业、地区的评估业务进行垄断；

（2）不应以个人的名义接受委托，应该以资产评估机构的名义接受委托；

（3）资产评估机构和评估人员不得通过诋毁、贬低同行信誉等不正当手段获得评估业务；

（4）评估机构和评估人员不得通过降低收费标准或以不切实际的承诺承揽业务；

（5）评估机构和评估人员应保持形式和实质上的独立；

（6）评估机构和评估人员不能同时为多个评估目的及要求而对同一资产进行评估；

（7）评估机构及其评估人员应充分了解评估对象、评估目的和评估范围；

（8）评估机构及其评估人员应充分分析评估业务风险，正确判断自身的执业能力，不得承揽无力完成的评估业务；

（9）按照能力原则受理评估业务并与委托人签订资产评估业务委托书；

（10）资产评估机构在接受委托前应赴现场进行必要的勘察，以便明确评估工作量、工作时间和收费标准等基本事宜。

2. 接受委托前需明确的基本事项

（1）资产评估目的及评估报告的期望用途。资产评估机构和评估人员应当与委托方就资产评估目的达成明确、清晰的共识，并尽可能细化资产评估目的，说明资产评估业务的具体目的和用途，并在可能的情况下要求委托方明确资产评估报告的期望用途和使用人。

（2）资产评估对象的基本状况。资产评估机构和评估人员应了解评估对象及其权益基本状况，包括其法律、经济和物理状况，如资产类型、规格型号、结构、数量、购置（生产）年代、生产（工艺）流程、地理位置、使用状况、企业名称、住所、注册资本、所属行业、在行业中的地位和影响、经营范围、财务和经营状况等。资产评估机构和人员应当特别了解有关评估对象权利受限状况。

（3）资产评估结果的价值类型。资产评估机构和评估人员应当在明确资产评估目的的基础上，恰当确定资产评估结果的价值类型，并确信所选择的价值类型适用于资产评估目的及评估报告的期望用途。

（4）资产评估基准日。资产评估机构和评估人员应当明确资产评估基准日，并确信资产评估基准日有利于资产评估结论有效地服务于资产评估目的，减少和避免不必要的资产评估基准日期后事项。

（5）资产评估工作作业时间。评估机构和评估人员应对评估工作有个合理的判断，并与委托方进行沟通，以明确本次评估工作的具体时间安排。

（6）资产评估是否有限制条件。资产评估机构和评估人员在接受委托前还须与委托方进行沟通，了解本次资产评估是否有可能影响评估过程和结论的限制条件，以判断能否接受委托和怎样接受委托。

（7）资产评估收费标准和收费方式。资产评估机构在接受评估委托前应与委托方协商资产评估收费标准和收费方式，对评估对象价值量小而评估工作量大的项目可要求委托方按评估项目的实际工作量支付评估费用。

（8）其他需要明确的重要事项。资产评估机构和评估人员在明确上述资产评估基本事项的基础上，应当分析下列因素，确定是否承接资产评估项目：一是进行风险评价，分析资产评估项目的执业风险；二是分析资产评估机构和人员的专业胜任能力及相关经验；三是分析资产评估机构和评估人员的独立性，确认与委托人成相关当事方是否存在现实或潜在利益冲突。

二、签订资产评估业务委托合同

资产评估业务委托合同是在资产评估机构明确了上述基本事项并对评估项目作出风险评价之后，资产评估机构与委托人共同签订的，以确认资产评估业务的委托与受托关系，明确委托目的、被评估资产范围及双方权利义务等相关重要事项的合同。

根据我国资产评估行业现行的有关规定，资产评估师承办资产评估业务，应当由其所在的资产评估机构统一受理并与委托人签订书面资产评估业务委托合同。资产评估师不得以个人名义签订资产评估业务委托合同。资产评估业务委托合同应当由资产评估机构和委托方双方的法定代表人或其授权代表签订，资产评估业务委托合同应当内容全面具体，含义清晰准确，符合国家法律、法规和资产评估行业管理规定。具体应包括以下基本内容：

（1）资产评估机构和委托方名称；（2）资产评估目的；（3）资产评估对象；（4）资产评估基准日；（5）出具资产评估报告的时间要求；（6）资产评估报告使用范围；（7）资产评估收费；（8）双方的权利和义务及违约责任；（9）签约时间；（10）双方认为应当约定的其他重要事项。

【案例 4 – 1】

资产评估业务委托合同参考格式

索引号：G1 – 3

编号：皖__评委字（2022）第　　号

资产评估业务委托合同

甲方：

乙方：安徽××资产评估有限公司

年　　月　　日

委托方：（以下简称甲方）
住所：
法定代表人：联系人：
电话：传真：

受托方：安徽××资产评估有限公司（以下简称乙方）
住所：安徽省××市××路××号
法定代表人：联系人：
开户行：××银行××支行
账号：
电话：传真：

甲方委托乙方，对________拟______而涉及的____进行评定估算。

甲乙双方根据国家有关规定，为使资产评估工作顺利进行，明确双方的责任和义务，经协商一致，签定本业务委托合同。

第一条　评估目的、价值类型、评估对象及范围、评估基准日、评估报告使用者

1. 评估目的：本次评估目的是对________拟___而涉及的____在评估基准日的市场价值作出反映，为该事宜提供价值参考。

2. 价值类型：本次评估选取的价值类型为市场价值类型，是指自愿买方和自愿卖方在各自理性行事且未受任何强迫的情况下，评估对象在评估基准日进行正常公平交易的价值估计数额。

3. 评估对象及范围：

（1）本项目评估对象为：________拟____而涉及的____，以甲方提供填报的《资产评估明细表》为准。

（2）本项目评估范围为：上述评估对象涉及的____，以甲方提供填报的《资产评估明细表》为准。

4. 评估基准日：本次评估基准日为____年___月___日。

5. 评估报告使用者：本项目评估报告使用者为甲方及搬迁过程中所涉及的相关部门，除本委托合同约定的及法律法规规定的评估报告使用者外，本项目无其他评估报告使用者。

第二条　甲方的责任和义务

1. 甲方或者产权持有者应保护资产的安全、完整，于___年__月__日前为乙方开展资产评估业务及时提供符合规范要求的资料，应当对其提供的评估明细表及相关证明材料以签字、盖章或者其他方式进行确认。

2. 应当根据评估业务需要，为乙方在现场工作期间提供必要的人员配合、工作、食宿、交通等条件，负责乙方资产评估师与相关当事方之间的协调。

3. 遵照本业务委托合同支付评估费用。

4. 未征得乙方同意，本资产评估报告书的内容不得被摘抄、引用或披露于公开媒体，国家法律、法规另有规定以及相关当事方另有约定的除外。

5. 根据《资产评估基本准则》的规定，遵守相关法律、法规和资产评估准则，提供必要的资料并保证所提供资料的真实性、合法性、完整性，恰当使用评估报告是甲方和相关当事方的责任。

第三条　乙方的责任和义务

1. 按约定的评估目的进行资产评估，并对资产评估报告书的真实性、合法性负责。

2. 在甲方提供完整资料的基础上，乙方于______年____月____日出具符合法律法规要求的资产评估报告书____份。

3. 对在资产评估过程中知悉的______商业秘密保密。

4. 未经甲方书面许可，乙方及其本项目资产评估师不得将资产评估报告书的内容向第三方提供或者公开，国家法律、法规另有规定的除外。

5. 根据《资产评估基本准则》的规定，遵守相关法律、法规和资产评估准则，对评估对象在评估基准日特定目的下的价值进行分析、估算并发表专业意见，是资产评估师的责任。

第四条　评估费用及支付方式

本项目评估费用为人民币__________整（¥______元）。在乙方进驻开展评估工作时，甲方支付给乙方人民币__________整；在乙方提供本项目资产评估报告书时，甲方支付给乙方人民币______________整。

第五条　资产评估报告书的使用范围与责任

1. 资产评估报告书仅供甲方和本业务委托合同约定的其他评估报告使用者使用，法律法规另有规定的除外。

2. 乙方及其本项目资产评估师对甲方和其他评估报告使用者不当使用评估报告所造成的后果不承担责任。

第六条　约定事项的变更

1. 因甲方原因造成评估业务中止时，甲方应按乙方已完成的工作量支付相应的评估服务费，具体费用及支付方式由甲乙双方另行协商约定。

2. 当评估程序所受限制对与评估目的相对应的评估结论构成重大影响时，乙方可以中止履行业务委托合同；相关限制无法排除时，乙方可以解除业务委托合同；业务委托合同解除时，甲方应按乙方已完成的工作量支付相应的评估服务费，具体费用及支付方式由甲乙双方另行协商约定。

3. 本业务委托合同签订后，甲乙双方发现相关事项约定不明确，或者履行评估程序受到限制需要增加、调整约定事项的，可以协商对业务委托合同相关条款进行变更，并签订补充协议或者重新签订业务委托合同。

4. 本业务委托合同签订后，评估目的、评估对象、评估基准日发生变化，或者评估范围发生重大变化，甲乙双方应签订补充协议或者重新签订业务委托合同。

5. 由于出现不可预见情况，影响资产评估工作如期完成，甲乙双方可要求变更约定事项，但应及时通知对方，并由双方协商解决。

第七条　违约责任及争议解决

1. 甲乙双方按照《中华人民共和国民法典》的规定承担违约责任，因不可抗力无法履行业务委托合同的，根据不可抗力的影响，部分或者全部免除责任，法律另有规定的除外。

2. 本业务委托合同履行过程中发生的争议，由甲乙双方协商解决或申请调解解决；协商或调解不成的，按照下列第________种方式解决：

（1）提交当地仲裁委员会仲裁。（2）依法向人民法院起诉。

第八条　其他事项

1. 本业务委托合同未尽事宜，可由甲乙双方协商后签定书面补充协议书，作为本业务委托合同附件，与本业务委托合同具有同等法律效力。

2. 本业务委托合同____式__份，甲乙双方各执____份，并具有同等法律效力。

3. 本业务委托合同自甲乙双方签字盖章之日起生效。

甲方：	乙方：安徽××资产评估有限公司
法定代表人：	法定代表人：
或授权代表：	或授权代表：
年　月　日	年　月　日

三、编制资产评估作业计划

资产评估作业计划是对资产评估具体作业过程中的每个工作步骤以及时间和人力进行规划和安排。资产评估作业计划是资产评估机构和评估人员为完成资产评估业务拟定的技术思路和实施方案。编制合理有效的资产评估作业计划，对合理安排工作量、工作进度、专业人员调配、按时完成资产评估业务具有重要意义。

由于资产评估项目千差万别，资产评估计划也不尽相同，其详略程度取决于资产评估业务的规模和复杂程度。资产评估机构和评估人员应当根据所承接的具体资产评估项目情况，编制合理的资产评估计划，并根据执行资产评估业务过程中的具体情况，及时修改、补充资产评估计划。

资产评估作业计划应当涵盖资产评估工作的全过程，资产评估作业计划编制过程中应当同委托人等就相关问题进行洽谈，以便资产评估作业计划各环节和各步骤的实施，并报经资产评估机构负责人审核批准。编制资产评估作业计划应当重点考虑以下因素：

（1）资产评估目的和资产评估对象状况对资产评估技术路线的影响及评估机构的对策措施安排；

（2）资产评估业务风险、资产评估项目的规模和复杂程度对评估人员安排及其构成的要求，限定评估精度以及对评估风险的估计及控制措施；

（3）资产评估项目所涉及资产的结构、类别、数量及分布状况对资产清查范围和清查精度的要求；

（4）评估项目对相关资料收集的要求及具体安排；

（5）委托人或资产占有方过去委托资产评估的经历、诚信状况及提供资料的可靠性、完整性和相关性，判断评估项目的风险及对应措施安排；

（6）资产评估途径和方法的选择及基本要求；

（7）评估中可能出现的疑难问题及专家利用；

（8）评估报告撰写的要求以及委托方制定的特别分类或披露要求。

四、资产勘察

资产评估机构和评估人员执行资产评估业务，应当对评估对象进行必要的勘察，包括对不动产和其他实物资产应当进行必要的现场勘察。进行资产勘察不仅是基于资产评估人员勤勉尽责义务的要求，同时也是资产评估程序和操作的必经环节，有利于资产评估机构和人员全面、客观地了解评估对象，核实委托方和资产占有方提供资料的可靠性，并通过在资产勘察过程中发现的问题、线索，有针对性地开展资料收集、分析工作。资产评估人员应在资产勘察前与委托方进行必要的沟通，以便在不影响委托方正常工作的前提下进行资产勘察。资产评估人员应根据被评估资产的特点和委托方的时间安排选择恰当的方式进行资产勘察。

勘察核实资产是在委托方自查的基础上，以委托方提供评估登记表或评估申报明细表为准，对委托评估资产进行核实和鉴定。

1. 资产勘察的目的

资产勘察是资产评估准备工作中的重要一环，其目的主要在于：

（1）确定委托评估资产是否存在，以及合法性和完整性；

（2）确定委托评估资产与账簿、报表的一致性；

（3）收集委托评估所需的有关数据资料。

2. 资产勘察的主要内容

（1）了解企业财务会计制度；

（2）了解企业内部管理制度，重点是企业的资产管理制度；

（3）对企业申报的资产清单进行初审；

（4）对企业申报的各项资产进行核实；

（5）对企业申报的各项资产的产权进行验证，确认其合法性；

（6）对企业申报评估的资产中用于抵押、担保、租赁等特殊用途的资产进行核查；

（7）对勘察中发现申报有误的资产，根据勘察结果和有关制度规定进行勘察调整；

（8）收集评估相关资料。

3. 资产勘察的基本要求

（1）关于资产勘察范围的要求。资产勘察的范围是以委托方委托评估资产的范围为准，特别要注意委托方委托评估资产中包括的其自身占用以外的部分，如分公司资产、异地资产以及租出资产等，不能将这部分资产遗漏，它们也应包括在勘察之列。

（2）关于资产勘察的程度要求。关于资产勘察的程度应根据不同种类的资产繁简有别，具体情况可参考以下要求：

对于建筑物要逐栋逐幢进行勘察核实，并了解其使用、维修和现状以及做好勘察记录。建筑物的产权证明是核查中必不可少的项目。

对于机器设备，主要看评估对象的数量，对于项目较小、设备数量不多的情况，要对待估设备逐一核查。如果评估项目较大、设备种类繁多、数量较多时，可先按 ABC 分类法找出评估重点，对 A 类设备要逐一核查并作技术鉴定；对 B 类设备也应尽量逐一核查；对 C 类设备可采取抽样核查。

对流动资产的核查程度与委托方的管理水平和自查的程度有关。对于企业管理水平较高，自查比较彻底的，对流动资产一般采用随机抽样法进行核查并做好抽查记录。按照现行规定，流动资产抽查的数量应达到国家规定的比例。如对存货进行抽查，抽查数量应达40%以上，价值比例达60%以上，其中残次、变质、积压及待报废的应逐项核查。

对于无形资产、长期投资等资产要逐笔核查。涉及评估净资产的，要对负债进行逐笔审核。

4. 勘察调整

对勘察过程中发现的账外资产及盘亏资产等，以及重复申报和遗漏的资产等，应根据具体情况和管理要求，进行必要的调整，并详细说明勘察调整的原因、过程和结果。

对于那些受财务会计制度限制，不能直接进行账务调整的盘亏、损毁资产，虽可暂不作会计账务调整。但是，作为评估对象及其评估对象申报表必须作出切实的调整。评估对象必须是客观存在的，无论是现实存在的或潜在存在的，资产的勘察调整必须据实进行。

五、收集整理资产评估资料

从资产评估的过程来看，资产评估实际上就是对被评估资产的信息进行收集、分析判断并作出披露的过程。对资产评估加以严格的程序要求，其目的也是要保证评估对信息收集、分析的充分性和准确性。因此，资产评估人员应当独立获取评估所依据的信息，并确信信息来源是可靠的和适当的。

在上述几个环节的基础上，资产评估机构和评估人员应当根据资产评估项目具体情况收集资产评估相关资料。资料收集工作是资产评估业务质量的重要保证，不同的项目、不同的评估目的、不同的资产类型对评估资料有着不同的需求，由于评估对象及其所在行业的市场状况、信息化和公开化程度差别较大，相关资料的可获取程度也不同。因此，资产评估机构和评估人员执业能力在一定程度上体现在其收集、占有与所执行项目相关的信息资料的能力上。资产评估机构和评估人员在日常工作中就应当注重收集信息资料及其来源，并根据所承接项目的情况确定收集资料的深度和广度，尽可能全面、详实地占有资料，并采取必要措施确信资料来源的可靠性。根据资产评估项目的进展情况，资产评估机构和评估人员应当及时补充收集所需要的资料。

资产评估机构和评估人员应当通过与委托人、资产占有方沟通并指导其对评估对象进行清查等方式，对评估对象或资产占有单位资料进行了解，同时也应当主动收集与资产评估业务相关的评估对象资料及其他资产评估资料。收集、整理资料一方面是为后面的资产评估准备素材和依据；另一方面也是评估机构编制评估工作底稿的需要。为满足上述两方面的要求，评估机构应收集、整理以下重要资料（根据项目的需要可作适当的删减或增加）：

1. 有关资产权利的法律文件或其他证明资料。

主要的产权证明文件包括：

（1）有关房地产的土地使用证、房产证、建设规划许可证、用地规划许可证、项目批准文件、开工证明、出让及转让合同、购买合同、原始发票等；

（2）有关在建工程的规划、批文；

（3）有关设备的购买合同、原始发票等；

（4）有关无形资产的专利证书、专利许可证、专有技术许可证、特许权许可证、商标注册证、版权许可证等；

（5）有关长短期投资合同；

（6）有关银行借款的合同。

2. 资产的性质、目前和历史状况信息。

主要资料包括；

（1）有关房地产的图纸、预决算资料；

（2）有关在建工程的种类、开工时间、预计完工时间、承建单位、筹资单位、筹资方式、成本构成、工程基本说明或计划等；

（3）有关设备的技术标准、生产能力、生产厂家、规格型号、取得时间、启用时间、运行状况、大修理次数、大修理时间、大修理费用、设备与工艺要求的配套情况等；

（4）有关存货的数量、计价方式、存放地点、主要原材料近期进货价格统计表等；

（5）有关应收及预付款的账龄统计表、主要赊销客户的信誉及经营情况、坏账准备政策、应收款回收计划等；

（6）有关长期投资的明细表，包括：被投资企业、投资金额、投资期限、起止时间、投资比例、年收益、收益分配方式、账面成本等；

（7）原始证据主要包括评估基准日的会计报表、盘点表、对账单、调节表、应收及应付询证函、盘盈及盘亏、报废资产情况说明及证明材料等。

3. 剩余经济寿命和法定寿命信息。

在资产勘察过程中，评估人员应了解资产的设计寿命，并通过技术鉴定了解和判断资产的剩余物理寿命和经济寿命。

4. 资产的使用范围和获利能力的信息。

资产评估人员可以通过核实资产占有方的营业执照了解被评估资产的经营范围和使用范围，并通过技术鉴定确定资产的可使用范围和空间。

5. 以往的评估及交易情况信息。

资产评估人员通过查询有关账簿及相关资料了解被评估对象以往的评估和交易情况。

6. 转让的可行性信息。

资产评估人员通过查询有关交易合同或意向书及相关的市场调查，了解被评估对象转让的可行性信息。

7. 类似的资产的市场价格信息。

资产评估人员应通过市场调查了解和掌握与评估对象类似的资产的市场价格信息。

8. 委托方声明。

有关的资产所有权、处置权的真实性，产权限制以及所提供的数据资料真实性的承诺等。

9. 影响资产价值的宏观经济前景信息。

10. 影响资产价值的行业状况及前景信息。

11. 影响资产价值的企业状况及前景信息。

12. 相关信息。

（1）各类资产负债清查表、登记表、评估申报明细表；

（2）资产、负债清查情况及调整说明；

（3）委托方营业执照副本及其他材料等。

六、评定估算形成结论

资产评估机构和评估人员在占有相关资产评估资料的基础上，进入评定估算环节，即在充分分析资产评估资料的基础上，恰当选择并运用资产评估方法形成初步资产评估结论，再经综合分析及反复审核后确定资产评估结论。这个阶段大致要经历以下几个环节：

1. 分析资料

资产评估机构和评估人员应当根据评估的目的和其他具体要求，对所收集的资产评估资料进行分析和整理，选择相关信息并确定其可靠性和可比性，对不可比信息要进行必要的调整，以保证评估所用信息的质量。

2. 选择评估途径和具体评估方法

成本法、市场法和收益法是三种通用的资产评估基本技术思路及其具体评估方法的集合。从理论上讲，三种方法适用于任何资产评估项目。因此，在具体的资产评估执业过程中，资产评估人员应当考虑三种评估方法的适用性。如果不采用某种资产评估方法，或只采用一种资产评估方法评估资产的，资产评估人员应当予以必要说明。对宜采用两种以上资产评估方法的评估项目，应当使用两种以上资产评估方法。

3. 运用评估方法评定估算资产价值

资产评估人员在确定资产评估方法后，应当根据已明确的评估目的和评估价值类型以及所收集的信息资料和具体的执业规范要求，恰当合理地形成初步评估结论。采用成本法，应当在合理确定被评估资产的重置成本和各相关贬值因素的基础上得出评估初步结论。采用市场法，应当合理地选择参照物，并根据评估对象与参照物的差异进行必要调整，得出初步评估结论。采用收益法，应当在合理预测未来收益、收益期和折现率等相关参数的基础上得出评估初步结论。

4. 审核评估结论并给出最终评估结果

资产评估人员在形成初步资产评估结论的基础上，评估人员和机构内部的审核人员应对本次评估所使用的资料、经济技术参数等的数量、质量和选取依据的合理性进行综合分析，以确定资产评估结论。采用两种以上资产评估方法时，资产评估人员和审核人员还应当综合分析各评估方法之间的相关性和恰当性、相关参数选取的合理性，以确定最终资产评估结论。

七、编制和提交资产评估报告书

资产评估机构和评估人员在执行必要的资产评估程序并形成资产评估结论后，应按有关资产评估报告的规范及委托方的要求编制资产评估报告书。资产评估报告书除了要满足有关资产评估报告书的格式规范和内容规范外，资产评估报告书还应当根据评估项目的特点提供必要的相关信息，确信能使资产评估报告使用者正确理解资产评估结论。资产评估机构和评估人员可以根据资产评估业务性质，在遵守资产评估报告书规范和不引起误导的前提下，选择资产评估报告书的类型和详略程度。

资产评估机构应当遵守资产评估业务委托合同中所规定的提交评估报告书的时间和方式，在规定的时间里以恰当的方式将资产评估报告书提交给委托人。在提交正式资产评估报告书之前，资产评估机构和评估人员可以与委托人等进行必要的沟通，听取委托人等对资产评估结论的反馈意见。在此过程中，资产评估机构和评估人员必须保证其自身的独立性和评估结论的独立性，不能为迎合委托方的不合理要求而影响评估结论的独立性和客观性。

八、整理归集评估档案

资产评估机构和评估人员在向委托人提交资产评估报告书后，应当将在资产评估工作中形成的，与资产评估业务相关的各种报表数据、鉴定材料、产权资料、文字说明、图片照片、声明承诺等不同形式的记录记载及时予以归档，并按国家有关规定对资产评估工作档案进行保存、使用和销毁。将这一环节列为资产评估基本程序之一，充分体现了资产评估服务的专业性和特殊性，不仅有利于应对今后可能出现的资产评估项目备查，也有利于资产评估机构总结、完善和提高资产评估业务水平。

第三节　执行资产评估程序的要求

遵守资产评估程序是规范资产评估执业的基本保证，是提高资产评估质量、规避资产评估风险的重要手段。

一、资产评估机构和评估人员应当在国家和资产评估行业规定的统一资产评估程序的基础上，建立健全本机构资产评估程序制度

由于资产评估机构和评估人员所承接的评估业务范围和具体评估对象各有不同，完全按照国家统一规定的资产评估程序执业可能会有困难，各资产评估机构应当结合本机构及评估范围和对象的实际情况，在资产评估程序基本规定的基础上进行细化和必要调整，形成本机构资产评估作业程序制度，并在资产评估执业过程中切实履行，不断完善。

二、资产评估执业人员可在不影响资产评估质量的前提下，对资产评估程序中的某些规定作适当调整或具体化

资产评估机构和评估人员执行资产评估业务应当根据具体资产评估项目的情况和资产评估程序制度的基本要求，确定并履行适当的资产评估程序，在没有正当理由和可靠依据的情况下，不得随意简化或删减资产评估程序。但是，资产评估专业人员在充分掌握资产评估程序实质的基础上，根据评估对象的具体情况，可在不影响资产评估质量的前提下，对资产评估程序中的某些规定作适当的调整或具体化。资产评估机构和评估人员应当将资产评估程序的具体组织实施情况记录于工作底稿，并将主要资产评估程序执行情况在出具的资产评估报告书中予以披露。

三、为保证切实履行资产评估程序，资产评估机构内部应建立相应的管理制度和监督制度

为了切实履行资产评估程序，资产评估机构内部应当建立相应的执行资产评估程序的管理制度和监督制度，指导和监督资产评估专业人员在资产评估过程中实施资产评估程序。对于由于资产评估项目的特殊性，资产评估人员无法完全履行资产评估程序中的某个环节，或受到限制无法实施完整的资产评估程序时，资产评估机构和评估人员应当考虑这种状况是否

会影响到资产评估结论的合理性，以及是否接受该评估项目，如果该评估项目属于必须完成的项目，资产评估人员必须在资产评估报告中明确披露这种状况及其对资产评估结论可能具有的影响。

【案例 4-2】

山东省资产评估协会关于对 2020 年度资产评估行业检查问题处理的通报（节选）

各资产评估机构：

根据山东省资产评估协会印发的《关于开展 2020 年度资产评估行业检查工作的通知》（鲁评协〔2020〕46 号）的具体要求，协会组织开展了 2020 年度资产评估行业实地检查。为了强化行业自律，树立行业权威，维护行业整体利益，规范资产评估师和资产评估机构的执业行为，提高资产评估执业质量，加强行业自律惩戒力度，经惩戒委员会表决通过，决定给予检查发现问题严重的 QDJD 资产房地产评估有限公司、YTSZP 资产评估事务所和 SDYH-HX 资产评估事务所 3 家资产评估机构"通报批评"的行业惩戒。责令以上 3 家资产评估机构在 3 个月内整改，整改期满向协会提交整改报告，协会将组织人员进行复查。惩戒结果将录入行业诚信档案。予以通报批评的资产评估机构存在的问题如下：

一、QDJD 资产房地产评估有限公司

（一）资产评估报告检查发现的共性问题

1. 评估程序方面

部分评估程序履行不充分、不到位，如缺乏测算过程、缺乏现场勘察成新率打分等。

2. 评估报告方面

未严格依据中国资产评估准则编制评估报告；评估方法选用过程中未对三种基本评估方法进行适用性分析，未阐述选择所选评估方法的理由；评估假设描述不规范、不充分。个别评估报告的声明、假设、使用限制不规范，摘要内容不完整。

3. 评估工作底稿缺失与规范性方面

现场记录的工作底稿不完整，部分报告底稿中缺少现场勘察记录；计算底稿中缺少评估人员的签字；三级复核流于形式，没有留痕，没有提出实质性复核意见。

（二）资产评估报告具体检查意见

报告：青岛×××有限公司股权转让课税股东全部权益价值评估项目资产评估报告

1. 被检查资产评估报告基本情况

QJD 评报字〔2019〕第×××号评估报告。评估类型：股东全部权益评估，签字资产评估师：ZZ、SQ，评估基准日：2019 年××月××日，评估项目：青岛×××有限公司资产评估报告，评估价值×××.××万元。

2. 评估报告存在的问题

（1）评估报告中评估目的与资产评估业务委托合同中评估目的不一致。不符合《资产评估执业准则——资产评估报告》第十六条"资产评估报告载明的评估目的应当唯一"的规定。

（2）评估报告中评估范围为审计后的所有资产及相关负债，未见相关审计报告。

（3）评估报告中价值类型及其定义描述过于简单，未对选择市场价值的理由进行说明，不符合《资产评估执业准则——资产评估报告》等相关规定，评估报告应当说明选择价值类型的理由及其定义。

（4）评估报告法律依据中个别法律重复，大部分制度不适用，如涉及国有资产的法律条例。

（5）评估报告评估方法不选择收益法的理由过于简单、牵强；应当对三种基本方法进行适用性分析，并具体充分地表述选择所选评估方法的理由及不选取方法的理由。不符合《资产评估执业准则——资产评估报告》第二十一条“资产评估报告应当说明所选用的评估方法及其理由，因适用性受限或者操作条件受限等原因而选择一种评估方法的，应当在资产评估报告中披露并说明原因。”

（6）评估报告最后报告日与实际不一致。

3. 评估说明中存在的问题

评估说明仅有房屋建筑物的说明，未见货币资金、往来款、存货、机器设备及土地等资产的评估说明。

4. 评估工作底稿中存在的问题

（1）底稿缺失目录和索引，不符合《资产评估执业准则——资产评估档案》第十四条“资产评估专业人员应当根据资产评估业务特点和工作底稿类别，编制工作底稿目录，建立必要的索引号，以反映工作底稿间的勾稽关系。”

（2）签订评估业务委托合同不完整，缺住所、法定代表人签章、评估报告提交方式；不符合《资产评估准则——评估底稿》的相关规定。

（3）底稿中缺失询价记录、现场勘察记录、现场盘点记录。

（4）评估机构内部复核工作，复核意见记录未体现实质性复核内容；不符合《资产评估准则——工作底稿》相关规定；复核记录所反映的复核程序应当与其复核制度相一致；复核意见清晰、具体，体现实质性复核内容；各级复核记录保存完整。

（5）底稿中缺失专业能力分析和评价、独立性分析和评价、业务风险分析和评价、利用专家工作分析和评价、评估业务承接综合分析和评价、编制评估计划等事项。

二、YTSZP 资产评估事务所

资产评估报告检查发现的共性问题如下：

1. 评估程序方面

评估基本程序缺失，缺少资产评估申报表、盘点表、现场勘察表、询价记录等履行评估程序相关资料，企业价值评估项目缺少询证函、企业相关人员访谈记录等。

2. 价值类型、评估假设方面

未明确所选择价值类型的理由，个别项目价值类型选择不当。

3. 评估方法选择、方法运用与计算方面

未根据评估目的、评估对象、价值类型、资料收集等情况，对三种评估基本方法的适用性进行分析；未恰当地选取适宜的评估方法，导致评估结论与实际情况严重背离等。

采用成本法的，缺少评估说明或评定估算过程，没有确定完全重置成本和成新率的计算过程，缺少现场勘察记录。

本次抽查企业价值评估项目采用收益法的，未见评定估算过程，也未见收集被评估单位历史数据资料。

4. 评估报告基本要素与评估委托合同不符事项

资产评估业务委托合同未明确评估范围，导致无法验证资产评估报告中评估范围与资产评估业务委托合同是否一致。

5. 评估报告内容缺失与规范性方面

评估报告主要内容不完整，有的被抽查项目缺少声明。

未对委托人和被评估单位进行介绍；评估报告载明的评估目的不够清晰、明确，过于笼统；未就选取价值类型的理由进行阐述；评估依据未说明评估遵循的法律法规依据、准则依据、权属依据及取价依据等，存在诸多已经作废的法规、准则等；评估方法选用过程中未对三种基本评估方法进行适用性分析，未阐述选择所选评估方法的理由；大部分评估报告评估程序实施过程和情况只阐述了评估实施的主要程序，未对评估方法运用实施过程进行必要的阐述，缺少评估方法的运用和逻辑推理计算过程、缺少重要参数的获取来源和形成过程。

6. 评估工作底稿缺失与规范性方面

评估工作底稿规范性和完备性不足，不能形成有效支持评估结论的工作底稿。

现场调查流于形式。缺少委托人或者其他相关当事人提供的资产评估申报明细表；未能就主要资产的相关技术资料进行核查并记录核查结果，未能就主要资产的现状进行现场勘察并记录现场勘察结果。

收集的评估资料不充分、不完整。存在不重视产权依据及经济行为依据的现象，甚至将资产评估业务委托合同作为唯一经济行为依据。

运用收益法进行评估的项目未收集评估对象历史经营资料、未来收益状况的预测资料以及客观收益信息资料。

运用成本法进行评估的项目缺少主要资产的询价记录、取价依据、取费依据等资料，缺少确定资产成新率或各贬值因素相关的资料。

存在评估机构内部复核意见表述不够清晰、具体；复核意见表述明显流于形式，无实质性内容；评估报告和工作底稿存在问题较多，但复核意见未见记录的情况。

7. 底稿归档方面

归档的管理类工作底稿和操作类工作底稿不清晰、不完整。

8. 签订资产评估业务委托合同方面

仍沿用《资产评估业务约定书》格式，未按照《资产评估执业准则——资产评估委托合同》相关规定签订资产评估业务委托合同，对签订资产评估业务委托合同重视程度不够。存在合同要素不完整或内容不恰当的情况，尤其是未明确评估范围；未能完全按照《资产评估执业准则——资产评估委托合同》要求执业。

9. 其他问题

企业价值评估存在的主要问题：未考虑流动性对评估对象价值的影响。

三、SDYHHX 资产评估事务所

资产评估报告检查发现的共性问题如下：

1. 评估程序方面

资产评估工作底稿中缺乏现场勘察记录表或虽有现场勘察记录表但是相关当事人签字不完整，缺乏现场盘点表。

2. 价值类型、评估假设方面

普遍缺乏价值类型选择理由的说明，个别项目价值类型选择不当。

3. 评估方法选择、方法运用与计算方面

未根据评估目的、评估对象、价值类型、资料收集等情况，对三种评估基本方法的适用性进行分析。

采用市场法的，存在交易案例和评估对象可比性和相似性较差等问题。

4. 评估报告内容缺失与规范性方面

评估报告主要内容未按照最新的资产评估执业准则要求撰写，摘要内容披露不够充分，标题表述未能明确经济行为或评估目的。

未就选取价值类型的理由进行阐述；准则依据未单独列示且列示不全面或与具体评估项目不相关；评估方法选用过程中未对三种基本评估方法进行适用性分析，未阐述选择所选评估方法的理由；大部分评估报告评估程序实施过程和情况只阐述了评估实施的主要程序，未对评估方法运用实施过程进行必要的阐述，如缺少评估方法的运用和逻辑推理计算过程、缺少重要参数的获取来源和形成过程。

5. 评估工作底稿缺失与规范性方面

缺少委托人或者其他相关当事人提供的资产评估申报明细表，评估申报明细表未经委托人及产权持有人盖章确认；个别项目缺乏现场勘察表，或者底稿中虽有现场勘察表，但缺少评估人员和相关当事方的签字。

存在不重视产权依据及经济行为依据的现象，甚至将资产评估业务委托合同作为唯一经济行为依据。

收集的交易案例数量可比性不强，案例信息内容不够充分具体。

运用成本法进行评估的项目缺少确定资产成新率或各贬值因素相关的资料。

个别项目存在评估机构内部复核意见表述不够清晰、具体等问题。

6. 签订资产评估业务委托合同方面

签订合同还是按照原资产评估业务约定书内容撰写，未能完全按照《资产评估执业准则——资产评估委托合同》要求执业。

（资料来源：http：//www. sdicpv. org. cn/zyzy/4235. html）

课程思政要点

1. 疫情期间的评估程序问题

通过 2020 年 3 月中评协印发的《资产评估专家指引第 10 号——在新冠肺炎疫情期间合理履行资产评估程序》文件的学习，使同学们客观、科学地认识评估程序问题，培养学生科学严谨的专业素养和应付多变的社会与经济环境的能力；同时树立在任何情况下相信党、相信政府、相信国家的意识，困难是暂时的，我们一定能克服。

2. 资产评估程序的应用

通过《山东省资产评估协会关于对 2020 年度资产评估行业检查问题处理的通报》等案例的分析，使学生明确资产评估的主要环节和基本要求，强调评估人员应履行调查职责，恰当选择评估方法，勤勉谨慎从事业务，树立“法治”意识，遵纪守法，践行“敬业、诚信”的社会主义核心价值观。

本章练习

一、单项选择题

1. 关于资产评估业务约定书的基本内容，正确的是（ ）。
A. 委托合同一经签订，双方不得再修改
B. 资产评估报告必须在确定的评估基准日后的1个月内提出
C. 为保证资产评估报告的公开性，应将报告公布于指定的媒体
D. 委托合同的有效期以完成评估报告且支付评估费用为准

2. 资产评估业务委托合同中，委托人的权利是（ ）。
A. 为评估提供必要的工作条件及合作
B. 支付评估费用
C. 取得评估报告
D. 取得评估报酬

3. 资产评估业务中，属于委托方需要做的准备工作是（ ）。
A. 成立评估项目小组　　B. 资产清查
C. 制订评估综合计划　　D. 召集多方碰头会议

4. 根据国家有关法律、行业管理规定，从评估报告日算起，法定评估的评估档案至少应保存（ ）。
A. 三十年　　B. 十八年　　C. 二十年　　D. 十五年

二、多项选择题

1. 签订资产评估业务委托合同之前，评估机构和评估师需要明确的事项包括（ ）。
A. 评估目的　　B. 评估对象的基本状况
C. 评估结果的价值类型　　D. 评估工作的作业时间
E. 评估基准日

2. 资产评估业务委托合同的基本内容包括（ ）。
A. 评估目的　　B. 评估基准日
C. 评估计划　　D. 评估假设
E. 评估收费

3. 编制评估计划应当重点考虑的因素包括（ ）。
A. 评估基准日的选择
B. 评估收费的确定
C. 评估方法的选择及基本要求
D. 评估中可能出现的疑难问题及专家利用
E. 评估项目对相关资料收集要求及具体安排

三、判断题

1. 资产评估计划一经确定就不得改动。 （ ）

2. 资产评估程序是规范资产评估行为、提高资产评估业务质量的重要保证。 （ ）

3. 只要执行了资产评估程序就可以防范资产评估风险。 （ ）

4. 合理确定评估基准日有助于减少和避免不必要的资产评估基准日期后事项。 （ ）

5. 资产评估师应当要求委托方或者产权持有者对其提供的评估明细表及相关证明材料以签字、盖章或者其他方式进行确认。 （ ）

四、简答题

试述资产勘察的程度要求。

第五章

房地产评估

本章教学目的与要求

通过本章的学习，学生应充分了解房地产的概念与特征，熟悉房地产评估的特点，掌握房地产评估的程序，熟练掌握各种具体的房地产评估方法的应用。

本章教学重点与难点

各种房地产评估方法的思路、过程及应用。

参考课时

9课时。

教学方法与手段

课堂讲授和案例分析。

第一节　房地产评估概述

房地产不仅是最基本的生活资料，也是最基本的生产要素。在市场经济中，房地产还是一种商品，是人们投资置业的良好对象。据有关统计资料显示，在一国总财富中，房地产往往占大部分，一般为60%～70%。在资产评估实践中，房地产也经常被作为评估对象，房地产评估是评估机构和评估专业人员经常从事的评估业务。

一、房地产评估的相关概念

（一）房地产的含义

房地产是指土地、建筑物及其他地上定着物。

土地是指地球的表面及其上下一定范围内的空间。

建筑物是指人工建造而成，由建筑材料、建筑构配件和设备等组成的整体物。

其他地上定着物是指固定在土地或建筑物上，与土地、建筑物不能分离，或者虽然可以分离，但是分离不经济，或者分离后会破坏土地、建筑物的完整性、使用价值或功能，或者使土地、建筑物的价值明显受到损害的物。

（二）房地产的分类

1. 按房地产用途划分，包括：居住房地产、商业房地产、办公房地产、旅馆房地产、餐饮房地产、工业房地产、农业房地产、特殊用途房地产、综合用途房地产等。

2. 按开发程度划分，包括：生地、毛地、熟地、在建工程、现房。

3. 按房地产的建筑结构划分，包括：钢结构、钢混结构、砖混结构、砖木结构、其他结构。

4. 按层数划分，包括：低层、多层、中高层、高层、超高层。

5. 按形态划分，包括：别墅、公寓、复式、跃层、阁楼、地下室等。

（三）房地产的特征

房地产作为重要的生产要素和生活资料，与其他资产相比，其特征包括但不仅仅限于下列方面：

1. 位置固定性

无论是作为房地产组成部分的土地、建筑物，还是其他地上定着物，地理位置是固定的，要么不能移动，要么移动将使建筑物或其他地上定着物受到损坏或者不经济。

2. 使用长期性

就土地而言，国有土地使用权可以出让或转让，取得土地使用权后可以长期使用。土地使用权出让最高年限按下列用途由国务院确定：居住用地 70 年；工业用地 50 年；教育、科技、文化、卫生、体育用地 50 年；商业、旅游、娱乐用地 40 年；综合或者其他用地 50 年。就建筑物和其他地上定着物而言，其本身属于长期性资产，可以长期使用，但其最长使用年限有赖于土地使用权使用年限。

3. 供求区域性

房地产的供求区域性主要是由于房地产位置的固定性和性能的差异性引起的。房地产具有强烈的供求区域性特点，不同区域的房地产在价值评估上很少具有可比性。

4. 保值增值性

一般资产在使用过程中由于自然老化、变旧、损耗、毁损、技术落后等原因，其价值会逐渐减少。但是，房地产不同，特别是土地，从长期来看，由于土地资源的有限性和固定性，制约了对房地产不断膨胀的要求，特别是对良好地段物业的需求，导致价格上涨；同时，对土地的改良和城市基础实施的不断完善，使土地原有的区位条件改善，导致土地增值。所以从长期来看，土地的价值呈上升走势。随着土地价值的上升，房屋的价值相应上升。正是由于这一特点，房地产经常被作为保值增值的工具，成为抵御通货膨胀的手段。

5. 投资风险性

房地产使用的长期性和保值增值性使之成为投资回报率较高的行业，但是，房地产投资风险也比较大。房地产投资的风险主要来自：房地产无法移动，建成后又不易改变用途，如果市场销售不对路，很容易造成长期的空置、积压；房地产的生产周期较长，从取得土地使用权到房屋建成销售，通常需要几年的时间，在此期间影响房地产价值的各种因素都在发生变化，可能会对房地产的投资产生有利或不利影响；同时，地震等自然灾害、内外战争、社会局势动荡等因素，也会对房地产投资产生无法预见的影响。

6. 数量有限性

土地是大自然的产物，不能进行批量化的人工生产，地表面积基本上是固定不变的，因此土地总量不能增加，这种特性称为土地的有限性、不可再生性、不增性。对狭义的土地（可用的陆地）来讲，如果地价高到一定程度，可以吸引人们移山填海或者将荒漠改造为良田，从而“制造”出可用的土地（香港、澳门地区和日本、新加坡等国家，都有大量填海造地的实例，如日本的关西机场就是用填海的方式建成的）。但即使如此，这种“造地”的数量相对于现存的土地数量是微不足道的，对于满足人们的需要是杯水车薪。由于土地不能增加，特别是位置较好的土地供给有限，导致建筑物特别是位置较好的建筑物的数量也是有限的。

房地产的数量有限性，除了因为土地总量不能增加外，更为重要的是由于房地产的位置固定性。房地产的位置固定性，造成了房地产供给不能集中于一处，在特定位置上具有固定的数量。这是房地产供给与一般物品供给的最主要区别。要增加房地产供给，一是向更远的平面方向发展，如向郊区扩展；二是向更高的立体方面发展，如增加容积率或建筑高度。但这些又要受到耕地保护、环境保护、交通等基础设施条件（包括容量）、城乡规划等的约束。

7. 用途多样性

从土地来看，多数土地就其本身来看，可以有多种不同的用途，如可用于林业、农业、工业、居住、办公、商业等。如果愿意的话，即使是城市商业中心的土地，也可以用来种植农作物，而且该农作物可能与在农地上生长得一样好。在不同用途中还可以选择不同的利用方式。如从居住用的房屋来看，居住用途可以选择普通住宅、高档公寓和别墅，也可以选择老年公寓、青年公寓和学生公寓；既可以建平房，也可以建多层楼房或者高层建筑。房地产的这种用途多样特性，为多种用途的竞争、转换及并存提供了可能性。土地上一旦建造了建筑物，用途即被限定，通常难以改变，因为可能受到原有建筑结构等的限制而不能改变，或者改变的费用很高而在经济上不可行。当然，也有随着交通条件、周围环境等的变化，将原来的厂房改造为办公楼、超级市场或者拆除重新利用的大量实例。正因为如此，在房地产评估中，我们要坚持“合法原则”和“最高最佳利用原则”。

8. 相互影响性

相互影响性是指房地产价值受到其周边物业、城市基础设施与市政公用设施和环境变化的影响。政府在道路、公园、博物馆等公共设施方面的投资，能显著地提高附近房地产的价值。例如，城市快速轨道交通线的建设，使沿线房地产大幅升值，大型城市改造项目的实施，也会使周边房地产价值大大提高。从已有的经验来看，能准确预测到政府大型公共设施的投资建设并在附近预先投资的房地产商或投机者，都获得了巨大的成功。

9. 易受限制性

房地产市场受国家和地区政策影响较大。城乡规划、土地利用规划、土地用途管理、住房政策、房地产信贷政策、房地产税收政策等都会对房地产的价格产生直接或间接的影响。

10. 价值高大性

房地产是一种重要的资产，不仅单位价值高，而且总体价值大。如前所述，在一国总财富中，房地产往往占60%～70%。

11. 难以变现性

由于房地产位置固定、用途不易改变等，房地产不像股票和外汇那样，可以快速变现，其变现性较差。

（四）房地产评估的特点

1. 房地合估

房产与土地总是关联在一起的，房地产的价值在很大程度上要受到房产环境质量的影响，而环境质量与土地的不可位移性是密切相关的。因此，在资产评估中，需要将房产与地产结合起来考虑，房地产评估具有房地合估的特点。在我国现行的法律法规中，也要求土地和房屋应同时转让或抵押。

2. 建筑物产权受土地使用权年限的制约

在我国，建筑物产权是永久性的，但土地使用权是有年限的。评估时，当建筑物的剩余寿命年限大于土地使用权的剩余年限时，只能以土地使用权剩余年限为准来评估建筑物的价值。

3. 以房地产最高最佳使用为评估原则

最高最佳使用是指法律上允许、技术上可能、经济上可行，经充分合理论证，能使估价对象产生最高价值的使用。在《房地产估价规范》（GB/T 50291—2015）中明确规定，房地产评估价值应为估价对象在最高最佳利用状况下的价值或价格，并要求在估价报告书中予以详细说明。

二、房地产评估的程序

房地产评估程序是指房地产评估的具体工作步骤，应按下列程序进行：

（一）确定评估基本事项

评估基本事项包括评估目的、评估基准日、评估对象和价值类型，应在与评估委托人进行沟通及调查有关情况和规定的基础上确定，并应符合下列规定：

1. 评估目的

从本质上讲，评估目的作为资产评估结果的具体用途，它会在宏观上和微观上影响或决定着资产评估的条件。因此，不同评估目的下评估结果的价值内涵也不完全相同。房地产的评估目的按业务性质可分为：房地产转让，房地产抵押，房地产典当，房地产保险和损害赔偿，房地产课税，房地产征用拆迁补偿，处理房地产纠纷和有关法律诉讼，企业合资、合作、兼并、分立、租赁经营、承包经营、改制、上市、破产清算等。因此，在受理房地产评估业务时，必须明确评估目的并清晰地写在资产评估业务委托合同和资产评估报告中。

评估目的应根据委托人真实、具体的评估需要以及评估报告的预期用途或预期使用者确定，对其表述应具体、准确、简洁。

2. 评估基准日

评估基准日是指房地产评估结果所对应的日期。评估基准日通常由委托方提出，评估机构与委托方协商确定，一般选择与评估目的实现日较近的某个日期。

房地产评估基准日的确定有以下三种情形：

（1）选择在现在某个日期（现实性评估）。这是房地产评估中最常见、最大量的情形，通常将评估基准日选择在评估作业期（评估的起止年月日）的某个日期。

（2）选择在过去某个日期（追溯性评估）。如房地产损害索赔中房地产损失价值的评估、房地产纠纷中对评估结果有争议而引起的复核评估等。

（3）选择在未来某个日期（预测性评估）。预测性评估多出现于房地产市场预测、为房地产投资分析提供价值依据的情形中，如房地产在未来建成后价值的评估。

评估基准日应根据评估目的确定，采用公历表示，宜具体到日。追溯性评估和预测性评估的价值时点在难以具体到日且能满足评估目的需要的情况下，可到周或旬、月、季、半年、年等。

3. 评估对象

评估对象的内容，包括房地产的类别、实体状况和产权状况等，需在资产评估业务委托合同和评估报告中明确。

（1）确定评估对象类别。从实物角度来看，房地产有土地、建筑物和房地产三种类别，具体又可分为以下几种情况：空地；有建筑物（包括尚未建成的建筑物）的土地；地上建筑物；土地与建筑物（已建成的建筑物）的合成体；在建工程（土地与尚未建成的建筑物的合成体）；未来状况下的房地产；已经消失的房地产；现在状况下的房地产与过去状况下的房地产的差异部分，如后来增加的装修；房地产局部，如某幢公寓中的某套房；包含有其他资产（如电梯、锅炉）的房地产；作为企业整体的一部分的房地产。

（2）明确评估对象的实体状况。包括房地产的用途（如工业建筑、商业建筑、住宅建筑、农业建筑、公共建筑等）；土地面积、土地形状、临街状态、土地开发程度、地质、地形及水文状况；建筑物的建筑结构（如钢结构、钢筋混凝土结构、砖混结构、砖木结构、简易结构等）、建筑面积、建筑式样、建筑物层数、朝向、平面布局、施工质量、新旧程度、装修水平、室内外设施等。

（3）明确评估对象的产权状况。包括土地使用权性质（如国有土地使用权或集体土地使用权、划拨土地使用权或出让土地使用权等）、土地使用权的权属状况（如独立土地使用权或共享土地使用权等）、土地使用权年限、建筑物权属状况（如所有权或使用权、独立所有权或共享所有权等）、评估对象设定的其他权利状况等。

评估对象应在评估委托人指定及提供有关情况和资料的基础上，根据评估目的依法确定，并应明确界定其财产范围和空间范围，不得遗漏或虚构。法律、行政法规规定不得买卖、租赁、抵押、作为出资或进行其他活动的房地产，或征收不予补偿的房地产，不应作为相应评估目的的评估对象。对作为评估对象的，应在评估报告中根据评估目的分析、说明其进行相应买卖或租赁、抵押、作为出资等活动的合法性。

4. 房地产评估的价值类型

房地产评估的价值类型是房地产评估结果的价值属性及其表现形式。

（1）市场价值。市场价值又称公开市场价值，是指房地产在评估基准日公开市场上最可能形成的价值。在公开市场条件下，在该市场上交易双方进行交易的目的，在于最大限度地追求经济利益，并掌握必要的市场信息，有较充裕的时间进行交易，对交易对象具有必要的专业知识，交易条件公开且不具有排他性。评估房地产市场价值的基础条件包括：房地产评估目的（如以市场交易为目的）、评估时的市场条件（如发达的房地产市场）、评估对象自身的性质和状况（如商业房地产、住宅房地产等）。

（2）非市场价值。凡不符合房地产市场价值评估定义条件的资产价值类型都属于非市场价值，也称为市场价值以外的价值。房地产评估中非市场价值包括：投资价值、抵押价值、典当价值、保险价值、课税价值、征用价值等。评估房地产的市场价值和非市场价值所采用的评估方法可能相同，但其中参数选择的立场可能不同。如对房地产市场价值和投资价值的评估都可以采用收益法评估，但在评估市场价值时，收益法中的折现率是与该房地产的风险程度相对应的社会一般收益率，而在评估投资价值时，该折现率是某个具体的投资者所要求的最低收益率（通常称为最低期望收益率）。这个投资者所要求的最低收益率可能高于也可能低于该房地产的风险程度对应的社会一般收益率。

价值类型应根据评估目的确定，并应包括价值或价格的名称、价值定义或内涵。

（二）受理评估委托，签订资产评估业务委托合同

评估委托应由房地产评估机构统一受理，并应符合下列规定：

1. 在接受评估委托时，应要求评估委托人出具评估委托书；

2. 决定受理评估委托的，应与评估委托人签订书面评估委托合同；

3. 受理评估委托后，应根据评估项目的规模、难度和完成时间确定参加评估的有资格专业人员数量，并至少选派两名能胜任该评估工作的有资格专业人员共同进行评估，且应明确其中一人为项目负责人；

4. 除应采用批量评估的项目外，每个评估项目应至少有一名有资格专业人员全程参与受理评估委托、实地勘察评估对象、撰写评估报告等工作。

（三）编制评估作业方案

在确定了评估基本事项尤其是在对评估目的进行分析的基础上，应对评估项目进行初步分析，拟定评估作业方案。

1. 初选拟采用的评估方法

应根据评估目的、评估对象房地产的性质及状况以及评估时的市场条件初选评估方法。由于不同的评估方法所需要的资料完全不同，收集资料的来源渠道也不同。初选评估方法的目的就是使后面收集资料和实地勘察有的放矢，避免不必要的重复劳动。

2. 确定评估投入的人员

应根据评估任务量的大小、性质及评估工作的难易程度，合理确定投入多少人力参加评估。在安排评估人员时，应充分考虑评估人员的专长。

3. 确定评估作业步骤及进度安排

应在与委托方共同商定的评估作业日期内，合理确定评估工作步骤和进行时间进度安排。具体方法可采用线条图或网络计划技术。

4. 确定评估作业所需经费预算

根据评估工作的地点、评估人员的多少、评估工作时间的长短等合理安排评估所需经费，做到既满足需要，又节省资金。

（四）收集整理评估所需资料

评估所需资料应针对评估项目进行收集，并应包括下列资料：

（1）反映评估对象区位、实物和权益状况的资料；

（2）评估对象及其同类房地产的交易、收益、成本等资料；

（3）对评估对象所在地区的房地产价值和价格有影响的资料；

（4）对房地产价值和价格有普遍影响的资料。

对收集的评估所需资料应进行检查。当评估委托人是评估对象权利人时，应查看评估对象的权属证明原件，并应将复印件与原件核对，不得仅凭复印件判断或假定评估对象的权属状况。

（五）实地勘察评估对象

1. 应观察、询问、检查、核对评估对象的区位状况、实物状况和权益状况；

2. 应拍摄反映评估对象外观和内部状况以及周围环境状况的照片等影像资料，并应补充收集评估所需的关于评估对象的其他资料；

3. 应制作实地勘察记录，并记载实地勘察的对象、内容、结果、时间和人员及其签名等，记载的内容应真实、客观、准确、完整、清晰。

当无法进入评估对象内部进行实地勘察时，应对评估对象的外部状况和区位状况进行实地勘察，并应在评估报告中说明未进入评估对象内部进行实地勘察及其具体原因。对未进行实地勘察的评估对象内部状况，应作为评估假设中的依据不足假设在评估报告中说明。

在评估中遇有难以解决的复杂、疑难、特殊的评估技术问题时，应寻求相关评估专家或单位提供专业帮助，并应在评估报告中说明。

对评估对象的房屋安全、质量缺陷、环境污染、建筑面积、财务状况等评估专业以外的专业问题，经实地勘察、查阅现有资料或向相关专业领域的专家咨询后，仍难以作出常规判断和相应假设的，应建议评估委托人聘请具有相应资质的专业机构或专家先行鉴定或检测、测量、审计等，再以专业机构或专家出具的专业意见为依据进行评估，并应在评估报告中说明。

（六）选用评估方法进行测算，确定评估结果

选用评估方法时，应根据评估对象及其所在地的房地产市场状况等客观条件，对市场法、收益法、成本法、假设开发法等进行适用性分析。

评估方法的选用，应符合下列规定：

1. 评估对象的同类房地产有较多交易的，应选用市场法。

2. 评估对象或其同类房地产通常有租金等经济收入的，应选用收益法。

3. 评估对象可假定为独立的开发建设项目进行重新开发建设的，宜选用成本法；当评估对象的同类房地产没有交易或交易很少，且评估对象或其同类房地产没有租金等经济收入时，应选用成本法。

4. 评估对象具有开发或再开发潜力且开发完成后的价值可采用除成本法以外的方法测算的，应选用假设开发法。

当评估对象仅适用一种估价方法进行评估时，可只选用一种方法进行评估。当评估对象适用两种或两种以上评估方法进行评估时，宜同时选用所有适用的评估方法进行评估，不得随意取舍；当必须取舍时，应在评估报告中说明并陈述理由。

资产评估机构和评估专业人员在占有相关资产评估资料的基础上，进入评定估算环节，即在充分分析资产评估资料的基础上，恰当选择并运用资产评估具体方法，形成初步资产评估结论，再经综合分析及反复审核后确定资产评估结果。

（七）撰写评估报告，经审核后提交给委托人

资产评估机构和评估专业人员在执行必要的资产评估程序并形成资产评估结论后，应按有关资产评估报告的规范及委托方的要求编制资产评估报告书。

资产评估报告书除了要满足有关资产评估报告书的格式规范和内容规范外，还应当根据评估项目的特点提供必要的相关信息，确信能使资产评估报告使用者正确理解资产评估结论。

评估报告在交付评估委托人前，应对其内容和形式等进行审查核定，并应形成审核记录，记载审核的意见、结论、日期和人员及其签名。

评估报告经内部审核合格后，应由不少于两名有资格的专业人员签名并加盖评估机构公章，按有关规定和评估委托合同约定交付评估委托人。

资产评估机构应当遵守资产评估业务委托合同中所规定的提交评估报告书的时间和方式，在规定的时间里以恰当的方式将资产评估报告书提交给委托人。

评估报告交付评估委托人后，不得擅自改动、更换、删除或销毁下列评估资料：

（1）评估报告；

（2）评估委托书和评估业务委托合同；

（3）评估所依据的评估委托人提供的资料；

（4）评估项目来源和沟通情况记录；

（5）评估对象实地勘察记录；

（6）评估报告内部审核记录；

（7）评估中的不同意见记录；

（8）外部专业帮助的专业意见。

（八）保存评估资料

房地产评估机构应及时整理和保存评估资料。《资产评估法》规定，一般评估业务的评估档案保管期限不少于15年，法定评估业务的评估档案保管期限不少于30年。

第二节　市场法在房地产评估中的应用

市场法在具体应用于房地产评估时，又可以分为市场售价类比法、基准地价修正法、市场租金倍数法等具体方法。

一、市场售价类比法

（一）市场售价类比法的定义

市场售价类比法是目前最为通行而且有效的房地产评估方法。这种方法是通过对市场上完成交易的与评估对象类似的房地产交易实例进行分析比较后，推断得出待评估房地产的价值。市场售价类比法的原理是替代原理，这也是其他多数评估方法的基础。

（二）市场售价类比法的适用对象

市场售价类比法适用于同一供求范围内存在着较多的类似房地产的交易，有健全的房地产市场，便于掌握充足的交易实例资料。一般来说，合适的交易实例要选取3个以上才能满足要求。

市场售价类比法的不适用对象：

（1）数量很少的房地产，如特殊工业厂房、古建筑、教堂、寺庙、纪念馆等；

（2）很少发生交易的房地产，如学校、医院、行政办公楼等；

（3）可比性差的房地产，如在建工程等。

（三）市场售价类比法的操作步骤

1. 广泛收集房地产交易实例资料

运用市场售价类比法评估房地产价值，必须以大量的交易实例资料为基础，如果资料太少，则评估结果难免失真。因此，评估人员要经常性地积累和收集尽可能多的交易实例资料，而不要等到需要采用市场售价类比法评估时才临时去做。

（1）收集交易实例资料的必要性。只有拥有了评估对象所在地的大量的房地产交易实例，才能选择出符合一定数量和质量要求的可比实例，才能把握评估对象所在地的正常的房地产市场价格行情，从而保障评估出的评估对象价值不会超出合理的范围。

（2）收集交易实例的途径。走访房地产交易当事人，了解其促成交易的房地产成交价格资料和有关交易情况；访问房地产经纪机构和房地产经纪人员、相关律师、会计师及房地产交易当事人的邻居等了解其知晓的房地产成交价格资料和有关交易情况；查阅政府和有关部门的房地产价格等资料；向专业房地产信息提供机构购买房地产价格等资料；查阅网站、报刊上的房地产出售、出租信息，参加房地产交易展示会等；同行之间相互提供。

（3）收集交易实例的要求。收集内容完整、真实的交易实例。

收集交易实例的内容，包括房地产坐落位置、用途、交易价格、付款方式、交易日期、交易双方的基本情况、建筑物的结构、设备及装修情况、建筑物建造质量及新旧程度、基础设施状况、周围环境以及市场状况等。对于收集到的每一个交易实例、每一项内容，都需要查证，做到准确无误。

在实务中，可以分为不同的类型制作房地产交易实例调查表，如表 5－1 所示。

表 5－1　　交易实例调查表

房地产类型：

名　称		
用　途		
卖　方		
买　方		
成交日期		
成交价格		
付款方式		
区域因素	地段位置	
	商服繁华度	
	配套设施	
	交通条件	
	环境景观	
	……	

续表

实物因素	土地用途	
	土地面积	
	房屋结构	
	房屋成新率	
	临街情况	
	……	
权益因素	土地性质	
	土地使用权期限	
	房产产权情况	
交易情况说明		
坐落位置图	建筑平面图	

调查人员：　　　　　　　　　　　　调查日期：　　年　月　日

（4）建立交易实例库。房地产评估机构应当对收集到的房地产交易实例建立房地产交易实例库。这是一项基础性工作，也是形成评估机构核心竞争力的重要手段之一。

2. 选择可比实例（参照物）

交易实例库中实例虽多，但针对某一具体的评估对象及评估目的、评估时点的实例必须进行选择。

符合一定条件，可以作为参照比较的交易实例，简称可比实例，也称为参照物。

评估人员应对从各个渠道收集的交易实例进行筛选，选择其中符合评估要求的房地产交易实例作为参照物。为确保评估精度，参照物的选取应注意以下几点：（1）参照物所处区域与评估对象所处的区域相同，或是土地级别相同；（2）参照物的用途应与评估对象的用途相同；（3）参照物的建筑结构应与评估对象的建筑结构相同；（4）参照建筑物的规模应与评估对象的规模相当；（5）参照物的权利性质应与评估对象的权利性质相同；（6）参照物实体特征应与评估对象接近；（7）参照物的交易类型应与评估目的相吻合；（8）参照物的交易日期应与评估基准日接近不宜超过1年，且不得超过2年；（9）参照物的交易价格应是正常交易价格，或可修正为正常交易价格；（10）参照物应选择多个，一般为3个以上。

【例5-1】为评估某套建筑面积为133平方米的住宅在2022年9月底的市场价值，收集了以下4个交易实例（有关情况如表5-2所示），其中最适合作为可比实例的是(　　)。

表 5-2 交易实例情况表

交易实例	建筑面积（平方米）	用途	价格（元/平方米）	成交日期	区位	正常情况
甲	130	居住	15 680	2020. 8	同一供需圈	正常交易
乙	128	居住	16 800	2022. 6	同一供需圈	正常交易
丙	145	办公	19 500	2022. 9	同一供需圈	正常交易
丁	135	旅馆	19 100	2022. 7	不同供需圈	正常交易

分析：运用排除法。丙、丁用途不同，可以排除；甲间隔时间在 2 年以上，也可以排除；因此，只有乙适合作为可比实例。

应当注意的是，下列特殊情况下的交易实例，可能价格偏差较大，不具有客观性，不宜选为可比实例：

（1）利害关系人之间的交易；

（2）对交易对象或市场行情缺乏了解的交易；

（3）被迫出售或被迫购买的交易；

（4）人为哄抬价格的交易；

（5）对交易对象有特殊偏好的交易；

（6）相邻房地产合并的交易；

（7）受迷信影响的交易。

可比实例及其有关信息应真实、可靠，不得虚构。应对可比实例的外部状况和区位状况进行实地勘察，应在评估报告中说明可比实例的名称、位置，并附位置图和外观照片。

3. 建立比较基础

选取可比实例后，应建立比较基础，对可比实例的成交价格进行标准化处理。标准化处理应包括统一财产范围、统一付款方式、统一税费负担、统一计价单位。

（1）统一财产范围。应对可比实例与评估对象的财产范围进行对比，并消除因财产范围不同而造成的价格差异。

①含有非房地产成分：统一到“纯粹”的房地产范围。

若可比实例含有非房地产成分，则：房地产价格 = 含非房地产成分的房地产价格 - 非房地产成分的价格。

【例 5-2】评估对象是一套不带车位的住宅。选取的可比实例成交价格为 268 万元，含有一个现价为 20 万元的车库和一套全新状态下价值为 15 万元的家具，家具为九成新。该可比实例经统一房地产范围后的价格为（　　）万元。

A. 235.00　　B. 248.00　　C. 253.60　　D. 234.50

分析：评估对象不带车库和家具，可比实例带车库和家具，需要将可比实例的非房地产成分剔除。该可比实例经统一房地产范围后的价格 = 268 - 20 - 15 × 90% = 234.50（万元），应选 D。

②带有债权债务的房地产：统一到不带债权债务的房地产范围。

若可比实例带有债权债务的，则：房地产价格 = 带债权债务的房地产价格 - 债权 + 债务；

若评估对象带有债权债务的，则：房地产价格 = 不带债权债务的房地产价格 + 债权 - 债务。

【例 5 - 3】某可比实例房地产带有债权债务，总价值 256 万元，其中债权 16 万元，债务 27 万元，求单纯房地产的价格。

分析：可比实例房地产带有债权债务，应进行债权债务的“剥离”。

单纯房地产价格 = 256 - 16 + 27 = 267（万元）。

③房地产实物的范围不同：统一到评估对象的房地产范围。

具体方法：补充可比实例缺少的范围，扣除可比实例多出的范围，相应地对可比实例的成交价格进行加价和减价。

【例 5 - 4】评估对象为一套建筑面积 128 平方米的封闭阳台的成套住宅，其中阳台的水平投影面积为 8 平方米。选取的某可比实例为一套建筑面积 135 平方米的未封闭阳台的成套住宅，其中阳台的水平投影面积为 10 平方米，成交价格为 198 万元。若该阳台封闭，则成交价格可达到 205 万元。以该可比实例为基础估算评估对象的市场价格为（　　）万元。

A. 186.26　　B. 187.43　　C. 185.38　　D. 187.08

分析：未封闭建筑面积为 135 平方米，阳台 10 平方米，封闭后增加 5 平方米建筑面积，总建筑面积为 140 平方米，成交价格是 205 万元；估价对象 128 平方米，以该可比实例为基础估算评估对象的市场价格 = 128 × 205/140 = 187.43（万元），答案为 B。

（2）统一付款方式。应将可比实例不是在成交日期或一次性付清方式下的价格，调整为在成交日期且一次性付清的价格。

（3）统一税费负担。应将可比实例在交易税费非正常负担情况下的价格，调整为在交易税费正常负担情况下的价格。

①由卖方负担交易税费：

卖方实际得到的价格 = 正常成交价格 - 应由卖方缴纳的税费

应由卖方缴纳的税费 = 正常成交价格 × 应由卖方缴纳的税费比率

②由买方负担交易税费：

买方实际付出的价格 = 正常成交价格 + 应由买方缴纳的税费

应由买方缴纳的税费 = 正常成交价格 × 应由买方缴纳的税费比率

（4）统一计价单位，包括统一为总价或单价、楼面地价，统一币种和货币单位，统一面积或体积内涵及计量单位等。不同币种之间的换算宜按国务院金融主管部门公布的成交日期的市场汇率中间价计算。

建筑面积下的单价 × 建筑面积 = 套内建筑面积下的单价 × 套内建筑面积 = 使用面积下的单价 × 使用面积

一般情况下，建筑面积下的单价 < 套内建筑面积下的单价 < 使用面积下的单价。

在面积单位方面，我国通常采用平方米（土地的面积单位除了平方米，有时还采用公顷、亩），中国香港地区和美国、英国等习惯采用平方英尺，中国台湾地区和日本、韩国一般采用坪。

由于 1 公顷 = 10 000 平方米，1 亩 = 666.67 平方米，1 平方英尺 = 0.09290304 平方米，1 坪 = 3.30579 平方米，所以，将公顷、亩、平方英尺、坪下的价格换算为平方米的价格如下：

平方米下的价格 = 公顷下的价格 ÷10 000

平方米下的价格 = 亩下的价格 ÷666.67

平方米下的价格 = 平方英尺下的价格 ÷0.09290304

平方米下的价格 = 坪下的价格 ÷3.30579

【例 5 –5】 某宗房地产交易的成交价格为 200 万元，其中首期支付 40%，余款在一年后一次性付清。该房地产公摊面积为建筑面积的 10%，套内建筑面积为 120 平方米，假定折现率为 5%，则该房地产按照建筑面积计算的实际单价为（　　）元/平方米。

A. 15 366.44　　B. 14 689.99　　C. 14 572.11　　D. 15 088.33

分析：第一步，统一面积内涵和单位；第二步，统一付款方式，统一到成交日一次性付款的价格。

建筑面积 = 套内建筑面积 + 公摊建设面积，设建筑面积为 X，则：

X = 120 + 10% X，X = 133.33（平方米）

成交日一次性付款的总价 = 200 ×40% +200 ×60% ÷（1 +5%）= 194.29（万元）

按照建筑面积计算的实际单价 = 1 942 900 ÷133.33 = 14 572.11（元/平方米）

4. 进行各项修正

评估时，需要将可比交易实例与评估对象进行全方位的比较，将可比交易实例与评估对象各方面的差异进行量化，对可比交易实例的成交价格进行修正。修正时，应消除交易中的特殊因素所造成的可比实例成交价格偏差，将可比实例的非正常成交价格修正为正常价格。

房地产评估价值 = 可比交易实例（参照物）交易价格 × 市场状况修正系数 × 房地产状况修正系数 × 市场交易情况修正系数 × 个别因素修正系数

（1）进行市场状况修正。进行市场状况修正调整，应消除成交日期的市场状况与评估时点的市场状况不同造成的价格差异，将可比实例在其成交日期的价格调整为在评估时点的价格，并应在调查及分析可比实例所在地同类房地产价格变动情况的基础上，采用可比实例所在地同类房地产的价格指数或价格变动率进行调整，且价格指数或价格变动率的来源应真实、可靠。

①市场状况修正的价格指数法。

定基价格指数：以某个固定时期作为基期（作为比较基准）。

环比价格指数：以上一时期作为基期。

价格指数的计算如表 5 – 3 所示。

表 5 –3　　价格指数计算表

时间	价格	定基价格指数	环比价格指数
1	P_1	P_1/P_1	P_1/P_0
2	P_2	P_2/P_1	P_2/P_1
3	P_3	P_3/P_1	P_3/P_2
……	……	……	……
n	P_n	P_n/P_1	P_n/P_{n-1}

采用定基价格指数进行市场状况修正公式如下：

$$评估时点的价格=可比实例在成交日期的价格\times\frac{评估时点的价格指数}{成交日期的价格指数}$$

【例5-6】 某地区某类房地产2022年4月至10月的定基价格指数分别为99.6、97.7、100.7、105.0、106.2、108.5、110.1（以2022年1月为100）。其中某宗房地产在2022年6月的价格为18 500元/平方米，试计算修正到2022年10月的价格。

分析：

$$评估时点的价格=可比实例在成交日期的价格\times\frac{评估时点的价格指数}{成交日期的价格指数}$$

$$=18\ 500\times(110.1\div100.7)$$

$$=20\ 226.91（元/平方米）$$

采用环比价格指数进行市场状况修正公式如下：

可比实例在评估时点的价格=可比实例在其成交日期的价格×成交日期的下一时期的环比价格指数×再下一时期的环比价格指数×……×评估时点时的环比价格指数

【例5-7】 某宗房地产2022年6月1日的价格为13 800元/平方米，现需要将其调整到2022年10月1日。已知该宗房地产所在地区类似房地产2022年4月1日至10月1日的价格指数分别为99.6、94.7、96.7、105.0、109.2、112.5、118.1（均以上个月为100）。请计算该宗房地产2022年10月1日的价格。

分析：交易日的下一个月的价格指数为105.0，估价时点的价格指数为118.1，从“均以上个月为100”这一条件可以判断为环比价格指数。

该宗房地产2022年10月1日的价格=13 800×105.0%×109.2%×112.5%×118.1%=21 022.94（元/平方米）。

②市场状况修正的价格变动率法。

采用逐期递增或递减的价格变动率进行市场状况修正公式如下：

$$可比实例在评估时点的价格=可比实例在其成交日期的价格\times(1\pm价格变动率)^{期数}$$

【例5-8】 为评估某宗房地产2022年9月1日的价格，选取了下列可比实例：成交价格13 000元/平方米，成交日期2021年10月1日。另调查获知2021年6月1日至2022年2月1日该类房地产的价格平均每月比上月上涨3%，2022年2月1日至2022年9月1日平均每月比上月上涨2%。请对该可比实例的价格进行市场状况调整。

分析：对该可比实例的价格进行市场状况调整，是将该价格调整到2022年9月1日，即：

$$13\ 000\times(1+3\%)^4\times(1+2\%)^7=16\ 807.2（元/平方米）$$

【例5-9】 某宗可比实例房地产2022年1月30日的价格为1 200美元/平方米，该类房地产以人民币为基准的价格变动平均每月比上月上涨1%。假设美元与人民币的市场汇率2022年1月30日为1美元=6.4450元人民币，2022年9月30日为1美元=6.7050元人民币。请将该可比实例的价格调整到2022年9月30日。

分析：“该类房地产以人民币为基准的价格变动平均每月比上月上涨1%”，根据这一条件要用交易日时的汇率，而不能用评估时点时的汇率；如果是“该类房地产以美元为基准的价格变动平均每月比上月上涨1%”，则选评估时点时的汇率。

将该可比实例的价格调整到2022年9月30日为：

$1\ 200 \times 6.4450 \times (1+1\%)^8 = 8\ 375.15$（元人民币/平方米）

采用期内平均上升或下降的价格变动率进行市场状况修正公式如下：

可比实例在评估时点的价格 = 可比实例在其成交日期的价格 ×（1 ± 价格变动率 × 期数）

【例 5-10】 为评估某宗房地产 2022 年 12 月 1 日的价格，选取了下列可比实例：成交价格 14 000 元/平方米，成交日期 2022 年 5 月 1 日。调查获知 2022 年 3 月 1 日至 2022 年 12 月 1 日该类房地产的价格平均每月上涨 1%。请对该可比实例的价格进行市场状况调整。

分析：对该可比实例的价格进行市场状况调整，是将该价格调整到 2022 年 12 月 1 日，即：

2022 年 12 月 1 日的价格 = 14 000 ×（1 + 1% ×7）= 14 980（元/平方米）

（2）进行房地产状况修正。房地产状况修正应消除可比实例状况与评估对象状况不同造成的价格差异，包括区位状况修正、实物状况修正和权益状况修正。

①进行区位状况修正。应将可比实例在自身区位状况下的价格调整为在评估对象区位状况下的价格。调整的内容应包括位置、交通、周围环境、外部配套设施等。单套住宅的区位因素还应包括所处楼幢、楼层和朝向。

进行区位因素修正的一般公式为：

评估对象房地产区位状态下的价格 = 可比实例交易价格 × 区位因素修正系数

式中，区位因素修正系数主要采用可比实例房地产与评估对象房地产直接比较，通过评分的办法确定，即直接比较修正。

首先，以评估对象房地产区位状况为基准（通常定为 100 分），将所选择的可比实例房地产的各区位因素与它逐项比较打分，如果可比实例房地产区位状况好于评估对象房地产状况，打的分数就高于 100；相反，打的分数就低于 100；其次，根据各区位因素对房地产价格的影响程度，分别给出不同的权重，再将各可比实例对应的各具体区位因素的实际得分分别乘以对应的权重，得到各可比实例房地产的综合得分；最后，将评估对象区位因素值（100）除以各可比实例的区位因素综合得分，得出各可比实例的区位因素修正系数。

采用直接比较修正法确定房地产区域因素修正系数的表达式为：

区位因素修正系数 = 100/（　　）

其中，括号内应填写的数字是可比实例房地产与评估对象房地产相比较的区位状况因素综合得分。

具体的打分方法如表 5-4 所示。

表 5-4　　区位因素修正直接比较打分表

区位因素	权重	评估对象	可比实例 A	可比实例 B	可比实例 C
因素 1	F_1	100			
因素 2	F_2	100			
因素 3	F_3	100			
……	……				
因素 n	F_n	100			
综合	1	100			

②进行实物状况修正。应将可比实例在自身实物状况下的价格调整为在评估对象实物状

况下的价格。土地实物状况调整的内容应包括面积、形状、地形、地势、地质、土壤、开发程度等。建筑物实物状况调整的内容应包括建筑规模、建筑结构、设施设备、装饰装修、空间布局、建筑功能、外观、新旧程度等。

实物状况因素修正系数的表达式为：

实物状况因素修正系数 =100/(　　)

其中，括号内应填写的数字是可比实例房地产与评估对象房地产相比较的实物状况因素综合得分。打分方法可参考表 5 –4。

③进行权益状况修正。应将可比实例在自身权益状况下的价格调整为在评估对象权益状况下的价格。调整的内容应包括规划条件、土地使用期限、共有情况、用益物权设立情况、担保物权设立情况、租赁或占用情况、拖欠税费情况、查封等形式限制权利情况、权属清晰情况等。

权益状况因素修正系数的表达式为：

权益状况因素修正系数 =100/(　　)

其中，括号内应填写的数字是可比实例房地产与评估对象房地产相比较的权益状况因素综合得分。打分方法亦可参考表 5 –4。

进行区位、实物和权益状况修正时，应将可比实例按评估对象的区位状况、实物状况和权益状况因素逐项进行比较，找出各种因素之间的差异，量化各状况差异造成的价格差异，对可比实例的价格进行相应调整。调整的具体内容和比较因素，应根据估价对象的用途等情况确定。

（3）进行市场交易情况修正。交易情况修正就是剔除交易行为中的一些特殊因素所造成的交易价格偏差，使所选择的可比交易实例的交易价格成为正常价格。特殊因素对交易情况的影响主要表现在以下几个方面：①有特别利害关系人之间的交易，如亲友之间、有利害关系的单位之间的交易，通常价格偏低；②有特殊动机的交易，如急于出售的价格往往偏低，急于购买的价格往往偏高；③有意为逃避交易税，签订虚假交易合同，造成交易价格偏低；④买方和卖方不了解市场行情，盲目购买或出售，使交易价格偏高或偏低；⑤相邻房地产的合并交易；⑥受迷信影响的交易；等等。对上述情况对交易价格的影响主要由评估人员靠经验加以判断和修正。

市场交易情况修正系数的表达式为：

市场交易情况修正系数 =100/（1 ± 价格偏离的百分比）

其中，括号内可比交易实例价格偏高为 +，价格偏低则为 –。

【例 5 –11】 图 5 –1 中，有 A、B 两宗面积较小（或形状不规则，或宽度与深度比例不适当）的相邻土地，各值 30 万元。如果将该两宗土地合并为一宗土地，由于面积增大或形状变得规则而有利于合理利用，合并后的土地市场价值为 100 万元，可见，合并所产生的增值为 40（100 –30 ×2 =40）万元。

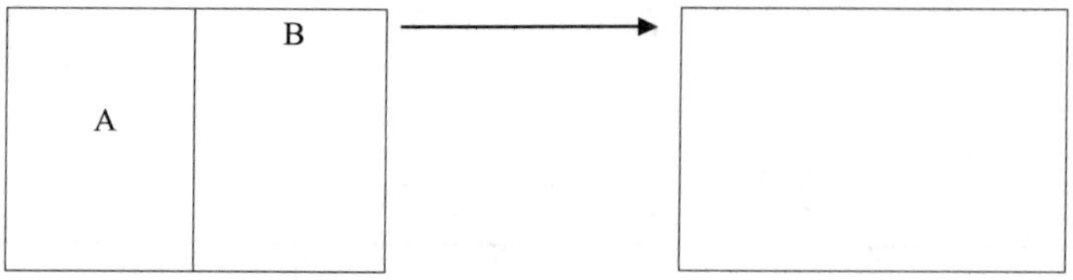

图 5 –1　相邻土地的合并

分析：在相邻土地合并的情况下，如果地块 A 的拥有者购买地块 B（反之亦然），地块 B 的拥有者可索价 30 万元至 70 万元，正常为 50 万元。地块 A 的拥有者愿意付出比地块 B 的价值 30 万元高的价格取得，也是正常的，因为他至少没有损失，而且还可能分享合并所产生的增值利益。

（4）进行个别因素修正。个别因素修正是指消除除上述因素以外的其他因素对可比交易实例成交价格的影响。个别因素修正的主要内容包括：可比交易实例房地产与评估对象房地产在土地容积率、建筑物新旧程度、建筑规模、建筑结构、建筑式样、朝向、楼层、工程质量等方面的差异。

个别因素修正的方法与区位因素修正的方法基本相同，通常也采用直接比较和打分的方法确定个别因素修正系数，然后通过计算将参照物房地产价格修正为评估对象房地产自身状态下的价格。

进行个别因素修正的一般公式为：

个别因素修正系数 = 评估对象个别因素取值/(　　)

其中，括号内应填写的数字是可比实例房地产与评估对象房地产相比较的个别因素取值。

评估对象房地产自身状态下的价格 = 可比交易实例交易价格 × 个别因素修正系数

如果单独评估土地价值，在土地使用年限、容积率（建筑总面积与土地总面积的比值）等因素对地价影响较大的情况下，可单独进行土地使用年限和容积率修正。

进行市场状况修正、房地产状况修正、交易情况修正、个别因素修正时，应注意下列问题：

①分别对可比实例成交价格的单项修正幅度不应超过 20%，综合修正幅度不应超过 30%；

②经修正和调整后的各个可比实例价格中，最高价与最低价的比值不宜大于 1.2；

③当幅度或比值超出上述范围时，宜更换可比实例；

④当因评估对象或市场状况特殊，无更合适的可比实例替换时，应在评估报告中说明并陈述理由。

【例 5 - 12】 某城市某用途土地容积率修正系数如表 5 - 5 所示。

表 5 - 5　　某城市某用途土地容积率修正系数表

容积率	0.1	0.4	0.7	1.0	1.1	1.3	1.7	2.0	2.1	2.5
修正系数	0.5	0.6	0.8	1.0	1.1	1.2	1.6	1.8	1.9	2.1

如果确定可比交易实例宗地地价为 1 400 元/平方米，容积率为 1.3，被评估宗地规划容积率为 2.0，试对被评估宗地的价格根据容积率因素作出修正。

分析：容积率作为个别因素，评估对象容积率为 2.0，修正系数取值为 1.8；可比交易实例容积率为 1.3，修正系数取值为 1.2。

容积率修正系数 = 1.8 ÷ 1.2 = 1.5

经容积率修正后可比交易实例价格 = 1 400 × 1.5 = 2 100（元/平方米）

5. 确定评估对象房地产评估价值

对经修正和调整后的各个可比实例价格，应根据它们之间的差异程度、可比实例与评估对象的相似程度、可比实例资料的可靠程度等情况，选用简单算术平均法、加权平均法、众数法、中位数法等方法计算出评估价值。

【例5－13】待估地块为一商业用途的空地，面积为600平方米。评估人员通过收集有关数据资料（过程略），选出3个交易实例作为可比交易实例，有关情况如表5－6所示。

表5－6　可比交易实例与评估对象比较表（1）

项目		A	B	C	待估对象
地段		略	略	略	略
所处地区		繁华区	非繁华区	非繁华区	非繁华区
用地性质		商业	商业	商业	商业
土地类型		空地	空地	空地	空地
价格	总价	85.2万元	77万元	85.84万元	
	单价	1 500元/平方米	1 400元/平方米	1 450元/平方米	
交易日期		2021.10	2021.12	2022.1	2022.5
面积		568平方米	550平方米	592平方米	600平方米
形状		长方形	长方形	长方形	长方形
地势		平坦	平坦	平坦	平坦
地质		普通	普通	普通	普通
基础设施		完备	较好	较好	较好
交通通讯状况		很好	很好	很好	很好
剩余使用年限		35年	30年	35年	30年

已知以下条件：

（1）交易情况正常；

（2）2021年以来，土地价格平均每月上涨1%；

（3）可比交易实例A与待估对象处于同一地区，B、C的区位因素修正系数情况可参照表5－7进行判断。

表5－7　可比交易实例与评估对象比较表（2）

项目	B	分值	C	分值
自然条件	相同	10	相同	10
社会环境	相同	10	相同	10
街道条件	稍差	8	相同	10
繁华程度	稍差	7	稍差	7
交通便捷程度	稍差	8	稍差	8
规划限制	相同	10	相同	10
交通管制	相同	10	相同	10
离公交车站	稍远	7	相同	10

续表

项目	B	分值	C	分值
交通流量	稍少	8	稍少	8
周围环境	较差	8	相同	10
综合打分		86		93

注：比较标准以待估地块的各区位因素为标准，即待估地块的区位因素分值为100。

（4）待估地块面积因素对价格的影响较各交易实例高3%；

（5）折现率为8%。

要求：根据上述资料，评估待估地块2022年5月的市场价值。

分析：

（1）进行交易情况修正。

从评估人员的调查中发现，交易实例的交易没有什么特殊情况，均作为正常交易看待，故无需修正。

（2）进行市场状况（交易时间）修正。

交易实例A市场状况（交易时间）修正系数＝107/100＝1.07

交易实例B市场状况（交易时间）修正系数＝105/100＝1.05

交易实例C市场状况（交易时间）修正系数＝104/100＝1.04

（注：由于地价平均每月上涨1%，故从交易实例A成交日期2021年10月至评估基准日2022年5月地价共上涨了7%；交易实例B从成交期2021年12月至评估基准日2022年5月地价共上涨了5%；交易实例C从成交期2022年1月至评估基准日2022年5月地价共上涨了4%。）

（3）进行区位因素修正。

交易实例A与待估对象处于同一地区，无需做区位因素调整。

交易实例B区位因素修正系数＝100/86＝1.163

交易实例C区位因素修正系数＝100/93＝1.075

（注：式中86由表5－7中纵向加总获得，同理，93也由表5－7纵向加总获得。）

（4）进行个别因素修正。

关于面积因素修正。由于待估对象的面积大于3个交易实例地块，就商业用地而言，面积较大便于充分利用，待估地块面积因素对价格的影响较各交易实例高3%。

土地使用权年限因素修正。除交易实例B与待评估地块的剩余使用年限相同外，交易实例A与C均需作使用年限因素修正，修正系数计算如下（假定折现率为8%）：

交易实例A及C使用年限修正系数 $=[1-1/(1+8\%)^{30}]\div[1-1/(1+8\%)^{35}]=0.9659$

交易实例A的个别修正系数 $=1.03\times0.9659=0.995$

交易实例B的个别修正系数 $=1.03$

交易实例C的个别修正系数 $=1.03\times0.9659=0.995$

（5）计算待估土地初步价格。

$A=1\,500\times1\times1.07\times1\times0.995=1\,597$（元/平方米）

$B = 1\ 400 \times 1 \times 1.05 \times 1.163 \times 1.03 = 1\ 761$（元/平方米）

$C = 1\ 450 \times 1 \times 1.04 \times 1.075 \times 0.995 = 1\ 613$（元/平方米）

（6）采用算术平均法求得评估结果。

待估地块单位面积价格评估值 $= (1\ 597 + 1\ 761 + 1\ 613)/3 = 1\ 657$（元/平方米）

待估地块总价评估值 $= 1\ 657 \times 600 = 994\ 200$（元）

因此，这一地块的评估值为 994 200 元。

二、基准地价修正法

（一）基准地价修正法的含义

基准地价修正法是指利用待评估宗地所在地政府确定的评估对象宗地所处地段的基准地价作为参照物，对出让年限、交易日期、土地状况、市场转让因素等进行修正，从而计算评估对象宗地在评估基准日市场价值的一种方法。

基准地价修正法实质上是市场法的一种具体应用。

基准地价修正法中的基准地价是对城镇各级土地或均质地域及其商业、住宅、工业等土地利用类型评估的土地使用权单位面积平均价格。它是由政府确定的城镇国有土地的基本标准价格，是不同区域、不同用途土地的一级市场平均价格。

基准地价一般由 3 个部分组成：

①土地出让金，是指国家作为土地所有者向受让者收取的一定年限的土地使用费中的纯收入部分。

②基础设施配套费，是指政府用于城市基础设施配套建设已经投入和近期预期投入的费用部分，包括市政公用设施配套费、四源费（自来水、污水处理、供热、供气建设费）、小区建设配套费等。

③土地开发及其他费用，包括平整土地费用、征地拆迁费用等。目前全国的许多城市都制定了基准地价，但在基准地价的构成上并不完全一致，因此，在具体应用基准地价修正法时应注意当地基准地价的构成，不能机械地套用公式。

例如，2022 年 3 月 18 日，北京市政府印发《北京市人民政府关于更新出让国有建设用地使用权基准地价的通知》（京政发〔2022〕12 号），正式发布北京市出让国有建设用地使用权基准地价更新成果（2021 年），本版基准地价以 2021 年 1 月 1 日为更新基准期日。与上一轮 2014 年基准地价体系相比，新基准地价体系的主要内容与变化有：

（1）将土地按商业、办公、住宅、工业和公共服务五类用途进行划分，新增了公共服务类用地的基准地价。

（2）按照土地用途，将全市土地划分为 12 个级别，在级别范围内，根据中心城区、北京城市副中心、平原新城地区及生态涵养区的各区，分别划分区片，其中：商业用途划分 307 个区片，办公用途划分 305 个区片，住宅用途划分 302 个区片，工业用途划分 321 个区片，公共服务用途划分 305 个区片。

（3）基准地价有一定幅度提高，其中居住用地和工业用地地价增长幅度最大，办公用地地价增长幅度次之，商业用地地价增长幅度最小。具体从涨幅来看，商业、办公、住宅和工业用途楼面熟地价水平分别上涨 19%、21%、31%、23%。新的基准地价中，土地级别一级的情况下，其商业用地平均熟地价为每平方米 35 380 元，办公用地平均熟地价为每平方米 35 180 元，居住用地为每平方米 35 030 元，工业用地为每平方米 13 780 元，公共服务用地为每平方米 25 980 元。

（二）基准地价修正法的基本思路

基准地价修正法的基本思路是：

以政府制定的基准地价为参照物→进行各种修正→待评估宗地市场价值。

基准地价修正法的数学表达式为：

$P = A \times a_1 \times a_2 \times a_3 \times a_4 \times a_5$

式中：P——评估对象土地使用权评估价值；

A——评估对象宗地所处地段的基准地价；

a_1——年限修正系数；

a_2——交易日期修正系数；

a_3——土地状况修正系数；

a_4——市场转让因素修正系数；

a_5——容积率等其他因素修正系数。

（三）基准地价修正法的适用范围

应用基准地价修正法进行评估，必须有基准地价及修正系数表，这是确定基准地价修正法适用范围的基础条件。

（1）适用于完成基准地价评估的城镇的土地估价；

（2）可在短时间内大批量进行宗地地价评估；

（3）一般在宗地地价评估中不作为主要的评估方法，而作为一种辅助方法。

（四）基准地价修正法的操作步骤

1. 收集有关资料

在评估前必须收集当地有关基准地价资料，主要包括：土地级别图、土地级别表、基准地价图、基准地价表、基准地价因素修正系数表和相应的因素条件说明表等，并根据估价的需要加以整理，作为宗地估价的基础。

2. 宗地级别及基准地价的确定

根据待估宗地的位置、用途，对照前面所收集的土地级别图表、基准地价图表等，确定待估宗地所处的土地级别、该级别土地平均开发程度和基准地价内涵。

3. 宗地影响因素调查分析与修正系数的确定

根据已经确定的宗地级别和基准地价内涵，对待估宗地进行一般因素和区位因素等相关因素分析，以确定地价修正的基准和需要调查的影响因素项目。

4. 各项修正

（1）年限修正。基准地价对应的使用年限，是各用途土地使用权的最高出让年限，而具体宗地的使用年限可能各不相同，因此必须进行年限修正。

土地使用年限修正系数可按下式计算：

$$y = \left[1 - \frac{1}{(1+r)^m}\right] \div \left[1 - \frac{1}{(1+r)^n}\right]$$

式中：

y——宗地使用年限修正系数；

r——土地还原率；

m——待估宗地可使用年限；

n——该用途土地法定最高出让年限。

（2）交易日期修正。基准地价在评估基准日地价水平随时间迁移会有所变化，必须进行交易日期修正，把基准地价对应的地价水平修正到待估宗地地价评估基准日。

交易日期修正一般根据地价指数的变动幅度进行，交易日期修正系数可按下式计算：

y＝宗地评估基准日的地价指数/基准地价评估基准日的地价指数

（3）土地状况修正。待估宗地在面积、形状、交通条件、临街状况等方面各不相同，必须进行修正。修正时，可以参考前述打分法进行打分，确定相应的修正系数。

（4）市场转让因素修正。市场转让因素修正就是剔除交易行为中的一些特殊因素所造成的交易价格偏差，使所选择的可比交易实例的交易价格成为正常价格。

市场转让因素修正系数＝参照物地块市场交易价÷参照物地块基准地价

（5）容积率及其他因素修正。

①容积率修正。基准地价评估时对应的容积率是均质区域内的平均容积率，各待估宗地的容积率可能各不相同，而同时，容积率对地价的影响极大，难以在编制基准地价修正系数表时考虑进去。因此，如果在因素修正系数表中未能考虑容积率影响，就必须进行进一步修正（亦即单独进行修正），将平均容积率修正到实际容积率水平。容积率修正系数按下式计算：

$K_{ij} = k_i / k_j$

式中：

K_{ij}——容积率修正系数；

k_i——待估宗地容积率对应的地价水平系数；

k_j——同级别或均质地域内该类用地平均容积率对应的地价水平指数。

②开发程度及其他因素修正。比较待估宗地价格定义与基准地价内涵，当两者内涵一致，开发程度相同时，则不必进行土地开发程度差异修正，当两者不一致时，则需进行土地开发程度差异修正，将基准地价修正为与待估宗地地价设定的土地开发程度。如某市二级住宅用地的基准地价为 2 000 元/平方米，对应的土地开发程度为五通一平（通路、通上水、通下水、通电、通燃气管线，场地平整），待估宗地为七通一平（通水、通电、通路、通讯通、通下水、通热力管线、通燃气管线和场地平整）。据调查，该级别土地通讯通、通热力管线的开发费分别是 80 元/平方米和 160 元/平方米，则该级别七通一平条件下的基准地价为 2 000＋80＋160＝2 240（元/平方米），并以此作为下一步评估的基准。

5. 修正确定宗地价格

根据前面所求得的各项修正系数，对待估宗地对应的基准地价修正，运用基准地价系数修正法的公式，即可求得宗地地价。

待估宗地地价＝待估宗地所处地段的基准地价×年限修正系数×交易日期修正系数×土地状况修正系数×市场转让因素修正系数×容积率及其他因素修正系数

【例 5－14】 评估对象宗地是位于武汉市××区××大道××号××大厦的一块住宅用地，位于武汉市住宅用地Ⅱ级地段，如表 5－8 所示。

表 5－8　　武汉市住宅用地基准地价表（2015 年 11 月 1 日起执行）　　单位：元/建筑平方米

级别	基准地价
Ⅰ	5 733
Ⅱ	4 730
Ⅲ	3 801
Ⅳ	3 009
Ⅴ	2 342
Ⅵ	1 734
Ⅶ	1 307

（1）本次评估采用基准地价修正法进行评估，参照武汉市住宅用地Ⅱ级基准地价，取 4 730元/建筑平方米。

（2）待估宗地区位条件说明表和修正系数表。

本次评估宗地为住宅Ⅱ级，在评估过程中，按照基准地价标准，使用Ⅱ级住宅用地地价区位因素修正系数指标说明表和修正系数表，如表 5－9、表 5－10、表 5－11 所示。

表 5－9　　Ⅱ级住宅用地宗地地价区位因素修正系数指标说明表

因素	因　子	优	较优	一般	较劣	劣
基础公用设施状况	排水状况（%）	≥95	[85，95)	[75，85)	[60，75)	<60
	距大学距离（米）	≤1 000	(1 000，2 500]	(2 500，4 000]	(4 000，6 000]	>6 000
	距中学距离（米）	≤250	(250，350]	(350，550]	(550，800]	>800
	距小学距离（米）	≤250	(250，350]	(350，550]	(550，800]	>800
	距幼儿园距离（米）	≤200	(200，300]	(300，400]	(400，500]	>500
	距超市距离（米）	≤200	(200，300]	(300，400]	(400，500]	>500
	距医院距离（米）	≤300	(300，600]	(600，900]	(900，1 200]	>1 200
	距文体场所距离（米）	≤200	(200，400]	(400，700]	(700，900]	>900
	距金融网点距离（米）	≤200	(200，400]	(400，700]	(700，900]	>900
	距公园距离（米）	≤300	(300，550]	(550，900]	(900，1 200]	>1 200
交通条件	临街道路状况	混合型主干道	生活型主干道	生活次干道或交通型主干道	交通型次干道	支路
	临公交站点状况（条）	≥30	[25，30)	[17，25)	[9，17)	<9
	距长途汽车站距离（米）	≤800	(800，1 300]	(1 300，1 800]	(1 800，2 300]	>2 300
	距火车站距离（米）	≤4 000	(4 000，5 000]	(5 000，6 000]	(6 000，7 000]	>7 000
环境状况	大气环境	无污染	基本无污染	轻度污染	污染较重	严重污染
	声环境（分贝）	≤20	(20，40]	(40，60]	(60，80]	80 以上
	水环境	Ⅰ类水域	Ⅱ类水域	Ⅲ类水域	Ⅳ类水域	Ⅴ类及以下
	视觉环境	好	较好	一般	较差	差
	人文环境	视野开阔	视野比较开阔	视野一般	视野不太开阔	视野狭窄
	绿地覆盖率程度（%）	≥45	[35，45]	[25，35)	[15，25)	<25

续表

因素	因　子	优	较优	一般	较劣	劣
商服繁华度	距市级商服中心距离（米）	≤200	(200, 450]	(450, 750]	(750, 1 000]	>1 000
	距区级商服中心距离（米）	≤150	(150, 350]	(350, 600]	(600, 800]	>800
	距小区级商服中心距离（米）	≤50	(50, 100]	(100, 200]	(200, 300]	>300
	距街区级商服中心距离（米）	≤50	(50, 100]	(100, 200]	(200, 250]	>250
	商服网点密度（个/公顷）	≥45	[35, 45)	[25, 35)	[16, 25)	<16
人口状况	客流量（人/天·千平方米）	≥65 000	[45 000, 65 000)	[35 000, 45 000)	[25 000, 35 000)	<25 000
	居住人口密度（人/千平方米）	≥30 000	[11 500, 30 000)	(9 000, 11 500)	[4 000, 9 000]	<4 000

表 5－10　　Ⅱ级住宅用地宗地地价区位因素修正系数表

因素	权重	因　子	权重	优	较优	一般	较劣	劣
基础公用设施状况	0.304	排水状况	0.0730	0.0233	0.0116	0.0000	－0.0106	－0.0213
		距大学距离	0.0230	0.0073	0.0037	0.0000	－0.0033	－0.0067
		距中学距离	0.0250	0.0080	0.0040	0.0000	－0.0036	－0.0073
		距小学距离	0.0300	0.0096	0.0048	0.0000	－0.0044	－0.0087
		距幼儿园距离	0.0330	0.0105	0.0053	0.0000	－0.0048	－0.0096
		距超市距离	0.0280	0.0089	0.0045	0.0000	－0.0041	－0.0082
		距医院距离	0.0250	0.0080	0.0040	0.0000	－0.0036	－0.0073
		距文体场所距离	0.0180	0.0057	0.0029	0.0000	－0.0026	－0.0052
		距金融网点距离	0.0240	0.0076	0.0038	0.0000	－0.0035	－0.0070
		距公园距离	0.0250	0.0080	0.0040	0.0000	－0.0036	－0.0073
交通条件	0.224	临街道路状况	0.0740	0.0236	0.0118	0.0000	－0.0108	－0.0215
		临公交站点状况	0.0500	0.0159	0.0080	0.0000	－0.0073	－0.0146
		距长途汽车站距离	0.0500	0.0159	0.0080	0.0000	－0.0073	－0.0146
		距火车站距离	0.0500	0.0159	0.0080	0.0000	－0.0073	－0.0146
环境状况	0.234	大气环境	0.0330	0.0105	0.0053	0.0000	－0.0048	－0.0096
		声环境	0.0320	0.0102	0.0051	0.0000	－0.0047	－0.0093
		水环境	0.0350	0.0112	0.0056	0.0000	－0.0051	－0.0102
		视觉环境	0.0320	0.0102	0.0051	0.0000	－0.0047	－0.0093
		人文环境	0.0450	0.0143	0.0072	0.0000	－0.0066	－0.0131
		绿地覆盖度	0.0570	0.0182	0.0091	0.0000	－0.0083	－0.0166

续表

因素	权重	因　子	权重	优	较优	一般	较劣	劣
商服繁华度	0.166	距市级商服中心距离	0.0350	0.0112	0.0056	0.0000	-0.0051	-0.0102
		距区级商服中心距离	0.0260	0.0083	0.0041	0.0000	-0.0038	-0.0076
		距小区级商服中心距离	0.0200	0.0064	0.0032	0.0000	-0.0029	-0.0058
		距街区级商服中心距离	0.0100	0.0032	0.0016	0.0000	-0.0015	-0.0029
		商服网点密度状况	0.0750	0.0239	0.0120	0.0000	-0.0109	-0.0218
人口状况	0.072	客流量	0.0250	0.0080	0.0040	0.0000	-0.0036	-0.0073
		居住人口密度	0.0470	0.0150	0.0075	0.0000	-0.0068	-0.0137
合计	1		1	0.3187	0.1594	0	-0.1456	-0.2912

表 5-11　　修正系数调节表

因素	影响因子	调查情况	优劣程度	修正幅度
基础公用设施状况	排水状况（%）	96	较优	0.0116
	距大学距离（米）	5 000	较劣	-0.0033
	距中学距离（米）	380	较优	0.004
	距小学距离（米）	380	较优	0.0048
	距幼儿园距离（米）	380	较优	0.0053
	距超市距离（米）	300	一般	0
	距医院距离（米）	600	一般	0
	距文体场所距离（米）	300	较优	0.0029
	距金融网点距离（米）	200	较优	0.0038
	距公园距离（米）	500	较优	0.004
交通条件	临街道路状况	混合型主干道	优	0.0236
	临公交站点状况（条）	18	一般	0
	距长途汽车站距离（米）	>2 300	较劣	-0.0073
	距火车站距离（米）	6 500	较劣	-0.0073
环境状况	大气环境	轻度污染	一般	0
	声环境（分贝）	(40，60]	一般	0
	水环境	Ⅲ类水域	较优	0.0056
	视觉环境	较好	较好	0.0051
	人文环境	视野比较开阔	较好	0.0072
	绿地覆盖率程度（%）	[15，25)	较劣	-0.0083
商服繁华度	距市级商服中心距离（米）	≤200	优	0.0112
	距区级商服中心距离（米）	(150，350]	较优	0.0041
	距小区级商服中心距离（米）	(100，200]	一般	0
	距街区级商服中心距离（米）	(100，200]	一般	0
	商服网点密度（个/公顷）	[25，35)	一般	0

续表

因素	影响因子	调查情况	优劣程度	修正幅度
人口状况	客流量（人/天·千平方米）	[45 000，65 000)	较优	0.004
	居住人口密度（人/千平方米）	[11 500，30 000)	较优	0.0075
	合计			0.0785

如表5－11所示，宗地区位因素修正系数$\sum K$为0.0785。

(3) 住宅用地容积率修正系数。本次评估对象宗地变更规划容积率为24.21，根据住宅用地容积率修正系数表，则容积率修正系数S_1确定为2.6719。

(4) 年限修正系数。待估宗地为出让性质用地，根据本次估价目的与设定条件，依据《不动产权证》，宗地出让年限为35.92年，自领取该宗地的《中华人民共和国国有土地使用证》起计算。因此需进行年限修正，根据武汉市基准地价修正体系采用内插法，35.92年使用权年限的年限修正系数S_2为0.9057。

(5) 交易期日修正系数。武汉市基准地价基准日距本次评估基准日时间不长，故取交易期日修正系数S_3为1.0。

(6) 宗地面积状况修正系数。武汉市基准地价修正体系中，有明确的住宅用地宗地面积修正系数表（见表5－12）。

表5－12　住宅用地宗地面积修正系数表

指标标准	优	较优	一般	较劣	劣
指标标准说明	面积适中，对土地利用极为有利	面积对土地利用较为有利	面积对土地利用无不良影响	面积较小，对土地利用有一定影响	面积过小，对土地利用产生严重影响
修正系数	1.06	1.03	1	0.97	0.94

结合待估宗地的具体情况，确定宗地面积状况修正系数S_4为1.0。

(7) 宗地形状修正系数。武汉市基准地价修正体系中，有明确的商业用地形状修正系数表（见表5－13）。

表5－13　住宅用地宗地形状修正系数表

指标标准	优	较优	一般	较劣	劣
指标标准说明	形状规则，对土地利用极为有利	形状对土地利用较为有利	形状对土地利用无不良影响	形状不规则，对土地利用有一定影响	形状较差，对土地利用产生严重影响
修正系数	1.06	1.03	1	0.97	0.94

结合待估宗地的具体情况，确定宗地形状修正系数S_5为1.0。

(8) 建筑朝向修正系数，参见表5－14。

表5－14　建筑朝向修正系数表

指标标准说明	南	东南、西南	东	东北、西北	北、西
修正系数	1.06	1.03	1	0.98	0.96

结合待估宗地建筑物朝向为北的具体情况，确定宗地朝向修正系数 S_6 为 0.96。

（9）确定待估宗地地价。

$$P_i = P \times (1 + K) \times \prod S$$
$$= 4\,730 \times (1 + 0.0785) \times 2.6719 \times 0.9057 \times 1.0 \times 1.0 \times 1.0 \times 0.96$$
$$= 11\,851 \text{（元/平方米）}$$

即采用基准地价修正法评估，估价对象宗地在现在规划条件下的地价为 11 851 元/平方米。

三、市场租金倍数法

市场租金倍数法是将评估对象房地产的年收益（通常为未来第一年的正常租金）乘以相关的市场租金倍数来求取评估对象房地产价值的一种技术方法。

评估计算公式为：房地产的评估价值 = 房地产的年收益 × 市场租金倍数

市场租金倍数是用与评估对象房地产相类似的参照物的市场价格除以其相关口径的收益（租金）所得的倍数。租金倍数会因参照物相关收益计算口径的不同而有多种，如毛租金倍数、净租金倍数、总收入倍数和净收入倍数等。

在具体运用市场租金倍数法时，对同一评估对象房地产可按不同口径的收益（租金）计算的租金倍数，乘以评估对象房地产相应口径的年收益（租金），得到评估对象房地产的一组初步评估价值，再采用加权平均等方法估测评估对象房地产的价值。

【例 5－15】 某房地产一年的租金为 120 000 元，目前的市场租金倍数为 25 倍，该房地产的评估价值为多少？

分析：根据已知条件，可以采用市场租金倍数法进行评估。

该房地产的评估值 = 120 000 × 25 = 3 000 000（元）

第三节 收益法在房地产评估中的应用

一、收益法的相关概念与理论

（一）收益法的含义

收益法是指通过求取评估对象房地产未来预期的正常纯收益，选用适当的折现率（或资本化率）将未来纯收益折算为现值，以估测评估时点房地产价值的方法。收益法既可以评估房地产（房地合一）的价值，也可以评估土地或建筑物的价值。

（二）收益法的适用条件

包括待估房地产能够求出未来收益的现值、涉及待估房地产的未来预期收益及风险能够预测和量化、收益年限能够确定等。

（三）收益法的适用对象

收益法适用的对象是有收益或潜在收益的房地产，如商场、商务办公楼、公寓、宾馆、酒店、餐馆、游乐场、影剧院等。但对于政府办公楼、学校、公园等公用、公益房地产的评估，由于没有收益或很少有收益，收益法一般不适用。

（四）收益法的评估步骤

（1）收集房地产有关收入和费用的资料；

（2）测算房地产的正常收入；

（3）测算房地产的正常费用；

（4）测算房地产的纯收益；

（5）估测并选用适当的资本化率；

（6）确定房地产的收益年限；

（7）估测并确定房地产评估价值。

（五）收益法的基本公式

采用收益法评估时，应区分报酬资本化法和直接资本化法，并优先选用报酬资本化法。采用报酬资本化法评估时，应区分全剩余寿命模式和持有加转售模式。当收益期限较长，难以预测该期限内各年的净收益时，宜选用持有加转售模式。

1. 报酬资本化法的基本公式

（1）全剩余寿命模式。

$$V = \sum_{i=1}^{n} \frac{A_i}{(1 + Y_i)^i}$$

式中：

V——评估值（元或元/平方米）；

A_i——未来第 i 年的净收益（元或元/平方米）；

Y_i——未来第 i 年的收益率（%）；

n——收益期（年）。

（2）持有加转售模式。

$$V = \sum_{t=1}^{n} \frac{A_i}{(1 + Y_i)^i} + \frac{V_t}{(1 + Y_t)^t}$$

式中：

V——评估值（元或元/平方米）；

A_i——持有期间第 i 年的净收益（元或元/平方米）；

Y_i——持有期间第 i 年的收益率（%）；

t——持有期（年）；

V_t——期末转让收益（元或元/平方米）；

Y_t——期末收益率（%）。

2. 直接资本化法的基本公式

V = NOI/R

式中：

V——评估值（元或元/平方米）；

NOI——未来第一年的净收益（元或元/平方米）；

R——资本化率（%）。

（六）收益法的重要参数

收益法是将待估房地产的预期收益折现的方法，其重要参数包括：预期纯收益、折现率或资本化率、收益年限，这些参数需要分别测算。

二、房地产纯收益的测算

（一）纯收益的测算思路

房地产纯收益是通过首先测算房地产的正常收入和正常费用，然后用房地产的正常收入减去正常费用得到。房地产正常收入不是房地产的实际收入，它是剔除特殊的、偶然的因素之后房地产所能得到的正常客观的收入（有租约限制的除外）。房地产正常收入通常是在考虑和分析房地产的实际收益、类似房地产收益、房地产市场走势以及房地产收入的风险性和可实现性的基础上确定的。房地产正常费用也不是房地产为取得实际收益而付出的实际费用，它是房地产取得正常收入必须支付的各项支出，一般通过从房地产实际费用中剔除不正常费用项目和数额的方式求得。

预期收益 = 潜在收入 - 空置等造成的收入损失 - 运营费用

　　　　 = 有效收入 - 运营费用

潜在收入是假定房地产在充分利用、无空置状况下可获得的收入。有效收入是潜在收入扣除空置、拖欠租金以及其他原因造成的收入损失后所得到的收入。运营费用是维持房地产正常生产、经营或使用必须支出的费用及归属于其他资本或经营的收入。运营费用一般不包括所得税、房地产抵押贷款偿还额、建筑物折旧费、土地摊提费、房地产改扩建费用等，但包含其他资本或经营的收益，如商业、餐饮、工业、农业等经营者的正常利润。

（二）不同类型房地产纯收益的测算

1. 出租型房地产纯收益的测算

纯收益 = 租赁收入 - 维修费 - 管理费 - 保险费 - 房地产税 - 租赁代理费

租赁收入具体包括有效毛租金和租赁保证金、押金等的利息收入。维修费、管理费、保险费、房产税和租赁代理费等是否要扣除，应在分析租赁合同的基础上决定。关键看租赁合同中规定这些费用具体由谁来负担。如果上述费用由出租方负担，则应将这些费用全部扣除；如果这些费用全部由承租方负担，此时的租赁收入就接近于纯收益了。此外，如果租金中包含了水、电、燃气、暖气等费用，则这些费用也应该扣除；还要根据评估目的和评估对象的情况，考虑同房屋一起出租的家具等房地产以外的物品的收入是否扣除。

2. 直接经营型房地产纯收益的测算

直接经营型房地产是指房地产所有者同时又是经营者，房地产租金与房地产经营者利润没有分开的房地产，如商场、宾馆、饭店等。

直接经营型房地产纯收益可按下面的公式计算：

纯收益 = 销售收入 - 销售成本 - 销售费用 - 销售税费 - 管理费用 - 财务费用 - 经营利润

3. 自用或尚未使用的房地产纯收益的测算

自用或尚未使用的房地产可以比照同一市场上有收益的类似房地产的有关资料，按上述相应的方法计算纯收益，或直接比较得出纯收益。

4. 混合型房地产纯收益的测算

混合型房地产是指有多种收益类型（出租、经营、自用等）的房地产。在测算纯收益时，可以把它看成是各种单一收益类型房地产的组合，先分别求取，然后进行综合。

【例 5－16】某出租的写字楼，使用面积为 3 000 平方米，收益年限为 43 年，空置率为 20%，未来 3 年每平方米使用面积的租金（含物业服务费用）分别为 360 元、400 元、330 元，同档次写字楼的年物业服务费用为每平方米使用面积 36 元，除物业服务费用之外的其他运营费用为租金（不含物业服务费用）的 25%。请估测该写字楼未来 3 年每年的净收益。

分析：

未来第一年的净收益 =（360－36）×（1－20%）×（1－25%）×3 000
=58.32（万元）

未来第二年的净收益 =（400－36）×（1－20%）×（1－25%）×3 000
=65.52（万元）

未来第三年的净收益 =（330－36）×（1－20%）×（1－25%）×3 000
=52.92（万元）

【例 5－17】某房地产占地 4 000 平方米，土地使用年限为 48 年，容积率为 6，共 24 层，每层建筑面积相同。该房地产经过两年开发建成，预计再经过一年销售、招租完毕，届时各层使用情况预计如下：1 层的大堂部分占该层建筑面积的 60%，其余部分的 75% 可用于商业铺位出租，正常出租率为 90%，每平方米出租面积每月可得净租金 60 元；2～3 层为商场，营业面积占该层建筑面积的 70%，每平方米营业面积年正常收入为 8 500 元，每年正常营业需投入 1 000 万元，而该市经营同类商业项目的每平方米营业面积的正常年利润为 600 元；第 4 层出租开酒楼，可出租面积占该层建筑面积的 70%，每平方米出租面积的月租金为 50 元，出租人每年需支付 8 万元的运营费用；5～10 层为用于出租的办公用房，每层共 20 间，当地同类同档次办公用房每间每月租金 1 800 元，出租率为 80%，出租人需承担相当于租金收入 10% 的运营费用；11～24 层为商品住宅，其中 11 层以每平方米建筑面积 3 800元的优惠价格售给公司员工，其他层则平均以每平方米建筑面积 4 200 元的价格对社会售出，当地同类同档次商品住宅的售价为每平方米建筑面积 4 000 元。试估测该房地产 1～10 层每年的净收益。

分析：

（1）总建筑面积 =6×4 000 =24 000（平方米）

各层建筑面积 =24 000/24 =1 000（平方米/层）

（2）1～10 层每层每年净收益：

①1 层大堂由于已包含在整体收益中不需要单独计算。

1 层商铺净收益 =1 000×（1－60%）×75% ×90% ×60×12 =19.44（万元）

②2～3 层商场净收益 =1 000×2×70% ×600 =84（万元）

③4 层酒楼净收益 =1 000×70% ×50×12－80 000 =34（万元）

④5～10 层办公楼净收益 =6×20×1 800×12×80% ×（1－10%）
=186.62（万元）

三、房地产资本化率（折现率）的估测

（一）房地产资本化率（折现率）的种类

在房地产评估中，由于评估对象不同，应采用的资本化率（折现率）有所不同，主要有以下几种类型：

1. 土地资本化率（折现率）

土地资本化率（折现率）是求取单纯土地的价值时所采用的资本化率（折现率）。这时对应的纯收益是土地自身的纯收益，而不应包含建筑物及其他方面带来的部分。

2. 建筑物资本化率（折现率）

建筑物资本化率（折现率）是求取单纯建筑物的价值时所采用的资本化率（折现率）。这时对应的纯收益是建筑物自身的纯收益，而不应包含土地及其他方面带来的部分。

3. 综合资本化率（折现率）

综合资本化率（折现率）是求取房地合一价值时采用的资本化率（折现率）。这时对应的纯收益是土地和建筑物共同产生的纯收益。

土地资本化率（折现率）、建筑物资本化率（折现率）和综合资本化率（折现率）三者虽然含义不同，但又是相互联系的。三者之间的联系可以用下列公式表示：

$$r=\frac{r_1p_1+r_2p_2}{p_1+p_2}$$

$$r_1=\frac{r(p_1+p_2)-r_2p_2}{p_1}$$

$$r_2=\frac{r(p_1+p_2)-r_1p_1}{p_2}$$

式中：

r——综合资本化率（折现率）；

r_1——土地资本化率（折现率）；

r_2——建筑物资本化率（折现率）；

p_1——土地价值；

p_2——建筑物价值。

【例5-18】 某房地产的总价值为8 000万元，经估测，建筑物部分的价值为4 800万元，假定综合折现率为8%，建筑物的折现率为10%，试求土地的折现率。

分析：根据土地折现率、建筑物折现率和综合折现率的关系来计算土地折现率。

$p_1=8\ 000-4\ 800=3\ 200$（万元）

$$r_1=\frac{r(p_1+p_2)-r_2p_2}{p_1}=\frac{8\%\times 8\ 000-10\%\times 4\ 800}{3\ 200}=5\%$$

（二）房地产资本化率（折现率）的估测方法

1. 安全利率加上风险报酬率法

安全利率指无风险的资本投资收益率。在我国房地产评估实践中通常选择国债或银行定期存款利率作为安全利率。

风险报酬率是根据社会经济环境、投资风险、变现风险以及通货膨胀等因素对地产投资的影响综合确定的。

这种方法的数学表达式为：

房地产资本化率（折现率）= 安全利率 + 风险报酬率

2. 市场租价比法

该方法是在市场上选取多个（通常为3个以上）与评估对象房地产相似的交易实例的

正常纯租金（纯收益）与价格的比率作为依据，然后求出各交易实例正常纯租金与价格比率的平均值，以此作为评估对象房地产的资本化率（折现率）。

该方法运用的前提是各年租金等额、收益期限永续。

【例 5 –19】 选择 4 个与评估对象房地产相类似的交易实例，各交易实例有关数据资料如表 5 – 15 所示。试求评估对象房地产的折现率。

表 5 – 15　　类似交易实例情况表

交易实例	租金（万元/年）	价格（万元）	还原利率（%）
1	16	180	8.89
2	22	242	9.09
3	56	512	10.94
4	79	765	10.33

分析：根据表 5 – 15 中的数据资料，采用简单算术平均数法求得：

评估对象房地产折现率 =（8.89% +9.09% +10.94% +10.33%）÷4 =9.81%

3. 投资收益率排序插入法

该方法是通过收集市场上各种投资的收益率资料，如银行存款、政府债券、企业债券、股票以及各个领域的工商业投资等，然后把各项投资收益率的大小排队，制成图表（如图 5 –2 所示）。将评估对象房地产与各类投资风险程度进行分析比较，判断出同等风险的投资，确定评估对象风险程度应落的位置，以此确定评估对象的折现率。

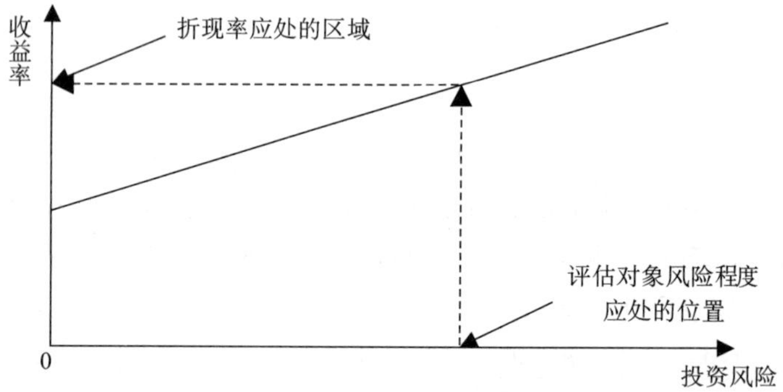

图 5 – 2　投资收益率排序插入法

四、房地产收益年限的确定

（一）单独的土地或单独的建筑物评估情况

对于单独的土地或单独的建筑物的评估，应分别根据土地使用权年限和建筑物经济寿命确定未来可获收益的年限。对收益折现时，纯收益中不扣除建筑物折旧费和土地摊提费。

（二）土地和建筑物合成一体评估的情况

1. 建筑物的经济寿命比土地的使用年限长或两者相等

根据土地使用年限确定未来可获收益的年限。对收益折现时，纯收益中不扣除建筑物折旧费和土地摊提费。如果建筑物的经济寿命比土地的使用年限长，还应将土地使用年限到期时建筑物部分的残余价值或政府收回土地使用权对建筑物的补偿价值折现（如图5－3所示）。

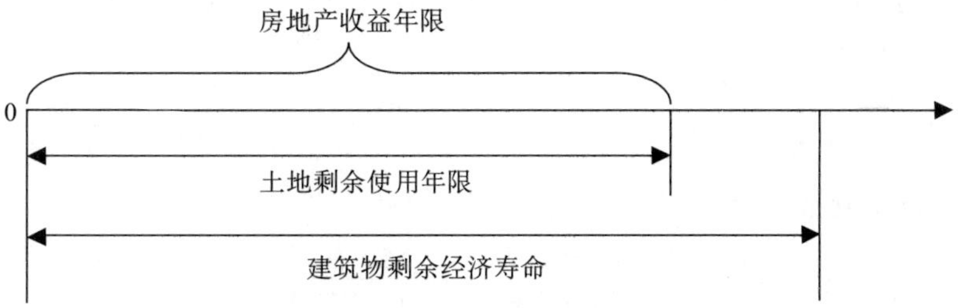

图5－3 建筑物的经济寿命比土地的使用年限长

2. 建筑物的经济寿命比土地的使用年限短

以土地使用年限为房地产总的收益年限，但对房地产的收益折现分两段进行，第一段以建筑物的经济寿命为界，将房地合一的纯收益折现，纯收益中不扣除建筑物折旧费和土地摊提费；第二段将土地使用年限超过建筑物经济寿命的土地剩余使用年限中的土地纯收益折现，并把此价值加到第一段房地产的评估价值中（如图5－4所示）。

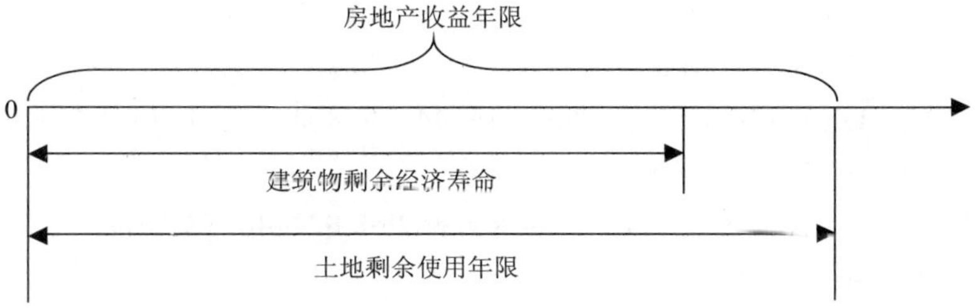

图5－4 建筑物的经济寿命比土地的使用年限短

五、房地产价值的估测

（一）房地合一价值的估测

估测房地合成一体的房地产价值，应根据上述介绍的有关方法分别测算和确定房地产纯收益、资本化率和收益年限，并运用合适的评估计算公式进行收益折现。

（二）土地价值的估测

1. 单纯的土地出租

首先通过土地的正常收入减去土地的正常费用得到土地的纯收益，然后用适当的土地的资本化率将土地的纯收益折现。

2. 房地产出租或经营

土地价值是房地产价值减去房屋价值后剩余的价值。运用收益法评估土地的价值，通常是用房地产的纯收益减去建筑物的纯收益得到土地的纯收益，用土地的资本化率对土地的纯收益折现求和即可得到土地的价值。

（三）建筑物价值的估测

建筑物价值是房地产价值减去土地价值后剩余的价值。

运用收益法评估建筑物的价值，通常是用房地产的纯收益减去土地的纯收益得到建筑物的纯收益，再用建筑物的资本化率对建筑物的纯收益折现求和即可得到建筑物的价值。

【例 5－20】 承【例 5－16】，假设该写字楼未来每年的净收益基本上固定不变，报酬率为 9%，试求其评估价值。

分析：

1. 计算每年不变的净收益

设每年不变的净收益为 A，则：

$$\frac{A}{9\%}\left[1-\frac{1}{(1+9\%)^3}\right]=\frac{58.32}{1+9\%}+\frac{65.52}{(1+9\%)^2}+\frac{52.92}{(1+9\%)^3}$$

A＝58.95（万元）

2. 计算评估价值

$$评估价值=\frac{58.32}{1+9\%}+\frac{65.52}{(1+9\%)^2}+\frac{52.92}{(1+9\%)^3}+\frac{58.95}{9\%(1+9\%)^3}\left[1-\frac{1}{(1+9\%)^{40}}\right]$$

＝636.2（万元）

【例 5－21】 承【例 5－17】，假设商场、酒楼、办公楼的资本化率分别为 10%、8%、7%，试评估该房地产销售招租完毕时的市场价值。

分析：

1. 1 层商铺净收益＝19.44 万元

$V=19.44\times[1-1/(1+10\%)^{45}]/10\%=19.44\times9.8628=191.73$（万元）

2. 2～3 层商场净收益＝84 万元

$V=84\times[1-1/(1+10\%)^{45}]/10\%=84\times9.8628=828.48$（万元）

3. 4 层酒楼净收益＝34 万元

$V=34\times[1-1/(1+8\%)^{45}]/8\%=34\times12.1084=411.69$（万元）

4. 5～10 层办公楼净收益＝186.62 万元

$V=186.62\times[1-1/(1+7\%)^{45}]/7\%=186.62\times13.6055=2\,539.06$（万元）

5. 11～24 层住宅价格＝1 000×14×4 000＝5 600（万元）

6. 该房地产市场价值＝191.73＋828.48＋411.69＋2 539.06＋5 600＝9 570.96（万元）

第四节　成本法在房地产评估中的应用

一、成本法的相关概念与理论

（一）成本法的含义

成本法是通过估测待评估房地产的重新构建成本，然后扣除各种贬值，以确定评估对象房地产价值的评估技术方法。

（二）成本法适用的条件

由于成本法以重置成本扣除各项贬值后的差额作为评估值，因此，成本法适用的条件是待估房地产的重新购建成本费用及各种贬值能够量化并能准确估测。

（三）成本法适用的对象

成本法适用的对象包括新开发的房地产、非收益性房地产、很少发生交易的房地产，如学校、图书馆、体育场馆、医院、政府办公楼、军队营房、公园等公用、公益房地产，以及化工厂、钢铁厂、发电厂、油田、码头、机场等具有独特设计或只针对个别用户的特殊需要而开发建造的房地产。

由于土地的价格主要取决于它的效用，并非仅仅是它所花费的成本，土地取得和开发成本加利税并不一定能客观反映其市场价值。所以，成本法在土地评估中应用范围受到一定限制。

（四）成本法的基本公式

待估房地产评估价值 = 待估房地产的重置成本 - 实体性贬值 - 功能性贬值 - 经济性贬值

在实际应用时，需要对重置成本、实体性贬值、功能性贬值、经济性贬值等因素分别进行估测。

二、房地产重置成本的估测

（一）重置成本估测的基本要求

运用成本法评估房地产，估算重置成本时，应当注意下列基本要求：

（1）重置成本采用客观成本；

（2）房地产重置成本采取土地使用权与建筑物分别估算、然后加总的评估方式时，重置成本的相关成本构成应当在两者之间合理划分或者分摊，避免重复计算或者漏算；

（3）房地产的重置成本通常采用更新重置成本。当评估对象为具有特定历史文化价值的不动产时，应当尽量采用复原重置成本。

（二）重置成本的构成

1. 土地取得成本

土地取得成本是取得开发用地所需的费用、税费等。

（1）通过征用农地取得土地。土地取得成本包括农地征用费和土地使用权出让金。土地取得成本应按国家和当地政府规定征地补偿标准和土地出让金标准计算。

（2）通过城市房屋拆迁取得土地。土地取得成本包括房屋拆迁补偿安置费和土地使用权出让金。土地取得成本应按国家和当地政府规定拆迁安置补偿费标准和土地出让金标准计算。

（3）通过市场交易取得土地。土地取得成本包括土地价款和买地缴纳的税费（手续费、契税等）。土地取得成本可按实际支出额或通过与类似土地进行比较分析后确定。

2. 开发成本

开发成本可分为土地开发成本和房屋建造成本两部分，是在取得土地后进行土地开发和房屋建设所需的直接费用、税费等。

（1）勘察设计及前期工程费。包括可行性研究、规划、勘察、设计及场地临时用水、用电及场地平整等工程前期所发生的费用。前期工程费用可按工程设计预算计算或以建筑安装工程费用为基数采用比率的方法来确定。

（2）基础及配套设施建设费。包括所需的道路、给水、排水、电力、通信、燃气、热力等的建设及非经营性配套工程费用。基础设施建设费应按国家和地方政府颁发的城市规划定额指标计算；配套设施建设费一般依据详细规划和施工图预算计算，如果有完整的建筑工程决算资料，可通过对原工程决算数进行调整修正后确定。

（3）公共事业配套费。主要包括公共建筑配套费、公共交通配套费、绿化费、自来水建设费、污水处理建设费、供电建设费、煤气建设费等。可根据国家和地方政府规定的费用标准计算。

（4）建筑安装工程费。它是开发商（建设单位）向承包商（施工单位）支付的工程款，包括承包商的直接费、间接费、利润和税费等。建筑安装工程费一般按施工图预算计算，如果有完整的建筑工程决算资料，可通过价格指数调整或采用其他方法通过对原工程决算数进行调整修正后确定；也可以采用与类似单位工程造价比较的思路确定。

3. 管理费用

管理费用包括开发商管理人员的工资、办公费、差旅费等。可按土地取得成本与开发成本之和乘以一定的比率计算。

4. 销售费用

销售费用包括广告宣传、销售代理费等，一般按房地产售价的一定比例计算。

5. 投资利息

一般以土地取得成本、开发成本、管理费用和销售费用之和为基数计算投资利息。利息率应选择评估基准日建设银行基本建设贷款的利率，如果选择一年期贷款利率，则用复利计息；如果选择与项目建设期相同期限的贷款利率，则采用单利计息。土地取得成本的计息期一般为整个开发建设期。开发成本、管理费用和销售费用若为年初一次性投入，第一年投入的部分，其计息期为整个开发建设期，第二年年初投入的部分，其计息期为整个开发建设期减1，以后每年年初一次性投入的部分，其计息期依此类推递减；开发成本、管理费用和销售费用若为整个建设期内均匀投入，其计息期一般为开发建设期的一半。

6. 开发利润

开发利润是在正常情况下开发商所能获得的平均利润。开发利润通常以土地取得成本、开发成本、管理费用和销售费用之和为基数按房地产行业开发同类房地产平均利润率水平计算。

7. 销售税费

销售税费是销售开发完成后的房地产应由开发商缴纳的税费，主要分为以下两种：

（1）税金及附加。包括根据实际缴纳的增值税计算的城市维护建设税和教育费附加等。按税法的有关规定计算。

（2）其他销售税费。包括由卖方承担的印花税、交易手续费等。按税法及政府的有关规定计算。

需要注意的是，营改增后，如果土地、建筑安装等成本相关的增值税能够按照税法规定抵扣，则相关的增值税不计入房地产的重置成本。

【例5-22】 某市高新技术开发区有一块土地，面积为20 000平方米，该地块的土地征地费用（含安置、拆迁、青苗补偿费和耕地占用税）为每亩15万元，土地开发费为每平方公里2.2亿元，土地开发周期为两年，土地开发费为年初一次性投入，第一年投入资金占总开发费用的45%，管理费用为土地开发费用的10%。开发商要求的投资回报率为10%，销售税费假设为30万元，当地土地出让增值收益率为15%，银行贷款年利率为6%，试计算该土地的评估价值。

分析：该土地的各项投入成本均已知，可用成本法评估。

(1) 计算土地取得费：

土地取得费 = 15 万元/亩 = 225 元/平方米

提示：1 亩 = 667 平方米

(2) 计算土地开发费：

土地开发费 = 2.2 亿元/平方公里 = 220 元/平方米

提示：1 平方公里 = 100 万平方米

(3) 计算管理费用：

管理费用 = 220 × 10% = 22（元/平方米）

(4) 计算投资利息：

土地取得费的计息期为两年，土地开发费为年初一次性投入，第一年投入的部分，计息期为 2 年，第二年投入的部分，计息期为 1 年，则：

土地取得费利息 $= 225 \times [(1+6\%)^2 - 1] = 27.81$（元/平方米）

土地开发费利息 $= (220+22) \times 45\% \times [(1+6\%)^2 - 1] + (220+22) \times 55\% \times [(1+6\%) - 1] = 13.46 + 7.99 = 21.45$（元/平方米）

投资利息合计 = 27.81 + 21.45 = 49.26（元/平方米）

(5) 计算开发利润：

开发利润 = [(1) + (2) + (3)] × 10% = 46.7（元/平方米）

(6) 计算销售税费：

销售税费 = 300 000 ÷ 20 000 = 15（元/平方米）

(7) 计算土地价值：

土地单价 = [(1) + (2) + (3) + (4) + (5) + (6)] × (1 + 15%)

= (225 + 220 + 22 + 49.26 + 46.7 + 15) × (1 + 15%)

= 664.65（元/平方米）

土地总价 = 664.65 × 20 000 = 1 329.3（万元）

评估结果：该宗地单价为 664.65 元/平方米，总价为 1 329.3 万元。

【例 5 - 23】 某建筑物为钢筋混凝土结构，经济寿命为 55 年，有效经过年数为 6 年。经调查测算，土地取得成本为 200 万元，现在重新建造全新状态的该建筑物的开发成本为 800 万元，管理费用为开发成本的 3%（建设期为 2 年，假定第 1 年投入开发成本的 60%，第 2 年投入 40%，均为均匀投入），年利息率为 6%，销售税费为 76 万元，开发利润为 180 万元。试计算该建筑物的重置成本。

分析：

(1) 土地成本 = 200 万元

(2) 建造成本 = 800 万元

(3) 管理费用 = 800 × 3% = 24（万元）

(4) 投资利息 $= 200 \times [(1+6\%)^2 - 1] + (800+24) \times 60\% \times [(1+6\%)^{1.5} - 1] + (800+24) \times 40\% \times [(1+6\%)^{0.5} - 1] = 79.62$（万元）

(5) 开发利润 = 180 万元

（6）销售税费 =76 万元

（7）该建筑物的重置成本 =200 +800 +24 +79.62 +180 +76 =1 359.62（万元）

三、房地产实体性贬值的估测

实体性贬值是指有形损耗引起的贬值。由于土地不存在有形损耗，房地产中的实体性贬值主要指的是建筑物。建筑物实体性贬值可以通过实体性贬值率或成新率来反映。计算公式为：

$$建筑物实体性贬值 = 重置成本 \times (1 - 成新率)$$

（一）使用年限法

使用年限法是用建筑物的尚可使用年限占建筑物全部使用年限的比率作为建筑物的成新率。计算公式为：

$$建筑物成新率 = \frac{建筑物尚可使用年限}{建筑物尚可使用年限 + 建筑物实际已使用年限} \times 100\%$$

1. 建筑物耐用年限

自然寿命：从建成起到不堪使用时的年数。

经济寿命：从建成之日起预期产生的收入大于运营费用的持续期。

由于建筑物经济寿命短于自然寿命，资产评估用的寿命年限应该是经济耐用年限。

（1）各种房屋的经济耐用年限。运用此方法的关键是测定一个较为合理的建筑物经济耐用年限和尚可使用年限。这需要评估人员具有丰富的实践经验，对建筑物现行状态、维修保养状况、使用效果情况进行全面分析和判断，并结合国家规定的建筑物折旧年限综合确定，如表 5 – 16 和表 5 – 17 所示。

表 5 – 16　　固定资产分类折旧年限表

工业企业固定资产分类折旧年限	
房屋、建筑物部分	折旧年限
房屋	
生产用房	30 ~ 40 年
受腐蚀生产用房	20 ~ 25 年
受强腐蚀生产用房	10 ~ 15 年
非生产用房	35 ~ 45 年
简易房	8 ~ 10 年
建筑物	
水电站大坝	45 ~ 55 年
其他建筑物	15 ~ 25 年
商业流通企业固定资产分类折旧年限	
房屋、建筑物分类	折旧年限
1. 经营用房、仓库	
钢结构	35 ~ 45 年
钢筋混凝土结构	30 ~ 35 年

续表

钢筋混凝土砖结构	25～30年
砖木结构	20～30年
危险物品专用仓库	20～25年
2. 简易房	8～10年
围墙	4～8年
烘干塔	12～17年
地坪、晒场、晒台、货场	5～10年
3. 其他建筑物	10～20年

表5－17　各种房屋的经济耐用年限（年）

项目		生产用房	受腐蚀的生产用房	非生产用房
钢结构		70	50	80
钢筋混凝土结构		50	35	60
砖混结构	一等	40	30	50
	二等			
砖木结构	一等	30	20	40
	二等			
	三等			
简易结构		10		

（2）建筑物的经济耐用年限与土地使用权年限不一致时，按“短”原则处理：

①耐用年限从竣工验收合格之日算起。

②建筑物耐用年限短于土地使用权年限时，应按建筑物耐用年限计算。

③建筑物耐用年限长于土地使用权年限时，应按土地使用权年限计算。

④建筑物出现在前，土地使用权出让在后，建筑物耐用年限早于土地使用权年限先结束，应按建筑物耐用年限计算。

⑤建筑物出现在前，土地使用权出让在后，建筑物耐用年限晚于土地使用权年限后结束，应按建筑物已使用年限加土地使用权剩余年限计算。

2. 建筑物已使用年限

建筑物已使用年限可分为实际使用年限和有效使用年限。维护保养正常，有效使用年限与实际使用年限相当。当维护保养好或经过更新改造，有效使用年限短于实际使用年限。

评估中，使用有效使用年限，根据实际使用年限的调整得到。

3. 建筑物尚可使用年限

建筑物尚可使用年限指建筑物至评估基准日剩余的经济耐用年限。经济耐用年限减去已使用年限，根据实际维护保养情况调整。

4. 使用年限法计算说明

（1）经济耐用年限、已使用年限采用的是有效使用年限；

（2）尚可使用年限采用剩余经济年限；

（3）综合考虑了有形磨损和无形损耗引起的综合贬值；

（4）当分别估测建筑物各部分的成新率时，整个建筑物的成新率宜采用加权平均法计算求得。公式：

成新率 = $\sum$各部分价值占重置价值的比重 × 各部分的成新率

5. 使用年限法的特点及适用范围

使用年限法的特点是计算简便，但尚可使用年限的确定难度较大，它一般适用于建造时间短，比较新的建筑物成新率的测算。

（二）打分法

打分法是把建筑物分为结构、装修、设备三个部分，评估人员依据建筑物不同成新率的评分标准，通过现场勘察，对每个部分按不同项目分别打分，并对结构、装修和设备三个部分的得分分别给出不同的权重（或称修正系数），根据加权平均值确定建筑物的成新率。然后，再结合使用年限法，计算建筑物的综合成新率，如表 5 – 18 所示。

表 5 – 18　　　　房屋建筑物勘察成新率计算表

编制人：　　　　编制日期：　　年　月　日　　　　索引号：

<table>
<tr><td>建筑物名称</td><td colspan="2"></td><td>建筑结构</td><td colspan="2"></td></tr>
<tr><td>房产证号</td><td colspan="2"></td><td>建筑面积</td><td colspan="2"></td></tr>
<tr><td>耐用年限</td><td></td><td>已使用年限</td><td></td><td>层数</td><td></td></tr>
<tr><td colspan="3">项　目</td><td>标准分数</td><td colspan="2">评定分数</td></tr>
<tr><td rowspan="6">结构部分
（G）</td><td colspan="2">1. 地基基础</td><td>25</td><td colspan="2"></td></tr>
<tr><td colspan="2">2. 承重结构</td><td>25</td><td colspan="2"></td></tr>
<tr><td colspan="2">3. 非承重墙</td><td>15</td><td colspan="2"></td></tr>
<tr><td colspan="2">4. 屋　盖</td><td>20</td><td colspan="2"></td></tr>
<tr><td colspan="2">5. 楼地面</td><td>15</td><td colspan="2"></td></tr>
<tr><td colspan="5">小计：（1 + 2 + 3 + 4 + 5）× 权重[　　] =</td></tr>
<tr><td rowspan="6">装饰部分
（S）</td><td colspan="2">6. 门　窗</td><td>25</td><td colspan="2"></td></tr>
<tr><td colspan="2">7. 外粉刷</td><td>20</td><td colspan="2"></td></tr>
<tr><td colspan="2">8. 内粉刷</td><td>20</td><td colspan="2"></td></tr>
<tr><td colspan="2">9. 顶　棚</td><td>20</td><td colspan="2"></td></tr>
<tr><td colspan="2">10. 细木装修</td><td>15</td><td colspan="2"></td></tr>
<tr><td colspan="5">小计：（6 + 7 + 8 + 9 + 10）× 权重[　　] =</td></tr>
<tr><td rowspan="4">设备部分
（B）</td><td colspan="2">11. 给排水</td><td>40</td><td colspan="2"></td></tr>
<tr><td colspan="2">12. 电气照明</td><td>35</td><td colspan="2"></td></tr>
<tr><td colspan="2">13. 暖　通</td><td>25</td><td colspan="2"></td></tr>
<tr><td colspan="5">小计：（11 + 12 + 13）× 权重[　　] =</td></tr>
<tr><td colspan="6">鉴定评定分数：G + S + B =</td></tr>
<tr><td colspan="6">年限法评定：（总使用年限 – 已使用年限）/总使用年限 =</td></tr>
<tr><td colspan="6">综合成新率：鉴定评定分数 × 60% + 年限法评定分数 × 40% =</td></tr>
</table>

采用打分法应注意的问题：一是打分标准是否合理。可依据原城乡建设环境保护部颁发的《房屋完损等级评定标准》，根据房屋的结构、装修、设备等组成部分的完好和损坏程度划分为5个等级，即：（1）完好房，成新率为80%～100%；（2）基本完好房，成新率为60%～80%；（3）一般损坏房，成新率为40%～60%；（4）严重损坏房，成新率在40%以下；（5）危险房，残值。二是实际打分是否客观合理。主要靠评估人员的专业知识和实际评估操作经验。三是成新率评分修正系数的确定是否合理。成新率评分修正系数主要是依据结构、装修、设备各部分价值在整个建筑物中所占比重大小来确定。同时，建筑物的不同结构类型、装修的豪华程度等都会对其产生影响，评估人员应根据评估对象建筑物的实际情况，认真分析和测算，制定出科学合理的成新率评分修正系数。不同结构类型房屋成新率的评分修正系数可参考表5-19。

表5-19　不同结构类型房屋成新率评分权重表

结构类型	组成部分	单层	2~3层	4~6层	7层以上
钢筋混凝土结构	结构G	0.85	0.80	0.75	0.80
	装修S	0.05	0.10	0.12	0.10
	设备B	0.10	0.10	0.13	0.10
混合结构	结构G	0.70	0.60	0.55	
	装修S	0.20	0.20	0.15	
	设备B	0.10	0.20	0.30	
砖木结构	结构G	0.80	0.70		
	装修S	0.15	0.20		
	设备B	0.05	0.10		
其他结构	结构G	0.87			
	装修S	0.10			
	设备B	0.03			

四、房地产功能性贬值、经济性贬值的估测

（一）房地产功能性贬值的估测

房地产功能性贬值是指由于技术革新、建筑工艺改进、建筑设计理念更新，引起原有建筑物建筑风格、建筑物内外布局、建筑物的基本装修和设备陈旧落后，建筑物不能满足现实生产、经营或居住的需要，使其价值降低。

房地产功能性贬值可采取以下思路估测：

（1）修复原有功能使其能够满足现实需要，如改变原有设计布局、更新装修或设备，则所花费的修复费用相当于功能性贬值额。

（2）将功能陈旧的房地产与建造成本、新旧程度、外部环境等因素基本相同的房地产交易价格进行比较，两者交易价格之间的差额便是功能性贬值。

（3）与房地产的实体性贬值一起考虑，确定包括功能性贬值因素在内的综合成新率。

（二）房地产经济性贬值的估测

房地产的经济性贬值是指由于宏观经济环境、市场竞争、政府有关房地产制度及政策、

税收政策、交通管制、自然环境、人口因素、人们的心理因素等外界条件的变化，使建筑物的利用率下降，收益损失，导致其价值降低。

房地产经济性贬值可采取以下思路估测：

（1）与外部条件没有发生变化前相同的房地产交易价格进行比较，两者交易价格之间的差额即为经济性贬值。

（2）对于收益性房地产可用房地产未来收益净损失额折现的方法估测经济性贬值。

（3）与房地产的实体性贬值一起考虑，确定包括经济性贬值因素在内的综合成新率。如果外界条件变化后的房地产交易价格高于以前的价格，或者房地产预期收益增加，则房地产存在经济性溢价。

【例 5 -24】 某公司于 2020 年 4 月 1 日在某城市水源地附近取得一宗土地使用权，建设休闲度假村。该项目总用地面积 10 000 平方米，土地使用权期限 40 年，建筑总面积为 20 000平方米，并于 2022 年 10 月 1 日完成，该公司申请竣工验收。根据环保政策要求，环保管理部门在竣工验收时要求该公司必须对项目的排污系统进行改造。欲对 2022 年 10 月 1 日的正常市场价格进行评估。

据评估师调查在该时点重新取得该项目建设用地的土地取得费用为 1 000 元/平方米。新建一个与上述项目相同功能且符合环保要求的项目开发成本为 2 500 元/平方米；销售费用为 200 万元；管理费用为开发成本的 3%；开发建设期为 2.5 年，开发成本、管理费用、销售费用在第一年投入 30%，第二年投入 50%，最后半年投入 20%，各年内均匀投入，贷款年利率为 7.02%；其他销售税费为售价的 5.53%；开发利润按土地取得成本、开发成本、管理费用、销售费用之和计算，利润率为 12%。

另新建符合环保要求的排污系统设备购置费和安装工程费分别为 500 万元和 90 万元，而已建成项目中排污系统设备购置费和安装工程费分别为 300 万元和 70 万元。对原项目排污系统进行改造，发生拆除费用 50 万元，拆除后的排污系统设备成本为 110 万元。

原项目预计于 2023 年 1 月 1 日正常营业，当年可获得净收益 500 万元。由于排污系统改造，项目营业开始时间将推迟到 2024 年 1 月 1 日，为获得与 2023 年 1 月 1 日开始营业时可获得的相同的年净收益，该公司当年需额外支付运营费用 100 万元，之后将保持预计的盈利水平。

该类度假村项目的报酬率为 8%。

分析：根据各项条件，选择成本法进行估价。

（1）土地的重新取得费用计算：

土地的重新取得费用 $=1\ 000\times10\ 000\div10\ 000=1\ 000$（万元）

（2）开发成本计算：

开发成本 $=2\ 500\times20\ 000\div10\ 000=5\ 000$（万元）

（3）管理费用计算：

管理费用 $=5\ 000\times3\%=150$（万元）

（4）销售费用计算：

销售费用 =200 万元

（5）投资利息计算：

投资利息 $=1\ 000\times[(1+7.02\%)^{2.5}-1]+(5\ 000+150+200)\times\{30\%\times[(1+$

$7.02\%)^2-1]+50\%\times[(1+7.02\%)^1-1]+20\%\times[(1+7.02\%)^{0.25}-1]\}=624.185$（万元）

（6）销售税费计算：

设售价为 P，则销售税费为 5.53%P

（7）开发利润计算：

开发利润 =（1 000 + 5 000 + 150 + 200）× 12% = 762（万元）

（8）重新构建价格计算：

P = 1 000 + 5 000 + 150 + 200 + 624.185 + 5.53%P + 762

P = 8 189.04（万元）

（9）经济性贬值计算：

$[500/(1+8\%)+100/(1+8\%)^2]/(1+8\%)^{1/4}=538.24$（万元）

（10）功能性贬值计算：

50 − 110 + 500 + 90 = 530（万元）

（11）评估对象评估结果：

总价 = 8 189.04 − 538.24 − 530 = 7 120.8（万元）

单价 = 7 120.8 ÷ 20 000 = 3 560.4（元/平方米）

第五节　其他评估技术方法在房地产评估中的应用

一、剩余法在房地产评估中的应用

（一）剩余法的含义与适用范围

1. 剩余法的含义

剩余法又称假设开发法，它是将评估对象房地产预期开发完成后的价值，减去未来正常的开发成本、利润和税费等，以此确定评估对象价值的方法。

采用该方法可以评估土地使用权价值，也可以评估房屋建筑物价值。评估土地使用权价值时，首先估算开发完成后房地产正常交易的价格，然后以扣除建筑物续建费用和与建筑物续建、买卖有关的专业费、利息、利润、税收等费用的余额，来确定被估土地使用权价值。反之，扣除土地使用权价值，得到房屋建筑物的价值。剩余法评估结果的合理性，取决于两个因素：一是合理选择最佳开发利用方式；二是合理预测未来开发完成房地产的市场价格。

2. 剩余法的适用范围

（1）待开发土地，包括生地、毛地、熟地；

（2）在建工程，主要指各类未完工的建筑工程项目；

（3）可装修改造或可改变用途的旧房。

3. 剩余法的评估计算公式

待开发房地产价值 =（开发完成后房地产价值 − 开发成本 − 管理费用 − 销售费用 − 投资

利息－开发利润－销售税费）×折现系数

（二）剩余法的评估步骤

1. 调查待开发房地产的基本情况

调查的内容包括：土地位置；土地面积大小、形状、平整情况、地质状态、基础设施状况、交通状况等；政府规划限制，如土地规定的用途、容积率、覆盖率、建筑高度等；土地使用权的限制，如使用年限、可否续期以及对转让抵押等的有关规定。如评估在建工程还应调查工程进度、完工情况、开发成本的投入情况等。如果评估毛地，调查的内容还包括旧建筑物情况、拆迁规模和费用等情况。

2. 选择最佳的开发利用方式

在政府城市规划所允许的范围内，如土地用途、建筑容积率、覆盖率等，选取最佳的开发方式，如建筑规模、建筑高度、建筑式样。在选择最佳的开发利用方式中，最重要的是选择最佳的房地产用途及设计方案，要注意考虑现实社会需要程度和未来发展趋势。

3. 估计建设期

建设期包括整个房地产开发过程周期，以及在房地产开发过程的各不同时期的各项费用投入时间，目的在于考虑货币的时间价值。建设期可根据其他相同类型、同等规模的建筑物已有的正常建设期来估计确定。

4. 预测开发完成后房地产价值

开发完成后房地产价值是房地产未来的价值。通常可以根据同地区、同类用途、建筑规模和式样相同或相似的房地产现行市场价格，再考虑该类房地产价格的变化趋势推测。如果预计房地产出租，可预测未来租金，通过收益折现的方法确定房地产开发后的价值。

5. 估测开发成本

如果评估对象是待开发的土地，开发成本主要包括勘察设计及前期工程费、基础及配套设施建设费、公共事业配套费、建筑安装工程费等。可根据当地房地产价格构成情况分项估算，估算方法与成本法相同。通常可采用比较法估算，即通过当地同类房地产开发项目当前开发成本水平推算。如果评估对象是毛地，开发成本中还应考虑拆迁费用。

6. 估测管理费用

管理费用可按开发成本的一定比例计算。

7. 估测销售费用

销售费用一般按开发完成后价值的一定比例计算。

8. 估测投资利息

投资利息以待开发房地产取得成本、开发成本、管理费用和销售费用四项之和为基数，乘以评估基准日建设银行基本建设贷款利率求得。其中，待开发房地产取得成本的计息期为整个开发建设期；开发成本、管理费用和销售费用假设在建设期内均匀投入，则计息期为开发建设期的一半。

9. 估测开发利润

投资利润以待开发房地产取得成本、开发成本、管理费用和销售费用之和为基数，按行业同类房地产开发的平均利润率计算。

10. 估测销售税费

销售税费根据国家税法规定估算。

11. 计算并确定待开发房地产价值

上述各项指标确定后，可根据剩余法的评估计算公式计算待开发房地产价值。需要注意的是，用开发完成后房地产价值减去开发成本、管理费用、销售费用、利息、利润和销售税费后得到的是待开发房地产在开发完成后时点的价值，如果求取待开发房地产评估时点的价值，还应将待开发房地产开发完成后时点的价值折现。折现率的确定应考虑同一市场上类似房地产开发项目所要求的平均收益率。

【例 5-25】 评估对象是一块"三通一平"的建设用地；土地总面积 10 000 平方米，且土地形状规则；规划许可用途为商业和居住，容积率≤5，建筑密度≤40%；土地使用年限从土地使用权出让时起 50 年。

评估要求：需要评估该块土地于 2022 年 10 月 1 日出让时的正常购买价格。

分析：

1. 评估过程

(1) 选择评估方法。该块土地属于待开发房地产，适用剩余法进行估价，故选用剩余法。具体是采用剩余法中的现金流量折现法。

(2) 选择最佳的开发利用方式。通过市场调查研究，得知该块土地的最佳开发利用方式如下：①用途为商业与居住混合。②容积率达到最大的允许程度，即为 5，故总建筑面积为 50 000 平方米。③建筑覆盖率适宜为 30%。④建筑物层数确定为 18 层；其中，1~2 层的建筑面积相同，均为 3 000 平方米，适宜为商业用途；3~18 层的建筑面积相同，均为 2 750 平方米，适宜为居住用途；故商业用途的建筑面积为 6 000 平方米，居住用途的建筑面积为 44 000 平方米。

(3) 预计开发期。预计共需 3 年时间才能完全建成投入使用，即 2025 年 10 月 1 日建成。

(4) 预测开发完成后的房地产价值。根据对市场的调查分析，预计商业部分在建成后可全部售出，居住部分在建成后可售出 30%，半年后再可售出 50%，其余 20% 需一年后才能售出；商业部分在出售时的平均价格为每平方米建筑面积 4 500 元，居住部分在出售时的平均价格为每平方米建筑面积 2 500 元。

(5) 测算有关税费和折现率。建筑安装工程费预计为每平方米建筑面积 1 200 元；勘察设计和前期工程费及管理费等预计为每平方米建筑面积 500 元；估计在未来 3 年的开发期内，开发建设费用（包括勘察设计和前期工程费、建筑安装工程费、管理费等）的投入情况如下：第一年需投入 20%，第二年需投入 50%，第三年投入余下的 30%；广告宣传和销售代理费等销售费用为售价的 3%，在建成前半年开始投入至全部售完为止；其他销售税费为总价值的 6%。折现率选取 14%。据了解，如果得到该土地，还需要按取得价款的 3% 缴纳有关税费。

(6) 求取地价。计算的基准时间定为该块土地的出让时间，即 2022 年 10 月 1 日。

2. 有关计算

(1) 开发完成后的商业部分价值 $=4\ 500\times 6\ 000/(1+14\%)^{3}=1\ 822.48$（万元）

开发完成后的居住部分价值 $=2\ 500\times 44\ 000\times[30\%/(1+14\%)^{3}+50\%/(1+14\%)^{3.5}+20\%/(1+14\%)^{4}]=7\ 006.85$（万元）

开发完成后总价值 $=1\ 822.48+7\ 006.85=8\ 829.33$（万元）

（2）开发建设费用总额：

$(1\ 200 + 500) \times 50\ 000 \times [20\%/(1+14\%)^{0.5} + 50\%/(1+14\%)^{1.5} + 30\%/(1+14\%)^{2.5}] = 6\ 921.54$（万元）

（3）销售费用总额：

销售费用总额 $=(4\ 500 \times 6\ 000 + 2\ 500 \times 44\ 000) \times 3\%/(1+14\%)^{3.25} = 268.47$（万元）

说明：因为销售费用在建成前半年开始投入至全部售完为止（即从第2.5年到4年）。因此整个销售期为1.5年，假设各年的投入是集中在各年的年中，因此期中投入为0.75年时投入，整个开发期到第4年结束，此时距估价时点有 $4-0.75=3.25$（年）的时间，因此折现时间为3.25。

（4）其他销售税费：

其他销售税费 $=8\ 829.33 \times 6\% = 529.76$（万元）

（5）购地税费：

购地税费总额 = 总地价 × 3%

（6）总地价：

总地价 $=8\ 829.33-6\ 921.54-268.47-529.76-$ 总地价 × 3%

总地价 = 1 077.24 万元

（7）评估结果：

以上述计算结果为主，并参考估价人员的经验，将总地价确定为1 078万元。

对于房地产开发用地的估价，通常要给出三种价格形式，即总地价、单位地价和楼面地价。这样，该块土地在2022年10月1日出让时的正常购买价格的测算结果为：总地价1 078万元，单位地价1 078元/平方米，楼面地价215.6元/平方米。

二、路线价法在土地评估中的应用

（一）路线价法的含义与适用范围

1. 路线价法的含义

路线价法是对面临特定街道、接近性相等的城镇土地，设定标准深度，求取在该深度上数宗地块的平均单价并附设于该特定街道上，此单价称为路线价，然后据此路线价，再配合深度价格修正率表，计算出临街该街道的其他土地地价的一种估价方法。路线价法的基本思路是：城市内各宗地的价格随其离开街道的距离（即临街深度）的增加而递减，而在同一路线价区段内各宗地块，又因其深度、宽度、形状、位置和面积的差异使价格有所不同，要进行合理修正才能最终得到宗地价格。因此，路线价、深度价格修正率及各种修正系数合理与否，是采用路线价法进行土地估价的关键。

路线价法实质上是一种市场比较法。

2. 路线价法的适用范围

路线价法对于城市土地价格评估具有普遍的适用性。它特别适用于土地课税、征地拆迁、土地重划或其他需要在大范围内对大量土地进行评估的情况。

该方法具有公平合理、简便易行的特点，因此，被英、美、日及我国台湾等许多国家和地区所采用。但此方法在我国目前的土地估价中还没有被普遍运用。

3. 路线价法的评估计算公式

土地单价 = 路线价 × 深度价格修正率

土地总价 = 路线价 × 深度价格修正率 × 土地面积

采用此方法估价时，如果街道两边的土地另有特殊条件存在，如街角地、两面临街地、不规则形地等，则还要进行因素的加减修正，数学表达式为：

土地单价 = 路线价 × 深度价格修正率 × 其他价格修正率

土地总价 = 路线价 × 深度价格修正率 × 其他价格修正率 × 土地面积

（二）路线价法的评估步骤

1. 划分路线价区段

一个路线价区段是指具有同一路线价的地段。在划分路线价区段时，应将接近性大致相等的地段划分为同一路线价区段。两个路线价区段的分界线，原则上是地价有显著差异的地点，通常以十字路或丁字路的中心处划分。但在较常繁华街道有时需将两路口之间的地段划分为两个以上的路线价区段，分别设定不同的路线价。而在某些不繁华的街道，有时需将数个路口划分为一个路线价区段。此外，在同一街道上，两侧繁华程度有显著差异时，应视为两个路线价区段考虑。

2. 设定标准深度

设定标准深度通常是路线价区段内临街各宗土地的深度的众数。如某路线价区段的临街宗地大部分深度为 16 米，则标准深度应设定为 16 米。

3. 确定路线价

路线价是设定在路线上的标准地块的单位地价。路线价的求取通常是在同一路线价区段内选择若干标准地块作样本，然后用市场法、收益法等评估方法，分别求出各样本的单位地价，并把各样本的单位地价算术平均，最终得出路线价。

4. 制定深度指数表和其他修正率表

（1）临街深度价格递减率与土地的单位面积价格。地块的各部分价格随临近街道的深度而有递减的趋势，即深度越深，接近性越差，价格就越低，如图 5－5 所示。

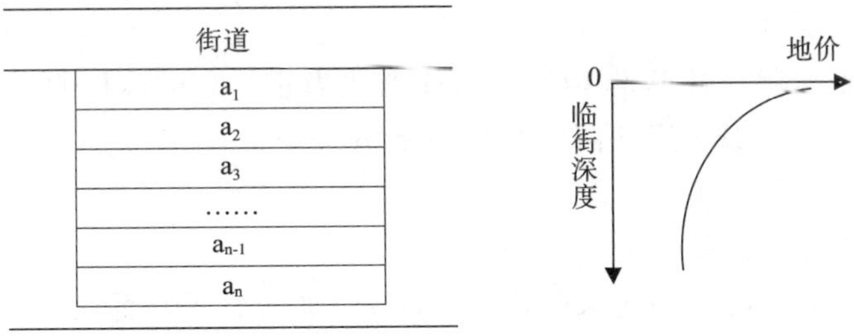

图 5－5 土地价值与地块临街深度的关系

对图 5－5 中的宗地，沿街道道路的平行方向，将深度以某单位区分成 n 个细片土地，从临街方向起依次每片土地的单位面积价格为 a_1，a_2，……，a_{n-1}，a_n，因为地块愈接近道路，利用价值愈高。虽然深度同为 1 米之差，但其地价不同，即 a_1与 a_2之差最大，a_2与 a_3之差次之，依次缩小，根据土地价值与地块临街距离关系曲线，土地总价值为：

$$mnA = ma_1 + ma_2 + \cdots\cdots + ma_{n-1} + ma_n$$

从而：

$$A = (a_1 + a_2 + \cdots\cdots + a_{n-1} + a_n)/n$$

注意：每片土地的总价格是标准宽度（m）乘以 a_i（i=1，2，……，n）得到的，所以“每片土地的单位面积价格 a_i”指的是该地块的深度下，每单位宽度的平均价格。即该深度下：a_i［元/（宽度）米·该地块深度］，该价格的描述条件包含该地块的深度。

（2）深度指数表和其他修正率表。深度指数是指宗地地价随临街深度的差异的变化程度。深度指数表是将土地随距街深度的不同而引起相对价格差异的关系编制成的表格。制作深度指数表的原则即上述临街深度价格递减率。深度指数表通常制作成深度百分率表。此外，根据其他因素，如角地、形状、宽窄等的影响，还应编制其他修正率表。

（3）制作深度百分率表。

①深度百分率的种类。深度百分率分三种：

第一种：单独深度百分率。如将确定路线价的标准宗地为标准，大小为标准宗地深度一定比例的各小地块（该地块的深度是确定的）面积价格占路线价的百分率，即为单独深度百分率。

注意：这里的单独深度百分率实质上指的是在标准宽度下，各个小的地块的深度不同，则该地块的价格不同，深度越深（距离街道道路越远），则价格越低。例如，单独深度百分率为40%，表示该深度的价格占标准深度的价格的40%，即如果标准深度的价格是100［元/（标准宽度）米·100米标准深度］，忽略标准宽度，就可以写作：100［元/100米标准深度］，则该深度的价格是40［元/（标准宽度）米·该地块深度］，忽略标准宽度，就可以写作：40［元/该地块深度］，所以该地块的单独深度百分率为40%。

如：第一段叫 a_1，是第一个25英尺，单独深度百分率为40%；第二段叫 a_2，25英尺，单独深度百分率为30%；第三段 a_3，25英尺，单独深度百分率为20%；第四段 a_4，25英尺，单独深度百分率为10%；第五段 a_5，25英尺，单独深度百分率为9%；第六段 a_6，25英尺，单独深度百分率为8%。符合递减规律。

第二种：累计深度百分率。

第一段 a_1，单独深度百分率是40%，累计到此为止，它的深度百分率也是40%；如果加上第二段，a_2是30%，那么累计深度百分率是70%。

累计深度百分率 = ∑各段单独深度百分率

第三种：平均深度百分率。

一般来说，将标准深度的平均深度百分率设为100%，平均深度百分率与累计深度百分率之间的关系就表现为：

平均深度百分率 = 累计深度百分率 × 标准深度 ÷ 宗地深度

平均深度百分率可用来衡量平均临街的程度。

【例5－26】 标准深度100英尺的普通临街地，与街道平行区分四等份，即由临街面算起，第一个25英尺的价值占路线价的40%，第二个25英尺的价值占路线价的30%，第三个25英尺的价值占20%，第四个25英尺的价值为10%，如果超过100英尺，则需“九八七六”法则来补充。即超过100英尺的第一个25英尺价值为路线价的9%，第二个25英尺为8%，第三个25英尺为7%，第四个25英尺为6%。求其深度百分率。

分析：题中资料为单独深度百分率，其累计、平均深度百分率如表5－20所示。

表 5-20　　深度百分率表　　单位:%

深度（英尺）	25	50	75	100	125	150	175	200
单独深度百分率	40	30	20	10	9	8	7	6
累计深度百分率	40	70	90	100	109	117	124	130
平均深度百分率	160	140	120	100	87.2	78	70.9	65

②制作深度百分率表需要考虑的问题。制作深度百分率表，需要考虑以下几个方面：确定标准深度；确定级距；确定单独深度百分率；根据需要采用累计或者平均深度百分率。

③深度百分率的确定规则。

第一种："四三二一"法则。

"四三二一"法则将标准深度100英尺的普通临街地，与街道平行区分四等份，即由临街面算起，第一个25英尺的价值占路线价的40%，第二个25英尺的价值占路线价的30%，第三个25英尺的价值占路线价的20%，第四个25英尺的价值占路线价的10%。如果超过100英尺，则需"九八七六"法则来补充。即超过100英尺的第一个25英尺价值为路线价的9%，第二个25英尺为8%，第三个25英尺为7%，第四个25英尺为6%。

【例5-27】 某临街深度为30.48m（即100英尺）、临街宽度20m的矩形土地，总价为121.92万元。试根据"四三二一"法则，计算其相邻临街深度15.24m（即50英尺），临街宽度20m的矩形土地的总价。

分析：该相邻临街土地只有标准地块深度的50%，但是根据"四三二一"法则，其价值应该是标准地块的70%（40%+30%）。所以，其总价计算如下：

临街深度15.24m，临街宽度20m的矩形土地的总价=121.92×(40%+30%)=85.34（万元）

【例5-28】 上例中，如果相邻临街土地的临街深度为45.72m（即150英尺），其他条件不变，则该相邻临街土地的总价为多少万元？

分析：该相邻临街土地是标准地块深度的150%，根据"四三二一"法则和"九八七六"法则，其价值应该是标准地块的117%（40%+30%+20%+10%+9%+8%）。所以，其总价计算如下：

临街深度45.72m，临街宽度20m的矩形土地的总价=121.92×(40%+30%+20%+10%+9%+8%)=142.65（万元）

第二种：苏慕斯法则。

100英尺深的土地价值，前50英尺的价值占宗地价值的72.5%，后50英尺的价值占宗地价值的27.5%，若再深50英尺，则该宗地所增加的价值仅仅为15%。

第三种：霍夫曼法则。

深度100英尺的宗地，最初的25英尺价值占全宗地价值的37.5%，最初的50英尺价值占全宗地价值的2/3（67%），75英尺等于87.7%，全部100英尺等于100%。

第四种：哈柏法则。

宗地价值与其深度的平方根成正比，深度百分率是地块深度的平方根与标准深度的平方根的百分比。

5. 计算各地块的价值

根据路线价、深度指数表和其他修正率表以及宗地面积就可计算各地块的价值。

【例5-29】某路线价区段，标准深度为20米，路线价为3 000元/平方米，待估临街各宗地块情况见图5-6，各宗地块临街深度表见表5-21，临街深度指数表见表5-22。假设各宗地的宽度都为5米，计算各宗地的评估价值。

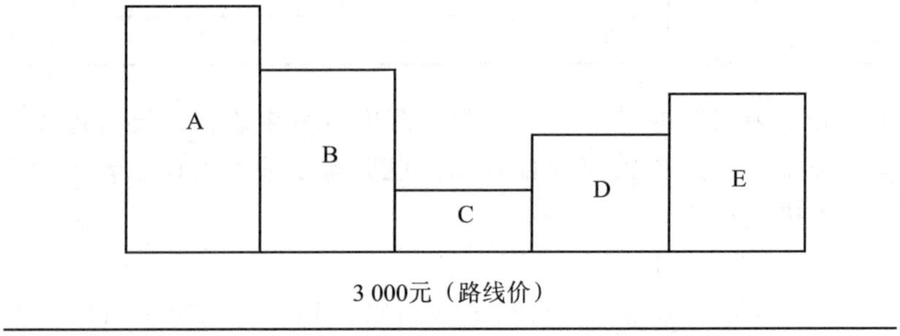

图5-6 某路线价区段临街的各宗地块情况

表5-21 各宗地块临街深度表

地块	A	B	C	D	E
临街深度（米）	17.5	13.5	3	7	11

表5-22 临街深度指数表

深度（米）	4以下	4~8	8~12	12~16	16~20	20以上
指数（%）	130	125	120	110	100	40

分析：

（1）宗地A为临街地，临街深度为17.5米，查临街深度指数表得其深度指数为100%，则宗地的价格为：3 000×100%×(17.5×5)=262 500（元）

（2）宗地B为临街地，临街深度为13.5米，查临街深度指数表得其深度指数为110%，则宗地的价格为：3 000×110%×(13.5×5)=222 750（元）

（3）宗地C为临街地，临街深度为3米，查临街深度指数表得其深度指数为130%，则宗地的价格为：3 000×130%×(3×5)=58 500（元）

（4）宗地D为临街地，临街深度为7米，查临街深度指数表得其深度指数为125%，则宗地的价格为：3 000×125%×(7×5)=131 250（元）

（5）宗地E为临街地，临街深度为11米，查临街深度指数表得其深度指数为120%，则宗地的价格为：3 000×120%×(11×5)=198 000（元）

课程思政要点

在学习房地产价格影响因素时，引导学生积极响应国家号召，确立“房住不炒”的意识，树立正确的价值观；同时使学生了解与房地产相关的行业有56个，充分认识房地产行业在我国国民经济中的重要地位，房地产行业对促进我国经济繁荣的巨大作用，立足我国实际和特点，解决房地产评估中的问题，进而引导学生养成辩证思维，不要孤立地看待事物。

本章练习

一、单项选择题

1. 某可比交易实例成交地价为3 000元/平方米，对应使用年期为30年，若待估宗地出让年期为40年，土地资本化率为7%，则通过年限修正该宗土地的价格最接近于（　　）。

A. 2 900元/平方米　　B. 3 223元/平方米

C. 3 322元/平方米　　D. 4 000元/平方米

2. 某房地产的售价为5 000万元，其中建筑物价格3 000万元，地价2 000万元，该房地产的年客观收益为450万元，建筑物的资本化率为10%，那么土地的资本化率最接近于（　　）。

A. 9%　　B. 12.5%　　C. 7.5%　　D. 5%

3. 某评估机构采用市场法对一房地产进行评估，评估中共选择了A、B、C三个参照物，并分别得到127万元、142万元、151万元三个评估结果。根据A、B、C三个参照物与被评估对象的差异因素分析，判定其结果的权重依次为25%、40%和35%，则被评估房产的评估值最接近于（　　）。

A. 140万元　　B. 157.5万元　　C. 141.4万元　　D. 148.5万元

4. 某评估机构采用统计分析法对一企业的固定资产进行评估。其中，砖混结构建筑物10栋，账面原值500万元；设备100台，账面原值1 000万元。评估中对3栋具有代表性的建筑物进行估算，其重置成本为180万元，而该3栋建筑物的账面原值为165万元；同时选择10台具有代表性的设备进行了评估，其重置成本为150万元，而该10台设备的账面原值为120万元；则该企业被评估建筑物及设备的重置成本最接近于（　　）万元。

A. 1 736.85　　B. 1 795.45　　C. 1 818.36　　D. 2 100

5. 被评估建筑物账面价值8 000万元，2013年建成，要求评估2016年该建筑物的重置成本。根据调查得知，被评估建筑物所在地区的建筑行业价格环比指数从2013年到2016年每年比上年提高分别为3%、3%、2%，该建筑物的重置成本最接近于（　　）万元。

A. 8 600　　B. 8 700　　C. 9 000　　D. 8 500

6. 某宗土地2 000平方米，土地上建一幢10层的宾馆，宾馆首层面积为1 200平方米，第2层至第10层每层建筑面积为1 000平方米，则由此计算出的建筑容积率为（　　）。

A. 0.6　　B. 5.1　　C. 2　　D. 6

7. 某砖混结构单层住宅宅基地200平方米，建筑面积120平方米，月租金3 000元，土地资本化率为8%，取得租金收入的年总成本为8 000元，评估人员另用市场比较法求得土地使用权价格每平方米1 200元，则建筑物的年纯收益为（　　）元。

A. 8 600　　B. 8 800　　C. 9 000　　D. 12 000

8. 有一宗地，占地面积为500平方米，地上建有一幢三层的楼房，建筑密度为0.7，容积率为2.0，土地单价为3 000元/平方米，则楼面地价为（　　）元/平方米。

A. 1 000　　B. 1 500　　C. 2 100　　D. 2 800

9. 有一宗地，出让年期为50年，已使用30年，资本化率为10%，预计未来每年的收益为 15 万元，则该宗地的评估价值最接近于（　　）万元。

A. 128　　B. 141　　C. 149　　D. 150

10. 有一宗房地产，评估基准日后第一年的纯收益预计为 70 万元，资本化率为 8%，以后未来各年的纯收益将在上一年的基础上增长 1%，则该宗房地产在永续使用的前提下评估价值最接近于（　　）万元。

A. 700　　B. 800　　C. 1 000　　D. 1 100

二、计算题

1. 待估对象为一新开发土地，面积为 20 000 平方米，因无收益记录和市场参照物，只得采用成本法进行评估。有关数据如下：拆迁补偿、安置费 15 万元/亩，其他费用（含税费）8 万元/亩，开发费用 1.5 亿元/平方公里，当地银行贷款年利率为 9%，土地开发周期为两年，第一年投资占总投资的 3/4，利润率为 10%，土地所有权收益为土地成本的 10%。试估算该地产的市场价值。

2. 某商业用房地产，按国家规定其土地使用权最高年限为 40 年，现该房地产拟出租，出租期为 6 年，按租赁双方的租赁合同规定，前 3 年租金是以第一年租金 8 万元为基础，每年按等比级数递增，每年递增比率为 2%，后 3 年租金按每年 15 万元固定不变。假定资本化率（折现率）为 10%，如按上述租赁合同条件为依据，该房地产 6 年租期内的收益现值是多少？

要求：（1）按分段法计算并写出公式，其中后 3 年预期收益现值必须使用年金法计算；

（2）写出计算过程；

（3）写出正确结论。

3. 待估地块为一商业用途的空地，面积为 600 平方米，要求评估其 2022 年 12 月的市场价值。评估人员通过收集有关数据资料（过程略），选出 3 个交易实例作为参照物。交易实例有关情况见下表：

项目		A	B	C	待估对象
地段		略	略	略	略
所处地区		繁华区	非繁华区	非繁华区	非繁华区
用地性质		商业	商业	商业	商业
土地类型		空地	空地	空地	空地
价格	总价	86.7 万元	82.6 万元	84.97 万元	
	单价	1 500 元/平方米	1 400 元/平方米	1 450 元/平方米	
交易日期		2022.6	2022.7	2022.9	2022.12
面积		578 平方米	590 平方米	586 平方米	600 平方米
形状		长方形	长方形	长方形	长方形
地势		平坦	平坦	平坦	平坦
地质		普通	普通	普通	普通
基础设施		完备	较好	较好	较好
交通通讯状况		很好	很好	很好	很好
剩余使用年限		35 年	30 年	35 年	30 年

已知以下条件：

（1）交易情况正常；

（2）2022年以来，土地价格平均每月上涨1%。

（3）交易实例A与待估对象处于同一地区，B、C的区域因素修正系数情况可参照下表进行判断：

项　　目	B	分值	C	分值
自然条件	相同	10	相同	10
社会环境	相同	10	相同	10
街道条件	稍差	8	相同	10
繁华程度	稍差	9	稍差	9
交通便捷程度	稍差	8	稍差	8
规划限制	相同	10	相同	10
交通管制	相同	10	相同	10
离公交车站	稍远	9	相同	10
交通流量	稍少	8	稍少	8
周围环境	较差	8	相同	10
综合打分		90		95

注：比较标准以待估地块的各区域因素标准，即待估地块的区域因素分值为100。

（4）待估地块面积因素对价格的影响较各交易实例高4%。

（5）折现率为8%。

4. 有一宗“七通一平”的待开发建筑用地，土地面积为5 000平方米，建筑容积率为3.5，拟开发建设写字楼，建设期为2年，建筑费为2 800元/平方米，专业费为建筑费的10%，建筑费和专业费在建设期内均匀投入。该写字楼建成后即出售，预计售价为12 500元/平方米，销售费用为楼价的2.5%，销售税费为楼价的6.5%，当地银行贷款年利率为6%，开发商要求的投资利润率为15%。试估算该宗土地目前的单位地价和楼面地价。

5. 某城市某用途土地容积率修正系数如下表。

容积率	0.1	0.4	0.7	1.0	1.1	1.3	1.7	2.0	2.1	2.5
修正系数	0.5	0.6	0.8	1.0	1.1	1.2	1.6	1.8	1.9	2.1

如果确定可比案例宗地地价每平方米为1 000元，容积率为1.1，被评估宗地规划容积率为2.5，试对被评估宗地的价格根据容积率因素作出修正。

第六章

机器设备评估

本章教学目的与要求

通过本章的学习，学生应理解机器设备评估的基本理论，熟悉机器设备评估的具体方法，能够熟练地将基本理论与具体方法应用于机器设备评估实践。

本章教学重点与难点

机器设备重置成本的估算；机器设备的各种贬值的估算。

参考课时

6 课时。

教学方法与手段

课堂讲授和案例分析。

第一节　机器设备评估概述

一、机器设备的含义及特点

（一）机器设备的含义

机器设备是指人类利用机械原理以及其他科学原理制造的、为特定主体所拥有或者控制的有形资产。

《资产评估执业准则——机器设备》第二条对机器设备定义为：机器设备是指人类利用机械原理以及其他科学原理制造的（自然属性）、特定主体拥有或控制的有形资产（资产属性），包括机器、仪器、器械、装置以及附属的特殊建筑物等。

资产评估中，机器设备不仅包括利用机械原理制造的装置、而且包括利用电子、电工、光学等各种科学原理制造的装置。

在资产评估中，作为评估对象的机器设备主要包括构成特定主体固定资产的机器、设备，还可能包括各种仪器、工具、器具等。

(二) 机器设备的分类

1. 按现行会计准则规定分类,机器设备可分为生产经营用机器设备、非生产经营用机器设备、租出机器设备、未使用机器设备、不需用机器设备、租入机器设备等。

2. 按国家固定资产分类标准分类,机器设备可分为通用设备、专用设备、交通运输设备、电气设备、电子及通讯设备、仪器仪表、计量标准器具等。

3. 按机器设备的组合程度分类,机器设备可分为单台设备(独立设备)、机组(如组合机床)、成套设备(包括生产线)等。如表6-1所示。

表6-1　常见的机器设备组合形式

机组	两台以上的机器组成的一组机器,配合起来共同完成某项特定工作。如柴油发电机组、制冷机组、水轮发电机组
自动生产线	由工件传送系统和控制系统将一组自动机床(或其他工艺设备)和辅助设备,按工艺顺序联接起来,完成产品全部或部分制造过程的生产系统。联接方式有柔性和刚性两种
柔性制造系统	统一的信息控制系统、物料储运系统和一组数字控制加工设备组成的,能适应加工对象变换的自动化的机械制造系统,简称FMS
车间	企业内部在生产过程中完成某些工序或单独生产某些产品的单位

资产评估时除根据上述分类明确评估对象的类别外,还需根据评估的特定目的,明确评估对象的具体范围,如评估对象中是否包含租出和融资租入机器设备、是否包含房地产中的有关机器设备,以避免重复评估或者遗漏。

(三) 机器设备的特点

1. 与房地产相类似,机器设备具有单位价值高、使用期限长的特点,要求评估者充分认识其功能的适用性和可能的风险性。

2. 机器设备属于动产类资产,与房地产比较,评估值高低与其所处地域不具有直接关系。

3. 机器设备属于生产中不可或缺的一种设备,但同时要考虑附着于机器设备中的无形资产,在某些特定情况下,无形资产的价值可能更大。

4. 机器设备更新换代比较快,特别是对于政府政策规定的高能耗、低效能、污染大的机器设备,尽管实体成新程度高,但仍应按低值评估甚至按报废处理。

(四) 机器设备评估的特点

1. 机器设备类资产一般是企业整体资产的一个组成部分,它通常与企业的其他资产,如:房屋建筑物、土地、流动资产、无形资产等,共同完成某项特定的生产目的,一般不具备独立的获利能力。所以在进行机器设备评估时,收益法的使用受到很大限制,通常采用成本法和市场法。

2. 对于整体性的机器设备,它是为了实现某种功能,由若干机器设备组成的有机整体。在进行价值分析时应注意资产之间的有机联系对价值的影响,整体的价值往往不仅仅是单台设备价值的简单相加。

3. 机器设备有一部分属于不动产或介于动产与不动产之间的固置物,它们需要永久地或在一段时间内以某种方式安装在土地或建筑物上,移动这些资产将可能导致机器设备的部分损失或完全失效。对于这部分固置物，评估师可以参照房地产的评估方法与技术进行单独评估。

4. 影响机器设备磨损的因素很多，设备的磨损、失效规律不易确定，个体差异较大。确定机器设备的实体性贬值往往需要评估师逐台地对设备的实体状态进行调查、鉴定，必要时可以考虑利用其他行业专家的工作。

5. 设备的贬值因素比较复杂，除实体性贬值外，往往还存在功能性贬值和经济性贬值。科学技术的发展，国家有关的能源政策、环保政策等，都可能对设备的评估价值产生影响。特别是对于更新换代较快的电子设备，其功能性贬值可能更为明显。

二、机器设备评估的程序

（一）明确评估基本事项

1. 明确评估目的

机器设备评估大体可分为两种情形：一种是机器设备作为独立的评估对象评估；另一种是机器设备与企业的其他资产一起评估。

机器设备单独评估的评估目的有：机器设备转让（包括出售、继承、赠与、抵债等）、机器设备抵押、机器设备保险、机器设备投资、处理机器设备纠纷和有关法律诉讼等。

机器设备与企业的其他资产一起评估的评估目的有：企业合资（或合作）、企业兼并（或分立）、企业出售、企业租赁经营、企业承包经营、企业改制、企业上市、企业破产清算等。

因此，评估师和评估机构在受理机器设备评估业务时，必须了解评估目的并明确地写进资产评估委托合同和资产评估报告中。

2. 明确评估对象

主要是明确评估对象机器设备的类别和范围。在资产评估中可根据需要选择不同的标准对机器设备进行分类，明确不同的机器设备作为评估对象的不同特点。

3. 明确评估价值类型

机器设备评估的价值类型一般分为市场价值和非市场价值（或称市场价值以外的价值）两类。

机器设备市场价值的评估要考虑机器设备评估目的、评估时的市场条件、评估对象自身的性质和状况，如在机器设备交易市场较发达的情况下，对单台（件）通用设备的市场出售价值进行评估时，其价值类型可确定为市场价值。

机器设备评估中的投资价值、抵押价值、保险价值、抵债价值、续用价值、清算价值等一般属于非市场价值。如果将机器设备作为房地产的有机组成部分评估，其价值类型应与房地产评估的价值类型相一致；如果机器设备与企业整体资产一起评估，其价值类型应与企业价值评估的价值类型相一致。

4. 明确评估基准日

机器设备评估基准日通常由委托方提出，评估机构与委托方协商确定。如果机器设备作为单独的评估对象评估，评估基准日通常选择现在某个日期，即现实性评估；个别情况下评估基准日也可选择在过去或将来的某个日期，即追溯性评估或预测性评估。

机器设备评估基准日的确定应根据评估的特定目的，遵循与评估目的实现日相接近的原则。如果将机器设备作为房地产的有机组成部分评估或者与企业整体资产一起评估，其评估基准日应与房地产或者企业价值评估的评估基准日相一致。

（二）签订业务委托合同

在明确机器设备评估基本事项的基础上，资产评估机构具备承接评估业务的条件与要求，便可与委托方签订评估业务委托合同，正式接受评估委托，并用法律形式保护各自的权益。

评估业务委托合同的内容一般包括：委托方和评估机构名称、评估目的、评估对象和评估范围、评估价值类型、评估基本假设、评估基准日、委托方应提供的资料及对提供资料的真实性和合法性的承诺、评估服务费用及其支付方式、评估报告提交日期、违约责任和解决争议的方法、委托方和评估机构认为需要约定的其他事项等。

（三）评估准备

1. 要求委托方提供资产评估的基础资料

评估师首先要求委托方对委托评估的机器设备进行自查，查实机器设备的数量，做到账实相符。在此基础上，填写机械设备评估申报明细表，提供租出及融资租赁机器设备的合同、证明，提供新购设备和重点设备的购货合同、发票及运输安装调试费用的收据，同时提供其他必要的经济技术资料。

2. 制订具体的评估工作计划

根据委托方提供的有关资料，明确评估范围和评估重点后，应制订合理的评估作业计划，包括设计主要机器设备的评估思路，落实评估人员，聘请有关专家，安排评估进度，规定评估作业完成时间等，以此保证评估工作顺利进行。

3. 收集评估中所需数据资料

机器设备评估除委托方提供的资料外，在评估准备阶段还应广泛地收集与评估工作有关的数据资料，包括机器设备的成本资料、市场价格资料、技术资料，对机器设备价格产生影响的利率、税率、汇率等资料，这对于提高评估工作的效率是非常重要的。有的资料可以通过市场调查获得，有的资料可以通过评估人员现场勘察获得。

在机器设备评估时，需要委托单位提供或评估师收集的资料清单如下：

（1）提供企业的各项设备管理制度及执行情况；

（2）机器设备采购流程及审批程序（可用框图表示）；

（3）设备管理台账及设备卡片，要求账、卡、物相符；

（4）设备财务资料，包括原值、净值、各类设备折旧年限；

（5）设备评估明细表，需要按照表格内容逐项填列，包括设备编号、名称、型号规格、制造厂家、启用日期等；

（6）安装地点、使用状况等，要求按车间或生产工艺流程填列；

（7）设备平面布置图；

（8）机器设备清查说明；

（9）主要产品情况、工艺流程、设计生产能力及前三年实际生产能力；

（10）重要设备和生产线的采购合同及发票复印件；

（11）大型设备和特殊设备、安装费用高的，应提供安装费结算资料；

（12）自制设备，应提供相关成本资料；

（13）进口设备，应该有合同、发票、商检报告及完税证明等复印件；

（14）特殊设备，如锅炉、压力容器、电梯等，应提供劳动部门的检验报告；

（15）车辆资产，应提供车辆行驶证复印件、基准日已行驶里程数、车况等；

（16）评估委托方营业执照复印件（个人评估的提供身份证复印件）。

（四）现场勘察

1. 清查核实评估对象

清查核实评估对象，应根据委托方提供的机器设备评估申报明细表，通过核对企业的账面记录和盘点实物两个方面对评估对象机器设备进行核对，要尽可能对所有申报评估的机器设备逐台核实。

对数量较多的成批同型号设备可采用抽查的办法，以落实评估对象。要特别注意对未进账的机器设备、已摊销完设备、租入和租出设备、建筑附属设备的清查核实，以避免发生重复评估或者漏评的情况。

2. 对机器设备进行勘察和技术鉴定

（1）对机器设备所在整个生产系统、生产环境、生产强度以及生产系统的产品结构、产品市场需求状况进行总体鉴定和评价，以此为单台（件）机器设备的技术鉴定提供背景资料；

（2）对机器设备的使用状况，包括机器设备的购建时间、已使用年限、利用率及运行负荷的大小、完好率、技术改造、大修理情况进行勘察和鉴定等；

（3）对机器设备的技术状况，包括设备的类别、规格型号、制造厂家、生产能力、加工精度、设备实际使用时间等状况进行分析和鉴定。

对机器设备进行勘察和技术鉴定时，应注意向操作工人、技术人员、维修管理人员调查了解设备的使用、维护、修理情况，向财务人员了解资金发生和使用情况。对于大型、复杂、高精尖设备，应由多名专业技术人员组成专家组进行勘察鉴定，必要时可以利用其他专家的工作。

（五）估算机器设备价值

根据评估目的、评估价值类型等要求，以及评估时的各种条件，选择适宜的评估方法，运用恰当的经济技术参数对待评估设备的价值进行评定估算。

在评估中，应尽可能地选择高效、直接的评估方法，使机器设备评估实现快速、合理、低成本、低风险。在机器设备评定估算阶段，要注意与委托方有关人员进行信息交流，沟通评估中遇到的问题和困难。在保证资产评估独立性的前提下，可以听取和吸纳委托方的合理化建议，以保证评估结论的相对合理性。

1. 成本法的适用范围

主要适用于继续使用前提下不具备独立获利能力的单台（件）设备评估。在非继续使用前提下，若待估设备无市场参照物，也可使用成本法评估。

2. 市场法的适用范围

市场法主要适用于单项设备的变现价或交易价值评估，但需注意市场前提和可比前提。

3. 收益法的适用范围

主要适用于可单独核算收益的生产流水线（成套设备）评估。

总之，评估师需要根据设备的使用状态、可获得的资料以及设备本身的特点选择最适宜的评估方法，得出相对合理的结论。

（六）编制评估报告

按照当前有关部门及行业管理组织对评估报告撰写的要求，在评定估算过程结束后，应及时撰写评估报告书和评估说明，将评估对象、评估依据、评估假设、评估方法、评估结论等载入评估报告。

（七）评估报告的审核和提交

评估报告完成后，要有必要的审核，包括复核人的审核、项目负责人的审核和评估机构负责人的审核。在三级审核确认评估报告无重大纰漏后，再将评估报告送达委托方及有关部门。

第二节　成本法在机器设备评估中的应用

成本法是机器设备评估中最普遍的方法。其基本思路是：首先估测被评估机器设备的重置成本，然后再判定和估测机器设备的实体性贬值、功能性贬值和经济性贬值，最后用机器设备的重置成本扣减各种贬值来测定被评估机器设备的价值。其基本公式为：机器设备评估值=重置成本-实体性贬值-功能性贬值-经济性贬值。评估时，需要对重置成本、实体性贬值、功能性贬值、经济性贬值等因素分别估测，通过上述公式计算得出评估值。

一、重置成本及其估测

（一）机器设备重置成本测算中应注意的问题

1. 选择复原重置成本还是更新重置成本

在现实生活中，无论是机器设备还是房屋建筑物，其制造工艺、材料、制造技术的发展非常迅速，新工艺、新材料、新技术的采用使资产的成本大大降低，而功能和效用完全可以替代评估对象，在这种情况下复原重置并无太大的实际意义，故复原重置成本在评估中较少采用，应使用更新重置成本。有一些资产也不允许采用复原重置成本。例如：输油管线。

对于一些特殊的机器设备或建筑，如某些专用机器，它们的制造工艺、所用的材料、技术无任何改进，功能和效用也完全能满足生产需要，在这种情况下，使用复原重置成本是比较合适的。

例如：对于目前还在生产的机器设备，其更新重置成本就是新机器的现行购置价格。对于已经停产的机器设备，它的更新重置成本应为功能和效用相同或类似的替代新产品的购置价。如果使用替代新产品的购置价作为更新重置成本，评估人员必须注意比较，新产品和老产品相比，在功能上、效用上是否存在差异。如：使用寿命是否更长，生产能力是否更大，效率、精度是否更高等。如果存在上述差异，评估人员要对新设备的更新重置成本进行相应的调整。这种调整可以在确定更新重置成本时考虑，也可以在确定贬值因素时考虑。

对于技术上比较先进的资产，它们的更新重置成本和复原重置成本可能没有区别，如：一些较先进的机器设备，其生产工艺无任何改变，功能也无改进，生产厂家仍在继续生产、出售。这时机器设备的现行购置价既是复原重置成本，也是更新重置成本。

2. 重置成本的构成

评估人员在评估过程中首先要明确自己所估测的重置成本的确切含义，以便在选择各参数进行估测时充分考虑到重置成本的性质因素。设备的重置成本在构成上包括设备的直接费用和间接费用。设备的直接费用是指设备的购置价或建造价，它构成了设备重置成本的基础。设备的运杂费、安装调试费和必要的配套装置费也构成设备的直接费用。对于进口设备，还要包括进口关税、银行手续费等其他费用。设备的间接费用通常是指为购置、建造设备而发生的各种管理费用、总体设计制图费用、资金成本以及人员培训费用等。需要注意的是，营改增后，如果运杂费、安装调试费等相关的增值税能够按照税法规定抵扣，则相关的增值税不计入机器设备的重置成本。

在机器设备评估中，其重置成本的构成及其数额，还要根据取得评估目的所要求状态下的机器设备需花费的全部费用来决定。当产权交易双方有协议或合同，明确规定机器设备的某些费用由某一方承担，那么评估该设备时就应按双方协议或合同处理，并在评估报告中予以说明。

由于设备取得的方式和渠道不同，其重置成本构成也不完全一样。按照设备取得的方式分类，设备分为外购设备和自制设备。

（1）外购设备的重置成本构成。外购设备就其重置成本构成的大项来说，主要包括：设备自身的购置价格、运杂费、安装调试费和基础费四大项。但是，外购设备又包括外购国产设备和进口设备两种，而进口设备的重置成本除包括上述四大项以外，还包括设备进口时的海运费、海外运输保险费及其他有关税费，如进口关税、进口消费税、进口车辆购置税、银行手续费和外贸手续费等，若进口增值税按照税法规定不予抵扣，其重置成本还应包括进口环节的增值税。

（2）自制设备重置成本构成。自制设备的重置成本主要包括：材料成本、人工成本、制造费用等制造成本；大型设备的合理制造利润；其他必要的合理费用（如设计、论证等前期费用）；安装调试费用等。

自制设备也可分为标准设备和非标准设备。对于标准设备的重置成本应参考专业生产厂家的标准设备价格，在通盘考虑了质量因素的前提下，运用替代原则合理确定。

在明确了外购及自制设备重置成本大致构成的基础上，评估人员可以对待评估机器设备的重置成本进行估测。

（二）重置成本的估测

1. 设备本体的重置成本

设备本体的重置成本不包括运输、安装等费用。

对于通用设备一般按照现行市场销售价格确定，或者通过其他方法计算设备本体的重置成本。

自制设备一般按照当前的价格标准计算制造成本，包括：直接材料费、燃料动力费、直接人工费、制造费用、利润、税费以及非标准设备的设计费。

（1）市场途径询价法。市场途径询价法是根据市场交易数据直接确定设备本体重置成本的方法。此法需要获得该设备的市场价格资料。对于大部分通用设备，市场交易频繁，价格比较透明，采用市场途径询价法取得市场交易数据比较适合。

获得市场价格的渠道：

①市场询价。根据替代原则，在同等条件下，评估人员应该选择可能获得的最低售价。厂家的报价和实际成交价存在较大的差异时，评估人员应该谨慎使用厂家报价，应该向近期购买该厂的同类产品的其他客户了解实际成交价格。

②使用市场价格资料。对于有些机器设备，评估师可能收集到行业组织提供的价格信息或者其他市场价格资料，评估师可以将这些资料作为估测机器设备重置成本的重要依据。但是，评估师应该注意价格资料的有效性和可靠性，还要注意价格的时效性，不能机械照搬。

（2）价格指数法。价格指数法是以设备的历史成本为基础，根据同类设备的价格上涨指数，来确定机器设备本体的重置成本的方法。应该注意的是，对于二手设备，历史成本是最初使用者的账面原值，而非当前设备使用者的购置成本。

价格指数可分为定基价格指数和环比价格指数。

①定基价格指数。定基价格指数是以固定时期为基期的指数，通常用百分比来表示。以100%为基础，当价格指数大于100%，表明价格上涨；价格指数在100%以下，表明物价下跌（参见表6－2）。

表6－2　　某类设备的定基价格指数

年份	定基价格指数（以2016年为基期,%）
2016	100
2017	103
2018	106
2019	108
2020	110
2021	112
2022	115

采用定基价格指数计算当前设备本体重置成本的公式为：

$$设备本体重置成本=历史成本\times\frac{当前年份（定基）指数}{基年（定基）指数}$$

【例6－1】2017年购置某设备，原始成本为49 000元，2017年至2022年的定基价格指数如表6－2所示。计算2022年该设备的重置成本。

分析：查表6－2可知，2022年的定基价格指数为115%，2017年的定基价格指数为103%，则：

2022年该设备本体重置成本＝49 000×(115%/103%)＝54 709（元）

②环比价格指数。环比价格指数是以上期为基期的指数。如果环比期以年为单位，则环比价格指数表示该类产品当年较上年的价格变动幅度（应该是本年相比上年物价的倍数）。该指数通常也用百分比表示。表6－2的定基价格指数用环比价格指数表示如下，见表6－3。

表6－3　　某类设备的环比价格指数

年份	环比价格指数（%）
2016	—

续表

年份	环比价格指数（%）
2017	103
2018	102.9
2019	101.9
2020	101.9
2021	101.8
2022	102.7

用环比价格指数计算设备重置成本的公式为：

设备本体重置成本＝原始成本×（$P_1^0 \times P_2^1 \times P_3^2 \times \cdots\cdots \times P_n^{n-1}$）

式中：P_n^{n-1}为 n 年对 n－1 年的环比价格指数。

【例 6－2】 某设备 2019 年的历史成本为 45 000 元，2019 年至 2022 年的环比价格指数如表 6－3。计算 2022 年该设备本体重置成本。

分析：查表 6－3 可知，2022 年的环比价格指数为 102.7%，2021 年的环比价格指数为 101.8%，2020 年的环比价格指数为 101.9%，则：

2022 年该设备本体重置成本＝45 000×（101.9%×101.8%×102.7%）

＝47 941（元）

在机器设备评估中，对于一些难以获得市场价格资料的机器设备，经常采用价格指数法。使用时，评估人员应注意以下问题：

①选取的价格指数应与评估对象相配比，一般采用某一类产品的分类价格指数，不可采用综合价格指数。

②应注意审查历史成本的真实性。因为在设备的使用过程中，其账面价值可能进行了调整，当前的账面价值已不能反映真实的历史成本。

③企业账面的设备历史成本一般包括运杂费、安装费、基础费以及其他费用。上述费用的价格指数往往是不同的，应该分别计算。

④价格指数法只能测算复原重置成本。

⑤对于进口设备，应采用进口国的分类价格指数。

（3）重置核算法。重置核算法是通过分别测算机器设备的各项成本费用来确定设备本体的重置成本的方法。常用于确定非标准、自制设备本体的重置成本的计算。

【例 6－3】 某台自制机床需重估，企业提供的购建成本资料如下：该设备生产成本 6 万元，安装费 0.5 万元，调试费 0.2 万元，已服役 1 年。经市场调查得知，该机床在市场上仍很流行，且生产成本上升了 20%；安装的材料和工费上涨幅度加权计算为 40%；调试费用上涨了 15%。试评估该机床原地续用的重置全价。

分析：该机床服役期限仅 1 年，且在市场上仍很流行，一般来说技术条件变化不大，故用复原重置成本评估较现实。

计算过程：

机床生产成本重置全价＝6×（1＋20%）＝7.2（万元）

安装费重置估价＝0.5×（1＋40%）＝0.7（万元）

调试费重置估价 = 0.2 × (1 + 15%) = 0.23 (万元)

综合以上各项，该机床原地续用的重置全价为：

7.2 + 0.7 + 0.23 = 8.13 (万元)

(4) 综合估价法。综合估价法是根据设备的主材费和主要外购件费与设备成本费用有一定的比例关系，在不考虑税费的情况下，通过确定设备的主材费用和主要外购件费用，计算出设备的完全制造成本，并考虑企业利润和设计费用，确定设备重置成本的方法。

计算公式为：

$RC = (M_{rm} \div K_m + M_{pm}) \times (1 + K_p) \times (1 + K_d/n)$

式中：RC——设备本体重置成本；

M_{rm}——主材费；

K_m——成本主材费率；

M_{pm}——主要外购件费；

K_p——成本利润率；

K_d——非标准设备设计费；

n——非标准设备的生产数量。

公式分析：

M_{rm}——实际被消耗掉的主材费 = 主材净用量 ÷ 主材利用率 × 主材单价（不含增值税）；

$M_{rm} \div K_m$——本企业生产该设备的成本费用（不包含外购材料费）；

$M_{rm} \div K_m + M_{pm}$——该设备使用的全部成本费用（包含外购材料费，不含增值税）。

①主材费 M_{rm}（不含增值税成本）。主要材料是在设备中所占的重量和价值比例大的一种或几种。主材费可按图纸分别计算出各种主材的净消耗量，然后根据各种主材的利用率求出它们的总消耗量，并按材料的市场价格计算每一种主材的材料费用。计算公式为：

$M_{rm} = \sum$[(某主材净消耗量/该主材利用率) × 不含增值税市场价]

【例 6-4】 运用综合估价法评估某企业自制设备，其中该设备的主材为不锈钢，不锈钢钢材净消耗共 15 吨，评估基准日该种不锈钢的市场含税价格为 2.8 万元/吨，在制造过程中该不锈钢钢材的利用率约为 95%，该设备的主材费率为 80%，适用的增值税税率为 13%，计算该设备的主材费用。

分析：

主材费用 = (15 ÷ 95%) × [2.8 ÷ (1 + 13%)] = 39.16 (万元)

②主要外购件费 M_{pm}（不含增值税成本）。主要外购件如果价值比重很小，可以综合在成本主材费率 K_m 中考虑，则不再单列为主要外购件。主要外购件如果价值比重较大，则需要单独估测。外购件的价格按不含税市场价格计算，计算公式为：

$M_{pm} = \sum$(某主要外购件的数量 × 不含增值税市场价)

③全部重置成本。

生产该设备的正常价格（成本加利润）= $(M_{rm} \div K_m + M_{pm}) \times (1 + K_p)$

在上一步的基础上加上应该承担的专用设备的设计费 = $(M_{rm} \div K_m + M_{pm}) \times (1 + K_p) \times (1 + K_d/n)$

【例 6-5】 被评估对象为一台自制大型模具，该模具净重 2 吨，评估基准日该模具的材料价格为 15 元/千克，材料利用率为 75%，模具的冷加工费为 30 000 元，热加工费按模具净重每千克15元计算，其他费用10 000元，行业平均成本利润率为10%，不考虑其他因素，计算该模具的重置成本。

分析：

该模具的重置成本 =（2 000 ÷ 75% × 15 + 30 000 + 2 000 × 15 + 10 000）×（1 + 10%）= 121 000（元）

（5）重量估价法。该方法使用时以设备的重量乘以综合费率，同时考虑利润和税费，确定设备的重置成本，然后，根据设备的复杂程度进行适当调整。综合费率可以根据相似设备的统计资料分析确定。适用范围：设备的成本与其重量密切相关，材料单一、制造简单、技术含量低的设备。

计算公式：

$RC = W \times R_W \times K + P$

或 $RC = W \times R_W \times K(1 + r_p)$

式中：RC——设备本体重置成本；

W——设备的净重量；

R_W——综合费率；

K——调整系数；

P——合理利润；

r_p——利润率。

（6）类比估价法—指数估价法。对于某些特定的设备，如化工设备、石油设备等，同一系列不同生产能力设备的重置成本变化与生产能力变化呈某种指数关系，在已知被评估设备和参照物设备的生产能力、参照物设备的价格、规模效益指数的基础上，可以按照下列公式估测被评估设备的重置成本。

$RC = (A_1 / A_2)^X \times S_2$

式中：RC——被评估设备的重置成本；

A_1——被评估设备的生产能力；

A_2——参照物设备的生产能力；

X——规模效益指数；

S_2——参照物设备的价格。

对于规模效益指数X的取值，国外经验一般取值在0.4～1.2之间，工业设备一般取值0.7左右。

2. 运杂费

运杂费的估测，若有取费标准，可以直接按照取费标准估测；若有运杂费率，通常按照设备原价乘以运杂费率。运杂费专用发票上注明的增值税额可以抵扣进项税额的，不计入重置成本。

（1）国产设备运杂费。国产设备的运杂费，指从生产厂家运到安装使用地点所发生的有关费用。

国产设备运杂费 = 国产设备原价 × 国产运杂费率

（2）进口设备的国内运杂费。进口设备的国内运杂费，指从出口国运抵我国后，从所到达的港口、车站、机场等地，将设备运至使用的目的地所发生的有关费用，但是不包括运输超限设备时发生的特殊费用。

进口设备国内运杂费=进口设备到岸价×进口设备国内运杂费率

3. 设备安装费

安装费的估测，若有取费标准，可以直接按照取费标准估测；若有安装费率，通常按照设备原价乘以安装费率。安装费专用发票上注明的增值税额可以抵扣进项税额的，不计入重置成本。

(1) 国产设备安装费。

国产设备安装费=国产设备原价×国产设备安装费率

(2) 进口设备安装费计算。

进口设备安装费=相似国产设备原价×国产设备安装费率

或：进口设备安装费=进口设备到岸价×进口设备安装费率

4. 基础费

基础费是指为安装设备而建造的特殊构筑物的费用。基础费的估测，若有取费标准，可以直接按照取费标准估测；若有基础费率，通常按照设备原价乘以基础费率。基础费专用发票上注明的增值税额可以抵扣进项税额的，不计入重置成本。

(1) 国产设备基础费。

国产设备基础费=国产设备原价×国产设备基础费率

(2) 进口设备基础费。

进口设备基础费=相似国产设备原价×国产设备基础费率

或：

进口设备的基础费=进口设备到岸价×进口设备基础费率

5. 进口设备从属费用

进口设备的从属费用包括国外运费、国外运输保险费、关税、消费税、增值税（若能够按照税法规定抵扣，则不计入）、银行财务费、公司代理手续费，对车辆还包括车辆购置税等（简言之，就是设备在国外支付了价款后，从国外运输到我国的海关交完所有进口的有关税费后可以从海关运走前的全部费用，扣除可以按照税法规定可以抵扣的增值税进项税额）。

(1) 国外运费。

海运费=FOB（离岸价）×海运费率

海运费率：远洋一般取5%～8%，近洋一般取3%～4%。

(2) 国外运输保险费。

国外运输保险费=(FOB+海运费)×保险费率

CIF(到岸价)=FOB×(1+海运费率)(1+保险费率)

(3) 关税。

关税=关税完税价格[到岸价(CIF)]×关税税率

(4) 消费税。

消费税={关税完税价格[到岸价(CIF)]+关税}×消费税税率/(1-消费税税率)

(5) 增值税。

增值税={关税完税价格[到岸价(CIF)]+关税}×增值税税率/(1-消费税税率)

(6) 车辆购置税。

车辆购置税=(到岸价人民币金额+关税+消费税)×车辆购置税税率

以上到岸价、关税、消费税和车辆购置税的合计 = [CIF(1 + 关税税率)] × [1 + (消费税税率 + 车辆购置税税率) ÷ (1 − 消费税税率)]

（7）银行财务费。

银行财务费 = 离岸价(FOB) × 费率

我国现行银行财务费率一般为 4‰ ~ 5‰。银行财务费专用发票上注明的增值税税额可以抵扣进项税额的，不计入重置成本。

（8）外贸手续费（也称公司代理手续费）。

外贸手续费 = 到岸价(CIF) × 外贸手续费率

目前，我国进出口公司的进口费率一般在 1% ~ 1.5%。外贸手续费专用发票上注明的增值税额可以抵扣进项税额的，不计入重置成本。

【例 6 − 6】 某进口设备离岸价（FOB）为 100 万美元，海运费率为 5%，国外运输保险费率为 0.4%，关税税率为 16%，银行财务费率为 0.4%，公司代理费率为 1%，国内运杂费率为 1%，安装费率为 0.6%，基础费率为 1.7%。设备从订货到安装完毕投入使用需要 2 年时间，第一年投入的资金比例为 30%，第二年投入的资本比例为 70%。假设每年的资金投入是均匀的，银行贷款利率为 5%，美元兑人民币的汇率为 1∶6.8，试计算该设备的重置成本。为简化计算，暂不考虑相关业务的增值税。

分析：该设备的重置成本包括：（1）设备离岸价；（2）国外海运费；（3）国外运输保险费；（4）关税；（5）银行财务费；（6）公司代理手续费；（7）国内运杂费；（8）安装费；（9）基础费；（10）资金成本。计算过程见表 6 − 4。

表 6 − 4　　设备重置成本的计算过程

序号	项目	计费基数	费率	计算公式	金额
1	设备离岸价				USD 1 000 000
2	国外海运费	离岸价（FOB）	5%	计费基数 × 海运费率	USD 50 000
3	国外运输保险费	离岸价（FOB）+ 海运费	0.4%	计费基数 × 保险费率	USD 4 200
到岸价（CIF）外币合计					USD 1 054 200
CIF 人民币合计		外币额	6.8	计算基数 × 汇率	7 168 560
4	关税	CIF	16%	CIF × 16%	1 146 969.6
5	银行财务费	设备离岸价	0.4%	设备离岸价 × 0.4%	27 200
6	公司代理手续费	CIF	1%	CIF × 1%	71 685.6
7	国内运杂费	CIF	1%	CIF × 1%	71 685.6
8	安装费	CIF	0.6%	CIF × 0.6%	43 011.36
9	基础费	CIF	1.7%	CIF × 1.7%	121 865.52
	合计				8 650 977.68
10	资金成本		5%	资金合计 × 30% × $[(1+5\%)^{1.5}-1]$ + 资金合计 × 70% × $[(1+5\%)^{0.5}-1]$	348 634.4
重置成本总计					8 999 612.08

二、实体性贬值及其估测

（一）实体性贬值的概念

机器设备的实体性贬值是由于生产经营中的磨损和暴露于自然环境造成的侵蚀而引起的资产价值的损失。反映实体性贬值的相对数是实体性贬值率。

实体性贬值率是实体性贬值与重置成本的比例，即：

实体性贬值率 = 实体性贬值额/重置成本

评估中，对机器设备实体性贬值的估测通常是估测其成新率。成新率的估测是机器设备成本法估价中的重点和难点问题。

实体性贬值率 = 1 - 成新率

（二）机器设备实体性贬值及成新率的估测

1. 观察法

观察法是评估人员根据对机器设备的现场观察和技术检测，在综合分析机器设备的已使用时间、使用状况、技术状态、维修保养状况、大修技改情况、工作环境和条件等因素的基础上，测定设备的成新率。

（1）直接观测法。该方法是首先确定和划分不同档次的成新率标准（参见表 6 - 5），然后根据被评估对象实际情况，经观测、分析、判断直接确定被评估机器设备的成新率。

表 6 - 5　　机器设备成新率评估参考表

类别	新旧情况	有形损耗率（%）	技术参数标准参考说明	成新率（%）
1	新设备及使用不久的设备	0 ~ 10	全新或刚使用不久的设备。在用状态良好，能按设计要求正常使用，无异常现象	90 ~ 100
2	较新设备	11 ~ 35	已使用 1 年以上或经过第一次大修恢复原设计性能使用不久的设备，在用状态良好，能满足设计要求，未出现过较大故障	65 ~ 89
3	半新设备	36 ~ 60	已使用 2 年以上或大修后已使用一段时间的设备，在用状态较好，基本上能达到设备设计要求，满足工艺要求，需经常维修以保证正常使用	40 ~ 64
4	旧设备	61 ~ 85	已使用较长时间或几经大修，目前仍能维持使用的设备。在用状态一般，性能明显下降，使用中故障较多，经维护仍能满足工艺要求，可以安全使用	15 ~ 39
5	报废待处理设备	86 ~ 100	已超过规定使用年限或性能严重劣化，目前已不能正常使用或停用，即将报废待更新	15 以下

这种方法的特点是相对简便、省时、易行，但主观性强，精确度较差。

一般适用于单位价值小、数量多、技术性不是很强的机器设备成新率的确定。

（2）打分法。又称分部分鉴定法，是按机器设备的构成部分分项，按各项的价值比重或贡献度打分，然后根据对设备各部分实际状况的技术鉴定，通过打分来确定被评估机器设备的成新率。

这种方法的特点是使单项设备的成新率的确定定量化，在一定程度上克服了主观随意性，使成新率的确定更加科学合理。可以参考普通机床成新率估测的打分法。

在对机床采用打分法估测成新率时，首先把机床划分为机床精度、操作系统、运动系统、润滑系统、电器系统、外观及其他等几个部分，并给定每个部分的标准分，然后对各部分进行观测或技术鉴定，在此基础上对各部分实际状况打分，最后把各部分实得分数相加，即可得到被评估机床的成新率。具体情况见表 6－6。

表 6－6　　　　机器设备（机床）成新率鉴定表

单位名称：　　　　　　　　　　　　　　　　　　　　　　评估基准日：

<table>
<tr><td>设备名称</td><td colspan="2"></td><td>规格型号</td><td></td><td>制造厂家</td><td></td></tr>
<tr><td>购置时间</td><td colspan="2"></td><td>已使用年限</td><td></td><td>近期大修理
日期/金额</td><td></td></tr>
<tr><td>序号</td><td>项目</td><td>标准分</td><td colspan="3">鉴定内容及实际情况</td><td>实际打分</td></tr>
<tr><td>1</td><td>机床
精度</td><td>55</td><td colspan="3">(1) 几何精度，如溜板移动在垂直平面内的直线度、主轴锥孔中心线的径向跳动等指标是否达到设计及有关要求；
(2) 工作精度，如精车轴类零件外圆的圆度和圆柱度、精车端面的平面度等指标是否达到有关要求</td><td></td></tr>
<tr><td>2</td><td>操作
系统</td><td>6</td><td colspan="3">变速及溜板操作手轮或手柄是否灵活轻便，丝杠与螺母之间的间隙是否过大</td><td></td></tr>
<tr><td>3</td><td>运动
系统</td><td>8</td><td colspan="3">包括主轴箱、进给箱的齿轮传动系统，各部位轴承有无振动及发热，各滑动面有无拉伤</td><td></td></tr>
<tr><td>4</td><td>润滑
系统</td><td>10</td><td colspan="3">润滑油泵出口压力是否达到额定值，油管是否有泄漏，油路是否畅通</td><td></td></tr>
<tr><td>5</td><td>电器
系统</td><td>15</td><td colspan="3">电控箱中电流开断装置如磁力启动器、交流接触器、空气断路器以及各种继电器触点有无烧损或接触不良，工作是否正常。电动机在运转中是否有发热升温超过正常值</td><td></td></tr>
<tr><td>6</td><td>外观及
其他</td><td>6</td><td colspan="3">机床附件是否齐全，安全保护装置是否完好，外观有无锈蚀、碰伤及油漆剥落等</td><td></td></tr>
<tr><td colspan="2">合计</td><td>100</td><td colspan="2">成新率（%）</td><td></td><td></td></tr>
</table>

如果是数控机床可划分为机床精度、数控系统、液压系统、操作系统、润滑系统、电器系统、外观及其他几个部分，各部分的标准分与普通机床比有较大差别，这里不作详细介绍。

用此方法鉴定机床成新率的难点是机床精度的测定，因为机床精度可分为几何精度和工作精度（加工精度），具体又通过很多指标来反映，这些指标的测定通常用仪器来完成。事实上，由于受技术装备条件及评估作业时间的限制，评估机构很难做到这一点，必要时可以利用其他专家的工作。

在实际评估中，评估人员可通过向机器设备技术管理人员、设备操作人员调查了解机床的实际加工精度情况，再通过与机床的标准加工精度或设计加工精度对比，来给机床的精度打分。

2. 使用年限法

使用年限法是假设机器设备在整个使用寿命期间，实体性贬值与寿命缩短是成正比的，于是能够使用设备的尚可使用年限与总的寿命年限的比值来确定设备的成新率。设备总的寿命年限等于已使用年限加上尚可使用年限。使用年限法的评估计算公式为：

$$成新率=\frac{尚可使用年限}{尚可使用年限+实际已使用年限}$$

（1）简单年限法。简单年限法是针对投资为一次完成，没有更新改造和追加投资等情况发生的机器设备成新率的估测方法。

①机器设备已使用年限的确定。机器设备已使用年限是指机器设备从开始使用到评估基准日所经历的时间。

由于资产在使用中负荷程度及日常维护保养差别的影响，已使用年限可分为名义已使用年限和实际已使用年限。

名义已使用年限指会计记录记载的资产的已提折旧的年限。

实际已使用年限指资产在使用中实际磨损的年限，可根据设备运行的记录资料，用下列公式计算：

$$实际已使用年限=名义已使用年限\times设备利用率$$

$$设备利用率=\frac{截至评估基准日设备累计实际利用时间}{截至评估基准日设备累计预定利用时间}$$

若设备利用率的计算结果小于1，则表明开工不足，设备实际已使用年限小于名义已使用年限；若计算结果大于1，则表明设备处于超负荷运转状态，实际已使用年限大于名义已使用年限。

②机器设备尚可使用年限的测定。机器设备尚可使用年限是指从评估基准日开始到机器设备停止使用所经历的时间，即机器设备的剩余寿命。

机器设备的已使用年限加上尚可使用年限就是机器设备总的寿命年限。如果机器设备总的寿命年限已确定，尚可使用年限就是总的寿命年限扣除已使用年限的余额。

机器设备的尚可使用年限受到已使用年限、使用状况、维修保养状况以及设备运行环境的影响，评估人员应对上述因素进行全面分析和审慎考虑，以便合理确定机器设备的尚可使用年限。

（2）综合年限法。综合年限法根据机器设备投资是分次完成、机器设备进行过更新改造和追加投资，以及机器设备的不同构成部分的剩余寿命不相同等一些情况，经综合分析判断，并采用加权平均计算法，确定被评估机器设备的成新率。

【例6－7】被评估设备购于2012年，购置成本为50 000元，2015年和2017年进行两次更新改造，主要是添置一些自动化控制装置，当年投资分别为3 000元和2 500元，2020年进行一次大修，更换了一些原来的部件，投资额为18 500元。

假设从2012年至2022年，该类机器设备每年的环比价格变动指数都为10%，试估测该设备2022年评估时的已使用年限。若该设备尚可使用年限为6年，估测该设备的成新率。

分析：该机器设备投资分次完成，进行过更新改造和大修理，应采用加权平均计算法，确定被评估机器设备的已使用年限。计算步骤及过程如下：

①用价格指数法计算被评估设备的重置成本。具体做法是用机器设备各部分的历史成本乘以相应的价格指数，得出各部分的重置成本，将各部分的重置成本相加，即得到该设备的重置成本。具体计算见表6－7。

表6－7　价格指数法下计算被评估设备的重置成本　单位：元

投资日期	历史成本	价格指数	重置成本
2012年	50 000	$(1+10\%)^{10}=2.60$	130 000
2015年	3 000	$(1+10\%)^{7}=1.95$	5 850
2017年	2 500	$(1+10\%)^{5}=1.61$	4 025
2020年	18 500	$(1+10\%)^{2}=1.21$	22 385
合　计	74 000	—	162 260

②扣减重复计算的投资成本，调整重置成本。计算重置成本应以机器设备各部分的现实存在为基础，对于更换的部件，在计算机器设备重置成本时应该扣除。

本例中2020年大修时换掉的那部分部件的成本计算了两次，应将重复计算部分扣除，调整设备的重置成本。

扣除2020年重复计算的更换部件的成本，计算如下：

130 000－22 385＝107 615（元）

扣除重复计算部分后，机器设备主体部分的重置成本应该为107 615元，而不是130 000元。

③计算加权投资成本。即用价格指数法求得各次投资的现行成本乘以各次投资的年限。具体计算见表6－8。

表6－8　加权投资成本计算表　单位：元

投资日期	现行成本（元）	投资年限（年）	加权投资成本（元/年）
2012年	107 615	10	1 076 150
2015年	5 850	7	40 950
2017年	4 025	5	20 125
2020年	22 385	2	44 770
合　计	139 875	—	1 181 995

④确定设备的综合已使用年限。用设备的加权投资成本除以设备的现行成本得：

设备的综合已使用年限＝1 181 995/139 875＝8.45（年）

⑤若该设备尚可使用年限为6年，该设备的成新率＝6/(6＋8.45)＝0.42。

【例6－8】评估人员取得【例6－7】的重置成本资料，经现场勘察分析认为，该设备的主体框架比较合理，在正常使用及维护保养条件下，尚可使用12年，自控装置已使用了5年和7年，预计2年后就要替换，结构部件在5年后要更换。有关资料见表6－9。试估测该设备的尚可使用年限。

表 6－9 待评估设备的尚可使用年限

项 目	重置成本（元）	尚可使用年限（年）	加权投资成本（元/年）
主体框架	107 615	12	1 291 380
自控装置	9 875	2	19 750
结构部件	22 385	5	111 925
合 计	139 875	—	1 423 055

分析：该设备各部分尚可使用年限不同，需要计算综合尚可使用年限。

该设备的综合尚可使用年限＝1 423 055/139 875＝10.2（年）

3. 修复费用法

（1）修复费用法的使用前提。假设设备所发生的实体性损耗是可补偿性的，那么用于补偿（修复）实体性损耗所发生的费用就是设备的实体性贬值。

（2）注意区分可补偿（修复）性损耗和不可补偿（修复）性损耗。可补偿（修复）性损耗，是指可以用技术上和经济上可行的方法修复的损耗。

不可补偿（修复）性损耗，是指从经济上来讲修复不划算或者技术上不可修复的损耗。

（3）计算方法。

实体性贬值＝可补偿（修复）费用＋不可补偿（修复）损耗

其中，不可补偿（修复）部分的实体性损耗可采用“使用年限法”来计算。

【例 6－9】 欲评估一台数控折边机，重置成本为 150 万元，已使用 2 年，其经济使用寿命约 20 年，现该机器数控系统损坏，估计修复费用约 13.6 万元，其他部分工作正常。试计算其实体性贬值及贬值率。

分析：该机器数控系统损坏是可修复的，可以采用修复费用法估测其实体性贬值和贬值率。计算过程如下：

重置全价：	150
可修复性损耗引起的贬值：	13.6
不可修复性损耗引起的贬值：	(150－13.6)×2/20＝13.64
实体性贬值：	27.24（13.6＋13.64）
贬值率：	27.24/150×100%＝18.2%

三、功能性贬值

机器设备的功能性贬值是指由于新技术发展的结果导致资产价值的贬损。

功能性贬值由两部分构成：一是超额投资成本造成的功能性贬值，主要是由于新技术引起的布局、设计、材料、产品工艺、制造方法、设备规格和配置等方面的变化和改进，使购建新设备比老设备的投资成本降低；二是超额运营成本造成的功能性贬值，主要是由于技术进步，使原有设备与新式设备相比功能落后，运营成本增加。

1. 第Ⅰ种功能性贬值（超额投资成本增加引起的功能性贬值）

第Ⅰ种功能性贬值反映在超额投资成本上，复原重置成本与更新重置成本之差即为第Ⅰ种功能性贬值，也称为超额投资成本。

2. 第Ⅱ种功能性贬值（超额运营成本增加引起的功能性贬值）

计算超额运营成本引起的功能性贬值的步骤如下：

（1）分析比较被评估机器设备的超额运营成本因素；

（2）确定被评估设备的尚可使用寿命，计算每年的超额运营成本；

（3）计算净超额运营成本；

（4）确定折现率，计算超额运营成本的折现值。

【例 6－10】 对某炼钢厂的一个锅炉进行评估。该锅炉正常运转需 9 名操作人员，每名操作人员年工资及福利费约 48 000 元，锅炉的年耗电量为 10 万千瓦时，目前相同能力的新式锅炉只需 6 个人操作，年耗电量为 7.5 万千瓦时，电费为 1 元/千瓦时，被评估锅炉的尚可使用年限为 8 年，所得税税率为 25%，适用的折现率为 10%。根据上述数据资料，估测被评估锅炉的功能性贬值。

分析：

①被评估锅炉的超额运营成本因素包括：工资及福利费、耗电量；

②被评估锅炉的年超额运营成本为：

$(9-6)\times 48\ 000+(100\ 000-75\ 000)\times 1=169\ 000$（元）

③被评估锅炉的年净超额运营成本为：

$169\ 000\times(1-25\%)=126\ 750$（元）

④被评估锅炉在剩余寿命年限内的功能性贬值额为：

$126\ 750\times(P/A,10\%,8)=126\ 750\times 5.3349=676\ 198.58$（元）

四、经济性贬值

经济性贬值是指因外界因素影响而引起的资产贬值。

（一）引起机器设备经济性贬值的因素

1. 市场竞争加剧

产品需求减少，设备开工不足，生产能力相对过剩，而产品价格没有提高，造成机器设备的价值降低。

2. 国家能源、环保等法律

国家为节约能源、保护环境等原因，可能会通过立法等手段，要求某些行业或企业减产甚至停产，使得生产成本提高或者机器设备强制报废，缩短使用寿命。

（二）经济性贬值的计算

1. 使用寿命缩短

由于国家政策、法律等原因，机器设备必须提前报废，导致使用寿命缩短，产生经济性贬值。

【例 6－11】 某汽车的重置成本为 30 万元，已使用 10 年，按目前的技术状态还可以正常使用 10 年。但由于环保、能源的要求，国家新出台的汽车报废政策规定该类汽车的最长年限为 15 年，因此该汽车 5 年后必须强制报废。试估测该汽车的经济性贬值。

分析：按使用年限法，该汽车的贬值率为：

贬值率 $=10/(10+10)=50\%$

在 5 年后必须强制报废的情况下，该汽车的贬值率为：

贬值率 $=10/(10+5)=66.7\%$

由此引起的经济性贬值率为 16.7%。该汽车的重置成本为 30 万元，经济性贬值为：

$30 \times 16.7\% = 5.01$（万元）

2. 运营费用的提高

在评估中，如果机器设备由于外界因素变化所造成的运营费用增加额（亦即收益减少额）能够直接测算出来的话，可直接按设备继续使用期间的每年的运营费用增加额（亦即收益减少额）折现累加得到设备的经济性贬值额。

【例 6-12】 某台车式电阻炉，政府规定的可比单耗指标为 650 千瓦小时/吨，超限额 10%～20%（含 20%）的加价 1.5 倍。该电阻炉的实际可比单耗为 730 千瓦小时/吨，年产量为 1 500 吨，尚可使用年限为 5 年，电单价为 1.1 元/千瓦小时，折现率取 10%。试计算因政府对超限额耗能加价收费而增加的运营成本（暂不考虑所得税的影响）。

分析：超限额的百分比 =（实测单耗 - 限额单耗）/限额单耗

$= (730 - 650)/650 = 12\%$

根据政府规定超限额 10%～20%（含 20%）的加价 1.5 倍，每年因政府对超限额耗能加价收费而增加运营成本 $= 1.1 \times (730 - 650) \times 1\,500 \times 1.5 = 198\,000$（元），由此计算该电阻炉未来 5 年的使用寿命期内，要多支出的运营成本为 $198\,000 \times (P/A, 10\%, 5) = 198\,000 \times 3.7908 = 750\,578.4$（元），此即为电阻炉因超限额加价收费引起的经济性贬值。

3. 市场竞争的加剧

由于市场竞争的加剧，使机器设备开工不足，产能没有得到充分利用，达不到设计生产能力，也会产生经济性贬值。

【例 6-13】 某产品生产线，根据购建时的市场需求，设计生产能力为年产 2 000 万件，建成后由于市场发生不可逆转的变化，每年的产量只有 800 万件，60% 的生产能力闲置。该生产线的重置成本为 200 万元，规模经济效益指数为 0.8，如不考虑实体性磨损，试计算生产线的经济性贬值。

分析：由于市场发生不可逆转的变化，该生产线的有效生产能力只有 800 万件/年。这种生产能力的生产线的重置成本 $= (800/2\,000)^{0.8} \times 200 = 96$（万元）。

该生产线的经济性贬值 $= 200 - 96 = 104$（万元）

需要注意的是：

（1）经济性贬值是由于外部因素造成的；

（2）设备的生产能力与经济性贬值是指数关系，而非线性关系；

（3）预计实际的生产能力是长时间闲置而非短期或临时性闲置才出现经济性贬值。

第三节 市场法在机器设备评估中的应用

一、市场法的适用范围和前提条件

（一）市场法的适用范围

市场法适用于机器设备变现价值的评估，而非续用价值的评估。

机器设备变现价值是机器设备在一定条件下能够实现的交换价值。

机器设备的续用价值是资产使用者的价值，它取决于资产对所生产产品的贡献。

机器设备的变现价值通常小于它的续用价值，这主要由市场供求关系决定。

（二）市场法适用的前提条件

（1）有充分发育的公开的机器设备交易市场，以及活跃的交易。

（2）与被评估设备相同或相似的设备交易信息能够比较方便地找到。

二、市场法的评估步骤

（一）收集有关机器设备的交易资料

所收集的资料一般包括：设备的交易价格、交易日期、交易目的、交易方式、交易双方情况、机器设备的类型、功能、规格型号、已使用年限、设备的实际状态等。

（二）选择可供比较的交易实例作为参照物

对所收集的资料进行分析整理后，按可比性原则，选择所需的参照物。参照物选择的可比性应注意两个方面：一是交易情况的可比性；二是设备本身各项技术参数的可比性。

（三）量化和调整交易情况的差异

机器设备的交易价格会受到供求状况、交易双方情况、交易数量、付款方式等交易情况影响。

一般来说，在机器设备销售时，如果有多个投资者竞相购买，其价格必然要高，反之，价格就会降低；而只销售一台设备与同时销售多台设备相比，价格也会不一样；另外，一次付款和分期付款销售的价格也不相同。因此，应对上述因素进行分析，对由于上述因素引起的价格偏高或偏低情况进行量化和修正。

$$交易情况调整后价值=参照物机器设备交易价格\times\frac{正常交易情况值}{参照物机器设备交易情况值}$$

（四）量化和调整品牌、质量等方面的差异

同一类型的机器设备由于生产厂家和品牌的不同，产品质量和销售价格也会有差别。属于名牌产品的机器设备质量好，价格高，而属于一般产品的机器设备质量差一些，价格也低。因此，在评估时应对生产厂家、品牌、质量等对交易价格的影响进行量化，并对这些因素进行调整，剔除其对交易价格的影响。

$$品牌差异调整后价值=\begin{matrix}参照物机器\\设备交易价格\end{matrix}\times\frac{全新被评估对象机器设备交易价格}{同型号全新参照物机器设备交易价格}$$

（五）量化和调整结构、性能等方面的差异

机器设备规格型号及结构上的差异会集中到设备间的功能和性能的差异上，如生产能力、生产效率、运营成本等方面的差异。运用功能价值法和超额运营成本折现等方法可以将被评估机器设备与参照物在结构、规格型号、性能等方面的差异量化和调整。

当功能与价值呈线性关系时：

$$功能差异调整后价值=\begin{matrix}参照物机器\\设备交易价格\end{matrix}\times\frac{被评估对象机器设备的生产能力}{参照物机器设备的生产能力}$$

当功能与价值呈指数关系时：

$$功能差异调整后价值=\begin{matrix}参照物机器\\设备交易价格\end{matrix}\times\left(\frac{被评估对象机器设备的生产能力}{参照物机器设备的生产能力}\right)^x$$

其中，x 的取值可以参照前述的经验取值。

（六）量化和调整新旧程度方面的差异

评估时，被评估机器设备与参照物机器设备在新旧程度上往往不一致，评估人员应对被评估设备与参照物机器设备的使用年限、技术状态等情况进行分析，估测其成新率。

比较而言，对被评估对象成新率的估测相对容易，关键是要对参照物机器设备的成新率如何进行客观判定。

如有条件，应对参照物机器设备进行技术检测和鉴定，确定其成新率，如无条件，可采用使用年限法估测。

$$新旧程度差异调整后价值=\begin{matrix}参照物机器\\设备交易价格\end{matrix}\times\frac{被评估机器设备的成新率}{参照物机器设备的成新率}$$

（七）量化和调整交易日期的差异

在选择参照物机器设备时应尽可能选择离评估基准日较近的交易实例，这样可以免去交易时间因素差异的调整。如果参照物交易时的价格与评估基准日交易价格发生变化，可利用同类设备的价格指数进行调整。

$$\begin{matrix}交易日期差异\\调整后价值\end{matrix}=\begin{matrix}参照物机器\\设备交易价格\end{matrix}\times\frac{评估基准日同类设备价格指数}{参照物机器设备交易时同类机器设备价格指数}$$

（八）确定被评估机器设备的评估值

对上述各差异因素量化调整后，得出初步评估结果。

对初步评估结果进行分析，采用算术平均法、加权平均法或其他方法确定最终评估结果。如果所选择的参照物的交易地点与评估对象设备不在同一地区，并且设备价格的地区差异较大，还应对区域因素进行修正。

【例 6－14】 对某企业一台金属切削机进行评估，评估人员经过市场调查，选择本地区近几个月已经成交的金属切削机的 3 个交易实例作为参照物，被评估对象及参照物的有关情况见表 6－10。

表 6－10　金属切削机比较表

项目	参照物 A	参照物 B	参照物 C	被评估对象
交易价格	100 000 元	70 000 元	95 000 元	
交易状况	公开市场	公开市场	公开市场	公开市场
生产厂家	上海	青岛	上海	济南
交易时间	6 个月前	5 个月前	1 个月前	
成新率	80%	60%	75%	70%

分析：评估人员经过对市场信息进行分析得知，3 个交易实例都是在公开市场条件下销售的，不存在受交易状况影响使价格偏高或偏低现象，影响售价的因素主要是生产厂家（品牌）、交易时间和成新率。

①生产厂家（品牌）因素分析和修正。经分析参照物 A 和参照物 C 是上海一家机械厂生产的名牌产品，其价格同一般厂家生产的金属切削机相比高 25% 左右。则参照物 A、B、C 的修正系数分别为：100/125、100/100、100/125。

②交易时间因素的分析和修正。经分析，评估时该类设备的价格水平与参照物A、B、C交易时相比分别上涨了18%、15%和3%。则参照物A、B、C的修正系数分别为：118/100、115/100、103/100。

③成新率因素分析和修正。根据公式：成新率修正系数 = 被评估对象成新率/参照物成新率，参照物A、B、C成新率修正系数分别为：70/80、70/60、70/75。

④计算参照物A、B、C的因素修正后价格，得出初评结果。

参照物A修正后的价格为：100 000 × (100/125) × (118/100) × (70/80) = 82 600（元）

参照物B修正后的价格为：70 000 × (100/100) × (115/100) × (70/60) = 93 917（元）

参照物C修正后的价格为：95 000 × (100/125) × (103/100) × (70/75) = 73 061（元）

⑤确定评估值。

对参照物A、B、C修正后的价格进行简单算术平均，求得被评估设备的评估值：

评估值 = (82 600 + 93 917 + 73 061) ÷ 3 = 83 193（元）

第四节　收益法在机器设备评估中的应用

收益法是通过测算由于获取资产所有权而带来的未来收益的现值评估资产价值的一种方法。

收益法要求被评估对象应具有独立的、连续可计量的、可预期收益的能力。

一、收益法的适用对象

大部分单项机器设备一般不具有独立获利能力。因此，单项设备通常不采用收益法评估。对于生产线、成套设备等具有独立获利能力的机器设备可以使用收益法评估。

二、收益法的计算公式

对于租出的设备，其租金收入就是收益，如果租金收入和折现率不变，则设备的评估值为：

$$P = A \times (P/A, i, n)$$

公式中：

P——评估值；

A——收益年金；

n——收益年限；

r——折现率或资本化率。

【例6-15】 为评估某租出机器设备的价值，评估人员取得以下资料：

(1) 评估人员根据市场调查，被评估机器设备的年租金净收入为24 000元。

(2) 评估人员根据被评估机器设备的现状，确定该租出设备的收益期为9年。

(3) 评估人员通过对类似设备交易市场和租赁市场的调查，得到市场数据，参见表6-11。

表 6－11　　市场数据

市场参照物	设备的使用寿命（年）	市场售价 P（元）	年租金收入 A（元）
A	10	44 440	10 600
B	10	63 828	16 800
C	8	72 592	22 400

要求：评估该租出机器设备的价值。

分析：

（1）计算被评估设备的折现率：

①分别计算上述三个市场参照物的折现率，分别为：

参照物 A：10 600 × (P/A, i, 10) = 44 440，i = 20%

参照物 B：16 800 × (P/A, i, 10) = 63 828，i = 23%

参照物 C：22 400 × (P/A, i, 8) = 72 592，i = 26%

②计算三个参照物折现率的均值，作为评估对象的折现率：

评估对象的折现率 = (20% + 23% + 26%)/3 = 23%

（2）计算评估对象的评估值：

评估对象的评估值 = 24 000 × (P/A, 23%, 9) = 24 000 × 3.6731 = 88 154（元）

课程思政要点

1. 机器设备的功能性贬值

通过对华为手机的更新换代以及国产人工智能设备相关知识的了解，明确机器设备功能性贬值的含义及原因，培养学生对科技发展的憧憬，感知新技术、新材料、新工艺所带来的资产价值的提升，引起学生对于“中国力量”的情感共鸣，增加民族自豪感，进一步坚定自信，增强奋发自强、积极创新意识。

2. 机器设备的经济性贬值

2021 年 2 月 1 日，生态环境部发布实施了《2019—2020 年全国碳排放权交易配额总量设定与分配实施方案（发电行业）》。碳排放权交易的实施，会导致高排放发电企业设备的闲置、运营费用增加、寿命缩短，引起设备的经济性贬值，从而激发学生节约能源、保护环境的意识。

本章练习

一、单项选择题

1. 成本法主要适用于评估（　　）。

A. 可连续计量预期收益的设备　　B. 可正常变现的设备

C. 可获得非正常变现价格的设备　　D. 续用，但无法预测未来收益的设备

2. 计算重置成本时，不应计入的费用是（　　）。

A. 购建费用　　B. 维修费用
C. 安装费用　　D. 调试费用

3. 用物价指数法估算的资产成本是资产的（　　）。
A. 更新重置成本
B. 复原重置成本
C. 既可以是更新重置成本，也可以是复原重置成本
D. 既不是更新重置成本，也不是复原重置成本

4. 进口设备的到岸价格是指（　　）。
A. 设备的离岸价+进口关税
B. 设备的离岸价+海外运杂费+进口关税
C. 设备的离岸价+海外运杂费+境外保险费
D. 设备的离岸价+境外保险费

5. 当设备出现（　　）时，评估时需要考虑其经济性贬值。
A. 磨损加剧　　B. 竞争加剧
C. 使用效益下降　　D. 技术水平相对落后

6. 持续使用假设前提下的机器设备评估最适用（　　）。
A. 成本法　　B. 市场法　　C. 收益法　　D. 统计分析法

7. 决定设备成新率的关键因素是（　　）。
A. 设备的技术水平　　B. 设备的功能
C. 设备的使用程度　　D. 设备购置的时间

8. 由于社会对产品的需要量降低使产品销售困难，从而导致生产该产品的设备开工不足，并由此引起设备贬值，这种贬值称为（　　）。
A. 功能性贬值　　B. 实体性贬值　　C. 经济性贬值　　D. 无形损耗贬值

9. 某经技术改造设备已使用 6 年，设计总使用年限为 12 年，经计算到评估基准日，其加权投资年限为 4 年，该设备的成新率最接近于（　　）。
A. 33%　　B. 40%　　C. 50%　　D. 66%

10. 某评估机构于 2022 年 1 月对某设备进行评估，该设备为 2012 年 1 月购建，账面原值为 1 000 万元。已知 2012 年 1 月定基物价指数为 120%，2017 年定基物价指数为 140%，评估基准日定基物价指数为 160%，该设备综合成新率为 60%，则该设备的评估值最接近于（　　）万元。
A. 960　　B. 685.7　　C. 800　　D. 1 612.8

二、多项选择题

1. 应用市场法对机器设备进行评估时，参照物与被估对象之间需调整的因素主要有（　　）。
A. 交易情况的差异　　B. 品牌方面的差异
C. 功能大小方面的差异　　D. 新旧程度方面的差异
E. 交易日期的差异

2. 进口设备的重置成本包括（　　）。

A. 设备购置价格　　B. 设备运杂费
C. 设备进口关税　　D. 银行财务费
E. 设备安装调试费

3. 运用市场法评估机器设备通常采用（　　）进行评估。
A. 年金折余法　　B. 直接匹配法　　C. 因素调整法　　D. 点面推算法
E. 重置核算法

4. 运用使用年限法估测设备的成新率涉及的基本参数有（　　）。
A. 设备的总使用寿命　　B. 设备的技术水平
C. 设备的使用时间　　D. 设备的负荷程度
E. 设备的尚可使用年限

5. 运用观察法估测设备的成新率时需考虑的主要因素有（　　）。
A. 设备的使用时间　　B. 设备的负荷程度
C. 设备的制造质量　　D. 同类设备的技术更新速度
E. 设备的各种物耗指标

6. 机器设备的经济寿命与（　　）等因素有关。
A. 设备的物理性能　　B. 社会技术进步速度
C. 设备配套情况　　D. 设备使用人员的技术水平
E. 设备生产的产品的市场状况

7. 设备成新率的估测通常采用（　　）进行。
A. 使用年限法　　B. 修复费用法　　C. 功能价值法　　D. 观察法
E. 统计分析法

8. 进口设备的重置成本除包括 CIF 外，还包括（　　）。
A. 银行财务费　　B. 进口关税
C. 境外运杂费　　D. 境外途中保险费
E. 安装调试费

9. 设备的运输费用通常是按设备价值的一定比例计算，在具体确定取费上下限时需考虑的因素有（　　）。
A. 体积　　B. 重量　　C. 距离　　D. 交通条件
E. 成新率

10. 机器设备的经济性贬值通常与（　　）有关。
A. 市场竞争　　B. 产品供求　　C. 技术进步　　D. 设备保养
E. 新旧程度

11. 设备评估结果与（　　）等经济技术参数有着直接的关系。
A. 设备账面价值　　B. 评估方法
C. 评估价值类型　　D. 评估特定目的
E. 设备累计折旧

12. 安装周期很短的通用设备，其重置成本一般包括（　　）。
A. 设备购置费　　B. 运输费用　　C. 利息费用　　D. 安装费用
E. 基础费用

13. 设备的功能性贬值通常表现为被评估设备出现了（　　）。

A. 超额投资成本　　B. 超额重置成本
C. 超额运营成本　　D. 超额更新成本
E. 超额管理成本

14. 利用国产替代设备的重置成本推算进口设备重置成本一般是在（　　）的前提下进行的。

A. 无进口设备的现行 CIF　　B. 关税税率变化很大
C. 无国外替代设备的现行 FOB　　D. 外汇汇率变化很大
E. 国外运费和保险费很大

15. 进口设备重置成本中的国内运杂费是指（　　）。

A. 港口费用　　B. 装卸费用　　C. 外贸手续费　　D. 保管费用
E. 银行财务费

16. 设备物理寿命的长短主要取决于（　　）。

A. 使用强度　　B. 设备质量　　C. 维修水平　　D. 技术进步速度
E. 市场需求

17. 运用市场法评估机器设备价值，选择参照物时，应特别注意参照物与评估对象在（　　）等方面的可比性。

A. 规格型号　　B. 制造厂家　　C. 市场条件　　D. 交易地点
E. 生产能力

18. 收益法一般适合于（　　）的价值评估。

A. 单台设备　　B. 成套设备　　C. 通用设备　　D. 生产线
E. 专用设备

19. 在设备评估中，重置核算法经常适用于（　　）设备重置成本的估算。

A. 通用　　B. 进口　　C. 非标准　　D. 自制
E. 租赁

20. 进口机器设备的从属费用包括（　　）。

A. 关税　　B. 离岸价
C. 外贸手续费　　D. 国外运费
E. 消费税

21. 机器设备的重置成本应包括（　　）。

A. 机器设备的日常维修费用　　B. 机器设备的购置费用
C. 机器设备的大修理费用　　D. 机器设备操作人员的培训费用
E. 机器设备的调试费用

22. 影响机器设备自然寿命的因素有（　　）。

A. 机器设备的使用强度　　B. 机器设备的经济用途
C. 同类机器设备的技术更新速度　　D. 机器设备的维修保养水平
E. 机器设备的自身质量

23. 对于机器设备，估测其重置成本常用的直接方法有（　　）。

A. 类比估价法　　B. 点面推算法　　C. 价格指数法　　D. 重置核算法

E. 年金折余法

三、判断题

1. 物价指数法是评估设备的重置成本最好的估测方法。（　）
2. 各种机器设备原始成本的费用构成都是相同的。（　）
3. 在机器设备评估实践中，确定设备成新率的唯一手段是技术检测。（　）
4. 技术检测是机器设备评估的基础工作之一。（　）
5. 确定评估目的和评估基准日是接受机器设备评估委托的前提条件。（　）
6. 机器设备评估现场工作完成的标志是查明了实物，落实了评估对象。（　）
7. 在企业价值评估中对机器设备进行技术鉴定只是针对每一台设备，而不需要对设备间的匹配情况进行鉴定。（　）
8. 设备的重置成本，是指评估时点再获取与评估对象相同或相似全新设备的取得成本。（　）
9. 从价值构成的角度看，设备的重置成本的价值是由 C + V 构成的。（　）
10. 进口关税、增值税是进口设备重置成本中的从属费用。（　）
11. 对于不需要安装的小型设备，其现行市场购置价可以视同其重置成本。（　）
12. 对于大型、安装调试周期很长的成套设备，其设备投资中的贷款部分的利息可以作为成套设备的重置成本构成部分。（　）
13. 在机器设备评估中，重置核算法是一种最为普遍适用的方法。（　）
14. 机器设备的已提折旧年限就是机器设备的实际已使用年限。（　）
15. 进口设备的 FOB 加上途中保险费等于进口设备的 CIF。（　）
16. 运用价格指数法估测进口大型设备的重置成本时，对支付外汇部分和人民币部分，应分别按设备生产国和我国相关时期的价格变动率或价格变动指数分别调整求取。（　）
17. 在利用市场询价法估测机器设备的重置成本时，通常不把设备供应商的报价直接作为估测的结果。（　）
18. 机器设备的技术水平是决定其成新率的关键。（　）
19. 利息费用是机器设备评估中确定机器设备重置成本时必须考虑的一个因素。（　）
20. 设备的有形损耗率相当于设备实体损耗状况与全新状态的比率。（　）
21. 综合成新率反映评估对象现行价值与其全新状态重置成本的比率。（　）
22. 设备的有形损耗率 =1 ÷ 设备成新率。（　）
23. 运用使用年限法估测设备的实体有形损耗率，是假设设备在整个寿命期间，其有形损耗与使用时间呈指数关系变化。（　）
24. 设备的技术寿命与社会的技术更新速度无关，而与本企业的设备更新速度有关。（　）
25. 设备的成新率等于设备总使用年限减去设备的实际已使用年限，这是一个确定设备成新率的简便方法。（　）
26. 已提完折旧的设备的成新率为零。（　）
27. 市场法中的比较因素是一个指标体系。（　）
28. 利用使用年限法评估设备的实体性贬值时，对经过技术改造的设备，应考虑技术改

造设备有形损耗的修复程度。（ ）

29. 设备加权投资年限 = 重置成本 ÷ 加权投资成本。（ ）

30. 美国评估协会使用的实体性贬值率参考表是确定机器设备成新率的标准。（ ）

31. 修复费用法是估测设备实体有形损耗率最为普遍适用的方法。（ ）

32. 运用价格指数法估测机器设备的重置成本仅考虑价格变动因素。（ ）

33. 设备的超额投资成本 = 设备的更新重置成本 − 设备的复原重置成本。（ ）

34. 以设备的更新重置成本作为评估的基础，可以不考虑设备因有超额投资成本所形成的功能性贬值。（ ）

35. 运杂费和安装调试费一定是机器设备评估值的组成部分。（ ）

36. 大型设备基础费必须单独作为构筑物评估。（ ）

37. 只要设备的利用率下降，设备就一定存在着经济性贬值。（ ）

38. 运用成本法也可以估测设备的非正常变现价格。（ ）

39. 单台（件）设备评估通常不宜使用收益法。（ ）

40. 参照设备的生产能力大于被评估设备，应在参照设备售价的基础上，下调价格以符合被评估对象的实际情况。（ ）

四、计算题

1. 某生产用机器设备一台，4 年前购置，据了解，该设备尚无替代产品。该设备的账面原值为 38 万元，其中买价为 36 万元，运输费为 0.8 万元，安装费用（包括材料）为 1 万元，调试费用为 0.2 万元。经调查，该设备的现行价格为 42 万元，运输费、安装费、调试费分别比 4 年前上涨了 30%、20%、25%。求该设备的重置成本。（暂不考虑运输等费用的增值税）

2. 2022 年 1 月评估设备一台，该设备于 2018 年 12 月购建，账面原值为 130 万元，2020 年进行一次技术改造，改造费用（包括增加设备）为 16 万元。若定基物价指数 2018 年为 1.15，2020 年为 1.25，2022 年为 1.35，求该设备的重置成本。

3. 评估资产为一台年产量为 15 万件甲产品的生产线。经调查，市场上现有的类似生产线成本为 68 万元，年产量为 18 万件。如果规模经济指数为 0.8，求该资产的重置全价。

4. 被评估机组购建于 2020 年 3 月，主要由主机、辅助装置和工艺管道组成，账面原值 240 万元，其中主机占 70%，辅助装置占 20%，工艺管道占 10%。至评估基准日，机组主机价格下降 3%，辅助装置价格上升 2%，工艺管道价格上升了 5%。求该机组评估基准日的重置成本。

5. 某评估机构采用统计分析法对某企业的 10 台某类设备进行评估，其账面原值共计 1 000万元，评估人员经抽样选择了 5 台具有代表性的设备进行评估，其账面原值共计 450 万元，经估算其重置成本之和为 480 万元，则该企业被评估设备的重置成本是多少？

6. 现有一台与评估资产 A 设备生产能力相同的新设备 B，采用 B 比 A 每年可节约材料、能源消耗和劳动力等 80 万元。A 设备尚可使用 6 年，假定年折现率为 5%，该企业的所得税税率为 25%，求 A 设备的超额运营成本。

7. 被评估设备为 2017 年从英国引进的设备，进口合同中的 FOB 是 26 万英镑。2022 年评估时英国生产厂家已不再生产这种设备，其替代产品的 FOB 报价为 29 万英镑，而国内其他企业2021年从英国进口设备的CIF价格为30万英镑。按照通常情况，设备的实际成交价应为报价的70%～90%，境外运杂费约占FOB价格的5%，保险费约占FOB价格的0.5%，被评估设备所在企业，以及与之发生交易的企业均属于进口关税、增值税免税单位，银行财务费按CIF价格的0.8%计算，国内运杂费按CIF价格加银行财务费之和的3%计算，安装调试费含在设备价格中不再另行计算，被评估设备尚可使用5年。假设评估时人民币与英镑的汇率为8.5∶1。根据上述数据估测该进口设备的续用价值。

8. 被评估生产线年设计生产能力为15 000吨，评估时，由于受政策调整因素影响，产品销售市场不景气，如不降价销售产品，企业必须减产至年产12 000吨，或每吨降价150元保持设备设计生产能力的正常发挥。政策调整预计会持续3年，该企业正常投资报酬率为10%，生产线的规模经济指数为0.6，试根据所给的条件估算经济性贬值率和经济性贬值额。

9. 被评估设备购建于2012年，账面价值600 000元，2017年和2020年进行两次技术改造，主要是添置了一些自动控制装置，当年投资分别为80 000元和30 000元，2022年该设备进行评估，假设从2012年至2022年每年价格上升率为10%，该设备的尚可使用年限为5年，试根据所给条件估测被评估设备的成新率。

第七章

无形资产评估

本章教学目的与要求

通过本章的学习，学生应掌握无形资产的定义与特点，能运用具体方法来评估无形资产的价值。

本章教学重点与难点

无形资产超额收益的估测。

参考课时

6 课时。

教学方法与手段

课堂讲授和案例分析。

第一节　无形资产评估概述

一、无形资产的定义与特征

（一）无形资产的定义

无形资产是由特定的主体所拥有或控制的，不具备实物形态，对生产经营长期发挥作用且能带来经济利益的资源。

在现代生产企业，无形资产反映了企业所具有的科技能力和水平，成为企业资产的重要组成部分和企业生产经营中最重要的生产要素，也成为资产评估的重要评估对象。

（二）无形资产的特征

相对于其他资产，无形资产具有 3 个主要特征：

1. 不具有实物形态

相对于房地产、机器设备等有形资产，无形资产不具有实物形态。正因为如此，无形资产不存在期末盘点和清查。

2. 具有可辨认性

无形资产能够从企业其他资产中分离或者划分出来，并能单独或者与相关合同、资产或负债一起，用于出售、转移、授予许可、租赁或者交换。无形资产主要是源自合同性权利或其他法定权利。

需要注意的是，商誉也没有实物形态。但是，商誉的存在无法与企业自身分离，不具有可辨认性，不属于可辨认性无形资产，在资产负债表中列作一项单独的非流动资产。在资产评估中，商誉也需要单独评估。

3. 属于非货币性长期资产

无形资产属于非货币性长期资产，且能够在多个会计期间为企业带来经济利益。无形资产的使用年限在一年以上，其价值将在各个受益期间逐渐摊销。

二、无形资产的分类

根据不同的标准，无形资产的分类方法很多。

（一）根据无形资产是否独立存在分类

评估界最常用的方法是根据无形资产是否独立存在，分为可辨认无形资产和不可辨认无形资产，也称可确指无形资产和不可确指无形资产两类。可辨认无形资产包括专利权、专有技术、商标权、著作权、土地使用权、特许权等；不可辨认无形资产是指商誉等。

（二）根据无形资产的来源分类

根据无形资产的来源可分为外购的无形资产和自创的无形资产。

（三）根据无形资产使用年限分类

根据无形资产的使用年限可以分为有限期的无形资产（专利权等）和无限期的无形资产（非专利技术，商誉等）。

（四）根据部门特定需求的分类

针对某些部门的特定需求，可以把无形资产分为技术型无形资产和非技术型无形资产。

（五）国际评估标准委员会（IVSC）的分类方法

国际评估标准委员会（IVSC）将无形资产定义为：以经济属性证明其本身的资产。虽不具实体，但可准予其所有人权利和特权，且通常为其所有人产生收益。IVSC 按照无形资产自身的内容将无形资产分为以下几种类型：

1. 权利型

这种无形资产是一种通过合同、协议或其他文件取得生产经营、劳动等的权利，该权利应具备的合同条件是优惠的，索要的取得物应该是稀缺的。包括合同、特许权、专营权、租赁权益、不竞争契约等。

2. 关系型

每一个企业都与外部机构（其他公司或个人）、与内部员工建立了一定的关系，这种关系可能是合同性的或非合同性的，同时，又可能是极短暂的，但对企业的成功极其重要。其中最典型的关系有下面几种：

（1）人力团队组合。一个企业最显著的关系之一便是企业与其雇员的关系。要把人力召集起来，调用他们并把他们变成训练有素的劳动力是要花费成本的。为了保留训练有素的雇员及减少人员的变动也必须花费不少的开支。劳动力专业化程度愈高，则组合费用愈高，因而企业的价值也就愈高。

（2）顾客关系。就是顾客和企业之间一定程度的认可，也是企业的无形资产。对于银行业和保险业来说，这些都是至关重要的客户名单。

3. 组合型无形资产

尽管近年来，评估师们已分析、识别和评估了许多可以单独识别的无形资产，但时常还留有一些残余，这些就是我们常指的“商誉”或“正在经营的价值”。这两种资产有时候被人们结合在一起，但是是可以分开的，并且是有区别的，都属于这种组合型的无形资产。

4. 知识产权型

知识产权是指专利权、商标权、版权和商业秘密或诀窍等无形资产。它的独特性在于其知识产权人受到法律保护，不允许其他人未经授权而私自开发利用。

一个企业如拥有知识产权，它既可以在内部自己利用它，也可以转让给别人去开发它，正如其他类型的无形资产一样。并不是所有的知识产权都有价值，它们的价值通常是由市场直接或间接地确认。

知识产权型无形资产通常包括：专利、专有技术、商标权、著作权、计算机软件以及商业秘密等。

无形资产国际评估指南就是采用上述分类方法。

（六）美国财务会计标准委员会（FASB）的分类方法

美国财务会计标准委员会（FASB）在 SFAS 准则公报 141 号中将无形资产分为营销类、客户类、创作类、合约类以及技术类五种类型。

1. 营销类无形资产

营销相关的无形资产：包括商标、商号、服务标志、集合标章、证明标章、表征（独特的颜色、形状或包装设计）、报纸刊头、域名、非竞争约定等。

2. 客户类无形资产

客户相关的无形资产：包括客户清单、客户契约和相关客户关系、非契约客户关系等。

3. 创作类无形资产

创作相关的无形资产：包括戏剧、歌剧、芭蕾、书籍、杂志、报纸、其他文学著作，如乐曲、歌词和广告词。音乐著作、图画、照片、影音数据，包括电影、音乐影带、电视节目等。

4. 合约类无形资产

依据合约的无形资产：包括授权、使用费、暂缓还款合约、广告、建设、管理、服务或供应契约、租赁合约、营造许可、特许权利合约、营业和传播权利等。

5. 技术类无形资产

技术相关的无形资产：包括具专利权的技术、计算机软件和光盘作品、非专利的技术、数据库、商业秘密（如配方、制作流程、食谱）等。

三、无形资产评估程序

无形资产评估必须要明确评估的基本事项，对无形资产进行鉴定，收集评估所需资料，在此基础上选择适用的方法对无形资产的价值进行评估。

（一）明确评估基本事项

1. 明确评估目的

从我国目前的市场条件和人们对无形资产的认识水平看，无形资产评估一般应以产权变动为前提。

一种情况是，当无形资产的拥有者或控制者以其拥有或控制的无形资产作为投资品或交易对象对外投资或交易时，需要对无形资产进行评估；另一种情况是，当企业整体发生产权变动时，企业资产中所包括的无形资产随企业产权变动而产生评估的需求。

无形资产评估的特定目的可分为：无形资产转让；以无形资产出资，用于工商注册登记；股份制改造；企业合资、合作、重组及兼并；企业改制、上市；银行质押贷款；处理无形资产纠纷和有关法律诉讼；其他目的等。

2. 明确评估对象

（1）明确评估对象类别。一方面是便于把握无形资产和识别无形资产，另一方面也便于了解无形资产的属性及作用特点，以便进一步掌握无形资产的价值变化规律。

（2）明确评估对象的自身状况。无形资产自身的状况包括：无形资产的适用性和先进性；安全可靠性和配套性；评估时无形资产所处的经济寿命阶段；受法律保护的程度或自我保护程度；保密性与扩散情况；研制开发成本及宣传成本；无形资产的产权状况；无形资产的获利能力等。对无形资产的自身状况的了解和掌握，往往通过对无形资产的鉴定来完成。

3. 明确评估价值类型

无形资产评估的价值类型一般分为市场价值和非市场价值（或称市场价值以外的价值）两类。

评估无形资产市场价值的基础条件包括无形资产评估目的、评估时的市场条件、评估对象自身的性质和状况等。

就一般情况而言，除无形资产出售外，对无形资产价值的评估基本上都属于非市场价值类型。

4. 明确评估基准日

无形资产评估基准日通常由委托方提出，评估机构与委托方协商，根据与评估目的实现日相接近的原则确定。

如果无形资产作为单独的评估对象评估，评估基准日通常选择现在某个日期，即现实性评估。个别情况下评估基准日也可选择在过去的某个日期，即追溯性评估；或者选择将来的某个日期，即预测性评估。如对无形资产评估结果有争议而引起的复核评估，评估无形资产未来预期价值等。

如果无形资产作为机器设备的有机组成部分，与机器设备一起评估，则无形资产的评估基准日应与机器设备的评估基准日一致；如果无形资产与企业整体资产一起评估，则其评估基准日应与企业价值评估的评估基准日一致。

（二）鉴定无形资产

1. 确认无形资产存在

确认无形资产是否存在，主要是验证无形资产来源是否合法，产权是否明确，经济行为是否合法、有效，评估对象是否已经成为无形资产。

对于单独作为评估对象的无形资产，可从以下几个方面进行分析：

（1）查询评估对象的内容、国家有关规定、专门人员评价情况、法律文书，核实有关资料的真实性、可靠性和权威性，分析和判定评估对象是否真正形成无形资产。

（2）分析无形资产使用所要求的与之相适应的特定技术条件和经济条件，鉴定其应用能力。

（3）核查无形资产的归属是否为委托者所拥有或他人所拥有。对于作为企业资产的组成部分随同企业整体资产评估而评估的无形资产（特别是商誉），应分析企业是否具有由无形资产所带来的超常的获利能力，这种超常的获利能力通常表现为企业的超额利润或者垄断利润。

2. 确认无形资产的权利状况

确认无形资产的权利状况，主要分析企业对无形资产拥有的是所有权还是使用权。

3. 鉴定无形资产的效用

对无形资产效用的鉴定可以从以下几个方面进行：

（1）鉴别无形资产的类别。主要确定无形资产的种类、具体名称、存在形式，以及无形资产使用范围和作用领域。

（2）分析无形资产的先进性和可靠性。主要考虑无形资产自身的技术状况、成熟程度，以及与同类无形资产的有关技术指标进行比较。

4. 确定无形资产有效期限

无形资产有效期是无形资产能够获得超额收益的时间（通常以年为单位计量），它是无形资产存在和具有价值的前提。

某项专利权如果超过国家法律保护期限，就不能作为专利权评估。有的未交专利年费，视为撤回，专利权失效。在对无形资产进行鉴定时，必须要求委托方提供各种能够反映无形资产在有效期限内的证明文件。

（三）收集资料

无形资产评估所需的相关资料一般通过委托人提供和评估人员调查获得，这些资料主要包括以下内容：

（1）评估清查明细表，具体格式可由评估机构提供；

（2）评估基准日前3年至5年的资产负债表、利润表、总账、明细账、会计凭证等；

（3）专利权、商标权证书复印件；法律保护状况；

（4）购入专利权、商标权的合同、协议、发票复印件；

（5）专利权、商标权的申报材料、缴纳年费发票等文件的复印件；

（6）专利技术、专有技术的研制报告、技术目的的可行性分析研究报告，国家有关部门技术检测、鉴定材料；

（7）专利权、专有技术项目开发成本费用方面的资料、使用实施资料、历史收益情况资料；

（8）技术项目获奖证书复印件；

（9）技术产品的经济分析及市场预测；

（10）技术产品的行业、市场状况、主要竞争对手；

（11）技术产品的主要生产设备情况；

（12）转让无形资产时，受让无形资产方的技术、经济情况等备查资料；

（13）业务约定书；
（14）向上级单位或股东会报告评估经济行为的申请；
（15）上级单位或股东会同意评估经济行为的批准文件；
（16）委托方与资产占有方营业执照副本复印件；
（17）委托方与资产占有方承诺函；
（18）设立、变更验资报告，工商备案资料；
（19）公司章程、协议，工商备案资料；
（20）股东会、董事会重大决议等文件；
（21）与评估经济行为有关的合同、协议复印件；
（22）企业基本情况及历史沿革；
（23）其他资料。

（四）确定评估方法

评估人员执行无形资产评估业务，应当根据评估目的、评估对象、价值类型、资料收集情况等相关条件，分析收益法、市场法和成本法三种资产评估基本方法的适用性，恰当选择一种或者多种资产评估方法。

需要注意的是，无形资产评估方法的综合运用互为依据。实践证明，任何一种评估方法都有一定的适用条件，同时也有其自身局限性。相对于无形资产而言，有形资产评估的方法可根据不同资产的类型选择不同的评估方法进行评估。由于有形资产价值具有确定性，因此其评估的方法也具有一定的稳定性与确定性。相对于有形资产而言，无形资产价值具有不确定性、动态性、易变性、附属性等特点，像有形资产评估那样固定地采用一种无形资产评估方法，并不能解决无形资产评估中的评估价值因不同的评估机构而评估结果相差甚远的问题，实践中往往是由于各自采用一种评估方法造成各种问题，而在实际应用中采用一种评估方法往往也行不通。最好的办法是采用综合方法进行综合评估，既有成本的考虑，也有收益的考虑；既有现值也有预期值；既有风险考虑与折算，同时又要考虑无形资产附属的有形资产状况和无形资产创造价值的条件，并注意与类似的无形资产进行类比。总之，可以采用综合评估方法。对于过高的评估值与过低的评估值进行处理，采用加权系数折算等方法。在相关交易法规的约束下，在市场机制的作用下，保证无形资产评估值最大程度地反映其实际价值。当然这是一个系统工程，需要方方面面的努力才能完成。

（五）计算评估结果

根据收益法、市场法和成本法三种资产评估基本方法的计算规则，计算出无形资产评估的初步结果。

（六）整理和报告，作出评估结论

对计算得出的初步结果进行综合分析，形成评估结论。整理评估过程中收集的相关资料，撰写评估报告书。无形资产评估报告书是无形资产评估过程的总结，也是评估者承担法律责任的依据。报告书中应说明拥有被评估无形资产的公司或权利人名称；说明评估目的和评估基准日；说明提供价值的含义及适用条件；列出评估方法及其重要参数确定过程，等等。另外，评估报告书要简洁、明确，避免误导。

此外，无形资产评估的程序还应包括与委托方签订委托合同和制订评估计划等事项，这些程序对顺利完成评估工作也是至关重要的。

第二节　收益法在无形资产评估中的应用

一、收益法及其适用条件

（一）收益法的定义

无形资产评估中的收益法是将无形资产带来的超额收益以适当的折现率折现求和，以此确定无形资产价值的评估思路和技术方法。

（二）收益法的基本前提条件

（1）无形资产的未来预期超额收益能够预测和计量；

（2）无形资产未来所面临的风险状况能够预测和计量；

（3）无形资产获得超额收益的年限能够确定。

因此，运用收益法评估无形资产价值的关键，是合理确定无形资产的超额收益、折现率、收益期限这3个基本参数。

（三）采用收益法时应当注意的问题

（1）在获取无形资产的相关信息基础上，根据被评估无形资产或者类似无形资产的历史实施情况及未来应用前景，结合无形资产实施或者拟实施企业经营状况，重点分析无形资产经济收益的可预测性，恰当考虑收益法的适用性。

（2）合理估算无形资产带来的预期收益，合理区分无形资产与其他资产所获得的收益，分析与之有关的预期变动、收益期限，与收益有关的成本费用、配套资产、现金流量、风险因素。

（3）保持预期收益口径与折现率口径一致。

（4）根据无形资产实施过程中的风险因素及货币时间价值等因素合理估算折现率。无形资产折现率应当区别于企业或者其他资产折现率。

（5）综合分析无形资产的剩余经济寿命、法定寿命及其他相关因素，合理确定无形资产能够获得超额收益的期限。

二、收益法在无形资产评估中的应用

（一）无形资产超额收益的估测

1. 直接估算法

在直接估算法下，通过未使用无形资产和使用无形资产以后收益情况的对比，确定无形资产带来的超额收益。

（1）无形资产应用于生产经营过程，使生产的产品能够以高出同类产品的价格出售，从而获得超额收益。

假设在销售量和单位成本不变，不考虑销售税费的情况下，无形资产形成的超额收益的计算公式为：$R=(P_2-P_1)\times Q\times(1-T)$

式中：R——超额收益；

P_2——使用无形资产以后的单位产品价格；

P_1——使用无形资产以前的单位产品价格；

Q——产品销售量；

T——所得税税率。

（2）无形资产应用于生产经营过程，生产的产品销售数量大幅度增加，从而获得超额收益。

假设单位价格和单位成本不变，不考虑销售税费的情况下，无形资产形成的超额收益的计算公式为：$R=(Q_2-Q_1)\times(P-C)\times(1-T)$

式中：R—超额收益；

Q_2——使用无形资产以后的产品销售量；

Q_1——使用无形资产以前的产品销售量；

P——产品单位价格；

C——产品单位成本；

T——所得税税率。

（3）无形资产应用于生产经营过程，使生产的产品的成本费用降低，从而获得超额收益。

假设在销售量和单位产品的价格不变，不考虑销售税费的情况下，无形资产形成的超额收益的计算公式为：$R=(C_1-C_2)\times Q\times(1-T)$

式中：R——超额收益；

C_1——使用无形资产以前的单位产品成本；

C_2——使用无形资产以后的单位产品成本；

Q——产品销售量；

T——所得税税率。

实际上，无形资产应用后，其带来的超额收益往往是价格提高、销售量增加以及成本降低等各因素共同形成的结果，评估人员应根据不同情况加以综合性地运用和测算，以科学地估测无形资产的超额收益。

【例7-1】 A公司生产甲产品，原产量为每年15万件，每件价格120元，每件成本100元。现拟采用某专利技术，该技术可以提高产品质量，从而使价格上升到130元/件；并且可以扩大销量，使年销售量达17万件；同时可以提高原材料利用率，使成本下降为95元/件。该企业所得税税率为25%，预计该专利技术的经济寿命为5年，假定折现率为10%。

要求：根据上述资料确定该项专利技术的超额收益。

分析：

原来每年利润：$15\times(120-100)=300$（万元）

原来每年净利润：$300\times(1-25\%)=225$（万元）

应用专利技术后的利润：$17\times(130-95)=595$（万元）

应用专利技术后的净利润：$595\times(1-25\%)=446.25$（万元）

净超额利润：$446.25-225=221.25$（万元）

【例7-2】 欣欣饮料有限公司拟购买天益食品研究所的一项最新饮料添加剂专利技术，该专利的经济寿命为5年，经过预测分析表明，使用该添加剂专利技术后，该饮料生产企业的产品年销售量将提高20%，产品的销售价格将提高10%，生产及销售成本节约5%。该企业目前的产品年销售量为20 000吨，每吨的销售价格为2 500元，每吨的生产及销售成本为2 000元。所得税税率为25%，折现率为10%。

要求：试估算该专利技术的价值。

分析：

（1）计算每年增加的净利润：

①使用专利前的税前利润：

20 000×(2 500－2 000)＝1 000（万元）

②使用专利后的税前利润：

20 000×(1＋20%)×{[2 500×(1＋10%)]－[2 000×(1－5%)]}＝20 000×1.2×[(2 500×1.1)－(2 000×0.95)]＝2 040（万元）

③增加的净利润＝(2 040－1 000)×(1－25%)＝780（万元）

（2）将每年增加的净利润折现求和即为该项专利的价值。

根据已知条件，折现率是10%，收益的持续时间是5年，则：

该专利技术的价值＝780×(P/A,10%,5)＝780×3.7908＝2 956.824（万元）

2. 分成率法

分成率法是以运用无形资产后的销售收入或销售利润为基数，乘以无形资产的分成率来确定无形资产超额收益的方法。

其评估计算公式为：

超额收益＝运用无形资产后的销售收入（或新增销售收入）×销售收入分成率

或：

超额收益＝运用无形资产后的销售利润（或新增利润）×销售利润分成率

分成率法的关键是估测和确定销售收入或销售利润以及相应的分成率。

（1）销售收入或销售利润的估测。由于无形资产的种类不同，其发挥作用的形式、能否再转让等都是有差别的，预测无形资产的超额收益应根据每一种具体的无形资产实际情况，考虑适宜的估测方法。

销售收入估测是企业根据过去的销售情况，结合对市场未来需求的调查，对使用无形资产后产品销售收入所进行的估计和测算，用以指导无形资产评估活动，为无形资产的评估提供资料。

①销售收入估测的基础工作。要做好使用无形资产后销售收入的估测，首先要做好相关的基础工作。销售收入估测的基础工作主要包括以下几个方面：

确定估测对象。估测对象即估测的具体要素。销售收入的估测对象主要有使用无形资产后产品的销售数量、销售结构和销售单价等。由于估测对象不同，其所需资料以及运用的具体方法也不尽相同。

明确估测时间。估测时间包括实施估测的时间和估测期涵盖的时间两个方面。一般而言，实施估测的时间通常应安排在编制评估计划之后，是评估计划的一个方面。估测期涵盖的时间则需根据估测目的确定，若估测的目的在于确定使用无形资产后每年的销售收入，则估测期的涵盖时间通常为一年，按年度逐年估测；若估测的目的在于评估无形资产使用寿命内的销售收入，则估测期的涵盖时间应相对较长，应该为无形资产的整个寿命期。此外，在确定估测期的涵盖期间时，还应考虑环境的稳定性和资料的充分性。若环境稳定、资料充分，则涵盖期间可相对较长，反之则不宜太长，以确保估测的相对准确性和可靠性。

收集相关资料。销售收入估测的相关资料包括：历史资料，即企业使用无形资产前的历史产量、销量、结构、价格等；潜力资料，即企业使用无形资产后的产量、销量、结构、价格等；环境变化预测资料，包括企业内部环境的变化预测和外部市场环境的变化预测两个方面。

②销售收入估测的步骤。销售收入估测的步骤主要包括以下几个方面：

估测销售收入增长率。企业使用无形资产后，销售收入通常会增加。估测销售收入增长率，应以企业经营战略分析、会计分析、财务分析为基础，并要注意与企业的以往表现、行业的历史情况相符合，从统计分析来看，很少有企业能较长期地在增长率上超过竞争者，并且大多数企业在较长期后销售增长率与行业增长率相接近。如果企业增长率高于行业平均水平很多，持续时间较长，就要注意进行合理性检验。这些既是估测过程中需要做的工作，也是在检查核对时的基本要点或出发点。

估测营业项目，如企业的营业成本、流动资金、土地、无形资产、厂房和设备等固定资产。把这些项目与销售收入联系起来。销售收入的估测是其他营业项目估测的前提，因为其他流量都与销售量有关或依赖于销售量。

估测非营业项目，如利息收入、利息支出、对非关联企业投资和利润。

估测所有者权益。本年末的所有者权益应等于上一年的所有者权益加上本年的净利润和发行的新股减去股利分配数额。

报表内项目之间的关系验证。即利用报表之间的勾稽关系，检验报表项目估测的正确性和合理性。

③销售收入估测的方法。销售收入估测的方法，主要有时间序列法、因果分析法和本量利分析法等。

时间序列法是按照时间顺序，通过对过去几期实际数据的计算分析，确定估测期产品销售收入的估测值。由于计算程序的不同，这种方法又可分为历史同期（季）平均法、滚动（或加权）平均法、基数加平均变动趋势法。

因果分析法，是利用事物内部发展因果关系，并着重研究影响事物发展变化外因的作用，来估测使用无形资产后销售收入发展变化的趋势。

本量利分析法是在成本划分为变动成本和固定成本的基础上，根据销售成本、销售量与利润三者之间的内在联系，假定已知其中两个因素，来推测另一个因素，以寻求最佳方案。运用这种方法，既可以估测保本点销售量和销售收入，也可以估测为实现目标利润需要达到的销售量和销售收入。

在对使用无形资产后的销售收入或销售利润预测时，必须要建立在合理的基础之上，包括同行业竞争因素的影响，未来市场产品或服务需求数量，以及对受让方的市场份额的预期，与无形资产相关产品或服务价格的预期，使用无形资产需追加的投资及相关费用的预期等，都应建立在科学、合理、可靠的基础之上。

（2）分成率的估测。无形资产销售收入分成率的估测，可考虑按同行业约定俗成的无形资产销售收入分成率确定，如行业技术分成率、特许使用权分成率、商标分成率等。

例如，按照国际惯例一般技术转让费不超过销售收入的1%～10%。但从销售收入分成率和销售利润分成率比较来看，销售利润分成率比销售收入分成率更能反映出转让价格的合理性，因此，在无形资产评估中主要选用销售利润分成率。

销售利润分成率通常是以无形资产带来的新增利润在利润总额中的比重为基础确定的。无形资产转让销售利润分成率的估测可以有多种方法。

①分成率换算法。该方法是通过已知的销售收入分成率和销售利润率指标通过计算求得销售利润分成率。其计算公式为：

销售利润分成率＝销售收入分成率÷销售利润率

【例7－3】 如果社会平均销售利润率为15%，当技术转让费为销售收入的5%时，计算无形资产转让的销售利润分成率。

分析：已知销售收入分成率和销售利润率，可以通过分成率换算法计算求得销售利润分成率。

销售利润分成率＝5%÷15%＝33.33%

②边际分析法。边际分析法是选择无形资产受让方运用无形资产前后两种经营条件下的利润差额，即由无形资产使用所形成的新增利润，测算其占无形资产使用后的总利润的比率作为无形资产的销售利润分成率的一种方法。

估测步骤如下：

首先，对无形资产的边际贡献因素进行分析，包括新市场的开辟，销售量提高；消耗量的降低，成本费用节省；产品质量改进，功能增加，价格提高等。

其次，测算使用无形资产后受让方可以实现的总利润和无形资产带来的新增利润。

再次，根据无形资产的剩余经济寿命或设定年限，将各年的新增利润和利润总额分别折现累加，得到剩余经济寿命或设定年限内的新增利润现值之和和利润总额现值之和。

最后，用新增的利润现值之和与利润总额现值之和的比率作为无形资产销售利润分成率。

【例7－4】 某企业拟转让一项镀金技术，受让方在未取得该技术之前，年利润额在50万元水平上，如果受让方购买了该项技术，年利润每年将会比上年增加20万元。假定该技术的经济寿命还有5年，折现率为10%。试测算该项技术的利润分成率。

分析：受让方使用无形资产后每年的利润总额分别是：70万元、90万元、110万元、130万元和150万元，每年新增利润分别是20万元、40万元、60万元、80万元和100万元，可以用边际分析法测算其利润分成率。

该项技术的利润分成率＝$[20/(1+10\%)+40/(1+10\%)^2+60/(1+10\%)^3+80/(1+10\%)^4+100/(1+10\%)^5]\div[70/(1+10\%)+90/(1+10\%)^2+110/(1+10\%)^3+130/(1+10\%)^4+150/(1+10\%)^5]=52.9\%$

边际分析法仅仅是确定无形资产超额收益比例的一种可参考的技术思想，即在运用无形资产后增加的超额收益，不能全部划归无形资产。无形资产带来的超额收益仅仅是其中的一部分。至于无形资产应分得的部分是多少，应根据无形资产在其中发挥作用的程度来确定。因此，该方法的重点应放在对无形资产边际贡献度的分析上。

③约当投资分成法。约当投资分成法是根据等量资本获得等量报酬的思想，将共同发挥作用的有形资产和无形资产换算成相应的投资额（约当投资量），再按无形资产的约当投资量占总约当投资量的权重确定无形资产销售利润分成率。其计算公式为：

$$无形资产利润分成率=\frac{无形资产约当投资量}{购买方约当投资量+无形资产约当投资量}$$

其中：无形资产约当投资量 = 无形资产的重置成本 ×（1 + 适用的成本利润率）

购买方约当投资量 = 购买方投入总资产的重置成本 ×（1 + 适用的成本利润率）

【例 7－5】 A 公司以 3D 印染新技术向 B 公司投资，该技术的重置成本为 600 万元，B 公司投入合营的资产重置成本为 12 000 万元，A 公司无形资产的成本利润率为 500%，B 公司拟合作的资产原利润率为 15%。试评估无形资产投资的利润分成率。

分析：根据题中所给条件，可采用约当投资分成法评估无形资产投资的利润分成率。

无形资产约当投资量 = 600 ×（1 + 500%）= 3 600（万元）

购买方约当投资量 = 12 000 ×（1 + 15%）= 13 800（万元）

无形资产利润分成率 = 3 600/（3 600 + 13 800）= 20.69%

约当投资分成法的关键是能否准确地确定无形资产的约当投资量。由于无形资产的种类繁多，既有技术含量高的无形资产，也有普通的无形资产，无形资产的重置成本和适用的成本利润率都不易准确把握。因此，在使用约当投资分成法确定无形资产销售利润分成率时，应具有充分的数据资料。

3. 差额法

差额法是采用无形资产和其他类型资产在经济活动中的综合收益与行业平均水平进行比较，从而得到无形资产超额收益的方法。

估测步骤如下：

首先，收集有关使用无形资产的产品生产经营活动财务资料，进行盈利分析，计算得到销售收入和销售利润率。

其次，收集并确定行业平均销售利润率指标，用企业的销售收入乘以行业的平均利润率得到按行业平均利润率计算的企业利润。

最后，计算无形资产带来的超额收益。

其计算公式为：

无形资产带来的超额收益 = 销售利润 − 销售收入 × 行业平均销售利润率

需要注意的是，运用差额法计算出来的超额收益，往往是各类无形资产共同创造的，在对某一种无形资产评估时，还需将计算出来的超额收益进行分解处理。

（二）折现率的估测

折现率是将无形资产带来的超额收益换算成现值的比率。它本质上是从无形资产受让方的角度，作为受让方投资无形资产的投资报酬率。折现率的高低取决于无形资产投资的风险和社会正常的投资收益率。

1. 加和法

从理论上讲，无形资产评估中的折现率是社会正常投资报酬率与无形资产的投资风险报酬率之和。其计算公式为：

无形资产评估中的折现率 = 无风险报酬率 + 无形资产投资风险报酬率

关于无风险报酬率，在市场经济比较发达的国家，无风险报酬率大都选择政府债券利率。从我国目前的情况看，除了可以选择国债利率以外，国家银行利率也可以考虑。无风险报酬率突出了投资回报的安全性和可靠性。我国的国债利率与国家银行利率基本都能保证这两点。

无形资产投资风险报酬率的选择和量化主要取决于无形资产本身的状况，以及运用和实施无形资产的外部环境，如技术的先进性，技术成果是否已经在市场中得以体现，企业整体素质和管理水平，企业所处行业，市场因素和政策因素等。

因此，对于无形资产的投资风险报酬率的确定，通常要根据评估对象的具体情况分析、判断而定。

总之，无形资产评估中的折现率的确定，是一个比较复杂的过程，它受诸多因素的影响和制约，评估者一定要抓住影响无形资产折现率的主要因素，在认真调查研究的基础上，经过充分分析予以量化。

2. 资本资产定价模型

资本资产定价模型是现代金融市场价格理论的支柱，广泛应用于投资决策和公司理财领域，在无形资产评估中也可以用来确定折现率。

公式如下：

$$R = R_f + \beta(R_m - R_f) + R_s$$

式中：

R——股权投资的投资报酬率；

R_m——市场平均收益率；

R_f——无风险报酬率；

R_s——企业特有风险调整系数；

β——被评估企业的风险相对于市场平均风险的比值。

3. 加权平均资本成本法

加权平均资本成本（Weighted Average Cost of Capital，WACC），是指企业以各种资本在企业全部资本中所占的比重为权数，对各种长期资金的资本成本加权平均计算出来的资本总成本。加权平均资本成本可用来确定具有平均风险投资项目所要求的收益率，在无形资产评估中亦可作为确定折现率的参考。

公式：

加权平均资本成本＝(普通权益资本成本×权益资本在资本结构中的比例)＋[债务资本成本×(1－所得税税率)×负债在资本结构中的比例]

或：

加权平均资本成本率＝债务资本利息率×(1－所得税税率)×(债务资本/总资本)＋股本资本成本率×(股本资本/总资本)

其中：

股本资本成本率＝无风险收益率＋β×市场风险溢价

计算时可以参考上述资本资产定价模型。

（三）收益期限的估测

无形资产的收益期限是指无形资产发挥作用，并具有超额收益能力的时间。

无形资产能带来超额收益持续的时间通常取决于无形资产的剩余经济寿命。但是在无形资产转让或其他形式的产权变动过程中，由于转让的期限，无形资产受法律保护的年限等诸因素都将影响某一种无形资产的收益持续时间。因此，在判断无形资产获得超额收益持续的时间时，要掌握这样一个原则，即剩余经济寿命与法律保护年限以及合同年限孰短的原则。

关于无形资产的法定寿命和合同年限一般都是明确的，而无形资产的剩余经济寿命通常需要评估者予以估测。

当然，无形资产的种类不同，其剩余经济寿命的决定因素亦不相同，要根据无形资产的具体特点采取适当的方式加以判断。比如技术型无形资产，通常要用产品更新周期法或技术更新周期法来判断其剩余经济寿命。

（四）无形资产价值的估测

在确定了无形资产的超额收益、折现率和收益期限后，便可按照将利求本的思路，运用收益折现法将无形资产在其发挥效用的年限内的超额收益折现累加求得评估值。

【例7-6】A造纸厂将该厂知名的注册商标使用权通过许可使用合同允许B造纸厂使用，使用期限为3年。双方约定由B造纸厂每年按使用该商标新增利润的30%支付给A造纸厂，作为商标使用费。经预测，在未来3年中B造纸厂使用A造纸厂的商标后每年新增净利润分别为200万元、220万元和260万元。假设折现率为10%，试评估该商标使用权的价值。

分析：该商标权许可使用期限为3年，折现率为10%，可以计算每年的收益，通过收益法评估其价值。

该商标使用权的价值 $=(200\times30\%)/(1+10\%)+(220\times30\%)/(1+10\%)^2+(260\times30\%)/(1+10\%)^3=167.7$（万元）

【例7-7】A、B两公司于2022年12月31日签订组建M公司的协议，协议商定A公司以其拥有的一项实用新型专利W出资，B公司以货币资金出资，总投资为4 000万元，合作期20年，M公司全部生产W专利产品，从2023年1月1日正式开工建设，建设期2年。A公司拟投资的专利W于2018年12月31日申请，2020年12月31日获得专利授予权及专利证书，并且按时缴纳了年费。

经充分分析论证后，预计M公司投产后第一年销售量为12万件，含税销售价格为每件150元，增值税税率为13%，可抵扣进项税税额平均为每件6元，生产成本为每件60元，销售费用、管理费用、财务费用为280万元。投产后第二年起达到设计规模，预计每年销售量为20万件，年利润总额可达1 100万元。从投产第六年起，为保证市场份额，实行降低价格销售，预计年利润总额为470万元。企业所得税税率为25%。M公司所在地的城市维护建设税税率为7%，教育费附加为3%。假设技术的净利润分成率为30%，折现率为10%，评估基准日为2022年12月31日。

要求：评估A公司拟投资的实用新型专利W的价值。

分析：

（1）专利技术W收益期：$10-4-2=4$（年）。

注：按照我国专利法的规定，发明专利的保护期限为20年，实用新型与外观设计的保护期限为10年，均自申请日开始计算。

（2）计算M公司利用专利技术W投产后第一年收益：

①不含税销售收入 $=(150\times12)/1.13=1\ 592.92$（万元）。

②城市维护建设税及教育费附加 $=[(150\times12)/1.13\times13\%-6\times12]\times10\%=135.08\times10\%=13.51$（万元）。

③利润总额 =1 592.92 - 12 ×60 - 13.51 - 280 =579.41（万元）。

④净利润 =579.41 ×（1 - 25%）=434.56（万元）。

⑤专利技术利润分成额 =434.56 ×30% =130.37（万元）。

（3）计算M公司利用专利技术W第二至第四年年利润分成额 =1 100 ×（1 - 25%）×30% =247.5（万元）。

（4）专利技术W评估值 $= [130.37/(1+10\%) + 247.5/(1+10\%)^2 + 247.5/(1+10\%)^3 + 247.5/(1+10\%)^4]/(1+10\%)^2 = 560.39$（万元）。

第三节 成本法在无形资产评估中的应用

一、成本法及其适用条件

（一）成本法概述

运用成本法评估无形资产，是在确信无形资产具有现实或潜在的获利能力，但不易量化的情况下，根据替代原则，以无形资产的现行重置成本为基础判断其价值。

（二）成本法的基本要素

运用成本法评估无形资产的价值需要把握两大基本要素。

（1）无形资产的重置成本；

（2）无形资产的贬值，主要是无形资产的功能性贬值和经济性贬值。

（三）无形资产成本的特点

1. 不完整性

《企业会计准则——无形资产》规定：企业内部研究开发项目研究阶段的支出，应当于发生时计入当期损益。企业内部研究开发项目开发阶段的支出，同时满足下列条件的，才能确认为无形资产：（1）完成该无形资产以使其能够使用或出售在技术上具有可行性；（2）具有完成该无形资产并使用或出售的意图；（3）无形资产产生经济利益的方式，包括能够证明运用该无形资产生产的产品存在市场或无形资产自身存在市场，无形资产将在内部使用的，应当证明其有用性；（4）有足够的技术、财务资源和其他资源支持，以完成该无形资产的开发，并有能力使用或出售该无形资产；（5）归属于该无形资产开发阶段的支出能够可靠地计量。

根据企业会计准则的规定，我们在确认无形资产的成本时，有下述原则：

（1）自创无形资产相对应的各项费用是否计入无形资产的成本，是以费用支出资本化为条件的。

（2）我国现行财务制度一般把科研费用从当期生产经营费用中列支，企业账簿上反映的无形资产成本是不完整的，大量的账外无形资产的存在是不可忽视的事实。

（3）即使是按国家规定进行费用支出资本化的无形资产的成本核算一般也是不完整的。

这些会计处理规范，导致能够资本化的研发费用与无形资产本身的研制与开发费用相比，所占比例可能很小。这项准则的实施，必然导致无形资产账面价值大大降低，使无形资产的账面价值与无形资产的实际价值不具有相关性。如果要对已经计入各期费用的被评估无形资产的研究与开发费用等资料进行收集，这不仅要耗费大量的人力物力，而且也是十分困难或极不准确的。同时，在现实中，大多数企业或个人对自创无形资产的基础成本数据积累不够，使得自创无形资产的成本记录不完整、不真实，甚至没有。

因为知识资产的创立具有特殊性，有大量的前期费用，如培训、基础开发或相关试验等往往不计入该知识资产的成本，而是通过其他途径进行补偿。这样，自创无形资产成本记录的不完整性，导致在进行无形资产评估时，采用成本法就比较困难。

2. 弱对应性

知识性无形资产的创建经历基础研究、应用研究和工艺生产开发等漫长过程，最终成果的出现带有较大的随机性和偶然性。有时可能出现这类情形：在一系列的研究失败之后偶尔出现一些成果，由其承担所有的研发费用显然不够合理。而在大量的先行研究（无论是成功，还是失败）成果的积累之上，往往可能产生一系列的知识性无形资产，然而，继起的这些研究成果是否应该以及如何承担先行研究的费用也很难明断。因而，研发无形资产的费用要做到与无形资产一一对应是比较困难的。

3. 虚拟性

既然无形资产的成本具有不完整性、弱对应性的特点，无形资产的成本往往就是相对的。特别是一些无形资产的内涵已经远远超出了它的外在形式的含义，这种无形资产的成本只具有象征意义。

例如，无形资产中的商标权，其成本核算的仅仅是商标设计费、登记注册费、广告费等。而商标权的内涵是代表了商品的内在质量和信誉。这种无形资产实际上包括了该商品使用的特种技术、配方和多年的经验积累，而商标权形式本身所记录的成本只具有象征性或称虚拟性。

由于无形资产的成本具有不完整性、弱对应性和虚拟性等特点，因此运用成本途径评估无形资产的价值受到一定的限制。

（四）采用成本法时应当注意的问题

（1）根据被评估无形资产形成的全部投入，充分考虑无形资产价值与成本的相关程度，恰当考虑成本法的适用性；

（2）合理确定无形资产的重置成本，无形资产的重置成本包括合理的成本、利润和相关税费；

（3）合理确定无形资产贬值。

二、成本法在无形资产评估中的应用

采用成本法评估无形资产，其基本公式为：

无形资产评估值 = 无形资产重置成本 ×（1 − 贬值率）

（一）无形资产重置成本的估测

无形资产的重置成本是指在现行条件下，重新取得该无形资产需支出的全部费用。

1. 自创无形资产重置成本的估测

自创无形资产的成本包括研制、开发、持有期间发生的全部物化劳动和活劳动的费用支出。

（1）核算法。核算法是将以现行价格水平和费用标准计算的无形资产研发过程中的全部成本费用（包括直接成本和间接成本）加上合理的利润、税费来确定无形资产的重置成本。其计算公式为：

无形资产重置成本 = 直接成本 + 间接成本 + 合理利润 + 税费

其中，直接成本是指无形资产研发过程中实际发生的材料、工时耗费支出，一般包括材料费用、科研人员工资、专用设备费、咨询鉴定费、协作费、培训费、差旅费和其他有关费用。

间接成本是指与无形资产研发有关，应摊入无形资产成本的费用，包括管理费用、非专用设备折旧费用、应分摊的公共费用和能源费用等。

合理利润是指以无形资产直接成本和间接成本为基础，按同类无形资产平均成本利润率计算的利润。

税费是指无形资产转让过程中应缴纳的城市维护建设税和教育费附加，以及无形资产转让过程中发生的其他费用，如宣传广告费、技术服务费、交易手续费等。

需要注意的是，营改增后，如果与无形资产研发成本相关的增值税能够按照税法规定抵扣，则相关的增值税不计入无形资产的重置成本。

（2）倍加系数法。对于投入智力比较多的技术型无形资产，考虑到科研劳动的复杂性和风险，可以用以下公式估算无形资产重置成本：

$$C_r = \frac{C + \beta_1 V}{1 - \beta_2}(1 + P)\frac{1}{(1 - T)}$$

式中：C_r——无形资产重置成本；

C——研制开发无形资产消耗掉的物化劳动消耗；

V——研制开发无形资产消耗掉的活劳动消耗；

β_1——科研人员创造性劳动的倍加系数；

β_2——科研的平均风险系数；

P——无形资产投资报酬率；

T——流转税税费率。

当评估对象无形资产为非技术型无形资产时，科研人员创造性劳动的倍加系数 β_1 和科研的平均风险系数 β_2 可以不予考虑。

当然，上述公式中并没有反映间接成本和转让成本的因素，在实际评估操作中也应该考虑在内。

没有较完备的费用支出数据资料的无形资产重置成本的估测，应尽可能利用类似无形资产的重置成本作为参照，通过调整求得评估对象的重置成本。

【例 7－8】 A 公司研制出一种含锌矿泉粉材料，研制过程中共消耗物料及其他费用 65 万元，人员开支 30 万元。评估人员通过分析测算，确定科研人员创造性劳动倍加系数为 2.5，科研平均风险系数为 0.3，该无形资产投资报酬率为 24%。试采用倍加系数法估算其重置成本。

分析：根据题中所给资料，可知：$C = 65$ 万元，$V = 30$ 万元，$\beta_1 = 2.5$，$\beta_2 = 0.3$，$P = 24\%$。运用倍加系数法公式计算，该无形资产的重置成本为 248 万元。

2. 外购无形资产重置成本的估测

外购无形资产由于其原始购入成本在企业账簿上有记录，相对于自创无形资产的重置成本的估测似乎容易一些。

（1）类比法。类比法是以与评估对象相类似的无形资产近期交易实例作为参照物，再根据功能和技术先进性、适用性等对参照物的交易价格进行调整和修正，从而确定评估对象现行购买价格，再根据现行标准和实际情况核定无形资产的购置费用，以此来确定无形资产的重置成本。

该方法的难点是能否找到合适的参照物以及调整因素的确定与量化。

（2）价格指数法。价格指数法是以评估对象无形资产的原始成本为基础，采用同类无形资产的价格指数调整为重置成本的方法。可根据获得价格指数的情况具体采用定基价格指数和环比价格指数进行调整。采用定基价格指数进行调整的公式为：

$$\text{重置成本}=\text{历史成本}\times\frac{\text{评估时定基价格指数}}{\text{购置时定基价格指数}}$$

采用环比格指数进行调整的公式为：

$$\text{重置成本}=\text{历史成本}\times\prod_{t=t_0+1}^{t_n}\text{环比价格指数}$$

式中：t_0——无形资产购置时间（年、月）；

t_n——无形资产评估时间（年、月）。

价格指数应综合考虑生产资料价格指数的变化和消费资料价格指数的变化。根据评估对象的种类以及可能投入活劳动情况选择生产资料价格指数与消费资料价格指数的权重。

【例 7－9】 某企业 2020 年外购一项无形资产，账面值 580 万元，2022 年进行评估，试按价格指数法估算其重置完全成本。

分析：经鉴定，该无形资产系运用现代先进的实验仪器经反复试验研制而成，物化劳动耗费的比重较大，可适用生产资料价格指数。根据资料，此项无形资产购置时价格指数和评估时定基价格指数分别为 120% 和 150%，故该项无形资产的重置完全成本为：580×150%/120%＝725（万元）。

（二）无形资产贬值的估测

无形资产贬值率的确定，可以采用专家鉴定法和剩余经济寿命预测法进行。

1. 专家鉴定法

评估人员可以邀请有关技术领域的专家，对被评估无形资产的先进性、适用性作出分析判断，从而确定其贬值率。

2. 剩余经济寿命预测法

无形资产本身没有有形损耗，它的贬值主要体现在其功能性和经济性贬值方面，而无形资产的功能性和经济性贬值又会通过其经济寿命的减少和缩短体现出来。

剩余经济寿命预测法是由评估人员通过对无形资产剩余经济寿命的预测和判断，从而确定其贬值率的方法。评估时，可以把无形资产的贬值以其剩余经济寿命的减少来表示。这样利用使用年限法就能较为客观地反映无形资产的贬值。其计算公式为：

$$\text{贬值率}=\frac{\text{已使用年限}}{\text{已使用年限}+\text{尚可使用年限}}\times100\%$$

计算时，已使用年限比较容易确定，就是名义使用年限。

运用年限法确定无形资产的贬值率，关键的问题是如何确定无形资产的尚可使用年限。

无形资产尚可使用年限可以根据无形资产法律保护期限或合同期限减去已使用年限确定，或通过有关专家对无形资产的先进性、适用性，同类无形资产的状况以及国家有关政策等方面的综合分析，判定其剩余经济寿命。

此外，还应注意分析无形资产的使用效用与无形资产的使用年限是否呈线性关系，以此来确定上述公式的适用性。

（三）无形资产价值的估测

1. 无形资产所有权价值的估测

无形资产所有权是无形资产最根本的权利。

无形资产所有权的转让标志着无形资产的权利（控制权、使用权、收益权、处置权等）的全部转移。

这种情况下，无形资产的评估价值应该是无形资产的重置成本扣除无形资产贬值后的全部余额。评估计算公式为：

无形资产评估值 = 重置成本 ×（1 − 贬值率）

2. 无形资产许可使用权价值的估测

无形资产许可使用权通常可分为独占使用权、排他使用权和普通使用权等。

上述使用权转让的形式和内容尽管有所不同，但具有共同的特点，即无形资产的所有权仍被原产权主体拥有，无形资产的使用权和收益权在一定的时间和地域范围内被多家产权主体拥有。

在这种情况下，无形资产使用权的价值就不是全部无形资产重置成本的净值，而是全部无形资产重置成本的净值的分摊额与无形资产转让的机会成本之和。评估计算公式如下：

无形资产评估值 = 重置成本 ×（1 − 贬值率）× 无形资产转让成本分摊率 + 无形资产转让的机会成本

其中：

$$无形资产转让成本分摊率 = \frac{购买方运用无形资产的设计能力}{运用无形资产总的设计能力} \times 100\%$$

无形资产转让的机会成本 = 无形资产转让的净减收益 + 无形资产再开发的净增费用

上述公式中，购买方运用无形资产的设计能力和运用无形资产总的设计能力可根据设计产量或按设计产量计算的销售收入计算确定。

无形资产转让的净减收益，一般是指在无形资产尚能发挥作用期间减少的净现金流量。

无形资产再开发的净增费用包括保护和维持无形资产追加的科研费用和其他费用。

无形资产转让的净减收益和无形资产再开发的净增费用通常运用边际分析法进行分析测算。

由于无形资产自身的特点，其价值主要不是取决于它的“物化”的量，而是其带来的经济利益的量。

因此，只有确信评估对象确有超额获利能力，运用成本法评估其价值才不至于出现重大失误。

【例 7－10】 某公司拟与外资合资经营，需要对其全部资产进行评估。该公司有一项专利技术（实用新型），两年前自行研制开发并获得专利证书。根据委托方提供和评估人员调查分析，有关资料如下：

（1）该专利研发过程中的直接成本费用（包括材料费、人工费及其他费用等）合计为18.8万元；

（2）间接成本费用（包括分摊的管理费、非专用设备折旧费及其他费用等）合计为5.2万元；

（3）由于人工费占研发成本的比重较小，按生产资料价格指数调整原始成本，近两年同类生产资料价格变动指数分别为5%和8%；

（4）同类专利技术现行平均成本利润率为240%；

（5）该专利技术剩余经济寿命为3年。

不考虑相关税费，试评估该专利权的所有权价值。

分析：根据题中所给资料，可以采用成本法评估。

（1）计算无形资产重置成本。

直接成本现值 $=18.8\times(1+5\%)\times(1+8\%)=21.32$（万元）

间接成本现值 $=5.2\times(1+5\%)\times(1+8\%)=5.90$（万元）

研发利润 $=(21.32+5.90)\times240\%=65.33$（万元）

重置成本 $=21.32+5.90+65.33=92.55$（万元）

（2）计算无形资产的贬值率。

贬值率 $=2/(2+3)=40\%$

（3）计算无形资产的评估值。

评估值 $=92.55\times(1-40\%)=55.53$（万元）

【例7-11】 某公司拟转让某项专利技术许可使用权，相关资料如下：

（1）该项专利技术是该公司4年前购买的，当时的购买价格及有关购置费用合计为500万元；

（2）近4年同类无形资产的转让价格上涨了40%；

（3）经分析，该专利技术的剩余经济寿命为4年；

（4）根据合同规定，该专利转让的是排他使用权，即使用权仅为买卖双方所拥有，不再转让给第三者使用。买卖双方运用无形资产生产产品设计生产能力分别为5万件和7万件；

（5）预计由于专利权的转让，该公司未来的收益净损失额现值合计为100万元，需要投入的再开发及保护费用的现值合计为20万元。

根据以上资料，试评估该专利技术使用权转让价值。

分析：根据题中所给资料，可以采用成本法评估。

（1）计算该专利技术使用权重置成本净值（现值）。

重置成本净值 $=500\times(1+40\%)\times[1-4\div(4+4)]=350$（万元）

（2）计算该专利技术使用权转让成本分摊率。

转让成本分摊率 $=5\div(5+7)=41.67\%$

（3）计算该专利技术使用权转让价值评估值。

评估值 $=350\times41.67\%+100+20=265.85$（万元）

【例7-12】 假设某项无形资产为工程技术图片及说明60 000张，评估时已有3 000张图片陈旧失效，停止使用。按目前条件对工程技术图片进行更新重置，根据研究发明、设计制图工时及价格测算，每张图片平均成本假定为100元。假定该项无形资产使用年限为15

年，已使用5年。

要求：评估该项无形资产的价值。

分析：

（1）计算工程图片的重置成本：

工程图片的重置成本 =（60 000 − 3 000）×100 = 570（万元）

（2）计算该项无形资产的贬值率：

该项无形资产的贬值率 = 5 ÷ 15 = 33%

（3）计算该项无形资产的评估值：

该项无形资产的评估价值 = 工程图片的重置成本 ×（1 − 贬值率）

= 570 ×（1 − 33%）

= 381.9（万元）

第四节　市场法在无形资产评估中的应用

一、市场法及其适用条件

（一）市场法的定义

无形资产评估中的市场法，是指通过市场调查，选择与被评估无形资产相同或类似的近期交易实例作为参照物，并通过对交易情况、交易时间、交易价格类型、无形资产的先进性、适用性、可靠性、使用范围、经济寿命等各方面因素的比较、量化和修正，将参照物无形资产的市场交易价格调整为评估对象价值的评估方法。

（二）市场法的适用前提及范围

使用市场法评估无形资产需要满足以下前提：

（1）需要有一个充分发育、活跃的无形资产市场；

（2）公开市场上要有可比的无形资产及其交易活动。

由于无形资产的个别性、垄断性、保密性等特点决定了无形资产的市场透明度较低，加之我国无形资产市场不发达，交易不频繁，使得运用市场法评估无形资产有诸多的困难。

国际评估准则指南指出："使用市场法必须具备合理的比较依据和可进行比较的类似的无形资产。参照物与被评估无形资产必须处于同一行业，或处于对相同经济变量有类似反应的行业。这种比较必须具有意义，并且不能引起误解。"

因此，我国目前的条件下运用市场法评估无形资产的情况并不普遍。

（三）采用市场法时应当注意的问题

（1）考虑被评估无形资产或者类似无形资产是否存在活跃的市场，恰当考虑市场法的适用性；

（2）收集类似无形资产交易案例的市场交易价格、交易时间及交易条件等交易信息；

（3）选择具有合理比较基础的可比无形资产交易案例，考虑历史交易情况，并重点分析被评估无形资产与已交易案例在资产特性、获利能力、竞争能力、技术水平、成熟程度、风险状况等方面是否具有可比性；

（4）收集评估对象以往的交易信息；

（5）根据宏观经济发展、交易条件、交易时间、行业和市场因素、无形资产实施情况的变化，对可比交易案例和被评估无形资产以往交易信息进行必要调整。

二、市场法在无形资产评估中的应用

（一）合理选择参照物

同有形资产一样，无形资产采用市场法评估首先也要收集资料和合理选择参照物。根据《资产评估执业准则——无形资产》的规定，收集资料时应确定具有合理比较基础的无形资产。在对所收集资料进行分析、整理和筛选的基础上合理选择参照物，参照物的选择要注意：

（1）所选择的参照物应与评估对象在功能、性质、适用范围等方面相同或基本相同；

（2）参照物的成交时间应尽可能接近评估基准日，或其价格可调整为评估基准日价格；

（3）参照物的价格类型要与评估对象要求的价格类型相同或接近；

（4）至少有三个以上的参照物可供比较。

（二）恰当确定可比因素

可比因素就是影响被评估对象和参照物之间价格差异的因素。从大的方面来看，这些影响因素包括：

交易情况因素，包括交易类型、市场供求状况、交易双方状况、交易内容（如所有权转让或使用权转让）、交易条件、付款方式等；

交易时间因素，主要分析参照物交易时同类无形资产的价格水平与评估时点是否发生变化，变化的幅度以及对无形资产价格的影响程度；

无形资产的状况因素，主要包括无形资产的产权状况，无形资产的适用性、先进性、安全可靠性和配套性，无形资产的剩余经济寿命，无形资产受法律保护和自我保护的程度，无形资产的保密性和扩散性，无形资产的研发和宣传成本等。

评估时，应对上述因素进行全面分析，合理确定可供比较的各种因素，并通过对可比因素的量化和调整最终估测出被评估对象的价值。

课程思政要点

通过对有关著作权评估、专利侵权损害赔偿等评估案例的分析讨论，使学生了解知识产权、商标权等法律知识，树立知识产权保护的法律意识；同时使学生认识到建设创新型国家的重要性，树立关键核心技术是国之重器的理念，激发学生的创新意识。

本章练习

一、单项选择题

1. 商标权与专利权相比，具有（　　）的特点。

A. 受专项法律保护　　　　B. 能为企业带来超额收益

C. 共益性　　D. 保护期限可续展

2. 下列属于不可确指无形资产的是（　　）。

A. 商誉　　B. 专有技术　　C. 商业秘密　　D. 知识产权

3. 下列不属于无形资产的是（　　）。

A. 专利技术　　B. 公知技术　　C. 商誉　　D. 商业秘密

4. 无形资产评估中，销售收入分成率 =（　　）。

A. 销售利润分成率 × 资产利润率

B. 销售利润分成率 × 销售利润率

C. 销售收入 × 销售利润率 ×（1 – 所得税税率）

D. 收益额 ÷ 销售收入 ×（1 – 所得税税率）

5. 某企业年产塑料件产品 10 万件，企业拟引进一项专利技术 K，如果使用了该专利技术可以使每件产品的成本由原来的 3 元降到 2.5 元，其售价由原来的 15 元上升到 17 元。假设 K 专利技术的剩余使用年限为 5 年，企业产量不变，折现率为 10%，企业适用所得税税率为 25%，不考虑其他因素，则专利技术 K 的评估值最接近于（　　）万元。

A. 63.50　　B. 71.07　　C. 88.52　　D. 94.78

6. 甲公司将其拥有的某项产品的商标使用权通过许可使用合同交给乙公司使用。使用期为 3 年。按许可协议，乙公司每年按使用该商标后利润的 25% 支付给甲公司。乙公司拟年生产该商标产品 20 万台，每台市场售价为 100 元，公司预期各年销售利润率为 20%，折现率按 10% 计算，该商标的评估值接近（　　）万元。

A. 995　　B. 249　　C. 497　　D. 1 243

7. 无形资产没有（　　）。

A. 经济性损耗　　B. 功能性损耗　　C. 有形损耗　　D. 无形损耗

8. 某企业的预期年净收益为 20 万元，资本化率为 10%，该企业可确指的各单项资产评估值之和为 150 万元，该企业的商誉价值为（　　）。

A. 20 万元　　B. 15 万元　　C. 14 万元　　D. 50 万元

9. 评估对象为一项外观设计专利，经评估人员分析，预计评估基准日后实施该专利可使产品每年的销售量由过去的 5 万台上升到 8 万台。假定每台的售价和成本均与实施专利前相同，分别为 500 元/台和 450 元/台，收益期为 3 年，折现率为 10%，企业所得税税率为 25%，不考虑流转税等其他因素，则该外观设计专利的评估值最接近于（　　）万元。

A. 350.00　　B. 249.93　　C. 621.72　　D. 833.10

10. 根据我国著作权法规，对于一项两人合作完成作品的署名权，其保护期为（　　）。

A. 作品完成之日起 100 年

B. 作品首次发表之日起 50 年

C. 最后一位死亡的作者死亡之日起 50 年

D. 永久

11. 关于商标权的叙述，错误的是（　　）。

A. 商标需要注册，未注册的商标即使能带来经济效益，其经济价值也得不到确认

B. 我国注册商标的有效期限是 10 年

C. 商标权可以无限续展

D. 连续 5 年停止使用商标的，商标权自行失效

12. 根据我国《计算机软件保护条例》的规定，自然人的软件复制权保护期为(　　)。

A. 自然人终生

B. 自然人终生及其死亡后 40 年

C. 自然人终生及其死亡后 50 年，截止于自然人死亡后第 50 年的 12 月 31 日

D. 截止于软件首次发表后第 50 年的 12 月 31 日

13. 关于版权说法错误的是（　　）。

A. 版权也称著作权，它是知识产权的一个重要组成部分

B. 2001 年，我国对《著作权法》进行了第一次修改，新的《著作权法》从 2001 年 12 月 1 日起实施

C. 我国《著作权法》对作品的保护采用自动保护的原则，即作品一旦产生，作者便享有版权，登记有否都受法律保护

D. 表演权、翻译权不属于版权的经济权利

14. 计算机软件属于（　　）无形资产。

A. 不可确指的　　B. 版权类　　C. 商标类　　D. 其他类

15. 专有技术与专利技术相比，专有技术具有（　　）特点。

A. 时间性　　B. 区域性　　C. 保密性　　D. 实用性

16. 已知被评估企业单项资产评估值之和为 5 000 万元，该企业评估基准日之后的每年预期收益率为 20%，行业平均收益率为 15%，假设适用资本化率为 10%，企业无限期经营，仅依据上述条件，该企业的商誉最接近于（　　）万元。

A. 1 500　　B. 2 500　　C. 3 550　　D. 6 000

17. 某企业预计将在今后 10 年内保持具有超额收益的状态，估计预期年收益额保持在 25 000 元的水平，该企业所在行业的平均收益率为 10%，则企业商誉的价值为（　　）元。

A. 100 000　　B. 150 000　　C. 153 615　　D. 148 324

18. 某企业预期年收益为 20 万元，所在行业平均收益率为 20%，该企业单项资产评估值之和为 80 万元，以此计算该企业商誉应为（　　）万元。

A. 20　　B. 25　　C. 15　　D. 30

19. 不能应用的技术不能称为专有技术，这体现了专有技术的（　　）。

A. 获利性　　B. 保密性　　C. 实用性　　D. 完整性

20. 根据国际评估准则委员会颁布的《国际评估准则》评估指南，商誉属于（　　）。

A. 权利型无形资产　　B. 关系型无形资产

C. 组合型无形资产　　D. 知识产权

21. 某专利技术保护期自 2020 年 10 月 1 日起 20 年，2022 年 12 月 15 日作为评估基准日，预计在 2032 年 1 月会有更新的技术替代该专利技术在生产上得到广泛运用。该专利技术的预期收益期限较为合理的年限为（　　）。

A. 20 年　　B. 10 年　　C. 9 年　　D. 12 年

22. 被评估对象为一项专有技术，在该项技术的研制过程中消耗材料 30 万元。动力消耗 50 万元，支付科研人员工资 60 万元。评估人员经过市场调查询证，确定科研人员创造性劳动倍加系数为 1.5，科研平均风险系数为 0.5，该项无形资产的投资报酬率为 25%，行业

基准收益率为30%，如采用倍加系数法估算该项专有技术的重置成本，其重置成本最接近于（　　）万元。

A. 220　　B. 350　　C. 425　　D. 442

23. 运用市场法评估无形资产会受到一定的限制，这个限制源于（　　）。

A. 无形资产的标准性　　B. 无形资产的通用性

C. 无形资产的非标准性　　D. 无形资产的非标准性和唯一性

二、多项选择题

1. 按无形资产不同分类标准，商誉分别属于（　　）。

A. 可确指无形资产　　B. 不可确指无形资产

C. 组合型无形资产　　D. 知识产权

E. 权利型无形资产

2. 以下属于专有技术特点的有（　　）。

A. 实用性　　B. 获利性　　C. 地域性　　D. 排他性

E. 保密性

3. 下列因素中，属于影响无形资产评估价值因素的有（　　）。

A. 无形资产成本　　B. 机会成本

C. 使用期限　　D. 技术成熟程度

E. 转让内容

4. 关于商誉的特性，下列说法正确的有（　　）。

A. 商誉不能离开企业而单独存在，不能与企业的可确指的资产分开出售

B. 商誉是企业长期积累起来的一项价值

C. 形成商誉的个别因素不能单独计价

D. 商誉是企业的整体价值扣除全部有形资产后的差额

E. 商誉有些时候能独立为企业带来收益

5. 无形资产超额收益的估算方法有（　　）。

A. 直接估算法　　B. 分成率法　　C. 差额法　　D. 价格指数法

E. 要素贡献法

6. 关于成本法在无形资产中的应用说法，正确的有（　　）。

A. 基本公式为：无形资产评估值 = 无形资产重置成本 ×(1 − 贬值率)

B. 成本法评估无形资产要充分考虑其有形损耗和无形损耗

C. 无形资产重置成本的估算要区分自创无形资产的情况和外购无形资产的情况

D. 无形资产贬值率可以采用专家鉴定法和剩余经济预测法来确定

E. 无形资产的评估一般都采用成本法

7. 以下属于版权的特征的有（　　）。

A. 自动保护原则　　B. 权利的多样性

C. 不受限制性　　D. 法律特性

E. 排他性

8. 关于商誉与商标的关系说法正确的有（　　）。

A. 商标是产品的标志，而商誉则是企业整体声誉的体现

B. 商标作为不可确指的无形资产，商誉则是可确指的无形资产

C. 商标可以转让其所有权，也可以转让其使用权。而商誉只有随企业行为的发生实现其转移或转让，没有所有权与使用权之分

D. 二者都是无形资产

E. 商誉和商标在许多方面是密切关联的，二者之间有时存在相互包含的因素

9. 专利资产自身特有的特征有（　　）。

A. 时间性　　B. 地域性　　C. 排他性　　D. 共享性

E. 保密性

10. 根据我国著作权法有关规定，（　　）不受著作权法的保护。

A. 口述作品　　B. 建筑作品　　C. 示意图　　D. 时事新闻

E. 通用表格和公式

11. 商誉的特征主要表现在（　　）。

A. 不能离开企业单独存在

B. 多项因素共同作用的结果

C. 企业长期积累的一项价值

D. 不是一项单独的能产生收益的无形资产

E. 可以脱离企业单独存在

12. 商标按不同的作用分类，可以分为（　　）。

A. 图形商标　　B. 商品商标　　C. 服务商标　　D. 集体商标

E. 证明商标

三、计算题

1. 某饮料生产企业拟购买某食品研究所的一项最新饮料添加剂专利技术，该专利的经济寿命为4年，经过预测分析表明，使用该添加剂专利技术后，该饮料生产企业的产品年销售量将提高30%，产品的销售价格将提高25%，生产及销售成本将节约10%。该企业目前的产品年销售量为300万吨，每吨的销售价格为3 500元，每吨的生产及销售成本为3 100元。所得税税率为25%，折现率为10%。试估算该专利技术的价值。

2. 甲公司被乙公司兼并，需要对甲公司自创的一项专利技术进行评估。据资料可知：该专利技术研发时发生原材料费10 000元，辅助材料费4 000元，燃料动力费1 100元，有关人员工资和津贴5 000元，专用设备费1 000元，差旅费500元，管理费1 200元，占用固定资产的折旧费3 500元，人员培训费和资料费等1 300元，专利申请费800元。该技术的创造性劳动倍加系数为3，科研平均风险率为6%，无形资产的贬值率为20%。据预测，该技术使用后，乙公司每年可新增利润90 000元。该专利技术剩余有效期限为5年。若分成率为20%，贴现率10%，求该专利技术的重置价值。

3. 宜家公司转让显像管新技术，购买方用于改造年产50万只显像管的生产线。经对无形资产边际贡献因素的分析，测算在其寿命期间各年度分别可带来追加利润为120万元、130万元、100万元、95万元，分别占当年利润总额的30%、25%、20%、20%。如折现率为8%，试评估该无形资产的利润分成率。

第八章

流动资产评估

本章教学目的与要求

通过本章的学习，学生应了解流动资产的分类及特点，熟练掌握流动资产评估步骤及方法。

本章教学重点与难点

实物类、债权类及货币类流动资产的评估。

参考课时

6课时。

教学方法与手段

课堂讲授。

第一节 流动资产评估概述

一、流动资产的概念及特点

（一）流动资产的概念及分类

流动资产是企业在生产经营活动中，可在一年或超过一年的一个营业周期内变现或耗用的资产。

在实际评估中，可对流动资产作如下分类：

1. 按照流动资产在企业生产经营活动中的形态和作用划分

（1）货币资金，包括库存现金、银行存款和其他货币资金。

（2）交易性金融资产，指企业为了近期内出售而持有的金融资产。通常情况包括以赚取差价为目的从二级市场购入的股票、债券和基金等。

（3）应收及预付款项，包括应收票据、应收账款、其他应收款、预付账款和预付费用等。

（4）存货，指企业在生产经营过程中为销售或者耗用而储备的资产，包括产成品、库存商品、在产品、自制半成品、原料及主要材料（包括各种外协件）、辅助材料、燃料、修理用备件、包装物和低值易耗品等。

根据存货在生产经营过程中所处的形态和用途的不同，可以把库存商品和原材料、燃料归为一类，它们均是直接为生产经营过程而进行的储备；把在产品、自制半成品和产成品归为一类，它们是企业生产过程之中占用的资产，正在实现或已经实现由劳动对象到劳动产品的转化；把包装物、低值易耗品可归为一类，它们具有跨越经营周期逐渐补偿和耗用的特点。

（5）其他流动资产，从评估角度是指评估基准日应摊销或应延期推销的费用。

2. 按照流动资产在资产评估中表现的不同形态划分

（1）货币类流动资产，指库存现金和各项存款等具有现金或现金等价物性质的流动资产。它表现为一定的货币金额，评估时无需考虑物价变动的影响和货币购买力变化的影响。

（2）债权类流动资产，包括各种应收预付款项、应收票据等具有债权性质的流动资产。它们没有一定的实物形态，且其价值又不能直接以账面价值反映。

（3）实物类流动资产，通常又称为存货资产，指企业在生产经营过程中为销售或者耗用而储备的具有实物形态的资产。在物价变动的情况下，其价值不固定，将随着物价水平的升降而变动。它包括产成品、库存商品、在产品、自制半成品、原料及主要材料（包括各种外协件）、辅助材料、燃料、修理用备件、包装物和低值易耗品等。

（二）流动资产的特点

与固定资产相比，流动资产在周转、变现及存在形态等方面有自己的特点。

1. 周转速度快

流动资产的主要特点就是流动性。除包装物和低值易耗品外，均只参加一次生产循环，其形态即发生改变，价值一次性地转移到产品中去，并最终通过销售得到补偿。所以，流动资产的循环周转速度较快，并且每周转一次就会给企业带来增值。

2. 变现能力强

与固定资产相比较，企业的流动资产是可以在一年或者超过一年的一个营业周期内变现或者耗用的资产，都具有较强的变现能力，它是企业对外支付和偿债能力的手段和物质基础。尤其是流动资产中的货币资金，它本身就是各种存款和现金，根本就不存在变现的问题。

3. 形态多样化

流动资产存在的形态多种多样，特别是其实物形态十分复杂。从行业来看，工业、交通、农业、商业、建筑等不同行业的企业中，流动资产的实物形态千差万别。即使在同一行业中，不同企业甚至于相同企业的不同部门流动资产的实物形态也差别较大。但从流动资产在企业生产经营过程中的地位和作用来看，流动资产总是存在于储备形态、生产形态、成品形态、货币资金形态及结算形态等之中。

4. 存量波动大

由于企业的流动资产一般要不断地经历购买和售卖的全过程，因此，它受市场商品供求变化和生产、消费的季节性影响较大。另外，还会受到外部经济环境、经济秩序等因素的制约，从而导致其占用总量、不同形态以及构成比例呈现出波动性。

5. 市场价格与原始成本一般差别不大

在供销渠道畅通，生产周期较短，生产经营正常的情况下，由于流动资产从购进到耗用这一期间较短，因而其原始成本与市场价格一般比较接近。

二、流动资产评估的特点

（一）流动资产评估是单项评估

流动资产评估是以单项资产为评估对象进行的价值评估，它不需要以其综合获利能力进行综合性价值评估。单项的流动资产仅是生产要素，一般不具有综合获利能力。

（二）要恰当确定流动资产评估基准日

流动资产评估要求评估基准日尽可能在会计期末，评估结论利用的时点应尽可能与评估基准日接近。流动资产与其他资产的显著不同在于其流动性和波动性，使资产的构成、数量以及价值总额总是处在高速的变动之中，加上流动资产一般都超过企业固定资产的净值，占经营性资产的比重很大，因此对评估时点的选择有较严格的要求，要求评估时尽可能与资产评估结论所利用的时间相一致。为了达到这一要求，在评估实务中的技术操作上，通常采取以下方式：

（1）选择评估价值利用或生效期相邻近的时点作为评估基准日，尽量保证两者相一致或基本一致。所以，通常将评估基准日选定在会计期末，在规定的时点进行资产清查，登记确定流动资产数量和账面价值。

（2）在资产业务生效期之前进行资产评估的，对于评估基准日以后的流动资产的增减变化作比较严格规范的记录、核算，在进行资产业务的实际操作时据以调整原评估价值。

（三）资产清查时必须要分清主次，掌握重点

由于流动资产一般具有数量大、种类多的特点，清查工作量大，所以流动资产评估要考虑评估的时间要求和评估成本。对流动资产评估往往需要根据不同企业的生产经营特点和流动资产分布情况，分清主次、重点和一般，选择不同的方法进行清查和评估，做到突出重点，兼顾一般。

（四）账面价值基本上可以反映其现值

流动资产一般来说具有周转快，变现能力强等特点，在价格水平相对比较稳定的情况下，流动资产账面价值基本上可以反映其现值，因此，在特定情况下，可以考虑以历史成本作为其评估值，同时评估流动资产时一般不考虑资产的功能性减值，其实体性减值计算一般只适用于低值易耗品以及呆滞、积压存货类流动资产的评估。流动资产评估无论采取什么样的方法，都必须考虑其市场变现问题，包括变现价格、变现风险和变现费用等，这也是流动资产评估区别于其会计核算的重要方面。

三、流动资产评估的程序

（一）确定评估对象和评估范围

进行评估前，首先要确定被评估对象和范围，这应依据资产业务所涉及的资产范围而定，只有纳入资产业务范围的资产才是评估对象。在确定评估对象和评估范围时应注意以下两点：

（1）划清流动资产与非流动资产的界限。应根据企业会计核算的特点，分清哪些是流动资产，哪些不是，以免与其他资产混淆，造成重复或遗漏。

（2）核实待评估流动资产的产权归属。应对待评估流动资产的产权进行核实，以免将

不属于被评估单位的资产纳入评估范围，如企业存放的外单位委托加工材料、代为保管的材料物资等，其产权均不属于被评估单位，不得将其纳入流动资产的评估范围。

对于流动资产的评估对象和范围，需在资产评估业务委托合同中详细载明。

（二）对被估资产进行抽查核实，验证基础资料

评估机构在接受委托后，应对委托方提供的被估资产清单所列的资产进行全面清查或抽查，核实清单所列资产是否与实际情况相符。

对需要评估的存货进行核实，主要核查各种存货的实存数量与清单所列数量是否一致。如果在全面清查或抽查中发现短缺或溢余，应对清单进行调整；如果清单所列数量严重失实，应要求委托方重新组织清查工作。

对需要评估的各类应收及预付款项进行核实，主要核实有无重复记录和漏记的问题。如有条件，还应采取信函等形式与债务人核对。

对需要评估的货币资金进行核实，主要是核实库存现金和各种存款的实有金额。应该注意的是，如果委托方有外币存款，则应按当时的国家外汇市场汇率折算成人民币金额。

（三）对实物形态的流动资产进行质量检测和技术鉴定

实物形态的流动资产不像固定资产一样会出现磨损，通常也不会大面积地出现技术性、功能性贬值，但是它也有损耗问题。这种损耗除反映在数量短少外，也反映在实体损耗和质量下降上。例如，木材因日晒和雨淋出现腐烂或裂口，钢材因氧化而生锈，食品、药品及化学试剂等因存放一定时间而降低效用，有的一过有效期就失去效用，等等。对实物形态的流动资产进行质量检测和技术鉴定，目的是了解这部分资产的质量状态，以便确定其是否尚有使用价值，并核对其技术情况和等级状态与被估资产清单的记录是否一致。这一程序是正确评估资产价值的重要基础。对各类存货进行技术质量检测，可由被评估企业的有关技术人员、管理人员和评估人员合作完成。

（四）对债权类和分期收款发出商品等流动资产的资信情况进行调查

对企业的债权、应收票据和分期收款发出商品的基本情况应进行调查分析。根据被评估企业与其债务人经济往来活动中的资信情况的调查了解和每一项债权的经济内容、发生时间的长短及未清理的原因等因素，综合分析确定这部分债权、票据的回收可能性、回收的时间、回收过程中的风险和回收费用，并调查大宗发出商品的情况。这项工作可以与核实债权和债务工作一并进行。

（五）选择合理的评估方法

评估方法的选择要考虑评估目的（资产业务性质）和不同种类流动资产的特点。对于实物类流动资产，可以采用成本法或市场法进行评估；对于货币类流动资产，出于货币资金本身就是价值尺度，不存在评估问题，只存在不同币种之间的折算问题；对于债权类流动资产，只适合按可变现净值确定评估值；对于其他流动资产，应分别不同的情况进行评估。对于与机器设备的价值运动具有相似特点的实物性流动资产，可参考机器设备的评估方法。

（六）评定估算，确定评估结论

经过上述评估程序后，即可按选定的方法对被评估流动资产进行评定估算，最后得出相应的评估结论。

四、流动资产评估中应注意的问题

在正确选择评估方法的前提下，按照流动资产自身的特点，对企业流动资产进行评估时还应注意以下问题。

（1）对原材料、辅助材料、配件、低值易耗品、家具用具等各类存货的评估，应以其质量状态为基础，充分考虑不同等级存货的市场价格水平，购进过程中支出的各种合理税费，存量大小，库存周期的长短，以及资产变现风险的大小进行评估计价。

（2）在供销渠道畅通、生产经营正常和市场物价变动不大的情况下，或流动资产数额较小且账面价值与现行市价相差不大的情况下，可在实物盘点核实后，以账面价值作为评估计价的依据。

（3）对实物形态的流动资产，如产成品、自制半成品等，如果质量差或长期积压，在评估时，要考虑其使用价值的变化，相应降低其价格。

（4）流动资产如由于保管问题或自然力原因发生有形损耗，需经过技术质量鉴定后再评估。

（5）对非实物性流动资产的评估，应按其可回收的变现价值和变现风险来评估作价。

第二节　实物类流动资产的评估

实物类流动资产包括各种材料、在产品、产成品、库存商品、低值易耗品及包装物等。实物类流动资产评估是流动资产评估的重点和难点。

一、材料的评估

（一）材料评估的内容

材料是企业生产加工的主要劳动对象，是生产经营中不可缺少的物质要素，是构成被评估企业流动资产的主要内容。材料资产主要包括：

（1）原料及主要材料，是指经过加工后构成产品实体的各种原料和材料，以及外部购入的半成品。

（2）辅助材料，是指直接用于生产，有助于产品形成或便于生产进行，但不构成产品主要实体的各种材料。

（3）燃料，是指在生产过程中用来燃烧发热或创造正常劳动条件而使用的各种材料。

（4）修理用备件，是指用于修理本企业机器设备和运输工具等需要的各种专用备件。

（5）低值易耗品，是指由于单位价值较低并且容易损耗等原因而不能算作固定资产的各种劳动资料。

（6）包装物，是指用于包装本企业产品，并准备随同产品一起出售，以及在销售过程中，借给或租赁给购货单位使用的各种包装材料和容器。

企业的材料按用途可分为两大类：库存材料和在用材料。在用材料在再生产过程中形成产成品、半成品，不再作为单独的材料存在。所以，材料评估主要是对库存材料的评估。按照现行会计准则规定，库存原材料包括以上（1）～（4）项。

（二）材料评估的步骤

库存材料的特点是品种多、数量大、性质各异，且计量单位、计价方式、购入时间和自然损耗各不相同。根据库存材料的特点，评估可按下列步骤进行：

（1）进行实物盘点。在进行材料价值的评估前，首先应对被评估的材料进行清查盘点，核对账册。如出现账实不符，应查明原因，以材料的实际数量作为评估的基础。

（2）对材料进行质量状况调查。主要是查明材料的质量情况，包括查明材料有无霉变、变质、毁损等情况，为评估提供材料的等级、质量等依据。

（3）根据不同的评估目的和待估资产的特点，选择适当的评估方法。从评估实践看，根据不同的经济行为，材料评估可以采用的标准有现行市价标准、重置成本标准、收益现值标准和清算价格标准，而在评估方法的应用上，则更多地是采用重置成本法、现行市价法和清算价格法。这是由于流动资产功效的高低取决于自身，而且是再生产过程中的“消费性”资产，所以，即使在发生投资行为的情况下，仍可采用重置成本法和现行市价法。

就这几种方法而言，如果在某种材料市场畅销、供求基本均衡的情况下，现行市价法和重置成本法可以替代使用，但如果不具备上述条件，则应分别使用。如以变现为目的的材料评估，应采用现行市价法；如以补偿为目的时，则应采用重置成本法，它们的差异性表现在是否适销和适销程度上，更多情况下两种方法趋同。当企业停业或破产清算时，则库存材料的评估应采用清算价格法。

（4）运用企业库存管理的 ABC 管理法，对库存材料进行科学分类。A 类资产品种少，占用资金多；B 类资产品种比 A 类多一些，占用资金比 A 类少一些；C 类资产品种繁多，占用资金少。然后根据一定的目的和要求，对材料排队，分清重点，着重对重点材料（A 类）进行评估，对其他材料可适当粗略一些，做到既能保证评估质量，又节约评估费用。

（三）材料评估的方法

1. 近期购进材料的评估——历史成本法

近期购进的材料，库存时间短，在市场价格变化不大的情况下，其账面值与现行市价基本接近。评估时，可采用历史成本法和现行市价法进行评估，但在评估实务中，为了提高评估效率，多采用历史成本法。此时，若企业会计资料健全，由于账面成本即反映了材料的历史成本，故可直接采用账面成本作为评估值。

【例 8－1】 某企业在评估基准日 1 个月前购进某金属 15 吨，单价 1.5 万元/吨，购入时每吨运杂费 200 元（不含税）。资产评估时，经核实鉴定，尚余库存 10 吨，且此种金属价格近期基本稳定。依上述资料，确定该金属材料的评估值。

分析：该材料属近期购进，与现行市价基本接近，可采用历史成本法进行评估。

材料评估值 $=10\times(15\ 000+200)=152\ 000$（元）

本例中的运杂费指外地运杂费，因其数额较大，评估时将其计入评估值，对于从市内购进，发生数额较小的运杂费，评估时可略去不计；但对于体积大、单位价值低的材料的市内运杂费，则应计入材料的评估值之中，因为这些单位材料分摊的相对运杂费较高。营改增后，与运杂费相关的增值税若能抵扣，不应计入材料的评估值。

2. 购进批次间隔时间长、价格变化大的材料评估——现行市价法

若企业库存材料各批次间隔时间较长，且材料价格随时间波动较大，应采用现行市价法进行评估，即以最接近市场价格的那批材料的价格或直接以市场价格作为评估值。

【例8-2】某企业现库存甲燃料500吨，该燃料分三批购进，第一批1 000吨燃料购进时间为2022年10月10日，购进单价150元/吨；第二批800吨为同年11月15日，购进单价200元/吨；第三批200吨为年底购进，购进时单价为125元/吨。以当年12月31日为评估基准日进行评估时，经核实尚存500吨在库。依上述材料，确定该燃料的评估值。

分析：由于各批次材料购进时价格波动较大，故采用现行市价法进行评估。因第三批材料于年底购进，与评估基准日接近，一般可以反映基准日当时的市场价格，故以此作为现行市价测算评估值。

材料的评估值 = 500 × 125 = 62 500（元）

应该注意的是，若最后一批材料的购进日与评估基准日之间材料价格又发生了重大变化，则不应以最后一批材料的购进价格作为评估基准日的现行市价，而应查询评估基准日的实际市价作为评估价格，或者采用价格指数法，以统一的评估时点为评估基准日，利用价格指数对不同批次的原材料物资的账面价值加以调整，计算公式为：

评估价值 = 账面价值 × 评估时价格指数/取得时价格指数 - 损耗

此外，材料分期购进，由于各企业采用的核算方法各不相同。如先进先出法、后进先出法、加权平均法等，其账面余额也不尽相同。但核算方法的差异不应影响评估结果，评估时的关键就是核查库存材料的实际数量，以及选准评估价格。

3. 购进时间较早，市场已经无货，没有准确市场现行价格的材料评估

对这种类型材料的评估，有三种方法可供选择：

（1）参照替代品的现行市价。这是通过寻找替代品的现行价格，修正材料进价的评估方法。其基本公式为：

材料评估值 = 库存数量 × 替代品现行市价 × 调整系数 - 减值因素

（2）根据同类商品的平均价格指数修正进价。这是用同类商品的平均价格指数修正材料进价的评估方法。其基本公式为：

材料评估值 = 库存数量 × 进价 × 同类商品价格指数 - 减值因素

（3）根据市场价格趋势修正进价。这是在市场供需分析的基础上，确定价格趋势，并以此修正材料进价的评估方法。其基本公式为：

材料评估值 = 库存数量 × 进价 × 市场供需升降指数 - 减值因素

【例8-3】某厂2022年6月购进甲材料200吨，单价3 000元/吨。由于当时该材料属于紧俏物资，价格较高，而且该种材料的供应有明显的季节性，2022年12月进行评估时，市场上已无大量的交易活动。经清查核实，此种材料的库存尚有20吨，因保管等原因造成的减值因素占材料原值的5%。

分析：评估时分别不同情况可选择不同评估方法估算。

（1）市场上另有一种乙材料与甲材料功能类似，可作为甲材料的替代品，乙材料的现行市价为2 500元/吨，根据历史数据可知，甲、乙材料的价格之比为1:0.8，则：

甲材料的评估值 = 20 × 2 500 × 1/0.8 - 3 000 × 20 × 5% = 59 500（元）

（2）按照同类商品的价格指数进行评估。据调查，同类商品的价格指数2022年6月为100%，2022年12月为105%，即甲材料的价格上升了5%左右，则：

甲材料的评估值 = 20 × 3 000 × 105%/100% - 3 000 × 20 × 5% = 60 000（元）

（3）通过分析市场供需趋势，甲材料价格目前基本稳定，但需求略有上升，将价格拉

动上升了5%左右，则：

甲材料的评估值 = 20 × 3 000 × 105% − 3 000 × 20 × 5% = 60 000（元）

4. 超储积压物资的评估

超储积压物资是指从企业库存材料物资中清理划出需要进行处理的那部分流动资产。这类物资长期积压，既占用流动资金，又需支付银行利息，有的还因积压时间过长，受自然力的作用被侵蚀，或因保管不善而造成使用价值下降。

对超储积压物资的评估，首先应对其进行质量鉴定，然后区分不同情况考虑。对于产权变动的企业资产评估，可采用清算价格法。对于继续生产经营，仍有可能使用的资产价值评估，一般不采用重置成本法或价格指数法。可在原账面历史成本的基础上，扣减相应的减值因素，进行适当调整得出评估值。其基本公式为：

超储积压物资的评估值 = 超储积压物资账面值 ×（1 − 调整系数）

【例8－4】 某企业在进行资产评估时，经核实，证明某些材料为超储积压物资：①化学试剂油1吨，账面单价为5 000元/吨，因企业季节性停产而长期积压，预计油桶泄露和部分变质造成的损耗已达50%。②橡胶管300米，单价为20元/米，因企业购买时未预见到此种橡胶管使用范围窄，耗用量极少，而一次性购入过多，造成长期积压，已有开始氧化的迹象，预计造成的损耗为35%。③电子元器件1 000个，账面单价为50元/个，因产品升级换代，此种材料已不再在产品中使用，属淘汰型号，确定减值率为60%。依据以上资料，计算这些材料的评估值。

分析：在账面价值基础上，扣减相应的减值，得到评估值。

超储材料的评估值 = 1 × 5 000 ×（1 − 50%）+ 300 × 20 ×（1 − 35%）+ 1 000 × 50 ×（1 − 60%）= 26 400（元）

5. 盘盈、盘亏或毁损材料的评估

（1）盘盈的材料。由于没有历史成本资料，因此采用重置成本法和现行市价法进行评估。

①若盘盈材料能取得同种材料的现行市价，以市价评估，数学表达式如下：

盘盈材料评估值 = 盘盈材料数量 × 该种材料现行市场单价 − 损耗

②若无法取得现行市价，则应以类似材料的交易价为参照进行评估，数学表达式如下：

盘盈材料评估值 = 盘盈材料数量 × 参照物材料的交易价 ×（1 ± 调整系数）− 损耗

【例8－5】 某厂在对库存材料进行评估时，盘盈甲种材料1 000千克，该种材料市场已经脱销，现有乙种材料可作为它的替代物，乙种材料的现行市价为50元/千克。根据比较鉴定，乙种材料的性能优于甲种材料，故引入减值系数10%，且因甲种材料存放时间较长，质量有所下降，损耗率为5%，计算盘盈甲材料的价值。

分析：以类似的乙材料的交易价为参照进行评估。

甲种材料的评估值 = 1 000 × 50 ×（1 − 10%）（1 − 5%）= 42 750（元）

（2）盘亏、毁损的材料。材料不存在评估问题，应直接从待估材料申报额中扣除。

6. 破产企业原材料的评估——清算价格法

当企业停业或破产清算时，根据拍卖其原材料的可变现价格确定其评估值。如果清算期限能满足正常变现的实现，清算价格与变现价格是等值的。如果某种原材料完全失去其原有使用价值，一般按废料变价处理，确定评价值，而破产企业有使用价值的库存材料，主要以资产拍卖的变现价格为依据。

原材料变现价格评估，首先需要通过市场售价比较，评估出资产的重估价值，然后，与交易双方协商，共同确定成交价格。一般情况下，成交价格要低于资产重估价格。

【例 8 -6】 某企业破产清算，其中一批库存材料通过市场售价分析比较，并考虑各项减值因素后计算出此库存材料的重估价值为 10 000 元，经有关部门和交易双方协商，以低于重估价值 5% 的价格进行交易。

分析：以市场价格乘以一定折扣率计算。

库存材料的拍卖价值 = 10 000 × (1 - 5%) = 9 500（元）

此外，企业转让时，对受让方不需要的原材料，要投放市场销售变现，还需要考虑变现费用和变现时间以及销售概率等因素。

【例 8 -7】 某企业转让一批库存甲材料，受让方不需要，将其投放市场变现。库存甲材料共 200 吨，半年内能够销售出去的概率为 40%，一年左右脱手的概率为 60%。现行市价为每吨 6 000 元，价格比较平稳，变现费用为售价的 10%。一般情况下，半年内脱手者可不折现，若一年左右变现的应按贷款利息率（假设为 10%）折现。由于实现销售有一定概率，需要按概率计算其期望值。

分析：

（1）半年内脱手，变现净值为：

$P_1 = 6\,000 \times 200 \times (1 - 10\%) = 1\,080\,000$（元）

（2）一年左右脱手，变现净值为：

$P_2 = 6\,000 \times 200 \times (1 - 10\%) \times (1 + 10\%)^{-1} = 981\,818.18$（元）

（3）考虑销售概率，变现净值的期望值之和（$P_1 \times 0.4 + P_2 \times 0.6$）即为甲材料的变现净值。即：

$P = 1\,080\,000 \times 0.4 + 981\,818.18 \times 0.6 = 1\,021\,090.91$（元）

二、低值易耗品和包装物的评估

低值易耗品和包装物是一类比较特殊的实物类流动资产，它们既不同于固定资产，也不同于原材料，有其自己的特点。

（一）低值易耗品的评估

1. 低值易耗品的界定

低值易耗品是指单位价值在规定限额以下或使用年限在一年以内，且能多次使用而基本保持其实物形态的劳动资料，如工具、管理用具、劳保用品和玻璃器皿等。

2. 低值易耗品的分类

低值易耗品种类很多，为了评估需要，可以对其进行分类，其分类方法是：

（1）按用途分类，可分为：一般工具、专用工具、替换设备、管理用具、劳动保护用品和其他。这种分类的目的在于，在低值易耗品评估过程中为了简化工作，可按大类进行评估。

（2）按使用情况进行分类，可分为：在库低值易耗品和在用低值易耗品。这种分类是考虑了低值易耗品的具体情况，对评估方法选用的影响较大。

3. 低值易耗品评估的特点

低值易耗品本来是企业中的劳动资料，可以多次使用而不改变原有的实物形态，在使用过程中需要进行维护、修理，报废时也有一定残值，这些都与固定资产相似。但由于相比而言，其单位价值低，容易损坏，故在会计核算中归入材料核算，并对领用低值易耗品实行分期摊销。同时，低值易耗品又是特殊的流动资产，它与典型的流动资产相比，具有周转时间长，不构成产品实体等特点。

由于低值易耗品的上述特点，它的评估就遇到了因会计准则原因而导致的账实不符的情况。按限期分次摊销法核算的低值易耗品，因摊销期通常核定在短期之内，而实际使用不受此限，常常出现账外资产；实行一次摊销的，则大多成为账外资产，即使部分过渡到待摊费用账户，也不能自然实现账实相符。由此可见，低值易耗品的账面成本与重量成本的差异很大。因此，在评估实践中应特别注意低值易耗品资产的清点造册，以防遗漏账外资产。并且，如果企业低值易耗品数额很大时，尽管它单件价值很低，总额却很大。特别是一些企业在提高固定资产的标准后，将更多的劳动资料归入低值易耗品，就更应该重视对这部分资产的评估。

4. 低值易耗品评估的方法

（1）在库低值易耗品的评估。在库低值易耗品的评估方法与库存材料的评估方法是相同的，可以根据不同情况分别采用历史成本法、重置成本法和现行市价法进行评估。

（2）在用低值易耗品的评估。在用低值易耗品的评估方法，类似于固定资产评估的评估方法，也可根据不同情况采用历史成本法、重置成本法或现行市价法进行评估。它与在库低值易耗品的区别在于已经发生了一定的损耗，不能按原值进行评估，只能按净值评估。基本公式如下：

$$在用低值易耗品的评估价值=全新低值易耗品成本价值\times成新率$$

这种方法的关键在于成新率的确定。由于低值易耗品的摊销方法大多不能反映其实际成新率，故成新率的确定并不能参照账面数据，可根据实际观测确定，也可用下式计算成新率：

$$成新率=\left(1-\frac{低值易耗品实际已使用时间}{低值易耗品可使用时间}\right)\times100\%$$

全新成本价值，对购进时间不长，价格变化不大的在用低值易耗品，可以用账面历史成本确定全新成本价值；对购进时间较早，或价格变化较大的在用低值易耗品，可以采用重量成本或现行市价加以确定。

【例 8-8】某企业于 2019 年 8 月购进 10 个保险柜，单价 800 元，同时划归各科室领用。2022 年 4 月，企业与外单位联营，需进行评估。经核实鉴定，这批保险柜的平均成新率为 90%，由于市场价格变动不大，采用原账面历史成本法确定其全新成本价值。计算这批保险柜的评估价值。

分析：在用低值易耗品按其净值评估。

保险柜评估值 $=800\times10\times0.9=7\ 200$（元）

（二）包装物的评估

包装物本来属于辅助材料，但由于它的使用和核算特殊，单列为评估对象来研究。评估中所指的包装物，与会计准则规定的口径一样，是为包装本企业产品而储备的各种包装容器，如桶、箱、瓶、坛、袋等。各种包装材料如作为固定资产或低值易耗品使用的包装物不在此列，不对外出租、出售、出借的包装物也不在此列，故包装物评估对象是专为本企业产品包装，并随商品出售而出租、出售、出借的各种包装容器。

包装物评估不同于材料评估，必须考虑其周转性。出租和出借包装物，在形式和实际上都是可以收回的，因而需要进行价值的摊销，就可能因摊销程序的原因引起账实不符，这种情况类似于低值易耗品。

但是，包装物与低值易耗品又不一样，因此形成包装物评估的最大特点：反映包装物本身价值的资产账户可能并不代表包装物的价值；而与它相关联的负债账户反倒或许是包装物价格的准确体现，也就是说，资产账户可能是空壳，而负债账户反倒反映真正的资产，这是资产评估中遇到的一种特例。这是因为包装物的领用在未报废或摊销完毕之前，是通过“出租包装物”或“出借包装物”科目来反映摊余价值的，但包装物已经对外出租或出借。为保证包装物的安全，对出租、出借均要收取包装物押金，金额通常高于其成本，并作为负债记入“其他应付款”科目。

因此，包装物的评估除采用类似固定资产或低值易耗品的评估方法外，重点是对由负债转化为资产部分的评估，即对包装物押金退还的可能性进行评估，确定哪些按实际在用的包装物估价，哪些按押金估价。评估的方法主要是根据经验数据分析测算各类出售、出租、出借的包装物的回收概率，回收率余数与押金之积，就是相应的包装物的价值。

【例 8 - 9】 某厂产权转让，现有 80 万元包装物，其中库存未用包装物 10 万元，库存已用包装物 20 万元，出租、出借包装物 50 万元。全新包装物重置成本上涨了 12%，已用包装物成新率为 70%，出租、出借包装物根据经验分析一般只能回收 40%，贬值率为 10%，假设原预收包装物押金是按摊余价值的 1.2 倍收取的，计算其评估价值。

分析：

（1）库存未用包装物的评估值：$10 \times (1 + 12\%) = 11.2$（万元）

（2）库存已用包装物的评估值：$20 \times (1 + 12\%) \times 70\% = 15.68$（万元）

（3）出租、出借包装物的评估值：

①能回收部分：$50 \times 40\% \times (1 - 10\%) = 18$（万元）

②不能回收部分：$50 \times 60\% \times 1.2 = 36$（万元）

因此，该厂包装物的评估值总额为：$11.2 + 15.68 + 18 + 36 = 80.88$（万元）

三、在产品的评估

（一）在产品的界定

在产品是指原材料投入生产后，尚未最后完工的产品。广义的在产品指从原材料投入到产成品完工入库期间的一切产品，它包括各生产阶段正在加工或装配的产品，以及已完成一道或几道生产工序，还未完成整个生产过程，等待加工或装配的库存半成品。狭义的在产品不包括自制半成品。外购半成品（即外协件）视同材料评估，对外销售的半成品视同产成品评估。

（二）在产品评估的特点

（1）在产品的数量不易清查核实；

（2）在产品由于尚未加工或装配完成，需要估计完工程度。

（三）在产品评估的方法

1. 重置成本法

由于企业的半成品一般并不对外销售，它的价值主要体现在企业内部，因此主要采用重置成本法对其进行评估，即根据技术鉴定和质量检测的结果，按评估时的相关市场价格及费用水平重置同类同等级在产品所需投入的合理的料、工、费计算评估值。具体的计算方法主要有以下几种：

（1）按价格变动系数调整原成本。这种方法主要适用于对生产经营正常、会计核算水平较高的企业的在产品、自制半成品的评估。可参照实际发生的原始成本和备料到评估日止市场价格变动情况，调整成重置成本。具体步骤如下：

①对被评估的在产品进行技术鉴定和质量检测，将不合理的产品成本从总成本中剔除，对在产品按不同级别进行分类。

②分析账面成本和市场变化情况，将非正常的不合理成本从总成本中剔除。

③测算出投入材料从其生产准备开始到评估基准日止市场价格变动情况，并测算出相应的价格变动系数。

④检查从开始生产日到评估基准日期间，账面成本中有无大的工资、燃料及动力等购进价格上涨事宜，并测算出调整系数。

⑤根据技术鉴定和等级分类结果、原账面成本分析和价格变动系数，调整账面成本，确定评估值。

计算公式如下：

某项或某类在产品、自制半成品评估值 = 原合理材料成本 ×（1 + 价格变动系数）+ 原合理人工成本 ×（1 + 人工成本变动系数）+ 原合理制造费用 ×（1 + 合理制造费用变动系数）

【例 8 - 10】 某企业准备继续生产已入库的某系列在产品，具体资料如下：

（1）至评估基准日止该系列在产品账面累计总成本为 250 万元，该系列中有一种在产品 150 件报废，账面单位成本为 100 元/件，估计可回收的废料价值为 1 500 元。

（2）该系列在产品的材料成本占总成本的 60%，所有材料为有色金属材料。按其生产准备开始到评估基准日止为半年时间，据市场价格看，同类材料在半年内价格上涨 10%。

（3）费用分析表明，本期在产品的单位产品费用偏高，主要系前期漏转费用 6 万元计入本期成本，其他费用在半年内未变化。

试用价格变动系数调整原成本法对该系列在产品进行评估。

分析：

该系列在产品总成本 = 250 万元

减：废品成本 = 0.01 × 150 = 1.5（万元）

减：前期漏转成本 = 6 万元

加：材料涨价增加的成本 =（250 - 1.5）× 60% × 10% = 14.91（万元）

加：废品残值 = 0.15 万元

评估值 = 250 - 1.5 - 6 + 14.91 + 0.15 = 257.56（万元）

在评估操作中，也许由于原始成本不实或者由于材料价格上涨，也可能由于市场原材料价格变化，致使评估结论高于其应占销售价格的比例。如果按评估结果调整账面值，那么，被评估资产的一部分价值在交换中便无法实现，产品销售定将出现亏损。在这种情况下，评估人员不可硬性调低评估值，而应分析产品价格是否会随着材料价格的调整而调整。如果产品价格有上调的可能，就没有必要再调低评估值。所以，初评结论还有必要根据变现的可能性进行修正。

（2）按社会平均工艺定额和现行市价计算评估值。这种方法是按重置同类资产的社会平均成本确定被评估资产的价值。采用这一方法要求委托方提供较齐全的资料：

①被评估在产品的完工程度；

②被评估在产品有关工序的工艺定额；

③被评估在产品耗用原材料的近期市场购买价格；

④被评估在产品的合理工时费率（指在正常生产经营条件下生产的工时费率）。

计算评估值的基本公式为：

某种在产品评估值 =（该工序单件材料工艺定额 × 在产品实有数量 × 单位材料现行市价 + 该工序单件工时定额 × 在产品实有数量 × 正常小时工资费用）×（1 ± 调整系数）

其中：

工艺定额是指生产加工过程中应达到的原材料正常消耗的数量标准。如果有行业的平均物料消耗标准，可按行业的标准计算，没有行业统一标准的可按企业现行的工艺定额计算。

调整系数是指市场前景透明度差，预计市场供求情况在未来会发生变化，而被估在产品又不能在短期内投放市场，因而被估在产品有潜在变现风险，所以需要设置调整系数。没有变现风险的可以不用此系数，调整系数的大小应依据产品生产周期，供求关系与变现风险有关的因素来确定。

【例 8 – 11】 某工厂某产品的在产品经核实为 50 件，每件钢材消耗定额 400 千克，每千克平均单价 3 元，在产品累计单位工时定额 100 小时，工资及其他薪酬每小时 2 元，其他费用每小时定额 4 元（假设此种产品不存在变现风险）。根据以上资料评估该产品的在产品的定额成本。

分析：

原材料成本 = 50 × 400 × 3 = 60 000（元）

工资及其他薪酬 = 100 × 2 × 50 = 10 000（元）

其他费用 = 50 × 100 × 4 = 20 000（元）

该产品的在产品的评估价值 = 60 000 + 10 000 + 20 000 = 90 000（元）

（3）按在产品的完工程度计算评估值——约当产量法。在产品的最终结果是产成品，这种方法是将清查核实后的在产品数量，按照完工程度调整为约当产量，然后，在计算产成品重置成本的基础上，按在产品的完工程度计真其评估值。计算公式为：

在产品评估值 = 产成品重置成本 × 在产品约当产量（或完工率）

在产品的约当产量的确定方法在会计中已有详细的介绍，此处不再赘述。值得注意的是，在产品的投料方式，若在产品的材料是在生产过程的开始时一次性投入，那么，材料成本应按照在产品的实际数量而不是约当产量进行计算。

【例 8 – 12】 某企业评估时，有某在产品 20 件。该在产品的材料已投入 50%，完工程度为 25%，该产品的单位定额成本资料为：材料定额 4 000 元，工资定额 1 000 元，制造费用定额 1 400 元。计算该在产品的评估值。

分析：

在产品材料的约当产量 = 20 × 50% = 10（件）

在产品工资和制造费用的约当产量 = 20 × 25% = 5（件）

在产品的评估值 = 10 × 4 000 + 5 ×（1 000 + 1 400）= 52 000（元）

2. 现行市价法

即按同类在产品和半成品的市价，扣除销售过程中预计发生的费用后计算评估价。这种方法适用于因产品停产，在产品和自制半成品只能按评估时的状态向市场出售的情况下进行的评估。一般情况下，被估资产通用性好，能够用于维修，评估价格可按市场现行销售价格确定。而对不继续生产，又无法通过市场调剂出去的专用配件和需报废的在产品，只能按废料回收价格进行评估。基本公式如下：

某在产品评估值 = 该种在产品实有数量 × 可销售的单位市场价格 − 预计在销售过程中发生的税费

如果在调剂过程中有一定的变现风险，则还要考虑设立风险调整系数，计算可变现的评估值。

报废的在产品评估值 = 可回收废料的重量 × 单位重量现行的回收价格

【例 8 − 13】 某企业因产品技术落后而全面停产准备并入另一家企业，现就这家企业的在产品进行评估，其中在产品的账面成本为 250 万元。

分析：按在产品状况及通用性的好坏分为三类：

第一类，已从仓库中领出但尚未进行加工的原材料，可按实有数量、技术鉴定情况、现行市场价格计算评估值，计算结果为 90 万元。

第二类，已加工成部件、可通过市场调剂、流动性较好的在产品，可根据市场可销售价格、调剂过程中的税费、调剂的风险确定评估值。本例中在半年内能直接销售的在产品有 78 万元，预计销售费用 2 万元。

第三类，加工过程中无法调剂出去，又不能继续加工，只能报废处理的在产品，分别按报废的在产品名称、实有数量、可回收废料数量、单位回收价格计算总回收价格为 42 万元。

在产品的评估结果为：90 + (78 − 2) + 42 = 208（万元）

四、产成品和库存商品的评估

产成品是指企业加工生产并已完成全部生产过程，可以对外销售的制成品。库存商品是指企业为销售而购入的物品。可以销售或准备销售的半成品，可以视同产成品看待。

（一）评估特点

对于产成品、库存商品，尽管所处生产过程不同，使用目的不同，但仍具有一定的共性：其一，都具备完整的实物形态；其二，都具备完整的价格形态。一般以其完全成本为基础，根据其变现的可能性和市场接受的价格，即产品市场销售情况的好坏，决定是否加上适当的利润或是要以低于成本的价格进行评估。

（二）评估方法

1. 重置成本法

此种方法主要适用于企业承包、租赁、联营等资产业务中不发生资产所有权变动的情况以及生产周期超过一年，而且在一年里生产资料价格和劳动力价格均发生了较大变化的企业产成品的评估。至于生产加工周期不到一年的企业，其产品的重置价可以实际发生成本为依据，考虑物价变动等重大因素调整而得，无需进行每项产品成本的重新计算。其基本公式为：

产成品评估值 = 产成品实有数量 ×（合理材料定额 × 材料现行单位价格 + 合理工时定

额×合理单位小时工资费用+合理其他费用定额）

或：

产成品评估值=产成品实际成本×（材料成本比例×材料调整系数+工资费用成本比例×工资费用综合调整系数+其他费用比例×其他费用调整系数）

其中，产成品的实际成本是指经审核后扣减不合理、非必要耗费后的成本。

2. 现行市价法

此方法适用于涉及所有权变动的资产交易（一般的产成品资产评估也大多采用此种方法）。它的主要思路是以不含价外税的可接受的市场价格为基础，扣除相关费用后，计算被评估企业产成品的评估值。其中，工业企业的产品一般以卖出价为依据，商业企业一般以买进价为依据。在使用现行市价法评估产成品时，需特别注意以下几点：

（1）选择市场价格时应注意的因素：

①产成品及库存商品的使用价值，即根据对产品本身的技术水平和内在质量的技术鉴定结果，确定产品是否具有使用价值以及产成品的实际等级，以便选择合理的市场价格。

②分析市场供求关系和被评估产成品的市场前景。

③所选择的价格应该是在公开市场上所形成的近期交易价格，非正常交易价格不能作为评估的依据。

④若产成品外表存在不同程度的残缺，可根据其损坏程度，通过调整系数予以调整。

（2）正确处理现行市价中待实现的利润和税金：

一般来说，企业产品不含税出厂销售价格由制造成本、管理费用、财务费用、销售费用、税金及附加、所得税费用和税后利润组成。其中，制造成本、管理费用、销售费用、财务费用之和构成企业产成品的完全成本。评估人员在进行评定估算时，应结合企业销售人员产成品的销售情况进行分类，分别不同类型进行评估。

产成品的价值只有通过市场销售才能实现，因此在评估操作时，对未实现的所得税和税后利润应遵循的原则是：

①对十分畅销的产品，在扣除销售费用、税金及附加和所得税后将产品完全成本加税后利润作为评估值。公式如下：

十分畅销的产成品评估值=核实后实有数×不含税的出厂销售价-（销售费用+税金及附加+所得税）

②对正常销售的产品，在扣除销售费用、税金及附加、所得税和适当税后利润后，将完全成本和一定税后利润作为评估值。公式如下：

正常销售的产成品评估值=核实后实有数×不含税的出厂销售价-（销售费用+税金及附加+所得税+适当税后利润）

③对勉强能够销售的产品，在扣除销售费用、税金及附加、所得税和税后利润后，只保留完全成本作为评估值。公式如下：

勉强能销售的产成品评估值=核实后实有数×不含税的出厂销售价-（销售费用+税金及附加+所得税+税后利润）

④对滞销、积压、降价销售的产品，应将完全成本进行一定比例的打折后作为评估值。公式如下：

滞销、积压、降价销售的产成品评估值=核实后实有数×不含税的出厂销售价×（1-折

扣率）

【例 8-14】 某厂的产成品随工厂转让，共有 A、B、C、D 四个系列的产品，A 系列十分畅销，库存共 100 件，出厂价（含增值税）113 元/件；B 系列正常销售，库存共 500 件，出厂价（含增值税）226 元/件；C 系列勉强能够销售，库存共 100 件，出厂价（含增值税）339 元/件；D 系列属积压产品，库存共 200 件，出厂价（含增值税）226 元/件。

假设所有产品的销售费用率均为 2%，税金及附加占销售收入的比例为 1%，利润率为 15%。计算该厂产成品的评估值。

分析：

A 产品畅销：

A 产品评估值 = 100 × (113/1.13) × (1 − 2% − 1% − 15% × 25%) = 9 325（元）

B 产品正常销售，假设只保留 60% 的税后利润：

B 产品评估值 = 500 × (226/1.13) × (1 − 2% − 1% − 15% × 25% − 15% × 75% × 40%)
= 88 750（元）

C 产品勉强能够销售：

C 产品评估值 = 100 × (339/1.13) × (1 − 2% − 1% − 15%) = 24 600（元）

D 产品积压，预计折扣率为 70%：

D 产品评估值 = 200 × (226/1.13) × (1 − 70%) = 12 000（元）

故该厂全部产成品的评估值 = 9 325 + 88 750 + 24 600 + 12 000 = 134 675（元）

第三节　债权类流动资产的评估

债权类流动资产包括应收账款、预付账款、应收票据及其他费用等；货币类流动资产包括现金和各项存款。

一、应收账款和预付账款的评估

（一）评估步骤

企业的应收账款和预付账款主要指企业在经营过程中赊销产品所形成的尚未收回的款项以及企业按合同规定预付给供货单位的货款等。它们没有物质实体的存在，而是以货币形式表现的债权性流动资产。无论是否约定偿还期，到期偿还的债务额都是由事前约定的。它的这一经济特点决定了评估的特点，即不再需要评估债权是多少。但是，由于它既非现金，又非实际可用于企业生产经营的资产，只有收回后才能作为实际的资产，在等待的这一段时间后，其价值就有可能会有不同，并且它的回收还具有不确定性，因此，对应收账款和预付账款的评估可从以下几方面进行（下面主要说明应收账款评估，预付账款评估可参照进行）：

1. 清查核实应收账款的账面值

（1）核对总账、明细账是否相符，资产负债表中的应收账款与总账“应收账款”科目中的余额是否相符，并且查实应收账款明细账中负债人的姓名、地址，若姓名、地址不详的，或列“其他”字样的，都必须查清。

（2）查清姓名、地址后，由评估机构协同委托人向负债人逐笔发出询证函，要求负债人对询证函中所列欠款的真实性鉴证回答，并查明各笔欠款的发生时间。

（3）根据询证函返回的信息作第二次复查，并在此基础上作出应收账款可靠性的基本估计。

2. 确认已确定的坏账损失

已确定的坏账损失是指评估时债务人已经死亡或破产倒闭而确实无法收回的应收账款。对于确定的坏账损失，应严格按照经济合同法的相关条款进行。

3. 确定预计坏账损失

对应收账款回收的可能性进行判断，可根据企业与债务人的业务往来和债务人的信用情况，将应收账款分为：

（1）业务往来较多，对方结算信用度较高，这类应收账款基本上都能如期收回；

（2）业务往来少，结算信用度一般，这类应收账款收回的可能性大，但收回时间难以确定；

（3）一次性业务往来，信用情况不清楚，这类应收账款可能收回一部分；

（4）长期拖欠或对方单位已经撤销，这类应收账款，可能无法收回，应作坏账处理。

以上的分类方法既对应收账款坏账损失的可能性作了判断，同时也为定量分析坏账损失作了准备。

（二）坏账损失确定的方法

1. 应收账款余额百分比法

这是根据被评估企业前若干年（一般为3～5年）的实际坏账损失额与其应收账款发生额的比例确定。计算公式为：

$$坏账百分比=\frac{评估前若干年发生坏账数额合计数}{评估前若干年应收账款余额总计数}\times 100\%$$

也可以按国家规定的坏账比率确定坏账百分比。

预计坏账金额＝评估时应收项目余额×坏账百分比

但是，如果企业应收账目多年未做清理，没有处理坏账损失的账面资料，则无法采用此种方法。

【例8－15】对某企业进行资产评估，经核实，截至评估基准日，应收账款余额为300万元。前5年应收账款余额合计为1 000万元，发生坏账损失合计数为50万元，计算应收账款的评估值。

分析：应用坏账百分比法估算坏账损失。

坏账百分比＝50/1 000×100%＝5%

预计坏账金额＝300×5%＝15（万元）

应收账款评估值＝300－15＝285（万元）

2. 账龄分析法

这是根据应收账款入账时间的长短来估计坏账损失的一种方法。一般来说，款项被拖的时间越长，收回的可能性就越小，发生坏账的可能性就越大。这种方法主要是将应收账款按账龄分类，对各类账款估计收回的可能性（主要依赖评估人员的经验判断），从而估算坏账损失的具体金额。

【例8－16】某企业评估基准日应收账款总额为100万元，已提取坏账准备5万元。该企业应收账款按账龄分析如表 8－1 所示。

表 8－1　　**应收账款账龄分析表**　　单位：万元

项目	金额	估计坏账损失率（%）	估计坏账损失金额
未到期	50	0.5	0.25
过期 6 个月	20	2	0.4
过期 1 年	15	10	1.5
过期 2 年	10	60	6
过期 3 年以上	5	100	5
合计	100	—	13.15

分析：

坏账损失率 = 13.15/100 × 100% = 13.15%

应收账款评估值 = 100 ×（1 － 13.15%）+ 5 = 91.85（万元）

二、应收票据的评估

（一）票据的种类

票据是具有一定格式的书面债据，一般是指由出票人签发，无条件约定自己或指定他人在规定的期限内向持票人或收款人支付一定金额的书面证明。票据有记名的，也有不记名的；有带息的，也有不带息的；有由出票人支付的本票、银行本票或期票，也有由出票人通知另一方支付的本票或汇票；有见票即付的即期票据，也有按票面载明日期付款的远期票据。

应收票据是指企业持有尚未兑现的各种票据，主要包括：

（1）顾客交来的自己签发的本票；

（2）顾客交来的由他人签发的经背书的本票和汇票；

（3）企业自身签发的，经付款人承兑的汇票。

（二）评估方法

票据有带息和不带息之分，对不带息的票据，其评估值即是票面金额；对于带息票据，应收票据的评估值应由本金和利息两部分构成，本金是指出票人承诺的债务金额，利息则为债务到期时所应支付的资金使用成本。应收票据评估主要采用以下两种方法：

1. 本金加利息法

这种方法评估值即为票据的到期值。用公式表示如下：

应收票据评估值 = 本金 ×（1 + 利息率 × 时间）

公式中的时间是指从票据签发日至评估基准日之间的这段时间。

【例 8－17】 某企业持有一张为期一年的应收票据，本金为 100 万元，利息率为 12%，评估基准日离付款日还差三个月时间，估测票据评估值。

分析：采用本金加利息法确定应收票据价值。

应收票据评估值 = 100 ×（1 + 12% × 9/12）= 109（万元）

2. 贴现法

这种方法是对企业拥有的尚未到期的票据，按评估基准日从银行可以获得的贴现值计算确定评估值，是一种较为保守的估算方法。可按无息和有息票据分别计算：

（1）未到期无息票据的评估。计算公式为：

应收票据评估值 = 到期价值 − 贴现息

贴现息 = 到期价值 × 贴现率 × 贴现期

贴现期 = 到期天数 − 持票天数

【例 8 − 18】 某企业出售产品取得不带息票据一张，票面金额 50 万元，期限 3 个月，至评估基准日止已持有 1 个月，评估基准日的贴现率为 6%。

分析：

贴现期为 2（3 − 1）个月

到期价值为 50 万元

贴现息 = 50 × 6% × 2/12 = 0.5（万元）

票据评估值 = 50 − 0.5 = 49.5（万元）

（2）未到期有息票据贴现的评估。未到期有息票据贴现与无息票据原理基本相同，两者差异就在于有息票据的到期值还应加上利息收入。

承上例，假如应收票据载明票面利率 8%，则应收票据的评估值为：

贴现期为 2（3 − 1）个月

到期价值 = 50 ×（1 + 8% × 3/12）= 51（万元）

贴现息 = 51 × 6% × 2/12 = 0.51（万元）

票据评估值 = 51 − 0.51 = 50.49（万元）

如果被评估的应收票据在约定的时间未能收回，应比照应收账款的评估方法，在调查分析的基础上，确定坏账损失。

第四节　货币类及其他流动资产的评估

一、货币类流动资产的评估

货币性资产包括货币资金和短期内准备变现的交易性金融资产等。

（一）货币资金

企业中的货币资金包括库存现金、银行存款和其他货币资金。货币资金本身就是价值尺度，只存在不同币种的折算、不同货币资金形态的转换问题，通常不存在评估问题。货币资金的评估一般根据核实调整后的账面价值进行。具体来说：

（1）对现金进行盘点，倒推出评估基准日的实际库存数作为评估值。

（2）查阅银行存款对账单、银行存款余额调节表，按核实调整后的账面值作为银行存款的评估值。评估人员对存款有疑问的，应向银行发询证函取证。特别应注意多头开户企业的银行存款。

（3）外币存款。应将外币存款核实数按评估基准日的国家外汇牌价折算成人民币值。

（二）交易性金融资产的评估

企业持有交易性金融资产的目的是利用正常营运中暂时闲置的货币资金，购入一些不是本身业务需要但能随时变现的有价证券，这样既能保证企业现金支付的需要，又可获得一定的收益。

由于企业的交易性金融资产大多为在证券市场上公开交易的有价证券，如上市的股票、债券、基金等，因此交易性金融资产评估实际上是对企业拥有的上市有价证券的评估。上市有价证券需单独评估的资产业务是没有的，因为上市有价证券有市场价格，不需要评估来确定价格。如果有价证券需转让，可在证券交易所进行，不需要评估为交易双方提供作价的依据，如果是其他资产业务涉及上市有价证券的价格，由于市场价格已有反映，也不需要评估来确定价格。上市有价证券需要评估的情形，只出现在对企业价值评估采用资产基础法的情况下，此时也只不过是以核实后有价证券的数量乘以评估基准日的收盘价来确定评估值，然后再汇总到企业资产评估价值总额中。

二、预付费用的评估

所谓预付费用，是指按照结算制度或合同规定，对尚未提供的商品或劳务所预先支付的款项，即本期资金的逾额支出，在评估日之后才能产生效益。如预付的报刊杂志费、预付保险金、预付租金等。因此，可将这类预付费用看作未来取得服务的权利。

预付费用的评估主要依据其未来可产生效益的时间。如果预付费用的效益已在评估日前全部体现，只因发生数额过大而采用分期摊销的办法，那么，这种预付费用就不应在评估中作价。只有那些在评估日之后仍将发挥作用的预付费用，才是评估的真正对象。

【例 8 – 19】 某企业评估基准日为 2022 年 12 月 31 日，账面预付账款余额223 000元。其中，2022 年 1 月 31 日预付未来一年的保险金 132 000 元，已摊销121 000元，余 11 000 元；2022 年 7 月 1 日预付未来一年的房租 180 000 元，已摊销 90 000 元，余 90 000 元，以前年度应摊销但因成本高而未摊销，结转的预付费用 122 000 元。估算预付账款的评估价值。

分析：

（1）预付保险金评估：

按照保险金全年支付数额计算每月应分摊数额为 132 000/12 = 11 000（元）

待摊保险金评估值 = 132 000 − 11 × 11 000 = 11 000（元）

（2）预付房租摊销评估：按照预付一年房租 180 000 元，每月应摊销 15 000 元，2022 年 7 ~ 12 月应摊销 15 000 × 6 = 90 000（元）

待摊预付房租评估值 = 180 000 − 90 000 = 90 000（元）

（3）以前年度结转费用的评估：这部分预付费用是应摊销而未摊销的部分，应按实际情况注销，不应评估，因此评估值为零。

待摊费用的评估结果为：11 000 + 90 000 + 0 = 101 000（元）

课程思政要点

阅读邓小平赠送美国纽约证券交易所董事长凡尔霖“新中国第一股”上海飞乐音响股票的故事，提升学生民族自尊心和自豪感，牢固树立“四个自信”；分析新《证券法》颁布实施和注册制改革对证券市场的影响，引导学生把握时代前沿，坚定“四个自信”；收集抗疫特别国债的相关资料，分析我国抗疫创举，引导学生正确认识我国的金融市场不是投机家的游乐园，而是真正服务于实体经济的发动机。

本章练习

一、单项选择题

1. 下列不属于流动资产的是（　　）。

A. 库存现金　　B. 应收账款

C. 存货　　D. 专利技术

2. 一般来说，应收账款评估后，“坏账准备”科目的金额为（　　）。

A. 评估确定的坏账准备的金额　　B. 无法确定

C. 零　　D. 原计提的金额

3. 某企业拥有一张 6 个月的商业汇票，本金 100 万元，月息 10‰，截至评估基准日离付款期尚差 3 个月，由此确定的应收票据的评估值为（　　）万元。

A. 100　　B. 130　　C. 103　　D. 106

4. 评估人员对某企业的库存甲材料进行评估，被评估甲材料共分三批购入。第一批购入 100 吨，材料价款共计 320 000 元，运输费用 1 500 元；第二批购入 100 吨，材料价款共计 350 000 元，运输费用 2 000 元；第三批于评估基准日当天购入，数量为 150 吨，材料价款 500 000 元，运输费用 2 000 元。经清查，评估基准日企业库存甲材料 200 吨且保存完好，则该企业甲材料的评估值最接近于（　　）元。

A. 677 219　　B. 684 400　　C. 669 300　　D. 691 340

5. 评估外币存款，应按照（　　）汇率将外币存款折算成等值人民币。

A. 评估基准日　　B. 评估现场工作日

C. 当年平均　　D. 当月平均

6. 某低值易耗品，原价 800 元，预计使用 10 个月，现在已经使用了 6 个月，该低值易耗品的现行市价为 1 400 元，则确定的低值易耗品的评估值为（　　）元。

A. 500　　B. 1 000　　C. 560　　D. 800

7. 被评估对象为甲成品，共计 5 000 件，账面值为 100 000 元。根据会计资料，在甲成品账面值中原材料成本占 75%，人工费用及其他费用占 25%。已知在评估基准日原材料价格比甲成品入账时上升了 6%，人工及其他费用比入账时平均上升了 1%，全部甲成品保存完好，若不考虑其他因素，则甲成品的评估值最接近于(　　)元。

A. 103 100　　B. 103 600　　C. 104 750　　D. 106 000

8. 对于勉强能销售出去的产品，应当根据（　　）确定其评估值。

A. 出厂销售价格减去销售费用和全部税金

B. 出厂销售价格减去销售费用、全部税金和适当数额的税后净利润

C. 出厂销售价格减去销售费用、全部税金和税后净利润

D. 可收回净收益

9. 对 A 企业进行资产评估，经核查，该企业产成品的实有数量为 5 000 件，根据分析，

产成品合理材料工艺定额为 300 千克/件，合理工时定额为 30 小时，评估时，产成品的材料价格下跌，由原来的 50 元/千克下跌到 40 元/千克，单位小时合理工时工资、费用不变，仍为 20 元/小时，根据资料确定的企业的产成品的评估值为（　　）元。

A. 50 000 000　　B. 63 000 000　　C. 42 000 000　　D. 78 000 000

10. 关于流动资产的评估，下列说法错误的是（　　）。

A. 对流动资产的评估主要是单项资产评估，一般不考虑综合性价值评估

B. 评估流动资产的时候一般不考虑其功能性贬值因素和实体性贬值因素

C. 在评估库存材料的过程中，如果存在盘盈、盘亏的情况，评估时要以是否存在实物形态为原则进行评估，并选择合适的评估方法

D. 对于十分畅销的产品要根据其出厂销售价格减去销售费用和全部税金确定评估值

11. 货币资产的评估价值实际上是货币资产的（　　）。

A. 市场价格

B. 现行价格

C. 清算价格

D. 核实对账后的账面价值，但是对于外币需要按照评估基准日的汇率折算为人民币

12. 甲公司委托评估的应收款项账面原值 8 000 元，坏账准备 800 元，净值 7 200 元。评估时确定其回收风险损失率为 20%，审计机构确定的坏账准备为 1 000 元，该应收款项的评估值接近于（　　）元。

A. 5 760　　B. 5 600　　C. 6 400　　D. 4 500

13. 某企业向外出售一批材料，价款 800 万元，采用商业汇票结算，于 5 月 1 日开出汇票，并经购货方承兑，汇票的到期日期为 10 月 1 日。现在对企业进行评估，评估基准日为 7 月 1 日，由此确定贴现日期为 90 天，贴现率按月息 10‰。则确定的应收票据的评估值为（　　）万元。

A. 700　　B. 550　　C. 776　　D. 866

14. 某企业前三年发生的坏账损失分别为 120 万元、110 万元、120 万元；前三年的应收账款余额分别为 2 000 万元、2 200 万元、2 200 万元。则该企业的坏账比例为（　　）。

A. 5.00%　　B. 5.38%　　C. 5.47%　　D. 5.25%

15. 对于材料的评估，下列说法错误的是（　　）。

A. 企业的材料主要分为在库材料和在用材料，材料的评估主要是对库存材料进行评估

B. 材料的评估主要采用成本法和市场法

C. 对于近期购进的材料，可以采用成本法或者市场法来进行评估

D. 对于购进批次间隔时间较长，价格变化较大的库存材料，一般采用成本法评估

16. 被评估的某材料系最近购入，当时共购入 500 件，单价 600 元，共发生运杂费等 8 000元，经盘点，该材料尚余 100 件，则该批材料的评估值为（　　）元。

A. 68 000　　B. 124 000　　C. 308 000　　D. 61 600

17. 企业年初预付全年房租 9 200 元，当年 5 月 1 日进行评估时账面金额为6 500元，该预付费用最可能评估值约为（　　）元。

A. 6 133　　B. 6 500　　C. 4 800　　D. 2 700

18. 某企业 1 月初预付 8 个月的房屋租金 100 万元，当年 4 月 1 日对该企业进行评估，

则该预付费用的评估值为（　　）万元。

A. 50　　B. 100　　C. 62.5　　D. 75

19. 确定可能发生的坏账损失的时候，将企业的应收账款按账龄的长短分成不同的组别，按不同组别估计坏账损失的可能性，进而估算坏账损失的金额，这种方法称为（　　）。

A. 坏账损失法　　B. 预测坏账法　　C. 账龄分析法　　D. 坏账比例法

20. 某在用低值易耗品的原价 1 000 元，摊销后的账面余额为 800 元，该低值易耗品的使用寿命是 1 年，截止到评估基准日已经使用了 8 个月，该低值易耗品的现行市价为 1 400 元，则评估该低值易耗品的价值约为（　　）元。

A. 1 000　　B. 800　　C. 1 400　　D. 466.67

二、多项选择题

1. 下列流动资产可能会出现实体性贬值的有（　　）。

A. 低值易耗品　　B. 应收账款

C. 预付账款　　D. 呆滞、积压的存货

E. 产成品

2. 关于流动资产评估方法的选择，说法正确的有（　　）。

A. 流动资产评估方法的选择要根据评估目的和不同种类流动资产的特点来确定

B. 对于在用低值易耗品的评估，一般采用市场法来进行

C. 对在产品的评估可以采用成本法或者市场法

D. 应收账款的评估可以采用收益法进行

E. 低值易耗品评估之前需要分类，再选用适当的方法进行评估

3. 下列选项中，属于流动资产的特点的有（　　）。

A. 周转速度快　　B. 变现能力强

C. 波动性　　D. 实物性

E. 占用形态同时并存

4. 关于流动资产评估的特点，下列说法正确的有（　　）。

A. 流动资产评估主要是单项资产评估

B. 必须合理确定流动资产评估的基准时间

C. 既要认真进行资产清查，同时又要分清主次，掌握重点

D. 流动资产周转速度快，变现能力强，在价格变化不大的情况下，资产的账面价值基本上可以反映出流动资产的现值

E. 一般不需要考虑功能性贬值和实体性贬值

5. 对于库存材料的评估，下列说法正确的有（　　）。

A. 近期购进的库存材料，在市场价格变化不大的情况下，其账面价值接近市价，评估的时候可以采用市场法或成本法

B. 购进批次间隔时间较长，价格变化较大的库存材料，可以采用最接近市场价格的材料价格或直接以市场价格作为其评估值

C. 对于缺乏准确市价的库存材料的评估，可以通过寻找替代品的价格变动资料来修正材料价格

D. 呆滞材料的评估应该扣除贬值数额，确定评估值

E. 盘盈、盘亏的材料要以有无实物存在为原则进行评估

6. 下列关于产成品评估的说法，正确的有（　　）。

A. 对于十分畅销的产品，根据其出厂销售价格减去销售费用和全部税金确定评估值

B. 对于正常销售的产品，根据其出厂销售价格减去销售费用、全部税金和适当数额的税后净利润确定评估值

C. 对于勉强能销售出去的产品，根据其出厂销售价格减去销售费用、全部税金和税后净利润确定评估值

D. 对于滞销、积压、降价销售产品，应根据其可收回净收益确定评估值

E. 对于滞销、积压、降价销售产品，应根据其出厂销售价格减去销售费用、全部税金和税后净利润确定评估值

7. 运用市场法对在产品进行评估应考虑的因素主要有（　　）。

A. 市场价格　　B. 变现费用

C. 管理费用　　D. 实体性损耗

E. 功能性损耗

8. 流动资产无需考虑功能性贬值主要是因为（　　）。

A. 金额一般较小　　B. 周转速度快

C. 变现能力强　　D. 价格波动大

E. 周转速度慢

9. 对于预付费用的评估，下列说法正确的有（　　）。

A. 预付费用的评估原则上应该按照其形成的具体资产的价值来确定

B. 只有那些在评估日后仍发挥作用的预付费用才具有相应的评估价值

C. 预付费用与应收账款的评估思路比较类似

D. 自有机器设备发生的修理费用，不作为评估的对象

E. 预付费用的评估值与其摊销额无关

三、综合题

甲企业被其他企业兼并，生产全面停止，现对其库存的在产品 A、B、C 进行评估。有关的评估资料如下：

（1）在产品 A 已从仓库中领出，但尚未进行加工处理。这批在产品 A 共有 800 件，账面价值为 25 000 元，经调查，该在产品如完好无损地出售，单位市价为 50 元/件。

（2）在产品 B 已加工成部件，共有 500 件，账面价值为 5 500 元，可通过市场调剂且流动性较好。据调查了解，该在产品的市场可接受价格为 10 元/件，调剂费用为 100 元，但调剂存在风险，预计能够实现调剂价格的 90%。

（3）在产品 C 已加工成部件，账面价值为 3 000 元，但是对于兼并后的企业来说，在产品 C 已经没有继续加工的价值，而且也无法调剂出去。经分析，该在产品只能作为报废的在制品处理，可回收的价格为 700 元。

根据以上资料，试用市场法确定该企业在产品的评估值。

第九章

长期投资评估

本章教学目的与要求

通过本章的学习，学生应掌握长期债券投资、股票投资和其他长期投资的评估原理及方法。

本章教学重点与难点

长期债券投资、股票投资的评估。

参考课时

6 课时。

教学方法与手段

课堂讲授。

第一节　长期投资评估概述

一、长期投资的概念及长期投资评估的特点

（一）长期投资的概念

资产评估中的长期投资是指企业不准备随时变现、持有期在一年以上的对外投资，主要是反映在企业“长期股权投资”“债权投资”“其他债权投资”“其他权益工具投资”等账户上的那部分投资。它是企业向那些并非直接为本企业所使用的资产项目的投资。长期投资根据其投资的形式可分为三大类：债券投资、股票投资和其他投资。

债券投资是指投资方通过购买债券的方式对外投资。债券既包括国家发行的国债，也包括企业债券和金融债券。购买债券仅能获得规定的利息收入，无论企业购买另一单位的债券比例多少，都不可能对被投资企业的生产经营决策产生任何影响。因此，这种投资具有风险低、收益低、责任小、可转让的特点，是企业对外投资的一种主要方式。

股票投资是指投资方以认购其他企业股票的形式对外投资。股票属于一种权益性证券，购买某企业股票即成为该企业的股东。股东依照《公司法》规定可行使股东权利，拥有的

股票越多，对该企业的影响和控制权就越大。投资方以购买股票的方式投资时，不仅可获得股利收入，而且可以从股票发行单位的效益上涨，股票市价上升中获得经济利益。但投资方购入股票后，发行单位是不退股本的，只能通过证券市场转让。总之，这种投资方式具有风险高、收益大、可转让但不退还股本的特点，是企业对外长期投资的另一种主要方式。

其他投资是指债券投资、股票投资以外的以现金、实物或无形资产等直接投入到别的企业的投资。

（二）长期投资评估的特点

长期投资无论采取什么样的方式以及阶段性目标如何，其最终目的都是获得投资收益。长期投资的上述特点，决定了长期投资评估具有以下特点：

1. 长期投资评估是对资本的评估

尽管长期投资的出资形式可能是一般生产要素，但是，作为投资方把自身拥有的各类资产当作资本金投入到其他企业或特殊资产项目上，从长期投资对投资者的作用来说，所投资金发挥着生息资本的功能，因而长期投资的评估实际上是对资本的评估。

2. 长期投资评估是对被投资企业或单位收益能力和偿债能力的评估

一项长期投资作为资产，其价值的高低主要取决于该项投资所能带来的收益，这不取决于投资方，而是取决于被投资企业的获利能力以及与此相联系的风险。从某种意义上讲，长期投资评估已经超出了对被评估企业自身的评估，而需要评价被投资企业的获利能力和偿债能力。

二、长期投资评估的程序

长期投资评估的程序一般如下：

（1）明确长期投资项目的具体内容，主要应该明确投资种类、原始投资额、评估基准日、投资收益的计算方法、长期投资占被投资企业实收资本的比重以及相关的会计处理方法等。

（2）判断长期投资投入资金和收回本金或利得计算的合理性和正确性，判断被投资企业财务报表的准确性。

（3）根据某项具体的长期投资的特点，选择合适的评估方法。上市交易的股票和债券一般采用现行市价法进行评估，按照评估基准日的收盘价格确定评估价格；非上市交易的股票和债券一般采用收益现值法，根据综合因素确定合适的折现率，以确定其评估价格。

（4）评定测算长期投资价值，得出评估结论。

第二节　长期债券投资评估

一、债券概述

（一）债券的含义及要素

1. 债券的含义

债券是政府、金融机构、企业等机构直接向社会借债筹措资金时，向投资者发行、承诺按规定利率支付利息并按约定条件偿还本金的债权债务凭证。债券包含以下四层含义：

（1）债券的发行人（政府、金融机构、企业等机构）是资金的借入者。

（2）购买债券的投资者是资金的借出者。

（3）发行人（借入者）需要在一定时期还本付息。

（4）债券是债的证明书，具有法律效力。债券购买者与发行者之间是一种债权债务关系，债券发行人即债务人，投资者（或债券持有人）即债权人。

2. 债券的要素

债券作为证明债权债务关系的凭证，一般用具有一定格式的票面形式来表现。通常债券票面上标明的要素如表 9 – 1 所示。

表 9 – 1　　债券票面载明的基本要素

票面价值	包括币种、票面金额
还本期限	指债券从发行之日起至偿清本息之日止的时间
债券利率	债券利息与债券票面价值的比率，通常年利率用百分比表示
发行人名称	指明债券的债务主体，为债权人到期追回本金和利息提供依据

上述四个要素是债券票面的基本要素，但在发行时并不一定全部在票面印制出来。例如，在很多情况下，债券发行者是以公告或条例形式向社会公布债券的期限和利率。此外，一些债券还包含其他要素，如还本付息方式等。

（二）债券投资的特征

根据债券发行主体的不同可将债券分为政府债券、公司债券与金融债券。这三类债券的风险程度各有不同。政府债券一般会保证本息的返还兑付，信誉高、风险小，有“金边债券”之称。公司债券一般期限长，风险比政府债券及金融债券要大。金融债券期限一般为 1 ~ 5 年，其利率略高于同期定期存款。金融债券的风险很大程度上取决于发行主体的性质，信誉好的银行发行的债券风险较低，若是非国有银行或金融机构发行的债券，则其风险与公司债券相当。

对投资者来说，债券主要有以下特征：

1. 安全性高

由于债券发行时就约定了到期后可以支付本金和利息，故其收益稳定、安全性高。特别是对于国债来说，其本金及利息的给付是由政府作担保的，几乎没有什么风险，是具有较高安全性的一种投资方式。

2. 收益高于银行存款

在我国，债券的利率高于银行存款的利率。投资于债券，投资者一方面可以获得稳定的、高于银行存款的利息收入；另一方面可以利用债券价格的变动，买卖债券，赚取价差。

3. 流动性强

上市债券具有较好的流动性，当债券持有人急需资金时，可以在交易市场随时卖出；而且随着金融市场的进一步开放，债券的流动性将会不断加强。

二、债券的价值评估

债券的价值评估主要采取现行市价法和收益现值法。

（一）现行市价法评估债券价值

用债券的市场价格作为债券的评估价值，指的是可流通债券，并且该债券应具有高度的流动性；另外，该债券不存在有意操纵市场的力量，不存在垄断和过度投机行为。一般来说，交易价格的高低取决于公众对该债券的评价、市场利率以及人们对通货膨胀率的预期等。在一个有效的市场中，债券市场价格基本反映债券的内在价值，因此可用现行市价作为该债券的评估价值。通常债券的规模越大，持有者越分散，市场价格作为评估价值的准确度越高。

【例9-1】 某企业持有5年期国债3 000张，每张面值100元，票面利率3.6%，每半年支付一次利息，距到期日还有1年2个月。该债券在评估基准日的市场收盘价为每张98.75元。经综合分析，评估人员认为此牌价为正常的合理价格。

该债券的评估价值为：$98.75\times3\ 000=296\ 250$（元）

（二）收益现值法评估债券价值

任何证券的价格都应等于该证券所能带来的预期现金流量的现值。债券的未来现金流量是可预知的，包括债券持有者定期获得的利息收入和在债券到期日一次性收回的债券面值。利息收入一般是定期发生且保持不变的；在债券到期日，债券持有人获得当期利息和债券面值。一般而言，与债券目前价格有关的现金流量是未来的现金流量。而过去的现金流量已经发生，与现在的认购者无关，在评估债券价格时不予考虑。

对债券进行估价主要是计算未来系列现金流量的年金现值和到期面值的复利现值，并将其结果相加。因此，债券的价格等于未来系列利息收入的现值加上应偿还本金的现值。

1. 每期等额付息，到期还本的债券

其评估公式如下：

$$P=\sum_{t=1}^{n}\frac{C}{(1+r)^{t}}+\frac{F}{(1+r)^{n}}$$

式中：C——每期的等额利息；

n——持有债券的年限；

F——到期收回的本金；

r——贴现率。

【例9-2】 某企业购买甲公司30年期债券，总额为10 000元，债券票面利率7.50%。当时国库券利率为2.8%，债券发行企业的风险报酬率是4.75%，债券的评估价为多少？

分析：该债券年收益相等，均为$10\ 000\times7.50\%=750$（元），期末收回本金10 000元，贴现率是国库券利率与风险报酬率之和，等于7.55%。

$$\text{债券的评估价}=\sum_{t=1}^{30}\frac{750}{(1+7.55\%)^{t}}+\frac{10\ 000}{(1+7.55\%)^{30}}$$

$$=750\times11.7531+10\ 000\times0.112639$$

$$=9\ 941.22\text{（元）}$$

若债券每半年付息一次，则：

$$\text{债券的评估价}=\sum_{t=1}^{60}\frac{375}{(1+3.775\%)^{t}}+\frac{10\ 000}{(1+3.775\%)^{60}}$$

$$=375\times23.6225+10\ 000\times0.108252$$

$$=9\ 940.96\text{（元）}$$

2. 永久性债券

这类债券无还本期限，其评估公式为：

$$P = \sum_{t=1}^{\infty} \frac{C_t}{(1+r)^t}$$

当每期利息固定为C时：

$$P = \sum_{t=1}^{\infty} \frac{C}{(1+r)^t} = C/r$$

式中：C_t——第t期利息；

C——每期的固定利息；

r——贴现率。

【例9-3】 某企业购买永久性政府债券，总额10 000元，每年付息一次，票面利率2.83%，贴现率为3%，试计算该债券的评估值。

评估值 =（1 000 ×2.83%）/3% =9 433.33（元）

3. 到期一次还本付息债券（利息按单利计算）

其评估公式是：

$$P = \frac{F(1+i \cdot n)}{(1+r)^n}$$

式中：F——债券面值；

n——债券期限；

i——票面利率；

r——贴现率。

【例9-4】 甲企业持有乙企业发行的5年期到期一次还本付息债券，面值30万元，年利率5%（单利）。评估基准日为2022年3月1日，此时甲企业已经持有该种债券1年。当时商业银行4年期存款利率为2.8%，乙企业的债券有一定的违约风险，风险报酬率为3.2%。请评估甲企业持有的乙企业债券在2022年3月1日的价值。

分析：到期时甲企业可以收到的债券本利和为30 ×（1 +5% ×5）=37.5（万元）。

该债券已持有1年，即再过4年可以兑现，则评估基准日价值是到期本利和在4年前的价值，折现率包括无违约风险的收益率与风险报酬率，即：

2.8% +3.2% =6%

则2022年3月1日债券评估价为：

$$P = \frac{37.5}{(1+6\%)^4} = 29.7\text{（万元）}$$

评估债券投资价值时还需注意债券的利息计算方式（是以单利计还是以复利计）、支付时间（是年初支付还是年末支付或半年支付一次）。

三、债券的贴现率与债券价值

因为债券的预期现金流在发行时就已经确定，并且在债券的有效期内不会改变，所以票面利率固定、到期期限固定的债券的价值完全由贴现率（必要收益率）的变化来决定。必要收益率的任何上升都会导致债券预期现金流现值的减少和债券价格的下降；相反，必要收益率的任何下降将会造成相反的效果。由此可见，债券价格的变化方向与其必要收益率的变化方向相反。

假设某债券的面值为100元，票面利率为8%，图9－1说明了债券的价格和它的必要收益率之间的关系。

图9－1除了证明债券价格与必要收益率呈反向变化的关系之外，还说明：

（1）当必要收益率低于票面利率时，债券价格高于它的面值，称为溢价；

（2）当必要收益率高于票面利率时，债券价格低于它的面值，称为折价；

（3）当必要收益率等于票面利率时，债券价格等于它的面值，称为平价；

（4）当必要收益率下降时，价格以更快的速度上升，而必要收益率上升时，价格下降的速度却减慢。

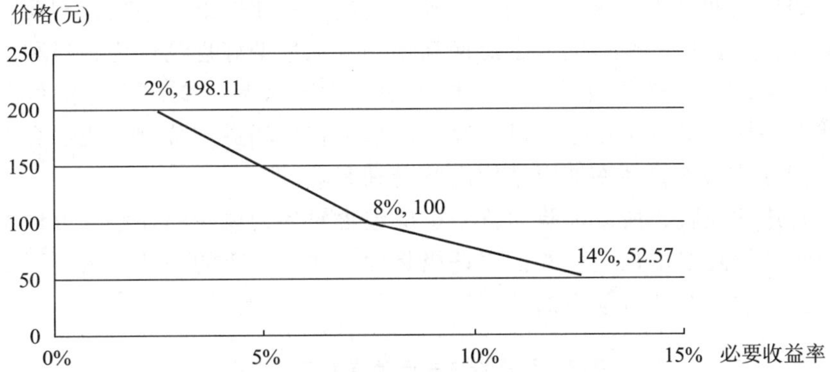

图9－1　债券价格与必要收益率的关系

在运用收益现值法对债券价值进行评估时，需要的一个关键数据是贴现率，即债券的必要收益率。前已述及，债券的必要收益率由名义无风险收益率和风险溢价组成，由于必要收益率对于债券投资的评估十分重要，这一部分我们将讨论债券必要收益率的这两个组成部分以及影响它们的各种因素。

（一）名义无风险收益率

它可以分解为债券有效期内预期通货膨胀率和实际无风险收益率（又称基础利率）。

如果投资者预期在债券持有期内总体价格水平将上升，则债券的必要收益率必须包括对通货膨胀率的补偿，通货膨胀率有三个决定因素：第一，货币供给量的变化。货币供应学派认为如果货币供应量增加，而实际产出与货币流通速度不变，则通货膨胀率将会升高。第二，货币流通速度的变化。如果货币流通速度增加，而货币供给量和实际产出不变，则通货膨胀率将升高。第三，实际产出的变化。如果实际产出增加，而货币供给量与货币流通速度不变，则通货膨胀率将降低。对于通货膨胀率的预测，分析人士运用各种不同的预测模型得到不同结论，从长期预测的角度看，精确的定量模型由于考虑了历史数据中所不包含的信息，其结果往往更加准确。

名义无风险收益率的另外一个组成部分是实际无风险收益率。它与个人消费偏好有关，而这种偏好又难以考察。由于投资者的实际收益来源于经济的实际增长，我们可以用估计预期实际经济增长率的方法来估计实际收益率。例如，在长时期经济增长率为2.5%的环境中，实际收益率应大致为2.5%。

估计名义无风险收益率的方法是从估计实际无风险收益率开始，再用预期通货膨胀率来进行修正的。修正方法如下：

名义无风险收益率 =(1 + 实际无风险收益率)(1 + 预期通货膨胀率) - 1

（二）风险溢价

由于各种风险的存在，大多数的债券投资者要求较高的投资收益率以对任何不确定性作出补偿。这种名义无风险收益率之上的必要收益率的增加就是风险溢价。风险溢价导致不同债券的收益率各不相同。影响债券风险溢价的主要因素包括偿还期限和违约风险。

偿还期限影响风险溢价是因为它影响投资者对不确定性的估计水平以及债券价格的波动。通常债券的偿还期限和风险溢价之间具有正相关的关系——期限越长的债券要求的风险溢价越大。期限补偿的大小由预期的通货膨胀率、投资者的流动性偏好和各个分割市场的需求情况决定。如果预期通货膨胀率将上升，则长期利率将比短期利率高，相反，如果预期通货膨胀率将下降，则长期利率可能低于短期利率。流动性偏好理论认为，当利率变化时，长期债券价格比短期债券价格的波动大；保持预期通货膨胀率不变，长期利率将高于短期利率。像其他证券一样，债券价格也由供需决定，如果将市场进行分割，我们会发现有许多人对特定期限的债券感兴趣，利率期限结构由此受到影响。

因为债券有违约风险，所以风险溢价中也应包含对违约风险的补偿。可预见的违约风险越大，债券违约补偿随之增加。债券信用评级是度量债券风险的一种方法。下面列出穆迪与标准普尔关于公司债券与地方债券的信用等级，如表 9 - 2 所示。

表 9 - 2　　穆迪与标准普尔关于债券的信用评级

穆迪		标准普尔	
信用等级	解释	信用等级	解释
Aaa	质量最好	AAA	最高级别
Aa	质量较好	AA	高级别
A	超过平均水平	A	超过一般水平
Baa	平均水平	BBB	一般水平
Ba	存在投机因素	BB	低于一般水平
B	总体上缺乏投资所要求的质量	B	有投机性
Caa	质量差，可能违约	CCC - CC	完全投机
Ca	高度投机，经常违约	C	债券有还本付息可能
C	最差等级，前景差	DDD - D	将会违约，信用等级表示债券的相对残值

信用等级越低，其违约风险就越高。违约补偿随时间、债券的不同而变化，同时它也受投资者自身的约束和债券条款的影响。通常，违约补偿在经济萧条时增加，而在经济繁荣时减少，原因是投资者在经济萧条时对风险的厌恶程度增加而要求更高的风险补偿。短期债券违约风险不同于长期债券，逻辑上似乎违约补偿随债券期限的增长而增加，但特殊情况也有反例。

第三节 股票的评估

一、股票的概念及分类

股票是股份有限公司发行的，用以证明投资者股东身份及权益，并据以获得股息和红利的有价证券。股票在理论上的偿还期是无穷大的，其收益性体现在公司的红利分配以及股票买卖过程中的差价。股票的收益波动受多种因素的影响，因而风险性较大。

股票可以从不同的角度进行分类。但从资产评估的需要出发，根据股票持有人享有权利和承担风险的大小分为普通股和优先股。

普通股是股份有限公司最基本、数量最多的股份。普通股的股东所享有的权利与承担的义务最为广泛。其享有的权利包括：股票表决权、收益分配权、优先认股权、剩余财产分配权。普通股具有股息不固定、价格波动幅度大、风险性强等特点。

优先股既类似于普通股，又类似于债券。其股息一般固定，且较债券收益高，但同时不享受公司利润增长的收益。它比普通股优先分配股息，在公司解散时优先于普通股分配公司剩余财产。只有在特殊情况下，优先股股东才有权参加股东大会。

优先股股票按其所包含的权利不同，有以下几种分类：

（1）累积优先股和非累积优先股。累积优先股是指本年未支付的股利，可累积到下年或以后的盈利年度支付，而非累积优先股指的是只按当年盈利分派股息，对累积下来的未支付的股息不能得到补偿的优先股。

（2）参与优先股和非参与优先股。参与优先股是指不仅能按规定分得固定股息，而且还有权与普通股一并参与公司剩余利润分配的一种优先股。而非参与优先股是指只能分得固定股息，不能参与公司剩余利润分配的一种优先股。

（3）可转换优先股和不可转换优先股。可转换优先股是指股票持有人可以在规定条件下把持有的股票转换成普通股或公司债券的一种优先股；反之，不可转换优先股是指不能转换成普通股或公司债券的优先股。

（4）可赎回优先股和不可赎回优先股。可赎回优先股指的是发行公司可以按一定价格赎回的优先股，赎回价格一股高于股票面额，按规定不能赎回的优先股就是不可赎回优先股。

二、股票的收益与风险

（一）股票的收益

股票收益是指投资者购买股票后所获得的全部投资报酬，包括股利收益和资本利得收益。

1. 股利收益

股利收益是投资者从股份公司的税后利润中获得的投资报酬，其实质就是股份公司支付给股东的部分税后利润。股利有优先股股利和普通股股利之分。优先股股利一般固定，按固定的股息率领取，而不管公司盈利与否和盈利大小。普通股股利一般不固定，它将随着公司盈利水平的高低而发生变化。

公司发放股利的形式主要有现金股利和股票股利两种。现金股利是以现金形式支付给股东的投资报酬，优先股的现金股利是根据优先股的面值乘以其固定的股息率求得的，而普通股的现金股利是根据各股东持有的股份比例派发的。股票股利是根据各股东持有的股份比例派发的。股票股利是以股票形式支付给股东的投资报酬。公司发放股票股利，实质上是无偿增资的一种形式，它可使公司减少现金支出，以利于公司生产经营，股东则可通过出售股票获取收益。

衡量股利收益的指标主要有每股股利和股利收益率。每股股利为股东所拥有，每一股股票所实际分得的公司税后利润额。股利收益率是指股份公司以现金分配的股利与目前股票的市场价格的比率，其公式为：

$$股利收益率=\frac{年现金股利}{每股市场价格}\times 100\%$$

由上式可知，现金股利与本期股利收益率成正比，而每股市场价格则与其成反比。年现金股利和每股市场价格变动的幅度及方向，决定了股利收益率的变化。

2. 资本利得收益和总收益

资本利得收益是指投资者以较低价格买进股票而以较高价格卖出股票，即低买高卖而得到的收益，又称作资本收益。衡量资本收益的高低，可用资本收益率表示：

$$资本收益率=\frac{卖出价-买入价}{买入价}\times\frac{365}{持股天数}\times 100\%$$

当卖出价大于买入价时，资本收益率为正；反之，资本收益率为负。

投资者购买股票所能获得的总收益，包括股利收益和资本利得收益两部分。衡量总收益高低的指标一般用持有期收益率。持有期收益率是指投资者在持有股票的一定期间内（通常为一年）的投资收益率，计算公式为：

$$持有期收益率=\frac{卖出价-买入价+现金股利}{买入价}\times 100\%$$

持有期收益率要比单独计算股利收益率和资本收益率更能完整地反映出投资者所获得的收益水平。

（二）股票的风险

1. 普通股的风险

普通股的风险主要来自以下几个方面：

（1）经营风险。经营风险是指由公司承担的投资项目不可能盈利的可能性。很显然，如果管理者不能使公司盈利运转，那么，将会对公司股票价格产生负效应。公司还面临由公司经营所处的环境带来的风险，即使经营最有效率的公司也可能因所属行业的不景气而陷入困境。

（2）财务风险。财务风险衡量的是公司资本结构是否合理。一般来说，公司债务比例越大，公司的财务风险就越大。

（3）代理风险。公司的所有者（股东）雇佣经理负责日常事务，这就存在管理者（所有者的代理人）不为所有者的最大利益服务的风险，这种风险被称为代理风险。

（4）通货膨胀风险。当通货膨胀对资本成本有较大影响时，预期股票价格将下跌，当通货膨胀对股利增长率有较大影响时，预期股票价格将上涨。

（5）流动性风险。它是股票投资的二级市场所引入的不确定性，有关可以购买或卖出一项投资的迅速程度的不确定性或关于价格不确定性的存在增加了流动性风险。

除此之外，还有系统风险、汇率风险、国家风险等。

2. 优先股的风险

尽管优先股规定有固定的股利，但实际上，公司对这种股利的支付却带着随意性，并不是公司必须履行的义务。而且，如果公司破产了，优先股股东的受偿顺序位于债券持有者之后，即不能优先受偿，不能支付优先股股利并不意味着公司就破产了。因此，从获取稳定的收益看，优先股的风险比债券大得多。在通货膨胀发生时，优先股的股利不会随着公司的名义利润的增加而增加，因而在抵御通货膨胀的威胁上，优先股的风险要比普通股大。有时候公司甚至可以用赎回优先股的方式来避免支付较高的股利，而当公司收益状况良好时，优先股（除了参与优先股）一般不能参与公司增加的盈利的分配。

三、普通股的评估方法——现行市价法

在正常情况下，对于公开上市的股票一般采用现行市价法进行评估。这里的“正常情况”是指股市发育正常，股票能自由交易，有较完备的相关法规体系和健全的信息网络与管理体系，不存在非法炒作现象。这样的市场价格可以代表评估时的股票价值，否则，股票交易不正常时，市场价格就不能作为评估的依据，这时应采用收益现值法对其进行评估。另外，以控股为目的而持有的上市公司股票一般采用收益现值法评估。

用现行市价法对上市股票进行评估的公式如下：

股票评估值 = 股票股数 × 该股票评估基准日每股价格

对于这个公式首先要确定评估基准日的股票价格。股票买卖的价格有开盘价、收盘价、最高价、最低价、成交价，股市行情波动较大时这些价格之间的差异也较大，从公平合理的角度看，应采用评估基准日该股票的市场收盘价。

股票是一种特殊的商品，其价格不仅取决于该股票的未来收益，它还受市场以及人们的心理预期等因素的影响，因此对于股票价格必须冷静判断，必要时应对评估结果作适当的调整。

四、普通股的评估方法——收益现值法

非上市股票的评估可以不考虑股票的市场因素，一般采用收益现值法评估。另外，如果市场是不正常的，上市股票公开价格严重偏离其内在价值时，评估时也应采用收益现值法。

投资者购买股票，通常期望获得两种现金流：持有股票期间的股利和持有股票期末的预期股票价格。由于持有期末股票的预期价格是由股票未来股利决定的，所以股票当前价值应等于无限期股利的现值：

$$股票每股价值 = \sum_{t=1}^{\infty} \frac{D_t}{(1+r)^t}$$

公式中：D_t——每股预期股利；

r——贴现率；

t——未来持有股票的期间数。

在对股票预期红利的具体估算之前要全面、充分地了解和分析股票发行企业的经营情况、财务状况、发展前景和相关的信息资料。这就需要对股票发行企业进行全面综合的分析，相当于对企业价值的评估，具体的评估方法参见企业价值评估一章。投资者对投资收益的期望、对投资风险的态度都将综合反映在贴现率的确定上。股票投资者由于风险厌恶程度的不同而使各自的必要收益率即折现率出现差异。折现率的高低从根本上取决于未来现金流量所隐含的风险程度的大小。具体而言，企业的经营风险与财务风险越大，投资者要求的报酬率就会越大。对折现率进行评估时要掌握社会平均利润率、行业平均收益率、银行利率、国库券利率等参考资料，分析和确定评估股票的风险程度和相应风险报酬率水平。一般地，贴现率由以下公式确定：

贴现率 = 无风险债券利率 + 风险报酬率

公式中，无风险债券利率可以用短期国库券利率代替。

因为不可能对现金股利作无限期的预测，所以，人们根据对未来增长率的不同假设构造出几种不同形式的股利贴现模型：零增长模型、固定增长模型以及非固定增长模型。其中，非固定增长模型包括超常增长后的零增长模型和超常增长后的固定增长模型两种。

（一）零增长模型

零增长模型又称固定红利模型，其使用的前提是该企业经营稳定，实行固定股利政策，每年派发的股利相等（或者股利波动小，处于一个比较稳定的水平）。固定股利模型可以按下列公式估价：

$$P = \sum_{t=1}^{\infty} \frac{D}{(1+r)^t} = \frac{D}{r}$$

公式中：D——每期的固定股利；

r——贴现率。

【例9－5】被评估企业拥有非上市普通股10 000股，每股面值1元。在持股期间，每年盈利一直很稳定，收益率保持在20%左右。经评估人员了解分析，股票发行企业经营比较稳定，管理人员素质及能力较强，对今后的收益预测，保持16%的红利收益是有把握的。对折现率的确定，评估人员根据发行企业行业特点及宏观经济情况，确定无风险利率为8%（国库券利率），风险利率为4%，则折现率为12%。根据上述资料计算的该股票投资的评估值为：

$$P = \frac{D}{r} = 10\,000 \times 16\% \div 12\% = 13\,333\text{（元）}$$

实际上，每年派发的红利不可能完全相等，这时可以根据预测的每年红利通过下列公式换算：

$$D = \sum_{t=1}^{\infty} \frac{D}{(1+r)^t} \div \sum_{t=1}^{n} (1+r)^{-t}$$

$$\text{或 } D = \sum_{t=1}^{n} (1+r)^{-t} \cdot D_t (A/P, r, n)$$

式中：D_t——每股预期红利；

r——贴现率；

D——每期固定股利；

（A/P，r，n）为投资回收系数。

【例9-6】 甲企业持有乙公司非上市股票3 000股，每股面值1元。乙公司经营稳健，盈利水平波动不大，预计今后5年每股分配的红利分别为0.18元、0.21元、0.20元、0.19元、0.20元。乙公司的风险系数为3%，5年期国债的利率为10%。试评估这批股票的价值。

分析：乙公司经营平稳，红利派发亦较平稳，适用固定红利模型，但需计算固定红利。

$$
\begin{aligned}
D &= \sum_{t=1}^{n} (1+r)^{-t} \cdot D_t(A/P,r,n) \\
&= [\frac{3\ 000 \times 0.18}{1+13\%} + \frac{3\ 000 \times 0.21}{(1+13\%)^2} + \frac{3\ 000 \times 0.20}{(1+13\%)^3} + \frac{3\ 000 \times 0.19}{(1+13\%)^4} \\
&\quad + \frac{3\ 000 \times 0.20}{(1+13\%)^5}] \times 0.2843 = (540 \times 0.885 + 630 \times 0.783 + 600 \times 0.693 \\
&\quad + 570 \times 0.613 + 600 \times 0.543) \times 0.2843 = 2\ 062.2 \times 0.2843 = 586.28(\text{元})
\end{aligned}
$$

$P = D/13\% = 4\ 509.85$（元）

（二）固定增长模型

固定增长模型又称Gordon模型，可用来估计处于“固定增长状态”的公司的股票价值，这些公司的股利预计在一段很长的时间内持续以某一固定的速度增长。该模型用公式表示为：

$$P = \frac{D_1}{1+r} + \frac{D_1(1+g)}{(1+r)^2} + \frac{D_1(1+g)^2}{(1+r)^3} + \cdots = \frac{D_1}{r-g}$$

式中：D_1——第一年的预期股利；

r——贴现率；

g——永续的股利增长率。

【例9-7】 某被评估企业拥有甲公司非上市股票2 000股，面值1元。甲公司处于稳定增长阶段，上年每股收益为3元，红利支付率为68%，则每股红利为2.04元，收益和红利的预期增长率为5%，国库券利率为7.5%，评估的风险报酬率为4.13%，则贴现率为11.63%。

$$\text{被评估企业长期股票投资的价值} = \frac{2\ 000 \times 2.04 \times (1+5\%)}{11.63\% - 5\%} = 64\ 615\ (\text{元})$$

关于固定增长模型有以下几点需要说明：

（1）因为公司预期的红利增长率是永久持续下去的，所以公司其他的经营指标（包括净收益）也将预期以同一速度增长。试想，若一家公司的红利增长率为8%，而年收益以6%的速度永续增长，则不久以后，公司的红利支付额将超过公司的总盈利；如果一家公司在长时间内盈利的增长速度高于红利的增长速度，则红利支付率在长时间后将趋于零，这就不是一个稳定的状态。因此，当公司真正处于稳定状态时，可以用收益的预期增长率来代替模型中的预期红利增长率。

（2）增长率g不可能长期高于预期名义经济增长率。预期名义经济增长率等于预期通货膨胀率与预期经济实际增长率之和。如果一家公司的增长速度持续高于宏观经济总体增长率，那么，最后公司将变得比宏观经济总量还要大。但是，可能发生固定增长率比宏观经济增长率低很多的情形。

（3）固定增长模型是对股票进行估价的一种简单而快捷的方法，但是它对选用的增长率特别敏感。只有当增长率 g 小于贴现率 r 时，这个模型才成立。当模型选用的增长率收敛于贴现率的时候，计算出的价值会变得无穷大。

例如，一只股票，它下一时期的预期每股股利为 2.50 元，贴现率为 15%：

预期永续增长率为 8%时：

股票价值 =2.50/(0.15 −0.08) =35.71（元）

预期永续增长率为 10%时：

股票价值 =2.50/(0.15 −0.10) =50（元）

预期永续增长率为 12%时：

股票价值 =2.50/(0.15 −0.12) =83.33（元）

预期永续增长率为 15%时：

股票价值 =2.50/(0.15 −0.15) =∞

以上说明：运用固定增长模型时，对增长率 g 的估计要尤为谨慎，因为增长率对股票价值的影响十分显著。

（4）估计增长率的两种方法：

①使用公司历史增长率的平均值作为预期未来增长率。增长率使用算术平均值与使用几何平均值其结果是不一样的。算术平均值是历史增长率的中值，而几何平均值则考虑了复利计算的影响。显然，后者更加准确地反映了历史盈利的真实增长，尤其是当每年增长是无规律的时候。

【例 9 −8】 某公司 2017 ~2022 年间的每股红利如表 9 −3 所示，计算增长率的算术平均值与几何平均值。

表 9 −3　　某公司 2017 ~2022 年每股红利及增长率

年份	每股红利（元）	增长率（%）
2017	0.33	
2018	0.45	36.36
2019	0.455	1.11
2020	0.635	39.56
2021	0.565	−11.02
2022	0.635	12.39

增长率的算术平均值 = (36.36% +1.11% +39.56% −11.02% +12.39%) ÷5 =15.68%

增长率的几何平均值 = $(0.635/0.33)^{\frac{1}{5}}-1=13.99\%$

②通过分析公司的基本因素进行估计。公司的增长率最终是由公司的产品线、边际利润、杠杆比率和红利政策等基本方面所作的决策而决定的。因此，我们可以通过分析这些基本因素来估计 g 的值。这种方法把增长率与公司的基本情况联系在了一起。

（三）非固定增长模型

股利的非固定增长是指股利要经过持续若干年的超常增长阶段，随后进入零增长或固定比率增长阶段。在这种情况下，股票的价值由超常增长时期股利的现值与超常增长期末股票价格的现值构成。用公式表示如下：

股票价值＝超常增长阶段股票股利的现值＋期末股票价格的现值

$$P_0=\sum_{t=1}^{\infty}\frac{D_0(1+g)^t}{(1+r)^t}+\frac{P_n}{(1+r)^n}$$

式中：D_0——第0年每股红利；

r——超常增长阶段公司的必要收益率；

P_n——第n年末公司股价；

g——超常增长阶段的股利增长率。

股利的非固定增长按照第二阶段股利增长率的不同可以分为：超常增长后的固定比率增长与超常增长后的零增长两种情况。以下分别介绍它们各自的评估方法。

（1）超常增长后的固定比率增长。这种情况下超常增长阶段期末股份用固定增长模型进行估计，即：

$$P_n=\frac{D_0(1+g)^n(1+g_n)}{r_n-g_n}$$

所以，股票的评估值为：

$$P_0=\sum_{t=1}^{n}\frac{D_0(1+g)^t}{(1+r)^t}+\frac{D_0(1+g)^n(1+g_n)}{(r_n-g_n)(1+r)^n}$$

式中：D_0、g、r、P_n含义同前；

g_n——超常增长阶段后的股利固定增长率；

r_n——固定增长阶段公司的必要收益率，且一般$r_n<r$。

【例9－9】 被评估企业对甲公司进行股票投资。目前，甲公司股票每股支付红利0.90元，预计甲公司从明年开始将在5年内出现较高的增长率，然后进入稳定增长阶段。超常增长阶段股利增长率为13.04%，股权资本成本为15.48%，稳定增长阶段增长率为6%，股权资本成本为13.55%，前5年红利现值可用下面的公式计算：

$$\sum_{t=1}^{5}\frac{0.90(1+13.04\%)^t}{(1+15.48\%)^t}=4.22\text{（元）}$$

超常增长阶段期末（第5年末）的价格用Gordon模型估计：

$$\text{期末价格}=\frac{0.90\times1.1304^5\times1.06}{0.1355-0.06}=\frac{0.90\times1.8457\times1.06}{0.0755}=23.32\text{（元）}$$

则期末价格现值$=23.32/1.1548^5=23.32\times0.486=11.35$（元）

所以股票价格的评估值为$P_0=4.22+11.35=15.57$（元）

（2）超常增长后的零增长。在这种情况下，超常增长阶段期末股价用零增长模型进行估计。由于第二阶段（零增长阶段）各期股利固定，均为$D_0(1+g)^n$，所以超常增长期末股价为：

$$P_n=\frac{D_0(1+g)^n}{r_n}$$

则股票的评估值为：

$$P_0=\sum_{t=1}^{n}\frac{D_0(1+g)^t}{(1+r)^t}+\frac{D_0(1+g)^n}{r_n(1+r)^n}$$

非固定增长模型清晰定义了两个增长阶段：超常增长阶段和固定增长阶段（或零增长阶段），所以它适合于具有下列特征的公司：公司当前处于高增长阶段，并预期在今后一段时期内仍将保持这一较高的增长率，在此之后，支持高增长率的因素消失。例如，该模型适用下列的情形：一家公司拥有一种在未来几年内能产生出色盈利的产品专利权，在这段时期内，预期公司将实现超常增长。一旦专利到期，预计公司将无法保持超常增长率，从而进入稳定增长阶段。

非固定增长模型存在以下几个问题：

①如何确定超常增长阶段的长度。由于增长率在这个阶段结束之后预期将降到稳定水平，所以延长这一阶段的时间会导致计算出的价值增加。从理论上讲，超常增长阶段持续的时间可以和产品生命周期以及存在的项目机会联系在一起，但是把这些定性考虑的因素变成定量化的时间在实践中还是很困难的。

②假设超常增长阶段结束时一夜之间就变成较低稳定增长率或零增长状态。这种转变在现实中可能发生，但比较少见。在通常的情况下，这一变化是随时间逐步发生的。

五、普通股的评估方法——相关估价法

相关估价法又称比率估价法，这种估价可运用共同变量，比如盈利、现金流量、账面价值或者营业收入等予以标准化。常见的方式是以行业平均市盈率来进行估计或以价格对账面价值比率进行估计。除此以外，还有价格对现金流量比率、价格对股利比率、市场价值对重置价值比率等。

运用相关估价法时，所用比率的确定方法有两种：第一种方法是将比率与被投资企业的某些基础信息相联系，如盈利和现金的增长率、股利支付率等。这需要足够的企业经营与财务信息，如果这些资料预测不准，比率的确定便会隐含着不确定性。第二种方法是通过对可比企业的分析来确定相关比率。它需要慎重选择可比较企业，但事实上，不可能有两个企业的各种状况完全相同。

相关估价法通常被用于对未上市企业或刚刚向公众发行股票的企业的评估，并且要在各种会计数据和会计比率的可信度及可比性都较强的情况下采用。

以市盈率为例，用市盈率进行估价的理论模型是：

$P = R \times G$

公式中：P——股票评估价；

R——市盈率；

G——每股盈利。

【例9-10】 某公司购买甲企业刚刚上市的股票1 000股，每股面值1元，需要用相关估价法对股票价格进行估计。该企业当期每股盈利1.5元，经过对同行业企业市盈率的分析与计算可知，同行业企业市盈率的平均值是18，则该公司股票投资评估值为：

$P = 18 \times 1.5 = 27$（元）

六、优先股的评估

优先股在发行时就已确定了股息率，所以优先股的风险主要在于股票发行主体是否有足够的税后利润用于优先股的股息分配。因此在对优先股进行评估时必须首先对股票发行企业

生产经营情况、利润实现情况、股本构成中优先股所占比重、企业收益分配政策及负债情况等进行全面了解。然后再确定风险报酬率，进而确定折现率。

如果股票发行企业资本构成合理，实现利润可观，具有很强的支付能力，那么优先股就基本上具备了“准企业债券”的性质，这时可以用事先确定的股息率计算出优先股的年收益额，然后进行折现。计算公式如下：

$$P = \sum_{t=1}^{\infty}[D_t \cdot (1+r)^{-t}]$$

式中：D_t——第 t 年股息；

r——适用的折现率。

包含不同权利的优先股其评估方法有所不同，以下作简要介绍。

（一）累积优先股的评估

累积优先股的收益是固定股息，其评估公式是：

$$P = \sum_{t=1}^{\infty}\frac{D}{(1+r)^t} = \frac{D}{r}$$

式中：r——折现率；

D——优先股的年等额股息收益。

【例 9－11】 某被评估企业拥有甲企业累积优先股 800 股，每股面值 100 元，股息率 16%，无风险利率为 10%，甲企业风险报酬率 2%，试评估这批优先股的价值。

分析：由于是股息率固定的累积优先股，故各期股息额不变。贴现率为无风险利率＋风险报酬率，等于 12%。

所以，评估值 $P = \frac{800 \times 100 \times 16\%}{12\%}$

$= 106\ 666.67$（元）

（二）参与优先股的评估

参与优先股的现金收益分为两部分：固定股息和额外红利。由于额外红利的风险大于固定股息，故其风险报酬率也大于固定股息的风险报酬率。参与优先股的评估公式是：

$$P = \sum_{t=1}^{n}\left[\frac{D_t}{(1+t)^t} + \frac{D_t'}{(1+r')^t}\right]$$

式中：D_t——第 t 年额定股息；

D_t'——第 t 年额外红利；

r——额定股息适用的贴现率；

r'——额外红利适用的贴现率，一般 $r' > r$。

（三）可转换优先股的评估

以上介绍的评估公式都假设优先股不具备可赎回或可转换条款。若优先股带有可转换或赎回条款，评估时除将年收益折现外，还要将预期的由优先股转换而成的股票（或债券）的价格或者预计的赎回价格进行资本化，并且评估期限是有限的。公式如下：

$$P = \sum_{t=1}^{n}\frac{D_t}{(1+r)^t} + \frac{P_n}{(1+r)^n}$$

式中：D_t——第 t 年股息；

r——适用的折现率；

P_n——可转换优先股评估值。

【例 9－12】 某企业前年购入甲企业可转换优先股股票 200 股，每股面值 200 元，甲企业发行时承诺 5 年后优先股持有者可按 1∶30 转换成甲企业的普通股股票。优先股股息率为 15%，甲企业风险报酬率为 2%，普通股股票现行市价为 4.5 元/股，预计每年股价上涨率为 20%，无风险利率为 10%，试评估这批可转换优先股的价值。

分析：假设该企业持满 5 年后将优先股转换成普通股，这时普通股股价为：

$4.5\times(1+20\%)^3=7.776$（元）

因此优先股转换成普通股时每股价格为：

$P_n=30\times7.776=233.28$（元）

则可转换优先股的评估值应为：

$$P=\sum_{t=1}^{3}\frac{200\times200\times15\%}{(1+12\%)^t}+\frac{200\times233.28}{(1+12\%)^3}$$

$$=6\ 000\times3.5108+46\ 656\times0.5787$$

$$=48\ 064.63（元）$$

第四节　其他长期投资的评估

其他长期投资是指除了股票投资和债券投资之外的以现金、实物资产或无形资产对外进行的长期投资。这种投资是以实际生产要素直接注资受资企业，所投资产直接投入企业的实际再生产运动，不同于证券投资那样的虚拟资本，属实质性的产业资本。其出资的目的是要在股份经营、合资、联营或合伙经营中参股乃至控股，以谋求某种经营性的权益，而不只是为了分取红利，是一种股权性投资。

总体来看，其他长期投资的投资者不仅享有收益分配权，同时还有经营管理上的一定参与权，乃至控制权。因此，多数情况下对其他长期投资评估不是按事先约定的资本收益率计算预期收益，而要根据受资企业经营实绩决定投资报酬。由于是权益性投资，其评估本质上属股权评估，即不仅要评估投资预期收益的现值，而且要评估可收回的本金价值和未分配权益，或者要评估其永续收益的折现值，即资本化价值。

其他长期投资评估可分为有限期其他长期投资评估和永久性其他长期投资评估两大类，两者评估的思路和依据有明显的区别。

（一）有限期其他长期投资的评估

有限期其他长期投资是以现金、实物、无形资产出资组成联营、合营、合作或独资企业，这类投资一般在有关协议、合同或章程中对出资、责权和投资有效期都有明确规定。在有效期内，投资各方一般按出资比例收益共享，风险共担，到期如果不再续约则可收回本金。评估这类投资与债券投资评估相似，计算各年（期）或剩余年（期）收益折现值和到期本金折现值，然后加总得出评估值。其评估方法根据收益分配方式以及投资回收方式的不同而有差别。

各年（期）投资收益分配方式有：（1）投资收益可按被投资企业收益的一定百分比分

成，如协议规定按销售收入提成或按利润提成作为投资收益。在这种情况下，评估的关键是预测投资分成的标的物，如销售收入、产量、利润等。然后，将每年预期报酬折现汇总即得到长期投资的报酬现值。(2) 对投入资产核定价格，按其价格的一定比例支付使用费。在这种情况下，除受资企业无力支付，并约定无累积支付条件外，其报酬评估可按收益年金计算，再逐年折现。

投资到期时本金的回收有两种形式：(1) 核定投出资产的价格，到期以现金收回，评估时将收回现金额折现即可；(2) 到期收回实物资产，必须先对回收资产进行评估，再把评估价格折现。

(二) 永久性其他长期投资的评估

永久性其他长期投资是出于本企业对外扩展战略的实施，以资产为纽带，通过出资建立关联公司或控股子公司。对这种投资的评估就是对投资者在其受资关联公司或控股子公司的股权价值的评估。其股权价值的多少只取决于受资公司的获利能力和净资产余额。

就一般参股的投资评估而言，如果受资企业经营正常，有发展前景，能正常派息分红，可依照非上市普通股评估的原理，进行收益资本化或分段式评估。若收益难以确定或者近期才投资的，则可按在受资公司净资产总额中所占的份额评估。

控股股权是指投资企业拥有的被投资企业的股权比例超过51%或对被投资企业有实质上的控制权。对于控股投资，应对被投资企业进行整体评估，以整体评估确定的企业价值，再按投资方股权份额计算投资的评估值。

【例 9－13】被评估企业的长期投资全部为其他长期投资，其中，对甲企业以厂房、生产线进行投资，投资额为1 500万元，占甲企业股权比例的60%，以商标使用权对乙企业进行投资，按规定在合作期每年向乙企业按销售收入的2%收取投资报酬，今后5年合作期乙企业预计每年销售收入和商标使用权投资报酬见表9－4。

表 9－4　　商标使用权投资报酬

年限	第一年	第二年	第三年	第四年	第五年
销售收入（万元）	300	350	320	360	360
投资报酬	6	7	6.4	7.2	7.2

被评估企业风险报酬率为6.5%，国库券利率为2.8%，试评估该企业长期投资。

分析：对甲企业的投资占控股地位，因此需先对甲企业进行整体评估。假设评估值为7 000万元，则对甲企业长期投资评估值＝7 000×60%＝4 200（万元）。

以商标使用权对乙企业投资，合作期结束后不会给被评估企业带来新的资产，所以长期投资评估值是各期投资报酬的折现值。

$$\text{对乙企业的长期投资的评估值} = \sum_{t=1}^{5}\frac{R_t}{(1+r)^t} = \frac{300\times 2\%}{1+6.5\%+2.8\%} + \frac{350\times 2\%}{(1+6.5\%+2.8\%)^2} + \frac{320\times 2\%}{(1+6.5\%+2.8\%)^3} + \frac{360\times 2\%}{(1+6.5\%+2.8\%)^4} + \frac{360\times 2\%}{(1+6.5\%+2.8\%)^5} = 6\times 0.9149+7\times 0.8371+6.4\times 0.7658+7.2\times 0.7007+7.2\times 0.6411=25.91\ (\text{万元})$$

课程思政要点

通过对2020年10月蚂蚁金服IPO定价的案例讨论，使学生明确如何正确评估股票的价值，不盲从市场，构建正确的价值评估体系，培养学生独立、客观、严谨的专业素养以及正确的世界观，做一个有原则有坚守的人。

本章练习

一、单项选择题

1. 上市交易的债券一般采用（　　）进行评估。

A. 成本法　　B. 市场法　　C. 收益法　　D. 市盈率法

2. 非上市股票评估，一般采用的评估方法是（　　）。

A. 成本法　　B. 市场法　　C. 收益法　　D. 本金加股息

3. 甲评估公司对某企业上市交易的长期债券投资进行评估，长期债券投资账面余额为20万元（购买债券1 000张、面值200元/张）、年利率10%，期限4年。根据市场调查，评估基准日的收盘价为220元/张，则债券的评估值为（　　）元。

A. 200 000　　B. 220 000　　C. 250 000　　D. 200 000

4. 某企业发行五年期一次还本付息债券20万元，年利率8%，单利计息，评估基准日至到期日还有3年，若以国库券利率4%作为无风险报酬率，风险报酬率取3%，则该债券的评估价值最接近（　　）元。

A. 187 344　　B. 206 396　　C. 228 500　　D. 240 740

5. 与股票价值评估关系不大的价格是（　　）。

A. 清算价格　　B. 市场价格　　C. 票面价格　　D. 内在价格

6. 被评估资产为某一股份公司非上市股票10 000股，每股面值1元，账面价格为每股1.5元。该股票过去每年股息为0.5元/股，经评估人员分析，该公司将来可以保持该股利水平不变。评估时银行一年期存款利率为5%，确定风险报酬率为3%。该批股票的评估价值为（　　）。

A. 40 000元　　B. 62 500元　　C. 187 500元　　D. 15 000元

7. 假设企业经营稳定，分配红利固定，并且今后也能保持固定水平，在这种假设下，普通股股票评估模型应该是（　　）。

A. 固定红利型　　B. 红利增长型　　C. 分段型　　D. 综合型

8. 被评估债券为5年期一次性还本付息债券，票面额20 000元，年利息率为3%，不计复利，评估时该债券购入时间已满3年，设定折现率为7%，则该被评估债券的评估值最有可能是（　　）元。

A. 10 648.15　　B. 16 280.90　　C. 17 892.40　　D. 20 088.20

9. 在非上市债券价值评估中，对于距离评估基准日一年内到期的债券，可以根据（　　）确定评估值。

A. 债券面值　　B. 本金与持有期间利息之和

C. 本利和折现值　　D. 本金与持有期间利息之差

10. 被评估企业拥有另一企业发行的面值共 90 万元的非上市普通股票，从持股期间来看，每年股利分派相当于票面值的 10%。评估人员通过调查了解到，股票发行企业每年只把税后利润的 80% 用于股利分配，另 20% 用于扩大再生产。假定股票发行企业今后的股本利润率（净资产收益率）将保持在 15% 左右，折现率确定为 12%，则被评估企业拥有的该普通股票的评估值最有可能是（　　）万元。

A. 90　　B. 80　　C. 100　　D. 120

11. 股票的内在价值是一种（　　）。

A. 理论价值　　B. 发行价值　　C. 账面价值　　D. 市场价值

12. 某企业计划拥有甲企业发行的面值 100 万元非上市普通股票，预期甲企业次年发放相当于股票面值 12% 的股利，且股利以 3.75% 的速度增长，在折现率为 10% 的前提下，该 100 万元股票的价值最接近（　　）万元。

A. 192　　B. 130　　C. 100　　D. 180

13. 某公司持有 10 年期债券 1 000 张，每张面值 100 元，票面利率 8%，每期付息，到期还本。评估时还有 5 年到期，市场利率为 5%。则该批债券的评估值约为（　　）元。

A. 1 053 530　　B. 103 630　　C. 103 930　　D. 112 986

14. 对非控股型股权投资的评估，对于明显没有经济利益，也不能形成任何经济权利的，评估值应为（　　）。

A. 零值　　B. 以净资产额乘以投资比例

C. 负值　　D. 无法确定

15. 长期投资性资产评估所评估的是（　　）。

A. 投资企业的获利能力

B. 被投资企业的偿债能力

C. 被投资企业的获利能力和偿债能力以及对资本的评估

D. 被投资企业的获利能力和偿债能力

16. 下列关于股权投资的评估，说法错误的是（　　）。

A. 对于非控股型股权投资的评估只能采用收益法进行评估

B. 对于合同、协议明确约定了投资报酬的长期投资，可以按规定应获得的收益折为现值，作为评估值

C. 控股型股权投资评估，以收益法为主，也可以采用市场法评估

D. 无论采用什么方法评估非控股型股权投资，都应该考虑少数股权因素对评估值的影响

17. 甲厂以机器设备向乙厂投资，协议双方联营 10 年，双方按各自投资比例分配乙厂的利润，甲厂投资 100 万元占乙厂资本总额的 10%。双方协议投资期满时，乙厂按甲厂投入机器设备的折余价值返还甲厂，设备年折旧率定为 5%，评估时双方已经联营 5 年，前 5 年甲厂每年从乙厂分得利润分别为：10 万元、14 万元、15 万元、15 万元、15 万元。经评估人员调查分析，认为乙厂今后 5 年的生产经营情况基本稳定，甲厂每年从乙厂分得 16 万元收益问题不大。投资期满，乙厂将返还甲厂机器折余价值 50 万元。根据评估时的银行利

率、通货膨胀情况，以及乙厂的经营情况，将折现率定为12%。该项长期投资评估价值为（　）万元。

A. 86.0468　　B. 80　　C. 64.35　　D. 22.57

二、多项选择题

1. 非上市债券的评估类型可以分为（　）。

A. 到期一次还本付息型　　B. 固定红利型

C. 分次付息，到期还本型　　D. 红利增长型

E. 分段型

2. 股票价值的评估通常与股票的（　）有关。

A. 票面价格　　B. 市场价格

C. 清算价格　　D. 内在价格

E. 账面价格

3. 下列上市债券的评估方法，说法正确的有（　）。

A. 如果某种债券可以在市场上流通买卖，并且市场上有该种债券的现行市价，则在正常情况下，上市债券的现行市场价格可以作为它的评估值

B. 当证券市场投机严重，债券价格严重扭曲，对上市债券的评估，就不能采用市场法，而用其他评估方法进行评估

C. 上市交易的债券的现行价格，一般是以评估基准日的收盘价确定评估值

D. 评估人员应在评估报告中说明所用评估方法和结论与评估基准日的关系，并说明该评估结果应随市场价格变动而予以调整

E. 上市交易的债券的现行价格，一般是以评估基准日的开盘价确定评估值

4. 以下关于股票投资的评估，说法正确的有（　）。

A. 股票投资具有高风险、高收益的特点，如果被投资企业破产，股票投资人不仅得不到分红，还可能血本无归

B. 股票的市场价格可以直接作为股票的评估值

C. 非上市交易股票价值的评估一般采用收益法

D. 上市交易股票如果存在非法炒作的现象，那股票的市场价格就不能完全作为评估的依据，而应以股票的内在价值作为评估的依据

E. 对普通股的评估可以分为固定红利型、红利增长型和分段型股票价值评估

5. 债权投资与股权投资相比，具有（　）特点。

A. 投资风险较小　　B. 收益相对稳定

C. 具有较强流动性　　D. 高收益

E. 投资的安全性较强

6. 下列关于非控股型股权投资评估的描述，正确的有（　）。

A. 对于非控股型股权投资评估，可以采用收益法

B. 对于明显没有经济利益，也不能形成任何经济权利的投资则按零价值计算

C. 在未来收益难以确定时，可以采用重置价值法进行评估，即通过对被投资企业进行评估，确定净资产数额，再根据投资方所占的份额确定评估值

D. 如果进行该项投资的期限较短，价值变化不大，被投资企业资产账实相符，可根据核实后的被投资企业资产负债表上净资产数额，再根据投资方所占的份额确定评估值

E. 无论采用什么方法评估非控股型股权投资，都应考虑少数股权因素可能会对评估值产生的影响

三、计算题

1. 某资产评估公司受托对A企业拥有的B公司的债券进行评估，被评估债券面值80 000元，系B公司发行的3年期一次还本付息债券，年利率6%，单利计息，未上市。评估基准日距到期日为2年，当时的风险报酬率为2%，国库券利率为5%，要求计算该债券的评估值。

2. 某评估机构于2023年1月对A公司进行评估，A公司拥有B公司发行的非上市普通股200万股，每股面值1元。经评估人员预测，评估基准日后该股票第一年每股收益率为5%，第二年每股收益率为8%，第三年每股收益率为10%，从第四年起，因生产、销售步入正轨，专利产品进入成熟期，因此每股收益率可达12%，而且从第六年起，B公司每年终了将把税后利润的80%用于股利分配，另20%用于公司扩大再生产，B公司净资产收益率将保持在15%的水平。如果无风险报酬率为4%，风险报酬率为6%，评估基准日为2023年1月1日，要求评估A公司所拥有的B公司股票的市场价值。

第十章

企业价值评估

本章教学目的与要求

通过本章的学习，学生应掌握企业价值的涵义及特点、企业价值评估的范围及程序，熟练掌握评估基本方法，为恰当运用评估方法评估企业价值奠定基础。

本章教学重点与难点

企业价值的涵义、企业价值评估的范围、收益法在企业价值评估中的应用。

参考课时

3 课时。

教学方法与手段

课堂讲授和案例分析。

第一节　企业价值评估概述

一、企业及企业价值

（一）企业及其特点

从资产评估和企业价值评估的角度，可以把企业看作以营利为目的，按照法律程序建立起来的经济实体，从形式上它体现为在固定地点的相关资产的有序组合；从功能上和本质上看，企业是由构成它的各个要素资产围绕着一个系统目标，保持有机联系，发挥各自特定功能，共同构成一个有机的生产经营能力载体和获利能力载体，以及由此产生的相关权益的集合。从这个角度的企业定义中不难发现，现代企业不仅是一个经营能力和获利能力的载体，以及由此产生的相关权益的集合，而且是按照法律程序建立起来的并接受法律法规约束的经济组织。企业作为一类特殊的资产也有其自身的特点：

1. 合法性

企业首先是依法建立起来的经济组织，它的存在必须接受法律法规的约束。对企业的判断和界定必须首先从法律法规的角度，从合法性、产权状况等方面进行界定。

2. 盈利性

企业作为一类特殊的资产，其存在的目的就是盈利。为了达到盈利的目的，企业需具备相应的功能。企业的功能是以企业的生产经营范围为依据，以其工艺生产经营活动为主线，将若干要素资产有机组合起来形成的。

3. 整体性

构成企业的各个要素资产虽然各具不同性能，但它们是在服从特定系统目标前提下而构成企业整体。可能构成企业的各个要素资产并非个个完整无缺，但它们可以综合在一起成为具有良好整体功能的资产综合体。当然，即使构成企业的各个要素资产的个体功能良好，如果它们之间的功能不匹配，它们组合而成的企业整体功能也未必很好。企业强调它的整体性。

4. 持续经营与环境适应性

企业要实现其盈利目的，就必须保持持续经营，在持续经营中不断地创造收入，降低成本。而企业要在持续经营中保证实现盈利目的，企业的要素资产不仅要有良好的匹配和整体性，还必须能适应不断变化的外部环境及市场结构，并适时地作出调整，包括生产经营方向、生产经营规模，即保持企业生产结构、产品结构与市场结构的协调。

5. 权益的可分性

虽然企业是由若干要素资产组成，作为一个整体企业，从经营能力和获利能力载体的角度，企业的要素资产是不能随意拆分的。但是，与企业经营能力和获利能力载体相关的权益却是可分的。因此，企业的权益可划分为股东（投资者）全部权益和股东（投资者）部分权益。

（二）企业价值的含义

从政治经济学的角度，企业价值是指凝结在其中的社会必要劳动时间。

从会计核算的角度，企业价值是指建造或取得企业的全部支出或全部所费。

从财务管理的角度，企业价值是企业未来现金流的折现值，即所谓的企业内在价值。

从市场交换的角度，企业价值是企业在市场上的货币表现。

如果从资产评估的角度，企业价值需要从两个方面考虑和界定：第一，资产评估揭示的是评估对象在交易假设前提下的公允价值，企业作为一类特殊资产，在评估中价值也应该是在交易假设前提下的公允价值，即企业在市场上的公允货币表现；第二，由企业特点所决定，企业在市场上的货币表现实际上是企业所具有的获利能力可实现部分的货币化和资本化。

1. 企业价值是一种公允价值

这不仅是由企业作为资产评估的对象所决定的，而且是由对企业进行价值评估的目的所决定的。企业价值评估的一般目的是服从或服务于企业的产权转让或产权交易。在企业产权转让或产权交易中需要的是企业的交换价值或市场上的公允价值。当然，由于企业价值评估都有其特定目的，而与之相对应的企业价值也应该是企业公允价值的具体表现形式：市场价值、投资价值或其他价值等。

2. 企业价值由企业获利能力决定

企业作为一种特殊的商品，之所以能在市场中进行转让和交易，不仅因为企业是劳动产品，有社会必要劳动时间凝结在其中，更重要的是企业具有持续获利能力，这种持续获利能力是企业具有交换价值的根本。在这里我们强调资产评估中的企业价值通常是一种持续经营条件下的价值，并且其价值是由企业获利能力决定的，目的在于提醒评估人员在企业持续经营价值评估过程中把握住企业价值评估的关键，即企业的获利能力。

3. 企业价值不同于账面价值、公司市值和清算价值

企业的账面价值是一个以历史成本为基础进行计量的会计概念，可以通过企业的资产负债表获得。由于企业的账面价值没有考虑或很少考虑通货膨胀和资产的经济性贬值等重要因素的影响，所以企业的账面价值明显区别于资产评估中的企业价值。

公司市值是指上市公司的股票价格与总股本的乘积。在成熟的资本市场上，信息相对充分，市场机制相对有效，公司市值与企业价值具有趋同性。但是，由于股票的市场价格通常是少数股份的交易价格，企业价值并不一定就等于股票价格与总股本的乘积。我国尚处在经济转型期，证券市场既不规范，也不成熟，因而不宜将公司市值直接作为企业价值。

清算价值是指企业停止经营，变卖企业全部资产减去全部负债后的现金余额。这时企业资产价值应是可变现价值，其不满足整体持续经营假设。破产清算企业的价值评估，不是对企业一般意义上价值的揭示，该类企业作为生产要素整体已经丧失了盈利能力，因而也就不具有通常意义上的企业所具有的价值。对破产清算企业进行价值评估，实际上是对该企业的单项资产的公允价值之和进行判断和估计。

资产评估人员应当知晓，在某些情况下，企业在持续经营前提下的价值并不必然大于在清算前提下的企业变现价值。如出现了这种情况，评估人员可以向委托方提出咨询建议，如果相关权益人有权启动被评估企业清算程序，资产评估人员应当根据委托，分析评估对象在清算前提下价值大于在持续经营前提下价值的可能性和评估价值。

（三）企业价值的表现形式

根据评估目的，以及评估结果的不同用途，企业价值可以通过不同的层面表现出来。

1. 企业总资产价值

企业的总资产价值是企业流动资产价值加上固定资产价值、无形资产价值和其他资产价值之和，是指企业产权范围内的构成企业的全部有形资产与无形资产的价值之和，即企业的产权价值。

2. 企业整体价值

企业整体价值是企业总资产价值减去企业负债中的非付息债务价值后的余值，或用企业所有者权益价值加上企业的全部付息债务价值表示。

3. 企业投资资本价值（企业所有者权益 + 企业长期负债）

企业投资资本价值是指企业长期经营的债务与股东权益的价值之和，即不包括企业流动负债的企业持续经营价值。换句话说，企业投资资本价值是企业总资产价值减去企业流动负债价值后的余值，或用企业所有者权益价值加上企业的长期付息债务价值表示。

4. 企业所有者权益的价值

企业所有者权益的价值，即股东权益价值，是指扣除了企业各种负债后的企业净价值。

5. 企业部分股权价值

企业部分股权价值是企业的所有者权益价值或净资产价值的某一部分。但不是简单的所有者权益价值的百分比，具体包括企业的控股股权价值和非控股股权价值。

按照中国资产评估协会 2019 年 1 月 1 日开始实施的《资产评估执业准则——企业价值》

第二条定义的企业价值评估，即资产评估机构及其资产评估专业人员对评估基准日特定目的下企业整体价值、股东全部权益价值或部分权益价值进行评定、估算并发表专业意见的行为的过程来看，企业价值是指企业的整体价值、股东全部权益价值或部分权益价值。

企业总资产价值、企业投资资本价值作为企业价值的表现形式，可能并不是企业价值评估的对象。但在采用间接法评估企业价值的时候，企业总资产价值、企业投资资本价值等经常会被用作确定企业整体价值、股东全部权益价值，以及股东部分权益价值的过渡形式。

（四）企业价值评估中的价值类型

从企业价值评估的目的、评估条件和委托方对评估报告使用的需求等对价值类型要求的角度，企业价值可分为市场价值和非市场价值。而非市场价值又主要包括持续经营价值、投资价值和清算价值等。

企业的市场价值是指企业在评估基准日公开市场上正常经营所表现出来的市场交换价值估计值，或者说是整个市场对企业认同的价值。

企业的非市场价值是指不满足企业市场价值定义和条件的所有其他企业价值表现形式的集合。企业的非市场价值是对同类企业价值表现形式的概括，而不是具体的企业价值表现形式。

持续经营价值是非市场价值的一种具体价值表现形式，具体是指企业作为一个整体的价值。由于企业的各个组成部分对该企业整体价值都有相应的贡献，可以将企业总的持续经营价值分配给企业的各个组成部分，即构成企业持续经营的各局部资产的在用价值。持续经营价值是根据企业在评估基准日正在使用的地点、自身的经营方式和经营管理水平等条件继续经营下去所表现出的市场交换价值估计值。企业的持续经营价值可能大于或小于企业的市场价值。

投资价值也是非市场价值的一种具体表现形式，具体是指企业对于特定投资者所具有的市场交换价值的估计值，它可能等于、大于或小于企业的市场价值。

清算价值是指企业在非持续经营条件下的各要素资产的变现价值。企业的清算价值包括有序清算价值和强制清算价值等。

二、企业价值评估的特点

（一）评估对象具有综合性

从评估对象的构成来看，评估对象是由多个或多种单项资产组成的资产综合体。

（二）评估企业的整体获利能力

从决定企业价值高低的因素看，其决定因素是企业的整体获利能力，需要评估的是企业的整体获利能力。

（三）企业价值评估具有预测性

企业价值评估是对企业具有的潜在获利能力所能实现部分的估计，具有一定的预测性。

（四）企业价值并非各个要素资产的价值之和

企业价值评估是一种整体性评估，它充分考虑了企业各构成要素资产之间的匹配与协调，它与企业的各个要素资产的评估值之和既有联系，也有区别。一般来说，企业的各个要素资产的评估值之和是整体性企业价值的基础。在此基础上考虑企业的商誉或综合性经济性贬值，就是整体性企业价值了。当然，企业价值与企业的各个要素资产的评估值之和之间还是有区别的，这些区别主要表现为：

1. 评估对象的差异

企业整体性价值评估与企业各个要素资产评估值加总的评估，两类评估的对象是不同的。企业价值整体性评估的对象是资产的整体获利能力及其市场表现。企业各个要素资产的评估值之和的评估，其评估对象是企业的各个要素资产。

2. 影响因素的差异

企业价值整体性评估是以企业的获利能力为核心，围绕着影响企业获利能力，以及企业面临的各种风险进行评估的。而将构成企业的要素资产单项评估加总的评估，在评估时是针对影响各个单项资产价值的各种因素展开的。两者有着明显的差异。

3. 评估结果的差异

由于企业价值整体性评估和构成企业的要素资产的简单评估加总在评估对象上的差异，以及由此引起的在评估时考虑的因素等方面的差异，两种评估的结果通常会有所不同。当前者结果大于后者时，两者的差异通常会表现为企业的商誉，即企业的整合效应产生的不可确指的无形资产。当后者结果大于前者时，两者的差异表现为企业的综合性经济性贬值，即企业要素资产之间的不匹配、产品结构与市场需求之间的不匹配形成的贬值。

在这里，通过企业价值的整体性评估与要素资产加和评估的比较，不是说企业要素资产加和的评估方法不能使用，而是要说明企业要素资产加和评估的方法可能并不一定能够完全客观地将持续经营前提下的企业价值反映出来。所以，在一般情况下，尽量不要单独使用这种方法评估企业价值。

三、企业价值评估的范围界定

评估范围界定是任何一项资产评估的必要环节。但就绝大部分单项资产评估，其评估范围的界定相对来说是比较容易的，即通过明确评估对象本身就能较为准确地界定评估范围。而对企业来讲，情况要复杂一些，企业资产评估的范围界定至少包括以下两个层次：其一是企业价值评估的一般范围的界定，即企业资产产权的界定；其二是企业价值评估的具体范围界定，即企业有效资产的界定。

（一）企业价值评估的一般范围

企业价值评估的一般范围即企业的资产产权范围。从产权的角度界定，企业价值评估的范围应该是企业产权所涉及的全部资产。包括企业产权主体自身拥有及投入经营的部分、企业产权主体控制的部分，如全资子公司、控股子公司以及非控股公司中的投资部分、企业拥有的非法人资格的派出机构、分部及第三产业，企业实际拥有但尚未办理产权的资产等。具体界定企业价值评估资产范围的依据有：

（1）企业有关产权转让或产权变动的协议、合同、章程中规定的企业资产变动的范围；

（2）企业的资产评估申请报告及上级主管部门批复的文件中规定的评估范围；

（3）企业有关资产产权证明、账簿、投资协议、财务报表；

（4）其他相关资料等。

（二）企业价值评估的具体范围

企业价值大小是由企业的获利能力决定的。企业获利能力是企业全部资产中的有效资产共同作用的结果。因此在对企业整体进行评估时，需要将企业资产范围内的有效资产与对整体获利能力无贡献的溢余资产进行正确的界定与区分，并且对溢余资产进行处理。

其中，有效资产是指企业中正在运营或虽未正在运营但具有潜在运营能力，能够对企业获利能力作出贡献、发挥作用的资产。溢余资产是指在企业中不能参与生产经营、不能对企业获利能力作出贡献的非经营性资产、闲置资产，以及虽然是经营性资产，但在被评估企业已失去经营能力和获利能力的资产总称。

在界定企业价值评估中有效资产与无效资产时，应注意以下几点：

（1）对于在评估时点产权不清的资产，应划为“待定产权资产”，可以列入企业价值评估的一般范用，但在具体操作时，应做特殊处理和说明，并需要在评估报告中披露。

（2）在产权清晰的基础上，对企业的有效资产和无效资产进行区分。在进行区分时，要注意把握以下几点：

①对企业有效资产的判断，应该以资产对企业盈利能力形成的贡献为基础，不能背离这一原则；

②在有效资产的贡献下形成的企业的盈利能力，应是企业的正常盈利能力，由于偶然因素而形成的短期盈利及相关资产不能作为判断企业盈利能力和划分有效资产的依据；

③评估人员应对企业价值进行客观揭示，如企业的出售方拟进行企业资产重组，则应以不影响企业盈利能力为前提。

（3）在企业价值评估中对溢余资产的处理方式通常有两种：

①进行“资产剥离”，即将企业的溢余资产在进行企业价值评估前剥离出去，不列入企业价值评估的范围；

②在溢余资产不影响企业获利能力的前提下，例如闲置的不动产、设备等，用适当的方法对其进行单项资产评估，并将评估值加总到企业价值评估的最终结果之中，或将其可变现净值单独列示披露。上述做法均应在评估报告中予以披露。

（4）如企业出售方拟通过“填平补齐”的方法对影响企业盈利能力的薄弱环节进行改进时，评估人员应着重判断该改进方法对正确揭示企业盈利能力的影响。“填平补齐”是特指由于工艺瓶颈和资金瓶颈等因素所导致的企业盈利能力无法正常发挥的，假设进行局部工艺更新、扩张，弥补或解除瓶颈制约，恢复企业正常生产能力和获利能力，以便正确评估企业价值的评估手段。在企业价值评估中使用“填平补齐”时，需要有详细的说明，并要在所评估的企业价值中将“填平补齐”费用扣除。

四、企业价值评估的程序

企业价值评估大致要经历明确评估基本事项、选择评估方法、根据选择的评估方法及相关条件收集信息资料、对企业价值进行评定估算、对评估结论进行分析审核、出具企业价值评估报告。

（一）明确评估的基本事项

根据企业价值及企业价值评估的特点，在进行企业价值评估时，需明确以下事项：

（1）委托方及资产占有方的基本情况；

（2）被评估企业的基本情况；

（3）评估目的；

（4）评估对象及其评估的具体范围；

(5) 本次评估的价值类型及其价值定义；
(6) 评估假设及限定条件；
(7) 评估基准日。

(二) 选择评估方法

评估人员在进行企业价值评估时，应当根据评估目的、被评估企业的情况、评估时的限定条件和评估的价值类型，以及预计可收集到的信息资料和相关条件，分析收益法、市场法和成本法的适用性和可操作性，选择适用于本次企业价值评估的一种或多种评估方法。

出于企业价值的特殊性和复杂性，一般情况下不宜单独使用成本法评估企业价值。因此在评估方法选择过程中，应尽可能选择多种评估方法。如果确受条件限制，只能选择成本法，应在企业价值评估报告中作出说明。

(三) 收集信息资料

评估人员在进行企业价值评估时，应当根据所选择的评估方法，收集被评估企业以及与被评估企业相关的信息资料。这些资料主要包括：
(1) 企业性质、相关资产的权益状况等信息资料；
(2) 企业经营历史、现状和发展前景资料；
(3) 企业的财务资料，包括历史的、当前的和预期的；
(4) 企业价值评估涉及的具体资产的详细情况资料；
(5) 影响企业价值的国民经济和地区经济状况；
(6) 被评估企业所在行业及相关行业的状况和发展前景；
(7) 资本市场上与被评估企业相关的行业及企业的价格信息、可比财务数据等；
(8) 被评估企业中具体资产的市场价格资料和技术资料；
(9) 与企业价值评估有关的其他信息资料。

(四) 分析确定企业价值

根据评估目的以及对企业价值评估结果的价值类型的影响，利用所选择的多种评估方法和收集的信息资料，对影响企业价值的各种因素进行全面、系统的分析，综合确定企业价值。

(五) 出具企业价值评估报告

在完成上述企业价值评估程序后，可根据评估项目的性质、评估过程以及委托方和相关当事人的要求，选样恰当的报告形式出具企业价值评估报告。

第二节　企业价值评估的基本方法

一、收益法

(一) 收益法评估企业价值的核心问题

1. 企业收益指标的选择

企业的收益能以多种形式出现，包括净利润、净现金流、息前净利润和息前净现金流。选择以何种形式的收益作为收益法中的企业收益，将直接影响对企业价值的最终判断。

2. 未来收益的预测

要求评估人员对企业的将来收益进行精确预测是不可能的。但是，由于企业收益的预测直接影响到对企业盈利能力的判断，是决定企业最终评估值的关键因素。所以，在评估中应全面考虑影响企业盈利能力的因素，客观、公正地对企业的收益作出合理的预测。

3. 折现率的选择

合适的折现率的选择直接关系到对企业未来收益风险的判断。由于不确定性的客观存在，对企业未来收益的风险进行判断至关重要。能否对企业未来收益的风险作出恰当的判断，从而选择合适的折现率，对企业的最终评估值具有较大影响。

（二）收益法的基本计算公式

1. 企业持续经营假设前提下的计算公式

（1）年金法。

年金法的公式为：$P = A/r$

其中：P——企业评估价值；

A——企业每年的年金收益；

r——资本化率。

用于企业价值评估的年金法，是将已处于均衡状态，其未来收益具有充分的稳定性和可预测性的企业的收益进行年金化处理，然后再把已年金化的企业预期收益进行收益还原，估测企业的价值。因此，又可以写成：

$$P = \sum_{i=1}^{n} \frac{R_i}{(1+r)^i} \div \sum_{i=1}^{n} \frac{1}{(1+r)^i} \div r$$

其中：$\sum_{i=1}^{n} \frac{R_i}{(1+r)^i}$——企业前 n 年预期收益折现值之和；

$\sum_{i=1}^{n} \frac{1}{(1+r)^i}$——年金现值系数；

r——资本化率。

【例 10－1】 被评估企业经过测算，未来 5 年的预期收益额分别为 120 万元、150 万元、130 万元、110 万元和 140 万元，假定评估人员确定的资本化率为 10%，试用年金法确定企业的价值。

分析：运用年金法，先将企业的收益进行年金化处理，然后再把已年金化的企业预期收益进行收益还原，估测企业的价值。

$$\begin{aligned} P &= \sum_{i=1}^{n} \frac{R_i}{(1+r)^i} \div \sum_{i=1}^{n} \frac{1}{(1+r)^i} \div r \\ &= (120 \times 0.9091 + 150 \times 0.8264 + 130 \times 0.7513 + 110 \times 0.6830 \\ &\quad + 140 \times 0.6209) \div (0.9091 + 0.8264 + 0.7513 + 0.6830 + 0.6209) \\ &\quad \div 10\% = 1\ 300 \text{（万元）} \end{aligned}$$

（2）分段法。

分段法是将持续经营的企业的收益预测分为前后两段。将企业的收益预测分为前后两段的理由在于：在企业发展的前一个期间，企业处于不稳定状态，因此企业的收益是不稳定的；而在该期间之后，企业处于均衡状态，其收益是稳定的或按某种规律进行变化。对于前段企业的预期收益采取逐年预测，并折现累加的方法。而对于后段的企业收益，则针对企业具体情况并按企业的收益变化规律，对企业后段的预期收益进行折现和还原处理。将企业前后两段收益现值加在一起便是企业的收益现值。

假设以前段最后一年的收益作为后段各年的年金收益，分段法的公式可写成：

$$P = \sum_{i=1}^{n} \frac{R_i}{(1+r)^i} + \frac{R_n}{r(1+r)^n}$$

假设从 n+1 年起的后段，企业预期年收益将按一固定比率 g 增长，则分段法的公式可写成：

$$P = \sum_{i=1}^{n} \frac{R_i}{(1+r)^i} + \frac{R_n(1+g)}{(r-g)} \times (1+r)^{-n}$$

【例 10-2】 被评估企业经过测算，未来 5 年的预期收益额分别为 120 万元、150 万元、130 万元、110 万元和 140 万元，并根据企业的实际情况判断，从第 6 年开始，企业的年收益额保持在 140 万元水平，假定评估人员确定的资本化率为 10%，使用分段法估测企业的价值。

分析：从第 6 年开始企业年收益不变，可运用分段法公式计算企业评估值。

$$P = \sum_{i=1}^{n} \frac{R_i}{(1+r)^i} + \frac{R_n}{r(1+r)^n} = (120 \times 0.9091 + 150 \times 0.8264$$
$$+ 130 \times 0.7513 + 110 \times 0.6830 + 140 \times 0.6209)$$
$$+ 140 \div 10\% \times 0.6209 = 1\ 362 \text{（万元）}$$

假如评估人员根据实际情况判断，企业从第 6 年起，收益额将在第 5 年的水平上以 2% 的增长率保持增长，其他条件不变，估测该企业价值。

分析：从第 6 年开始企业年收益固定增长，则企业评估值计算如下：

$$P = \sum_{i=1}^{n} \frac{R_i}{(1+r)^i} + \frac{R_n(1+g)}{(r-g)} \times (1+r)^{-n}$$
$$= (120 \times 0.9091 + 150 \times 0.8264 + 130 \times 0.7513 + 110 \times 0.6830$$
$$+ 140 \times 0.6209) + 140 \times (1+2\%) \div (10\% - 2\%) \times 0.6209 = 1\ 601 \text{（万元）}$$

2. 企业有限持续经营假设前提下的具体方法

（1）关于企业有限持续经营假设的应用。对企业而言，它的价值在于其所具有的持续的盈利能力。一般而言，对企业价值的评估应该在持续经营前提下进行。只有在特殊的情况下，才能在有限持续经营假设前提下对企业价值进行评估。如企业章程已对企业经营期限作出规定，而企业的所有者无意逾期继续经营企业，则可在该假设前提下对企业进行价值评估。评估人员在运用该假设对企业价值进行评估时，应对企业能否适用该假设作出合理判断。

（2）企业有限持续经营假设是从最有利于回收企业投资的角度，争取在不追加资本性投资的前提下，充分利用企业现有的资源，最大限度地获取投资收益，直至企业无法持续经营为止。

（3）对于有限持续经营假设前提下企业价值评估具体方法，其评估思路与分段法类似。

首先，将企业在可预期的经营期限内的收益加以估测并折现；其次，将企业在经营期限后的残余资产的价值加以估测及折现；最后，将两者相加。其数学表达式为：

$$P=\sum_{i=1}^{n}\frac{R_i}{(1+r)^i}+\frac{P_n}{(1+r)^n}$$

（三）企业收益及其预测

1. 企业收益的界定

企业收益额是运用收益法评估整体企业的基本参数之一。在资产评估中，根据投资回报的原理，收益额是资产在正常情况下所能得到的归产权主体的所得额。在企业价值评估中，收益额具体是指企业在正常条件下获得的归企业的所得额。在企业价值评估过程中从可操作的角度，评估人员大都采用会计学上的收益。会计学上的收益概念，是指来自企业期间交易已实现收入和相应费用之间的差额。

在具体界定企业收益时应注意以下几个方面：

（1）从理论上讲，企业收益是指企业在合法的前提下，所获得的归属于企业的所得额。不归企业权益主体所有的企业纯收入不能作为企业评估中的企业收益，如税收，包括流转税和所得税。凡是归企业权益主体所有的企业收支净额，可视同为企业收益，无论是营业收支、资产收支，还是投资收支，只要形成净现金流入量，就应视同为收益。企业收益界定是从企业收益分享的角度，企业收益只能是企业所有者投资于该企业所能获得的净收入。它的基本表现形式是企业净利润和企业净现金流量。企业净利润和净现金流量是判断和把握企业价值评估中的收益额最重要的基础，也是评估人员认识、判断和把握企业获利能力最重要、最基本的财务数据和指标。

（2）从企业价值评估操作的层面上讲，企业价值评估中的收益额是作为反映企业获利能力的一个重要参数和指标，不仅仅局限于净利润、净现金流量指标。它最重要的作用在于客观地反映企业的获利能力并通过企业获利能力来反映企业的价值。由于企业价值评估的目标范围包括企业整体价值、股东全部权益价值和股东部分权益价值等多重目标，因此，从实际操作的角度，用于企业价值评估的收益额又不仅仅限于企业的净利润和净现金流量两个指标。也就是说，从理论上讲的企业收益可能与企业价值评估实际操作中使用的收益额并不完全等同。

2. 企业收益指标的选择

从投资回报的角度，企业收益的边界是可以明确的。企业净利润是所有者的权益，利息是债权人的权益。针对企业发生产权变动而进行企业价值评估这一事项，企业价值评估的目标可能是企业的总资产价值、企业股东全部权益价值或企业股东部分权益价值，企业价值评估目标的多样性是要求选择收益额口径的客观要求之一。另外，由于资本结构，即不同企业之间资本结构的不同会对企业价值产生什么样的影响，以及由此产生的利息支出、股利分配等对企业价值的影响，都造成在企业价值评估中收益额不同口径选择的必要。

关于企业收益指标的选择，在国外实践中有三类指标：一是企业分成或红利指标（DDM、RIV）；二是反映股东权益价值的净利润、净现金流量（股权自由现金流量）指标；三是反映投资资本价值的息前税后净利润、息前税后净现金流量（企业自由现金流量）指标。目前在我国资产评估实践中，企业收益指标的选择主要有：净利润、净现金流量、息前税后净利润、息前税后净现金流量这四种指标。

（1）净利润与净现金流量指标。净利润是企业在未来经营期内所获得的归资产所有者拥有和支配的净收益。这种收益形式的优点在于能够相对客观地反映企业的实际经营业绩，并且测算相对简便；缺点是由于企业折旧等会计计提政策的不同，会导致企业所实现的净利润缺乏可比性。同时，净利润可能由于企业管理层的利益而被更改，导致其缺乏真实性。采用净利润作为企业整体资产的收益形式，最好是在企业无限期经营并且采用直线折旧法的情况下使用。因为这种情况下，折旧最终会用于更新资产，并且不会因加速折旧政策而影响各时期的利润水平。

净现金流量是指企业未来经营活动中的现金流入量与流出量的差额，其计算公式为：

净现金流量 = 税后净利润 + 折旧与摊销 − 资本性支出 − 净营运资金变动 + 付息债务的增加（减少）

这种收益形式的优点在于：符合资产经营中不断追加投资和回收投资的动态过程；采用收付实现制，现金流量的计算不容易被更改，可靠性更强；不会因企业折旧等会计计提政策的不同而导致其缺乏可比性。净现金流量指标的缺点是测算相对复杂。

（2）净利润（净现金流量）与息前税后净利润（息前税后净现金流量）指标。以息前税后净利润（息前税后净现金流量）作为企业收益形式，是在考虑企业负债的基础上测算企业投资的收益额，进而计算企业投资资本的价值。其计算公式如下：

息前税后净利润 = 净利润 + 长期负债利息 ×（1 − 所得税税率）

息前税后净现金流量 = 净现金流量 + 长期负债利息 ×（1 − 所得税税率）

有关企业价值评估中的资产构成、评估值内涵及收益形式之间的对应关系见表 10 − 1。

表 10 − 1　　资产构成、评估值内涵与收益形式的对应关系

资产构成	评估值内涵	收益额
净资产	所有者权益价值	净利润、净现金流量
净资产 + 长期负债	投资资本价值	息前税后净利润、息前税后净现金流量
总资产	全部资产的价值（企业整体价值）	净利润（净现金流量）+ 利息 ×（1 − 所得税税率）

采用收益法评估企业价值，收益指标选择需考虑的因素有：首先，考虑评估目的，即评估是反映企业所有者权益的净资产价值，还是反映企业所有者权益及长期债权人权益的投资资本价值，或企业总资产价值。其次，应在不影响企业价值评估目的的前提下，选择最能反映企业正常盈利能力的收益额。对于某些企业，净现金流量（股权自由现金流量）能客观反映企业的获利能力，而另一些企业可能采用息前税后净现金流量（企业自由现金流量）更能反映企业的获利能力。因此，即便评估的目标是企业的股东全部权益价值，也可以在直接法与间接法之间进行选择。

所谓直接法，是指评估人员直接利用企业的净现金流量（股权自由现金流量）评估出企业的股东全部权益价值。所谓间接法，是指评估人员利用企业的息前税后净现金流量（企业自由现金流量）先估算出企业的整体价值（所有者权益价值与付息债务之和），然后再从企业整体价值中扣减企业的付息债务后得到股东全部权益价值。

在国际上，一般较多采用间接法评估企业价值。间接法的好处是无需考虑与负债相关的现金流，尤其是在被评估企业财务杠杆变化很大的情况下，运用间接法会比较简单。但是评估人员需要考虑被评估企业是否有能力获得债权资本融资，以满足企业的业务发展需要。同时，还需要获取计算加权平均资本成本的信息，如财务杠杆比率和债务成本等。

3. 企业收益预测的基础

对用于衡量企业获利能力的企业收益不仅存在形式上的界定问题，还存在收益预测基础的问题，企业收益预测的基础有以下两个方面的问题：

（1）企业收益预测的出发点。企业价值评估中预期收益的预测基础可以是企业在正常经营管理前提下的正常收益或客观收益，或是排除偶然因素和不可比因素后的企业实际收益。如果是以企业实际收益为基础预测的预期收益，一定注意在企业实际收益中如果存在一次性的或者是偶然的，或者当企业产权发生变动后不复存在的收入或费用因素，应进行调整。当然，企业价值评估的两种收益预测基础及其在此基础上预测的企业未来收益，以及据此对企业价值作出的判断，企业的评估价值类型和定义应该是有差别的。

（2）新的产权主体的行为对企业预期收益的影响。新的产权主体的行为是评估人员无法确切估测的因素，同时，新的产权主体的个别行为对企业预期收益的影响也不应该称为预测企业预期收益的因素。从这个意义上讲，对于企业预期收益的预测一般只能以企业现实存量资产为出发点，可以考虑存量资产的合理改进，甚至是合理重组，并以企业的正常经营管理为基础，一般不考虑不正常的个人因素或新的产权主体的超常行为等因素对企业预期收益的影响。关于企业预期收益预测基础的以上论述是带有原则性的，是从总的方面对企业预期收益预测基础的认识。在企业价值评估的实际操作中情况可能会更为复杂，特别是通过产权变动，例如企业并购所产生的协同效益。如果完全不考虑被评估企业存量资产的作用也是不合适的，这就存在一个协同效益在新老产权主体之间的分配问题。

4. 企业收益预测的步骤

企业收益的预测大致可分为以下三个基本步骤：

（1）评估基准日企业收益（正常收益）的审核和调整。如果以企业实际收益为基础预测未来企业收益，评估基准日企业收益审核和调整包括两方面工作：

①对评估基准日企业收益的审核。按照国家的财务通则、会计准则以及现行会计制度等对企业评估基准日的实际收益额进行审核，并按审核结果编制评估基准日企业资产负债表、利润表和现金流量表。

②对审核后的重编财务报表进行非正常因素调整，主要是利润表和现金流量表的调整。对于一次性、偶发性或以后不再发生的收入或费用进行剔除，把企业评估基准日的企业利润和现金流量调整到正常状态下的金额和数量，为企业预期收益的趋势分析奠定基础。

如果是以被评估企业所在行业正常收益水平为基础预测企业未来收益，实际上是假设企业发生产权变动后，企业能够以行业的正常经营水平和正常获利能力进行运营。这时，首先应对评估基准日的企业实际收益进行分析，在以行业正常经营水平和获利能力水平预测未来客观收益的基础上，编制企业价值评估的资产负债表、利润表和现金流量表。

（2）企业预期收益趋势的总体分析和判断。在对企业评估基准日实际收益或正常收益的审核和调整的基础上，结合被评估企业管理层提供的有关信息资料，进行企业预期收益趋势的总体分析和判断。这里需要强调指出：

①对企业评估基准日的财务报表的审核和重编，尤其是客观收益的调整仅作为评估人员进行企业预期收益预测的参考依据，不能用于其他目的。

②企业管理层提供的关于企业预期收益的预测是评估人员预测企业未来预期收益的重要基础。

③评估人员必须深入企业现场进行实地考察和现场调研。尽管对企业在评估基准日的财务报表进行了必要的调整或重编，并掌握了企业提供的收益预测，评估人员仍需到企业现场进行实地考察和现场调研，充分了解企业的生产工艺过程、设备状况、生产能力和经营管理水平以及市场状况等，再辅之以其他数据资料对企业未来收益趋势作为合乎逻辑的总体判断。

（3）企业收益的预测。企业收益的预测是在前两个步骤完成以后的基础上，运用具体的技术方法和手段测算企业预期收益。一般情况下，根据企业处于稳定期或发展期的不同，企业收益的预测也不同。

对于已步入稳定期的企业而言，企业收益的预测可分两个时间段：一是对企业未来前若干年的收益进行预测；二是对企业未来前若干年后的各年收益进行预测。若干年可以是3年，也可以是5年，或其他时间跨度。若干年的时间跨度的长短取决于评估人员对预测值的精度要求以及评估人员的预测手段和能力。对评估基准日后若干年的收益预测是在评估基准日调整的企业收益或企业历史收益的平均收益趋势的基础上，结合影响企业收益实现的主要因素在未来预期变化的情况，采用适当的方法进行的。目前较为常用的方法有综合调整法、产品周期法、时间趋势法等。

对于仍处于发展期，其收益尚不稳定的企业而言，对其收益预测的分段应是首先判断企业在何时步入稳定期，其收益呈现稳定性；而后将其步入稳定期的前一年作为收益预测分段的时点。对企业何时步入稳定期的判断，应在与企业管理人员的充分沟通和占有大量资料并加以理性分析的基础上进行，其确定较为复杂。

（四）折现率和资本化率及其估测

折现率是将未来有限期收益还原或转换为现值的比率。资本化率是指将未来非有限期（永续期）收益转换为现值的比率。资本化率在资产评估业务中有着不同的称谓：资本化率、本金化率、还原利率等。折现率和资本化率在本质上是相同的，都属于投资报酬率。作为投资报酬率通常由两部分组成：一是无风险报酬率（正常投资报酬率）；二是风险投资报酬率。正常投资报酬率亦称为无风险报酬率、安全利率，它取决于资金的机会成本，即正常的投资报酬率不能低于该投资的机会成本。这个机会成本通常以政府发行的国债利率和银行储蓄利率作为参考依据。风险投资报酬率的高低主要取决于投资风险的大小，风险大的投资，要求的风险投资报酬率就高。

1. 企业价值评估中选择折现率的基本原则

（1）折现率不低于投资的机会成本。在存在着正常的资本市场和产权市场的条件下，任何一项投资的回报率不应低于该投资的机会成本。在现实生活中，政府发行的国债利率和银行储蓄利率可以作为投资者进行其他投资的机会成本。由于国债的发行主体是政府，几乎没有破产或无力偿付的可能，投资的安全系数大。银行虽大多属于商业银行，但我国的银行仍属国家垄断或严格监控，其信誉也非常高，储蓄也是一种风险极小的投资。因此，国债和银行储蓄利率可看成是其他投资的机会成本，相当于无风险投资报酬率。

（2）行业基准收益率不宜直接作为折现率，但行业平均收益率可作为确定折现率的重要参考指标。我国的行业基准收益率是基本建设投资管理部门为筛选建设项目，从拟建项目对国民经济的净贡献方面，按照行业统一制定的最低收益率标准，凡是投资收益率低于行业基准收益率的拟建项目不得上马。只有投资收益率高于行业基准收益率的拟建项目才有可能得到批准进行建设。行业基准收益率旨在反映拟建项目对国民经济的净贡献的高低，包括拟建项目可能提供的税收收入和利润，而不是对投资者的净贡献。因此，不宜直接将其作为企业产权变动时价值评估的折现率。另外，行业基准收益率的高低也体现着国家的产业政策。在一定时期，属于国家鼓励发展的行业，其行业基准收益率可以相对低一些；属于国家控制发展的行业，国家就可以适当调高其行业基准收益率，达到限制项目建设的目的。因此，行业基准收益率不宜直接作为企业评估中的折现率。而随着我国证券市场的发展，行业的平均收益率日益成为衡量行业平均盈利能力的重要指标，可作为确定折现率的重要参考指标。

（3）贴现率不宜直接作为折现率。贴现率是商业银行对未到期票据提前兑现所扣金额（贴现息）与票据票面金额的比率。贴现率虽然也是将未来值换算成现值的比率，但贴现率通常是银行根据市场利率和贴现票据的信誉程度来确定的。且票据贴现大多数是短期的，并无固定期间周期。从本质上讲，贴现率接近于市场利率。而折现率是针对具体评估对象的风险而生成的期望投资报酬率。从内容上讲，折现率与贴现率并不一致，简单地把银行贴现率直接作为企业评估的折现率是不妥当的。但也要看到，在有些情况下，如对采矿权评估所使用的贴现现金流量法，正是以贴现率折现评估价值的。但就是在这种场合，所使用的贴现率也包括安全利率和风险溢价两部分，与真正意义的贴现率也不完全一样。

2. 风险报酬率的测算

在折现率的测算过程中，无风险报酬率的选择相对比较容易一些，通常是以政府债券利率和银行储蓄利率为参考依据。而风险报酬率的测度相对比较困难。它因评估对象、评估时点的不同而不同。就企业而言，在未来的经营过程中要面临经营风险、财务风险、行业风险、通货膨胀风险等。从投资者的角度，要投资者承担一定的风险，就要有相对应的风险补偿。风险越大，要求补偿的数额也就越大。风险补偿额相对于风险投资额的比率就是风险报酬率。

在测算风险报酬率的时候，评估人员应注意以下因素：

（1）国民经济增长率及被评估企业所在行业在国民经济中的地位；

（2）被评估企业所在行业的发展状况及被评估企业在行业中的地位；

（3）被评估企业所在行业的投资风险；

（4）企业在未来的经营中可能承担的风险等。

在充分考虑和分析以上各因素以后，风险报酬率可通过以下两种方法估测：

（1）风险累加法。企业在其持续经营过程中可能要面临许多风险，像前面已经提到的行业风险、经营风险、财务风险、通货膨胀风险等。将企业可能面临的风险对回报率的要求予以量化并累加，便可得到企业评估折现率中的风险报酬率。用数学公式表示为：

风险报酬率 = 行业风险报酬率 + 经营风险报酬率 + 财务风险报酬率 + 其他风险报酬率

行业风险主要指企业所在行业的市场特点、投资开发特点，以及国家产业政策调整等因素造成的行业发展不确定性给企业预期收益带来的影响；

经营风险是指企业在经营过程中，由于市场需求变化、生产要素供给条件变化以及同类企业间的竞争给企业的未来预期收益带来的不确定性影响；

财务风险是指企业在经营过程中的资金融通、资金调度、资金周转可能出现的不确定性因素影响企业的预期收益；

其他风险包括国民经济景气状况、通货膨胀等因素的变化可能对企业预期收益的影响。

量化上述各种风险所要求的回报率，主要是采取经验判断。它要求评估人员充分了解国民经济的运行态势、行业发展方向、市场状况、同类企业竞争情况等。只有在充分了解和掌握上述数据资料的基础上，对于风险报酬率的判断才能较为客观合理。当然，在条件许可的情况下，评估人员应尽量采取统计和数理分析方法对风险回报率进行量化。

（2）β系数法。β系数法用于估算企业所在行业的风险报酬率。其计算公式为：

$$R_i = (R_m - R_f) \times \beta$$

其基本思路是，行业风险报酬率是社会平均风险报酬率与被评估企业所在行业平均风险和社会平均风险的比率系数（β系数）的乘积。

β系数法估算风险报酬率的步骤为：

①将社会平均收益率扣除无风险报酬率，求出社会平均风险报酬率；

②将企业所在行业的平均风险与社会平均风险进行比较，求出企业所在行业的β系数；

③用社会平均风险报酬率乘以企业所在行业的β系数，便可得到被评估企业所在行业的风险报酬率。

3. 折现率的测算

（1）加和法。加和法是采用无风险报酬率加风险报酬率的方式确定折现率或资本化率。如果风险报酬率是通过β系数法或资本资产定价模型估测出来的，此时，加和法测算的折现率或资本化率适用于股权收益的折现或资本化。加和法测算折现率的数学公式为：

$$r = R_f + R_i$$

式中：

r——企业价值评估中的折现率；

R_f——无风险报酬率；

R_i——风险报酬率。

（2）加权平均资本成本模型。加权平均资本成本模型是以企业的所有者权益和企业负债所构成的全部资本，以及全部资本所需求的回报率，经加权平均计算来获得企业评估所需折现率的一种数学模型。有时也使用企业的所有者权益与长期负债所构成的投资资本，以及投资资本所要求的回报率，经加权平均获得企业价值评估所需折现率。用数学公式表示为：

折现率＝长期负债占资产总额的比重×长期负债利息率×(1－企业所得税税率)＋所有者权益占资产总额的比重×净资产投资报酬率

其中：

净资产投资报酬率＝无风险报酬率＋风险报酬率

确定各种资本权重的方法一般有三种：

①以企业资产负债表中（账面价值）各种资本的比重为权数；

②以占企业外发证券市场价值（市场价值）的现有比重为权数；

③以在企业的目标资本构成中应该保持的比重为权数。

（五）收益额与折现率口径的对应

根据不同的评估目的和评估价值目标，用于企业评估的收益额可以有不同的口径，如净利润、净现金流量（股权自由现金流量）、息前税后净利润、息前税后净现金流量（企业自由现金流量）等。因为不同口径的收益额，其折现值的内涵与数量是不同的。而折现率作为一种价值比率，就要注意折现率的计算口径与收益额相对应。

(1) 从股权投资回报角度考虑的折现率。如果收益额选取的是净利润、净现金流量(股权自由现金流量),那么评估值内涵是股东权益的价值,折现率即是从股权投资回报率的角度考虑,可以通过加和法、加权平均资本成本模型计算取得。

(2) 从股权与债权的综合投资角度考虑的折现率。有些折现率既考虑了股权投资的回报率,同时又考虑了债权投资的回报率,净利润、净现金流量(股权自由现金流量)是股权收益形式只能用股权投资回报率作为折现率。而息前税后净利润、息前税后净现金流量(企业自由现金流量)等是股权与债权收益的综合形式,因此,只能运用股权与债权综合投资回报率,即只能运用通过加权平均资本成本模型获得的折现率。

(3) 折现率采用行业平均资金收益率指标。如果运用行业平均资金收益率作为折现率,就要注意计算折现率时的分子与分母的口径与收益额的口径一致的问题。

折现率既有按不同口径收益额为分子计算的折现率,也有按同一口径收益额为分子,而以不同口径资金占用额或投资额为分母计算的折现率。如企业资产总额收益率、企业投资资本收益率、企业净资产收益率等。所以,在运用收益法评估企业价值时,必须注意收益额与计算折现率所使用的收益额之间结构与口径上的匹配和协调,以保证评估结果合理且有意义。如表 10-2 所示。

表 10-2　　收益额、折现率及评估值内涵的对应关系

收益额	折现率	评估值内涵	评估资产构成
净利润 或净现金流量	权益资产折现率 (加和法、CAPM)	所有者权益价值	净资产
息前税后净利润、 息前税后净现金流量	加权平均资本成本(WACC)	投资资本价值	净资产+长期负债

【**例 10-3**】运用收益法评估企业价值案例

(一) 案例背景

2013 年 12 月,双龙股份有限公司(简称双龙股份)停牌收购吉林金宝药业股份有限公司(简称金宝药业)100% 的股份。双龙股份主要从事化工产品白炭黑的研发、生产和销售,也是国内最早生产白炭黑的企业之一。但是由于国际经济形势的复杂多变,加之国内白炭黑行业的不景气,使得产能过剩,盈利能力每况愈下。金宝药业始建于 1998 年,是一家主要以中西成药生产、销售、研发为一体的现代化制药企业。目前,金宝药业建立了主要以吉林省为中心,辐射全国的营销网络,拥有 66 个药品批准文号,并在国家相关政策的支持下,建立了“乐达非中药抗病毒药品生产基地”,在行业中具有领先地位。医药行业是一个弱周期性行业,受经济周期影响较小,是双龙股份较为合适的互补性业务。同时,收购金宝药业将为双龙股份开拓新的利润空间,成为公司新的业务增长点,也为今后多元化发展提供良好的基础。

(二) 金宝药业历史绩效分析

作为非上市公司的金宝药业,其历史数据的收集受到一定的限制,仅取得了 2013 年的完整财务数据,历史绩效情况见表 10-3、表 10-4 和表 10-5。

1. 偿债能力分析(略)

2. 营运能力分析(略)

3. 盈利能力分析（略）

通过与6家在医药行业具有代表性的企业比较后发现，金宝药业偿债能力较强，经营稳健，短期财务风险较小。企业长期经营是评估企业价值的重要假设之一，在不考虑系统性风险的情况下，采用收益法评估金宝药业价值是符合条件的。

金宝药业的盈利能力强，营业利润率高达26.26%，主要原因有：一是产品单价高，二是成本控制较好。通过对6家企业的资产周转率指标分析，发现产品单价较高是导致医药行业高回报率的重要原因。在我国，"看病难、看病贵"是一个影响民生质量的重要因素，随着医疗行业的改革，药价高企势必会得到抑制，未来医药行业的经济效益会受到一定影响，这对评估金宝药业的企业价值是一个要考虑的因素。

（三）金宝药业未来绩效预测

1. 医药行业发展状况（略）

2. 金宝药业的竞争能力分析（略）

3. 金宝药业未来收益预测

对企业未来收益的预测可以分段进行，第一段为可预见期，一般为3～5年；第二段为五年以后，称为稳定期。

（1）第一段收益的预测。本例采用销售百分比法预测未来的财务数据，用目标资本结构和剩余股利政策来推定未来融资需求。销售成本和费用等保持与收入等比例增长。在目标资本结构和剩余股利政策下，企业未来融资需求按销售收入增长率同比增加，不需要额外的融资，即使融资，也采用内部融资。在这样的假设下，每年的利息费用也将保持与收入同比例增长。公司2013年的销售增长率为12.62%，并购完成后，依托上市公司双龙股份的优势资源，预测销售增长率有所提升，未来几年的增长速度逐渐放缓，据此估测2014～2017年的销售收入增长率分别为13%、12%、10%、8%。

（2）第二段收益的预测。在现实中，稳定期的收益是很难进行预测的，主要有两种方法：一是在对企业第一段（可预见期）收益测算的基础上，借助软件找出收益变化的趋势，再用专业软件测算出来；二是利用假设，假定企业处于均衡状态，其收益是稳定的或按某种规律进行变化。利用假设是实务中较为常用的方法，稳定期中企业收益的增长率不变，一般等于国民经济的增长水平。

本案例中，综合对金宝药业财务和经营数据分析，确定金宝药业的稳定期为2018年以后，收益增长率等于GDP增长率。由我国GDP增长的数据结合专家意见分析，未来很长一段时间，我国GDP将保持7%左右的水平。据此，假设金宝药业在稳定期的增长率为7%。

根据上述分析，金宝药业的预测利润表、资产负债表和现金流量表如表10－3、表10－4和表10－5所示。

表10－3　　预测利润表　　单位：元

项目	2013年	2014年	2015年	2016年	2017年	2018年	2019年
销售增长率	基期	13%	12%	10%	8%	7%	7%
销售成本率	65.21%	65.21%	65.21%	65.21%	65.21%	65.21%	65.21%
税金及附加/营业收入	0.80%	0.80%	0.80%	0.80%	0.80%	0.80%	0.80%

续表

项目	2013 年	2014 年	2015 年	2016 年	2017 年	2018 年	2019 年
销售费用/营业收入	2.96%	2.96%	2.96%	2.96%	2.96%	2.96%	2.96%
主营业务收入	368 482 309.40	416 385 009.62	466 351 210.78	512 986 331.85	554 025 238.40	592 807 005.09	634 303 495.45
减：营业成本	240 287 313.96	271 524 664.77	304 107 624.55	334 518 387.00	361 279 857.96	386 569 448.02	413 629 309.38
税金及附加	2 947 858.48	3 331 080.08	3 730 809.69	4 103 890.65	4 432 201.91	4 742 456.04	5 074 427.96
销售费用	10 907 076.36	12 324 996.28	13 803 995.84	15 184 395.42	16 399 147.06	17 547 087.35	18 775 383.47
管理费用	10 280 127.23	11 616 543.77	130 101 529.02	14 311 581.92	15 456 508.48	16 538 464.07	17 696 156.56
资产减值损失	4 336 332.52	4 900 055.75	5 488 062.44	6 036 868.68	6 519 818.18	6 976 205.45	7 464 539.83
加：营业外收入	31 789 797.09	35 922 470.71	40 233 167.20	44 256 483.92	47 797 002.63	51 142 792.81	54 722 788.31
减：营业外支出	727 993.49	822 632.64	921 348.56	1 013 483.42	1 094 562.09	1 171 181.44	1 253 164.14
税前经营利润	130 785 404.46	147 787 507.04	165 522 007.88	182 074 208.67	196 640 145.36	210 404 955.54	225 133 302.43
平均所得税税率	15.00%	15.00%	15.00%	15.00%	15.00%	15.00%	15.00%
平均所得税	19 617 810.67	22 168 126.06	24 828 301.18	27 311 131.30	29 496 021.80	31 560 743.33	33 769 995.36
税后经营利润	111 167 593.79	125 619 380.98	140 693 706.70	154 763 077.37	167 144 123.56	178 844 212.21	191 363 307.06
金融损益：							
利息费用	14 627 418.53	16 528 982.94	18 512 460.89	20 363 706.98	21 992 803.54	23 532 299.79	25 179 560.77
利息费用抵税	2 439 853.41	2 757 034.35	3 087 878.48	3 396 666.32	3 668 399.63	3 925 187.60	4 199 950.74
税后利息费用	12 187 565.12	13 771 948.58	15 424 582.41	16 967 040.66	18 324 403.91	19 607 112.18	20 979 610.04
税后利润	98 980 028.67	111 847 432.40	125 269 124.28	137 796 036.71	148 819 719.65	159 237 100.02	170 383 697.03

表 10－4　　预测资产负债表　　单位：元

项目	2013 年	2014 年	2015 年	2016 年	2017 年	2018 年	2019 年
销售增长率	基期	13%	12%	10%	8%	7%	7%
经营性流动资产	472 305 133.21	533 704 800.53	597 749 376.59	657 524 314.25	710 126 259.39	759 835 097.55	813 023 554.38
经营性流动负债	55 344 253.30	62 539 006.23	70 043 686.98	77 048 055.67	83 211 900.13	89 036 733.14	95 269 304.46
经营营运资本	416 960 879.91	471 165 794.30	527 705 689.61	580 476 258.58	626 914 359.26	670 798 364.41	717 754 249.92
长期经营性资产	419 221 519.60	473 720 317.14	530 566 755.20	583 623 430.73	630 313 305.19	674 435 236.55	721 645 703.10
固定资产	80 231 573.15	90 661 677.66	101 541 078.98	111 695 186.88	120 630 801.83	129 074 957.95	138 110 205.01
在建工程	155 088 589.01	175 250 105.58	196 280 118.25	215 908 130.08	233 180 780.48	249 503 435.12	266 968 675.57
无形资产	38 527 312.10	43 535 862.67	48 760 166.19	53 636 182.81	57 927 077.44	61 981 972.86	66 320 710.96
递延所得税资产	1 525 560.95	1 723 883.87	1 930 749.94	2 123 824.93	2 293 730.93	2 454 292.09	2 626 092.54
其他非流动资产	143 848 484.39	162 548 787.36	182 054 641.84	200 260 106.03	216 280 914.51	231 420 578.53	247 620 019.02
净经营资产合计	836 182 399.51	944 886 111.44	105 827 2 444.81	116 409 9 689.31	125 722 7 664.45	134 523 3 600.96	143 939 9 953.02
金融负债	389 264 000.00	439 868 320.00	492 652 518.40	541 917 770.24	585 271 191.86	626 240 175.29	670 076 987.56
短期负债	80 000 000.00	90 400 000.00	101 248 000.00	111 372 800.00	120 282 624.00	128 702 407.68	137 711 576.22
长期负债	309 264 000.00	349 468 320.00	391 404 518.40	430 544 970.24	464 988 567.86	497 537 767.61	532 365 411.34

续表

项目	2013 年	2014 年	2015 年	2016 年	2017 年	2018 年	2019 年
金融资产	207 222 734.46	167 222 734.46	167 222 734.46	167 222 734.46	167 222 734.46	167 222 734.46	167 222 734.46
净负债	182 041 265.54	272 645 585.54	325 429 783.94	374 695 035.78	418 048 457.40	459 017 440.83	502 854 253.10

表 10－5 预测现金流量表 单位：元

项目	2013 年	2014 年	2015 年	2016 年	2017 年	2018 年	2019 年
税后经营利润		125 619 380.98	140 693 706.70	154 763 077.37	167 144 123.56	178 844 212.21	191 363 307.06
加：折旧与摊销	38 687 925.83	43 717 356.19	48 963 438.93	53 859 782.82	58 168 565.45	62 240 365.03	66 597 190.58
营业现金毛流量		169 336 737.17	189 657 145.63	208 622 860.19	225 312 689.01	241 084 577.24	257 960 497.64
减：经营营运资本增加		54 204 914.39	56 539 895.31	52 770 568.97	46 438 100.68	43 884 005.15	46 955 885.51
营业现金净流量		115 131 822.78	133 117 250.32	155 852 291.22	178 874 588.33	197 200 572.09	211 004 612.13
减：经营性长期资产增加		54 498 797.54	56 846 438.06	53 056 675.53	46 689 874.46	44 121 931.36	47 210 466.55
折旧与摊销		43 717 356.19	48 963 438.93	53 859 782.82	58 168 565.45	62 240 365.03	66 597 190.58
企业自由现金流量		16 915 669.05	27 307 373.33	48 935 832.87	74 016 148.42	90 838 275.70	97 196 955.00
年金现值系数		0.8864	0.7856	0.6964	0.6172	0.4849	0.3377
预测期折现价值		14 993 502.08	21 453 973.36	34 077 576.24	45 685 891.12	44 050 648.82	32 822 964.35
稳定期折现价值							809 865 880.34

（四）金宝药业企业价值的评定估算

1. 折现率的估测

使用加权平均资本成本法（WACC）来计算折现率，公式如下：

折现率＝长期负债占资产总额的比重×长期负债利息率×(1－企业所得税税率)＋所有者权益占资产总额的比重×净资产投资报酬率

长期负债利息率往往以同期国家长期贷款利率表示，而净资产投资报酬率一般使用资本资产定价模型（CAPM）来计算取得，公式如下：

$R_i = (R_m - R_f) \times \beta$

（1）β 系数的确定。我国数据库中只有上市公司的资料，因此非上市公司的 β 系数不能准确获得，一般用数据库中的行业 β 系数来表示，经过计算可得，医药行业的 β 系数为 0.8319。

（2）R_f的确定。无风险报酬率采用 2013 年我国长期国债利率，为 5.41%。

（3）R_m的确定。市场收益率使用医药行业的平均收益率，选取了 2012 年末和 2013 年末医药板块上市公司股价指数，通过几何平均计算得出，市场收益率为 18.22%。

（4）净资产投资报酬率的确定。净资产投资报酬率即股东权益报酬率，计算如下：

$r = R_f + R_i = 5.41\% + (18.22\% - 5.41\%) \times 0.8319 = 16.07\%$

（5）加权平均资本成本的确定。由于无法将长、短期借款利息从利润表中的财务费用里面区分出来，因此假设财务费用全部为长期负债利息费用。长期负债利息率等于 2013 年财务费用除以2012年和2013年的平均负债总额，计算过程如下：

14 627 418.53 ÷ 274 632 000 = 5.33%

由于企业符合国家对高新技术企业的认定，享受15%的优惠所得税税率，所以加权平均资本成本计算如下：

R = 5.33% × 28.15% × (1 − 15%) + 16.07% × (1 − 28.15%) = 12.82%

2. 企业价值评估结果。运用分段法计算企业投资资本价值如下：

$$P = \sum_{i=1}^{n} \frac{R_i}{(1+r)^i} + \frac{R_n(1+g)}{(r-g)} \times (1+r)^{-n}$$

= 14 993 502.08 + 21 453 973.36 + 34 077 576.24 + 45 685 891.12 + 44 050 648.82 + 809 865 880.34

= 970 127 471.96（元）

企业股权价值 = 投资资本价值 − 长期负债价值

= 970 127 471.96 − 182 041 265.54

= 788 086 206.42（元）

二、市场法

（一）企业价值评估中市场法的含义

市场法在企业价值评估中的应用，是通过在市场上找到一个或几个与被评估企业相同或相似的参照企业，分析、比较被评估企业和参照企业的重要指标，在此基础上，修正、调整参照企业的市场价值，最后确定被评估企业价值的评估技术思路与实现该技术思路的方法。企业价值评估的市场法是基于相似资产应该具有相似交易价格的理论推断。

（二）企业价值评估市场法的具体应用

企业价值评估市场法的技术路线是在市场上寻找与被评估企业相似的企业的交易案例，通过对所寻找到的交易案例中相似企业交易价格的分析，从而确定被评估企业的评估价值。市场法中常用的两种具体方法是参考企业比较法和并购案例比较法。

1. 参考企业比较法

参考企业比较法是指通过对资本市场上与被评估企业处于相同或相似行业的上市公司的经营和财务数据进行分析，计算适当的价值比率或经济指标，在与被评估企业比较分析的基础上，得出评估对象价值的方法。

2. 并购案例比较法

并购案例比较法是指通过分析与被评估企业处于相同或相似行业的公司的买卖、收购及合并案例，获取并分析这些交易案例的数据资料，计算适当的价值比率或经济指标，在与被评估企业比较分析的基础上，得出评估对象价值的方法。

3. 目前市场法在企业价值评估中的具体应用

基于成本和便利的原因，目前运用市场法对企业价值进行评估主要在证券市场上寻找与被评估企业可比的上市公司作为可比企业。

在参考企业比较法中，通常选用市盈率作为价值比率。市盈率比率法的思路是将上市公司的股票年收益和被评估企业的利润作为可比指标，在此基础上评估企业价值的方法。首先，从证券市场上搜寻与被评估企业相似的可比企业，按企业不同的收益口径，如息前净现金流量、净利润等，计算出与之相应的市盈率。其次，确定被评估企业不同口径的收益额。再次，以可比企业相应口径的市盈率乘以被评估企业相应口径的收益额，初步评定被评估企业的价值。最后，对于按不同样本计算的企业价值分别给出权重，加权平均计算出以市盈率作为价值比率的企业初步价值。

可以用同样的思路评估出按其他指标作为价值比率的企业初步价值，再将这些按不同价值比率估算出来的企业初步价值按权重或其他标准综合确定企业评估价值。在运用上市公司作为参考企业时，如果被评估企业为非上市公司时，还需对评估结果进行适当调整，以充分考虑被评估企业与上市公司的差异。由于企业的个体差异始终存在，把某一个相似企业的某个关键参数作为比较的唯一的标准，往往会产生一定的误差。为了降低单一样本、单一参数所带来的误差和变异性，目前国际上比较通用的办法是采用多样本、多参数的综合方法。

（三）运用市场法评估企业价值存在的两个障碍

1. 企业的个体差异

每一个企业都存在不同的特性，除了所处行业、规模大小等可确认的因素各不相同外，影响企业形成盈利能力的无形因素更是纷繁复杂。因此，几乎难以找到能与被评估企业直接进行比较的相似企业。

2. 企业交易案例的差异

即使存在能与被评估企业进行直接比较的相似企业，要找到能与被评估企业的产权交易相比较的交易案例也相当困难。

首先，目前我国市场上不存在可以共享的企业交易案例资料库，因此，评估人员无法以较低的成本获得可以应用的交易案例；其次，即使有渠道获得一定的案例，但这些交易的发生时间、市场条件和宏观环境又各不相同，评估人员对这些影响因素的分析也会存在主观和客观条件上的障碍。因此，运用市场法对企业价值进行评估，不能基于直接比较的简单思路，而要通过间接比较分析影响企业价值的相关因素，对企业价值进行评估。

（四）用相关因素间接比较的方法评估企业价值

用相关因素间接比较的方法评估企业价值，关键要解决两个问题：

1. 对可比企业的选择

运用相关因素间接比较法虽然不用在市场上寻找能直接进行比较的企业交易案例，但仍然需要为评估寻找可比企业。判断企业的可比性存在两个标准：行业标准和财务标准。

（1）行业标准。处于同一行业的企业存在着某种可比性。但在同一行业内选择可比企业时应注意，目前的行业分类过于宽泛，处于同一行业的企业可能所生产的产品和所面临的市场完全不同，在选择时应加以注意。即使是处于同一市场，生产同一产品的企业，由于其在该行业中的竞争地位不同，规模不同，相互之间的可比性也不同。因此，在选择时应尽量选择与被评估企业的地位相类似的企业。

（2）财务标准。既然企业都可以视为是在生产同一种产品：现金流，那么存在相同的盈利能力的企业通常具有相似的财务结构。因此，可以从财务指标和财务结构的分析对企业的可比性进行判断。

2. 对可比指标的选择

选择可比指标，要遵循以下两个原则：

（1）可比指标应与企业的价值直接相关。在企业价值的评估中，现金流量和利润是最主要的基本候选指标，因为企业的现金流量和利润直接反映了企业的盈利能力，企业的盈利能力与企业的价值直接相关。当然，企业的销售收入、净资产等也与企业价值有一定的关联性，也可以作为可比指标使用。

（2）可比指标的多样性。任意一个指标都不可避免地具有局限性或片面性，采用市场法评估企业价值时，可比指标的选择应有一定宽度，即多样性。也就是说，运用市场途径评估企业价值，不仅参考企业或交易案例企业需要有一定的数量（不少于3个），可比指标也需要有一定的数量（不少于3个）。

三、资产基础法

企业价值评估中的资产基础法是指在合理评估企业各项资产价值和负债的基础上确定企业价值的评估思路与实现该评估思路的各种评估具体技术方法的总称。

资产基础法实际上是通过对企业账面价值的调整得到的企业价值。其理论基础也是"替代原则"。正是基于评估思路的考虑，资产基础法有时也被视为模拟成本法。

由于资产基础法以企业单项资产为具体评估对象和出发点，有忽视企业整体获利能力的可能性，而且在评估中很难考虑那些未在财务报表上出现的项目，如企业的管理效率、自创商誉、销售网络等。因此，以持续经营为前提对企业进行评估时，资产基础法一般不应当作为唯一使用的评估方法。

资产基础法在实际应用中有资产加和法与有形资产评估值之和加整体无形资产价值法。

（一）资产加和法在企业价值评估中的应用

资产加和法具体是指将构成企业的各种要素资产的评估值加总求得企业价值的方法。

1. 运用资产加和法应注意的有关事项

在运用资产加和法评估之前，应对企业的盈利能力以及相匹配的单项资产进行认定，以便在委托方委托评估一般范围的基础上，进一步界定纳入企业盈利能力范围内的有效资产和闲置资产的界限，明确企业价值评估的具体范围及其具体评估对象和评估前提。作为一项原则，评估人员在对评估具体范围内构成企业的各个单项资产进行评估时，应该首先明确各项资产的评估前提，即持续经营假设前提和非持续经营假设前提。

在不同的假设前提下，运用资产加和法评估出的企业价值是有区别的。对于持续经营假设前提下的单项资产的评估，应按贡献原则评估其价值；而对于非持续经营假设前提下的单项资产的评估，则按变现原则进行价值评估。

在正常情况下，运用资产加和法评估持续经营的企业应同时运用收益法进行验证。特别是在我国目前的条件下，企业的社会负担和非正常费用较多，企业的财务数据难以真实反映企业的盈利能力，影响了基于企业财务数据进行的企业预期收益预测的可靠性。因此，将资产加和法与收益法及其具体方法配合使用，可以起到互补的作用。这样既便于评估人员对企业盈利能力的把握，又可使企业的预期收益预测建立在较为坚实的基础上。

2. 资产加和法在企业价值评估之流动资产评估中的应用

（1）流动资产的评估要求。

①合理确定流动资产评估的基准时间对流动资产评估具有非常重要的意义。由于流动资产与其他资产的显著特点在于其资产的流动性和价值的波动性。不同形态的流动资产随时都在变化，而评估则是确定其某一时点上的价值，不可能人为地停止流动资产的周转。

因此，评估基准日应与企业价值评估基准日保持一致并尽可能选择在会计期末，必须在规定时点进行资产清查、登记和确定流动资产数量及账面价值，避免重登和漏登现象的发生。

②要认真进行资产清查，同时又要分清主次，掌握重点。由于流动资产一般具有数量大、种类多的特点，清查工作量大，所以流动资产清查应考虑评估的时间要求和评估成本。对流动资产评估往往需要根据不同企业的生产经营特点和流动资产分布的情况，对流动资产分清主次、重点和一般，选择不同的方法进行清查和评估，做到突出重点，兼顾一般。

清查采用的方法是抽查、重点清查和全面清查。当抽查核实中发现原始资料或清查盘点工作可靠性较差时，应扩大抽查范围，直至核查全部流动资产。

③流动资产的账面价值基本上可以反映其现值。由于流动资产周转快、变现能力强，在物价水平相对比较稳定的情况下，流动资产的账面价值基本上可以反映出流动资产的现值。因此，在特定情况下，可以采用企业账面价值作为其评估价值。同时，评估流动资产时一般可以不需要考虑资产的功能性贬值因素，其有形损耗（实体性损耗）的计算只适用于诸如低值易耗品，呆滞、积压存货类流动资产的评估。

（2）流动资产评估涉及的主要具体对象的评估。主要涉及货币资金、应收账款、存货、短期性对外投资等的评估，评估方法已在第八章述及，在此不再赘述。

3. 资产加和法在企业价值评估之长期投资评估中的应用

长期投资的评估主要包括长期债券投资、股票投资以及长期股权投资的评估，有关评估方法参见本书第九章。

（二）有形资产评估值之和加整体无形资产价值法

有形资产评估值之和加整体无形资产价值法是将企业价值分为两个部分：

（1）企业的所有有形资产价值；

（2）企业的所有无形资产价值。

企业的所有有形资产的评估可以采取单项资产评估值加总的方式，具体方法如前面所述资产加和法。

企业的所有无形资产价值的评估则采用将被评估企业投资回报率与行业平均投资回报率的差率乘以被评估企业的资产额而得到被评估企业的超额收益，再用行业平均投资回报率作为折现率或资本化率，将被评估企业超额收益资本化得到被评估企业的所有无形资产价值。将被评估企业的所有有形资产价值加上被评估企业的所有无形资产价值，便得到被评估企业的整体价值。

资产评估专业人员如对同一企业采用多种评估方法评估其价值时，应当对运用各种评估方法形成的各种初步价值结论进行分析，在综合考虑运用不同评估方法及其初步价值结论的合理性及所使用数据的质量和数量的基础上，形成合理的评估结论。

课程思政要点

中铭国际对同济堂进行股权价值评估，分别采用资产基础法和收益法，并购标的价值相差6亿元。通过案例讨论，引导学生分析产生差异的原因、可能存在的违规之处，培养学生遵纪守法、诚实守信、勤勉尽责、谨慎从业，遵守职业道德规范；同时深刻认识企业价值评估在国有企业混合所有制改革中的作用，树立保护国有资产安全的意识，坚守社会主义核心价值观，推动国有企业健康发展。

本章练习

一、单项选择题

1. 选择什么口径的企业收益作为收益法评估企业价值的基础，首先应该服从（　　）。

A. 企业价值评估的目标　　B. 企业的价值类型

C. 企业价值评估的程序　　D. 企业价值评估的基本方法

2. 关于企业价值评估中的折现率，说法错误的是（　　）。

A. 折现率不高于投资的机会成本

B. 行业基准收益率不宜直接作为折现率

C. 贴现率不宜直接作为折现率

D. 折现率和资本化率在本质上是相同的，都属于投资报酬率

3. 企业在经营过程中的资金融通、资金调度、资金周转可能出现不确定的因素而影响企业的预期收益指的是企业的（　　）。

A. 行业风险　　B. 财务风险　　C. 经营风险　　D. 债务风险

4. 假定社会平均资产收益率为8%，无风险报酬率为3%，被评估企业所在行业平均风险与社会平均风险的比率为0.8，企业在行业中的风险系数是0.7，则用于企业权益价值评估的折现率应选择（　　）。

A. 8%　　B. 7%　　C. 3%　　D. 5.8%

5. 不属于企业价值评估中折现率的测算方法的是（　　）。

A. 加和法　　B. 资本资产定价模型

C. 加权平均资本成本模型　　D. 直接估算法

6. 企业的资产总额为8亿元，其中长期负债与所有者权益的比例为4:6，长期负债利息率为8%，评估时社会无风险报酬率为4%，社会平均投资报酬率为8%，该企业的风险与社会平均风险的比值为1.2，该企业的所得税税率为25%，采用加权平均成本模型计算的折现率应为（　　）。

A. 8.45%　　B. 7.68%　　C. 6.25%　　D. 7.42%

7. 关于企业收益说法错误的是（　　）。

A. 一般来说，应该选择企业的净现金流量作为运用收益法进行企业价值评估的收益基础

B. 选择什么口径的企业收益作为评估的基础要首先服从企业价值评估的目标

C. 在预测企业预期收益的时候以企业的实际收益为出发点

D. 收益额的确定比较固定，都是以净现金流量作为收益额

8. 某企业未来5年收益现值之和为1 800万元，折现率与资本化率均为10%，第6年起企业的预期收益固定为500万元，用分段法估算该企业持续经营的价值约为（　　）万元。

A. 3 500　　B. 4 565　　C. 4 905　　D. 3 966

9. 被评估企业未来5年收益现值之和为2 500万元，折现率和资本化率均为10%，则采用年金资本化法计算企业的整体价值最有可能是（　　）万元。

A. 8 000　　B. 6 595　　C. 3 550　　D. 3 862

10. 评估某企业，经评估人员分析预测，该企业评估基准日后未来3年的预期净利润分别为200万元、220万元、230万元，从未来第四年至第十年企业净利润将保持在230万元水平，企业在未来第十年末的资产预计变现价值为300万元，假定企业适用的折现率与资本化率均为10%，该企业的股东全部权益评估值最接近（　　）万元。

A. 1 377　　B. 1 493　　C. 1 777　　D. 1 900

11. β系数法中的系数β反映的是（　　）。

A. 所在行业风险系数　　B. 企业在行业中的特定风险调整系数

C. 社会平均风险系数　　D. 行业平均风险系数

12. 利用企业自由净现金流量指标作为企业价值评估的收益额，其直接资本化的结果应是企业的（　　）。

A. 股东部分权益价值　　B. 股东全部权益价值

C. 投资资本价值　　D. 整体价值

13. 利用企业净现金流量加上扣税后的长期负债利息作为企业价值评估的收益额，其直接资本化的结果应该是企业的（　　）。

A. 股东部分权益价值　　B. 股东全部权益价值

C. 投资资本价值　　D. 整体价值

14. 在企业价值评估中选择恰当口径的收益额的目的之一，是（　　）。

A. 恰当地选择评估方法　　B. 恰当地选择价值类型

C. 恰当地反映企业的获利能力　　D. 恰当地预测企业收益持续的时间

15. 评估企业价值的首选方法是（　　）。

A. 收益法　　B. 资产基础法　　C. 市盈率乘数法　　D. 成本加和法

16. 被评估企业经评估后的所有者权益500万元，流动负债200万元，长期负债100万元，长期投资150万元，被评估企业的投资资本应该是（　　）万元。

A. 150　　B. 600　　C. 950　　D. 800

17. 决定企业价值高低的因素是企业的（　　）。

A. 整体获利能力　　B. 生产能力　　C. 市场价值　　D. 重置价值

18. 甲企业持有乙公司非上市股票2 000股，每股面额1元，乙公司经营稳健，盈利水平波动不大，预计今后5年红利分配每股分别为0.20元、0.21元、0.22元、0.19元、0.20元。乙公司的风险报酬率为3%，5年期国债的利率为12%，这批股票的评估价值最接近（　　）元。

A. 408　　B. 2 726.33　　C. 4 087　　D. 10 734

19. 关于成本法在企业价值评估中的应用，说法错误的是（　　）。

A. 成本法也可以称为资产加和法

B. 其思路是通过对企业账面价值的调整得到企业价值

C. 其理论基础是替代原则

D. 成本法在企业价值评估中运用的比较广泛

20. 运用市盈率法对企业价值进行评估应当属于企业价值评估的（　　）。

A. 市场法　　B. 成本法

C. 收益法　　D. 三者之外的新方法

二、多项选择题

1. 企业的特点有（　　）。

A. 盈利性　　B. 持续经营性

C. 权益可分性　　D. 整体性

E. 共益性

2. 运用资产加和法评估企业价值时，需要列入评估范围的单项资产包括（　　）。

A. 存货　　B. 现金

C. 应收及预付款项　　D. 无形资产

E. 长期投资

3. 运用收益法评估企业价值的核心问题有（　　）。

A. 收益期限的确定

B. 要对企业的收益予以界定

C. 要对企业的收益进行合理的预测

D. 在对企业的收益作出合理的预测后，要选择合适的折现率

E. 企业的管理水平

4. 关于折现率和资本化率说法正确的有（　　）。

A. 折现率和资本化率本质上相同，都属于投资报酬率

B. 折现率和资本化率是恒等的

C. 行业基准收益率不宜直接作为折现率

D. 折现率的口径要与收益额的口径保持一致

E. 折现率的测算方法不单一，可以有多种方法

5. 运用资产加和法评估企业价值存在着明显的缺陷，即在评估过程中很难考虑企业的（　　）等因素对企业价值的贡献。

A. 商誉　　B. 长期待摊费用

C. 特许经营权　　D. 长期股权投资

E. 治理结构和管理效率

6. 关于加权平均资本成本模型，说法正确的有（　　）。

A. 加权平均资本成本模型是测算折现率的方法之一

B. 这里所指的资本是企业的所有者权益和企业的负债构成的全部资本

C. 这种方法测算折现率需要考虑企业特定风险调整系数

D. 这里的负债成本是扣除所得税后的长期负债成本

E. 这里的权益资本是扣除所得税后的权益成本

7. 企业收益预测较为常用的方法有（　　）。

A. 综合调整法　　B. 产品周期法

C. 现代统计法　　　　　　　　　　D. 实践趋势法

E. 资产加和法

8. 关于成本法在企业价值评估中的运用，说法正确的有（　　）。

A. 其思路是在合理评估企业各项资产价值和负债的基础上确定企业的价值

B. 在运用成本法之前，应该对企业的盈利能力以及相匹配的单项资产进行认定

C. 在持续经营的前提下，一般不宜采用成本法，因为该方法不能把握企业的整体性和各个单项资产对企业的贡献

D. 评估人员可以采用多种评估方法进行企业价值的评估，但是要对各种初步结论进行分析，综合考虑形成合理结论

E. 成本法一般不应当作为唯一使用的评估方法

9. 关于企业价值评估中市场法的有关说法，正确的有（　　）。

A. 运用市场法评估企业价值存在两个障碍：企业的个体差异和企业交易案例的差异

B. 市场法中常用的两种具体方法是参考企业比较法和并购案例比较法

C. 市场法的两种方法的核心问题是确定适当的价值比率或经济指标

D. 在寻找参照企业的过程中，为了降低单一样本、单一参数所带来的误差，国际上通用的办法是采用多样本、多参数的综合方法

E. 运用市场法评估企业价值，进行简单的直接比较就可以了

10. 符合收益法公式 $A/(r-s)$ 成立条件的有（　　）。

A. 纯收益按等比级数递增　　　　　B. 纯收益按等比级数递减

C. 收益年期无限　　　　　　　　　D. $r>s>0$

E. 收益年期有限

三、计算题

1. 评估时社会平均收益率为10%，无风险报酬率为8%，被评估企业资产的账面价值为80万元，负债为50万元，所有者权益为30万元。该企业所在行业的β系数为1.5。借款利率为9%，企业所得税税率为25%。

要求：确定用于企业价值评估的资本化率。

2. 企业预计未来五年年收益均为120万元，第六年比第五年增长2%，以后均保持此增长率，当时银行存款利率为3%，社会平均收益率为8%，被评估企业的β系数为1.4，请评估该企业的价值。

3. 某企业的有关资料如下：

（1）根据该企业以前5年的经营情况，预计其未来5年的收益额分别为30万元、28万元，30万元、32万元和32万元，假定从第6年起，每年收益额保持在32万元水平。

（2）根据资料确定无风险报酬率为3%，企业所在行业的平均风险与社会平均风险的比率为1.2，社会平均收益率为8%，资本化率为8%。

要求：运用分段法计算该企业整体评估价值。

4. 评估人员对甲企业进行整体评估，通过对该企业历史经营状况的分析及国内外市场的调查了解，收集到下列数据资料：

（1）预计该企业第一年的收益额为500万元，以后每年的收益额比上年增长16%，自

第6年企业将进入稳定发展时期，收益额将保持在600万元的水平；

(2) 社会平均收益率为13%，国库券利率为7%，被评估企业风险系数为1.5；

(3) 该企业可确指的各单项资产经评估后的价值之和为2 700万元。

要求：(1) 确定该企业整体资产评估值？

(2) 企业整体资产评估结果与各单项资产评估值之和的差额如何处理？

第十一章

资产评估报告

本章教学目的与要求

通过本章的学习，学生应掌握资产评估报告的主要内容及撰写方法和技巧。

本章教学重点与难点

资产评估报告书的制作。

参考课时

3 课时。

教学方法与手段

课堂讲授和案例分析。

第一节　资产评估报告的内容与作用

一、资产评估报告概述

从一般意义上讲，资产评估报告是指评估机构按照工作制度有关规定，在完成评估工作后向委托方和有关方面提交的说明评估过程及结果的书面报告。它是按照一定格式和内容来反映评估目的、程序、标准、依据、方法、结果及适用条件等基本情况的报告书。这在资产评估行业中被称为狭义的资产评估报告，也即资产评估结果报告书。这种资产评估结果报告书既是资产评估机构完成对资产作价意见，提交给委托方的公正性的报告，也是评估机构履行评估合同情况的总结，还是评估机构为资产评估项目承担相应法律责任的证明文件。

在不同的国家和地区，政府及行业自律主管部门对资产评估报告的要求并不一致。在一些国家和地区，资产评估报告不仅是一种书面文件，而且还是一种工作制度。这种工作制度规定评估机构在完成评估工作之后必须按照一定程序和形式的要求，用书面形式向委托方及相关主管部门报告评估过程和结果。我国目前实行的就是这种资产评估报告制度，资产评估报告制度亦称广义的资产评估报告。

二、资产评估报告的种类

资产评估报告的类型与资产评估机构向委托方或客户表达或披露评估信息的内容和繁简程度直接相关。国际上对资产评估报告有不同的分类，而我国由于尚未健全资产评估准则体系，因此对资产评估报告种类还缺乏系统研究。

（一）按资产评估的范围划分

按资产评估的范围划分，资产评估报告可以分为整体资产评估报告和单项资产评估报告。凡是对整体资产进行评估所出具的资产评估报告称为整体资产评估报告。凡是对某一部分、某一项资产进行评估所出具的资产评估报告称为单项资产评估报告，如房地产评估报告、无形资产评估报告等。由于整体资产评估和单项资产评估在具体业务上存在一些差别，因此，两种资产评估报告的基本格式虽然一样，但在内容上存在一些差别。

（二）按评估对象划分

按评估对象的不同划分，资产评估报告可分为资产评估报告书、房地产估价报告书、土地估价报告书等。资产评估报告书是以资产为评估对象所出具的评估报告书。房地产估价报告书则是以房地产为评估对象所出具的估价报告书。土地估价报告书是以土地为评估对象所出具的估价报告书。鉴于以上评估标的物之间存在差别，加上资产评估、房地产估价和土地估价的管理尚未统一，这三种报告书不仅具体格式上不相同，而且在内容上也存在较大的差别。

（三）按评估目的划分

按评估目的不同划分，资产评估报告可分为以产权变动为内容的资产评估报告和产权不发生变动的资产评估报告。以产权变动为内容的资产评估报告是为资产出售、转让、拍卖、重组等产权变动服务所出具的评估报告，由于评估目的涉及产权变动，因此该类评估报告在资产的权属方面必须清楚，时间界限也要特别明了。产权不发生变动的资产评估报告包括抵押、风险、征纳税等产权不发生变动情形所出具的资产评估报告。由于评估目的不涉及产权变动，这类评估报告书的内容可相对简单。

（四）按评估报告所提供信息资料的内容和详细程度划分

按评估报告所提供信息资料的内容和详细程度，资产评估报告可划分为简明评估报告和完整评估报告。根据资产评估报告预期使用人的区别，根据委托人对评估报告内容和详尽程度的不同要求，根据评估对象的状况等，评估人员可出具简明或完整评估报告。简明或完整评估报告尽管在内容及其披露的详尽程度上有一定的差别，但它们的法律地位和作用是相同的，对评估报告的质量要求是一样的。

三、资产评估报告的内容

资产评估报告由资产评估报告书、资产评估说明和资产评估明细表及相关附件构成。

（一）资产评估报告书正文及相关附件的基本内容

1. 资产评估报告书封面基本内容

资产评估报告书封面需载明评估报告标题及文号、评估机构全称和评估报告日。评估报告标题应当简明清晰，一般采用“企业名称 + 经济行为关键词 + 评估对象 + 评估报告”的形式。评估报告文号包括评估机构特征字、种类特征字、年份、报告序号。

2. 资产评估报告书声明的基本内容

资产评估师应当声明遵循法律法规，恪守资产评估准则，并对评估结论合理性承担相应的法律责任。评估报告声明应当置于评估报告摘要之前。评估报告声明应当提醒评估报告使用者关注评估报告特别事项和使用限制等内容。声明一般不需要另行签字盖章。

3. 资产评估报告书摘要的基本内容

每份资产评估报告书的正文之前应有表达该报告书关键内容的摘要，用来让各有关方面了解该评估报告书的主要信息。

评估报告摘要应当简明扼要地反映经济行为、评估目的、评估对象和评估范围、价值类型、评估基准日、评估方法、评估结论及其使用有效期、对评估结论产生影响的特别事项等关键内容。评估报告摘要应当采用下述文字提醒评估报告使用者阅读全文："以上内容摘自评估报告正文，欲了解本评估项目的详细情况和合理理解评估结论，应当阅读评估报告正文。"

4. 资产评估报告书正文的基本内容

（1）委托方、产权持有方和委托方以外的其他评估报告使用者。

（2）评估目的。评估报告应当说明本次资产评估的目的及其所对应的经济行为，并说明该经济行为获得批准的相关情况或者其他经济行为依据。

（3）评估范围和对象。评估报告应当对评估对象进行具体描述，以文字、表格的方式说明评估范围。

（4）价值类型及其定义。评估报告应当说明市场价值及其定义。选择市场价值以外的价值类型，应当说明选择理由及其定义。

（5）评估基准日。这部分应写明评估基准日的具体日期，确定评估基准日所考虑的主要因素（如经济行为的实现、会计期末、利率和汇率变化等）。

（6）评估依据。这部分中应列示评估依据，包括经济行为依据、法律法规依据、评估准则依据、权属依据和取价依据等。对评估中采用的特殊依据应作相应的披露。

（7）评估方法。应在这部分中说明评估过程所选择、使用的评估方法和选择评估方法的依据或原因。以持续经营为前提，采用两种以上方法进行企业价值评估，应当分别说明两种评估方法选取的理由以及评估结论确定的方法。

（8）评估程序实施过程和情况。这部分应反映评估机构自接受评估项目委托起至出具评估报告的主要评估工作过程，包括接受委托过程中确定评估目的、对象及范围，评估基准日和拟订评估方案等过程；指导被评估单位清查资产、准备评估资料，核实资产与验证资料等过程；选择评估方法、收集市场信息和估算等过程；评估结果汇总、评估结论分析、报告撰写和内部审核等过程。

（9）评估假设。这部分应当披露评估假设及其对评估结论的影响。

（10）评估结论。这部分是报告正文的重要部分，应当以文字和数字形式清晰说明评估结论。通常评估结论应当是确定的数值。经与委托方沟通，评估结论可以使用区间值表达。

（11）特别事项说明。这部分通常应说明产权瑕疵，未决事项、法律纠纷等不确定因素，重大期后事项以及在不违背资产评估准则要求的情况下，采用的不同于资产评估准则规定的程序和方法。资产评估师应当说明特别事项可能对评估结论产生的影响，并重点提示评估报告使用者予以关注。

（12）评估报告使用限制说明。通常包括以下内容：评估报告只能用于评估报告载明的评估目的和用途；评估报告只能由评估报告载明的评估报告使用者使用；未征得出具评估报告的评估机构同意，评估报告的内容不得被摘抄、引用或披露于公开媒体，法律、法规规定以及相关当事方另有约定的除外；评估报告的使用有效期；因评估程序受限造成的评估报告的使用限制。

（13）评估报告日。评估报告载明的评估报告日通常为资产评估师形成最终专业意见的日期。

（14）资产评估师签字盖章、评估机构盖章和法定代表人或者合伙人签字。法定评估报告正文应当由两名以上资产评估师签字盖章，并由评估机构盖章。有限责任公司制评估机构的法定代表人或者合伙制评估机构负责该评估业务的合伙人应当在评估报告上签字。

5. 备查文件的基本内容

资产评估报告书的备查文件至少应包括以下基本内容：

（1）与评估目的相对应的经济行为文件；

（2）被评估单位专项审计报告；

（3）委托方与被评估单位法人营业执照；

（4）委托方和被评估单位产权登记证；

（5）评估对象涉及的主要权属证明材料；

（6）委托方和相关当事方的承诺函；

（7）签字资产评估师的承诺函；

（8）评估机构资格证书；

（9）评估机构法人营业执照副本；

（10）签字资产评估师资格证书；

（11）重要取价依据（如合同、协议）；

（12）评估业务约定书；

（13）其他重要文件。

（二）资产评估说明的基本内容

资产评估说明描述评估师和评估机构对其评估项目的评估程序、方法、依据、参数选取和计算过程，通过委托方、资产占有方充分揭示对资产评估行为和结果构成重大影响的事项，说明评估操作符合相关法律、行政法规和行业规范要求。资产评估说明也是资产评估报告书的组成部分，在一定程度上决定评估结果的公允性，保护评估行为相关各方合法利益。按有关规定，评估说明中所揭示的内容应同评估报告书正文所阐述的内容一致。评估机构、资产评估师及委托方、资产占有方应保证其撰写或提供的构成评估说明各组成部分的内容真实完整，未作虚假陈述，也未遗漏重大事项。资产评估说明应按以下顺序进行撰写和制作：

1. 评估说明封面及目录

评估说明封面应载明标题（一般采用“企业名称 + 经济行为关键词 + 评估对象 + 评估说明”的形式），评估报告文号、评估机构名称、评估报告日。目录应当在封面的下一页排印，包括每一部分的标题和相应页码。如果评估说明中收录有关文件或者资料的复印件，应当统一标注页码。

2. 关于评估说明使用范围的声明

这部分应声明评估报告仅供资产管理部门、企业主管部门、资产评估行业协会在审查资产评估报告书和检查评估机构工作之用，除法律、行政法规规定外，材料的全部或部分内容不得提供给其他任何单位和个人，不得见诸公开媒体。

3. 关于进行资产评估有关事项的说明

这部分是由委托方与资产占有方共同撰写并由负责人签字加盖公章，签署日期，应包括：委托方与被评估单位概况；关于经济行为的说明；关于评估对象与评估范围的说明；关于评估基准日的说明；可能影响评估工作的重大事项的说明；资产及负债清查情况、未来经营和收益状况预测的说明；资料清单。

4. 资产清查核实情况说明

这部分主要用来说明评估方对委托评估的企业所占有的资产和与评估相关的负债进行清查核实的有关情况及清查结论。基本内容应包括：资产清查核实的内容、实物资产的分布情况及特点、影响资产清查的事项、资产清查核实的过程与方法、资产清查结论、资产清查调整说明。

5. 评估技术说明

评估技术说明主要用来说明对资产进行评定估算过程的解释，反映评估中选定的评估方法和采用的技术思路及实施的评估工作。根据所采用的评估技术是成本法、市场法还是收益法及其组合，分别按以下要求进行说明：

（1）成本法。采用成本法评估单项资产或者资产组合、采用资产基础法评估企业价值，应当根据评估项目的具体情况以及资产负债类型，编写评估技术说明。各资产负债评估技术说明应当包含资产负债的内容和金额、核实方法、评估值确定的方法和结果等基本内容。

（2）市场法。采用市场法进行企业价值评估，应当根据所采用的具体评估方法（参考企业比较法或者并购案例比较法）确定评估技术说明的编写内容。其基本内容包括：说明评估对象，包括企业整体价值、股东全部权益价值、股东部分权益价值；市场法原理；选取具体评估方法的理由；基本步骤说明；被评估单位（或者产权持有单位）所在行业发展状况与前景的分析判断；参考企业或者并购案例的选择及与评估对象的可比性分析；确定可比因素的方法和过程（特别说明对可比因素分析时所考虑的主要方面）；价值比率的确定过程；分析、调整评估对象财务状况的内容；评估值确定的方法、过程和结果；评估结论及分析。

（3）收益法。采用收益法进行企业价值评估，应当根据行业特点、企业经营方式和所确定的预期收益口径以及评估的其他具体情况等，确定评估技术说明的编写内容。具体内容包括：说明评估对象，即企业整体价值、股东全部权益价值和股东部分权益价值；收益法的应用前提及选择的理由和依据；收益预测的假设条件；企业经营、资产、财务分析；评估计算及分析过程；评估值测算过程与结果；其他资产和负债的评估（非收益性/经营性资产和负债）价值；评估结果；测算表格。

6. 评估结论及分析

这部分主要总体概括说明评估结论，应包括：评估结论；评估结果与账面价值比较的变动情况及原因；股东部分权益价值溢价（或者折价）的考虑等内容。

（三）资产评估明细表的基本内容及样表层次

1. 资产评估明细表的基本内容

资产评估明细表是反映被评估资产评估前后的资产负债明细情况的表格。它是资产评估报告书的组成部分，也是资产评估结果得到认可、评估目的的经济行为实现后作为调整账目的主要依据之一。其基本内容应包括以下几方面：

（1）资产及负债的名称、发生日期、账面价值、评估价值等；

（2）反映资产及负债特征的项目；

（3）反映评估增减值情况的栏目和备注栏目；

（4）反映被评估资产会计科目名称、资产占有单位、评估基准日、表号、金额单位、页码内容的资产评估明细表表头；

（5）写明清查人员、评估人员的表尾；

（6）评估明细表设立逐级汇总；

（7）资产评估明细表一般应按会计科目顺序排列装订。

2. 资产评估明细表样表的层次

资产评估明细表样表包括资产评估结果汇总表、资产评估结果分类汇总表、各项资产清查评估汇总表及各项资产清查评估明细表。

四、资产评估报告书的作用

（一）资产评估报告书对被评估资产提供较为全面、客观的价值判断和专业意见，是委托方进行资产业务的重要资产作价依据

资产评估报告书是资产评估机构根据委估资产的特点，由资产评估师及相应的专业人员，遵循公认评估原则和规范，按照法定的程序，运用合理的评估技术和方法对被评估资产价值进行估计和判断后，通过书面的形式表达的专业意见。该意见不代表、不倾向于任何当事人，是一种独立的估价意见，因而成为委托方和资产业务当事人对被估资产作价和交易的重要参考依据。

（二）资产评估报告书既是资产评估机构的产品，同时又是反映和体现资产评估机构工作情况、明确委托方和评估机构及有关方面责任的依据

资产评估报告书首先是评估机构向委托方提供的产品，它用文字的形式，对委估资产的评估目的、背景、范围、依据、程序、方法和评定结果进行说明和揭示，并对评估结果的使用提出了方向和范围方面的要求和限定。一方面，它体现了评估机构满足委托方了解和掌握委估资产价值的需要；另一方面，资产评估报告书对评估结果使用方向及范围的要求和限定，也反映了资产评估机构对委托方使用评估报告和评估结果的要求，并以此来明确委托方、受托方及有关方面的责任。

（三）资产评估报告书是行业自律管理组织及有关部门审核资产评估机构执业质量和水平的重要标的和依据

资产评估报告书是反映评估机构和评估人员职业道德、执业能力水平，评估质量高低及机构内部管理机制完善程度的重要依据。有关管理部门通过审核资产评估报告书，可以有效地对评估机构的业务开展情况进行监督和管理。

（四）资产评估报告书及其形成过程是建立评估档案的主要载体和来源

评估机构和评估人员在完成资产评估任务之后，都必须按照档案管理的有关规定，将评估过程收集的资料、工作记录以及资产评估过程的有关工作底稿进行归档，以便进行评估档案的管理和使用。

由于资产评估报告书是对整个评估过程的工作总结，其内容包括评估过程的各个具体环节和各有关资料的收集和记录，因此，不仅评估报告书的底稿是评估档案归集的主要内容，资产评估报告书本身也是资产评估档案的重要载体和来源。

第二节　资产评估报告的编制

一、资产评估报告书的编制步骤

资产评估报告的编制是资产评估机构与资产评估专业人员完成评估工作的最后一道工序，也是资产评估工作中的一个重要环节。制作资产评估报告主要有以下几个步骤。

（一）整理工作底稿和归集有关资料

资产评估现场工作结束后，有关评估人员必须着手对现场工作底稿进行整理和分类，同时对有关询证函、被评估资产背景材料、技术鉴定情况和价格取证等有关资料进行归集和登记。对现场未予确定的事项，还须进一步落实和查核。这些现场工作底稿和有关资料都是编制资产评估报告书的基础。

（二）汇总评估数据和评估明细表的数字

在完成现场工作底稿和有关资料的归集任务后，评估人员应着手进行评估数据的汇总，如果评估对象是整体资产评估，评估人员还应着手评估明细表的数字汇总。明细表的数字汇总应根据明细表的不同级次按逻辑顺序进行，首先是明细表汇总，然后是分类汇总，再到资产负债表式的汇总。不具备采用电脑软件汇总的评估机构，在数字汇总过程中应反复核对各有关表格的数字的关联性和各表格栏目之间数字的勾稽关系，防止出错。

（三）分析和讨论评估的初步数据

在完成评估数据和评估明细表的数字汇总后，应召集参与评估工作过程的有关人员，对评估报告的初步数据的结论进行分析和讨论，比较各有关评估数据，复核记录估算结果的工作底稿，对存在作价不合理的部分评估数据进行调整。

（四）编写评估报告书

第一步，在完成资产评估初步数据和数字的分析与讨论并对有关部分的数据进行调整后，由具体参加评估的各组负责人员草拟出各自负责评估部分资产的评估说明，同时提交到全面负责、熟悉本项目评估具体情况的负责人手中进行复核审查，并由项目负责人草拟资产评估报告书。

第二步，将评估基本情况和评估报告书初稿的初步结论与委托方交换意见，听取委托方的反馈意见后，在坚持独立、客观、公正的前提下，认真分析委托方提出的问题和建议，考虑是否应该修改评估报告书，对评估报告中存在的疏忽、遗漏和错误之处进行修正，待修改完毕即可撰写正式的资产评估报告。

（五）资产评估报告书的签发与送交

评估机构撰写出资产评估正式报告书后，经审核无误，按以下程序进行签名盖章；先由负责该项目的评估师签章（两名或两名以上），再送复核人审核签章，最后送评估机构负责人审定签章并加盖机构公章。资产评估报告书签发盖章后即可连同评估说明及评估明细表送交委托单位。

二、资产评估报告书的编制要求

（一）编制资产评估报告书的基本要求

编制资产评估报告书的基本要求，是指在编制资产评估报告书过程中的各主要环节和方面的技术要求，它具体包括文字表达、格式与内容，以及复核与反馈等方面的技术要求等。

1. 文字表达方面的要求

资产评估报告书既是一份对被评估资产价值有咨询性和公证性作用的文书，又是一份用来明确资产评估机构和评估人员工作责任的文字依据，所以它的文字表达既要清楚、准确，又要提供充分的依据说明，还要全面地叙述整个评估的具体过程。其文字的表达必须准确，不得使用模棱两可的措词。其陈述既要简明扼要，又要把有关问题说明清楚，不得带有任何诱导、恭维和推荐性的陈述。当然，在文字表达上也不能带有“大包大揽”的语句，尤其是涉及承担责任条款的部分。

2. 格式与内容方面的要求

对资产评估报告书格式与内容方面的技术要求，以《资产评估执业准则——资产评估报告》中要求的格式和内容为标准。

3. 复核与反馈方面的要求

对资产评估报告书的复核与反馈是指在正式出具资产评估报告书之前，通过对工作底稿、评估说明、评估明细表和报告书正文的文字、格式及内容的复核和反馈，以检查评估报告中是否存在有关错误和遗漏等问题，并在出具正式报告书之前加以改正。

对评估人员来说，资产评估工作是一项必须由多个评估人员同时作业的中介业务，每个评估人员都有可能因能力、水平、经验、阅历及理论方法的限制而产生工作盲点和工作疏忽，所以，对资产评估报告书初稿进行复核非常必要。

由于大多数委托方和资产占有方对委托评估资产的分布、结构、成新等具体情况总是可能会比评估机构和评估人员更熟悉，因此，在出具正式报告之前征求委托方意见、收集反馈意见有时也是很有必要的。

对资产评估报告必须建立起多级复核和交叉复核的制度，明确复核人的职责，防止流于形式。收集反馈意见主要是通过委托方或资产占有方熟悉资产具体情况的人员。对委托方或资产占有方意见的反馈信息，应谨慎对待，应本着独立、客观、公正的态度去看待其反馈意见。

（二）撰写资产评估报告书的具体要求

1. 实事求是，切忌出具虚假报告

评估报告书必须建立在真实、客观的基础上，不能脱离实际情况，更不能无中生有。报告拟定人应是参与该项目并较全面了解该项目情况的主要评估人员。

2. 坚持一致性做法，切忌出现表里不一

评估报告书文字、内容前后要一致，摘要、正文、评估说明、评估明细表内容与格式、数据要一致。

3. 提交报告书要及时、齐全和保密

在正式完成资产评估工作后，应按业务委托合同的约定时间及时将评估报告书送交委托方。

送交评估报告书时，评估报告书及有关文件要齐全。涉及外商投资项目的对中方资产评估的评估报告，必须严格按照有关规定办理。此外，要做好客户保密工作，尤其是对评估涉及的商业秘密和技术秘密，更要加强保密工作。

第三节　资产评估报告的合理使用

从资产评估程序的角度，资产评估机构出具资产评估报告书后，资产评估工作已基本完成。资产评估报告书的使用完全是资产评估委托方、资产评估管理方和有关部门的事情，与资产评估机构和评估人员并无太大的关系。

然而现实中，由于对资产评估报告书及评估结果使用不当造成的评估纠纷有愈演愈烈之势，关于资产评估报告书的合理使用问题已经被提上了重要议事日程。

一、委托方对资产评估报告书的合理使用

委托方在收到受托评估机构送交的正式评估报告书及有关资料后，可以依据评估报告书所揭示的评估目的和评估结论，合理使用资产评估结果。从性质上说，资产评估结果和结论是资产评估师的一种专业判断和专业意见，并无强制执行力。

在正常情况下，委托方完全可以在评估报告限定的条件下和范围内根据自身的需要合理使用评估报告及评估结论，并不一定完全按照评估结论一成不变地“遵照执行”。如果委托方直接使用了评估结论，那也是委托方的自主选择，并不是因为评估结论具有强制力。

同时，评估报告及其结论虽无强制执行力，但评估结论也不得随意使用或滥用。委托方必须按照评估报告书中所揭示的评估目的、评估结果的价值类型、评估结果成立的限制条件和适用范围正确地使用评估结论。委托方在使用资产评估报告书及其结果时必须满足以下几个方面的要求：

（1）只能按评估报告书所揭示的评估目的使用评估报告及其结论，一份评估报告书只允许按一个用途使用。

（2）评估报告书只能由评估报告中限定的期望使用者使用，评估报告及其结论不适用于其他人使用。

（3）只能在评估报告书的有效期内使用报告，超过评估报告书的有效期，原资产评估结果无效。

（4）在评估报告书的有效期内，资产评估数量发生较大变化时，应由原评估机构或者说资产占有单位按原评估方法作相应调整后才能使用。

（5）涉及国有资产产权变动的评估报告书及有关资料必须经国有资产管理部门或授权部门核准或备案后方可使用。

（6）作为企业会计记录和调整企业账项使用的资产评估报告书及有关资料，必须由有权机关批准或认可后方能生效。

所有不按评估报告揭示的目的、期望使用者、价值类型、有效期等限制条件使用评估报告及其结论并造成损失的，应由使用者自负其责。

二、资产评估管理机构对资产评估报告书的核准、备案和检查

资产评估管理机构对资产评估报告书的核准、备案和检查也是对资产评估报告书的一种使用。

资产评估管理机构，主要是指对资产评估业进行行政管理的主管机关和资产评估行业自律管理的行业协会。资产评估管理机构对资产评估报告书的核准、备案和检查是资产评估管理机构履行行政管理和自律管理的重要过程。

一方面，资产评估管理机构通过对评估机构出具的资产评估报告书的核准、备案和检查，能大体了解评估机构从事评估工作的业务能力和组织管理水平。由于资产评估报告是反映资产评估工作过程的工作报告，资产评估管理机构通过对资产评估报告书进行核准、备案和检查，能够对评估机构的评估结果质量的好坏作出客观的评价，从而能够有的放矢地对评估机构的人员、技术和职业道德进行管理。

另一方面，国有资产评估报告书能为国有资产管理提供重要的数据资料。通过对国有资产评估报告书的核准、备案和检查，以及统计与分析，可及时了解国有资产占有、使用、转移状况以及增减值变动情况，进一步为加强国有资产管理服务。当然，资产评估管理机构对评估报告书的使用也应该是全面和客观的，资产评估管理机构应结合评估项目具体条件、评估机构的总体构思、评估机构设定的评估前提，以及评估结果的价值类型和定义等全面地评价评估报告和评估结论，避免就评估结论而论评估结论。

三、其他有关部门对资产评估报告书的使用

除了资产评估管理机构可以对资产评估报告书进行核准、备案和检查外，法院、政府、证券监督管理部门、保险监督管理部门、工商行政管理部门、税务机关、金融机构等有关部门也经常使用资产评估报告书。当然，这里也存在一个正确和合理使用评估报告和评估结果的问题。这就很容易把评估结论的咨询性与这些机关和部门的强制权力混为一谈，把资产评估结论的专业判断性与资产定价混为一谈。因而，具有司法行政权力的机关和部门正确和合理使用评估报告及其评估结论，就显得尤为重要。

（一）政府对资产评估报告书的使用

当政府作为国有资产所有者的代表进行国有企业改制时，对国有企业改制资产评估报告及其结论的使用，应等同于普通的委托方使用资产评估报告书，应按照普通委托方使用评估报告书的要求去做。

政府对改制企业交易价格的最终确定，是政府作为资产所有者代表的自主选择，它既可以等同于评估机构出具的改制企业的评估结果，也可以不完全等同于评估机构的改制企业的评估结果。

资产评估结果仅仅是政府确定最终交易价格的参照和专业咨询意见，评估机构及其人员仅对评估结论的合理性负责，并不对改制企业的交易结果负责。

（二）法院对资产评估报告书的使用

法院在通过司法程序解决财产纠纷和经济纠纷时，也大量使用资产评估报告及其结论来处理以资抵债等案件。由于法院是以仲裁者的身份使用评估结论，评估结果一经法院裁决就必须依法执行。

这里必须强调，资产评估不会因使用者的不同而改变自身性质，评估结论也不会因法院的使用而由专业咨询变成定价，评估结论无论如何都是对资产客观价值的估计值，而并不一定是这个客观值本身。

包括法院在内的权力机关，无论是作为仲裁者还是作为执法者都应合理使用评估结论，都应以资产评估报告及其结论为基础和参照，综合经济纠纷双方的申辩和理由来裁定经济纠纷涉及的资产价值或以资抵债的数额（价格）。

（三）证券监督管理部门对资产评估报告书的使用

证券监督管理部门对资产评估报告书的使用，主要是对申请上市的公司有关申报材料招股说明书中的有关资产评估数据的审核，以及对上市公司的股东配售发行股票时申报材料配股说明书中的有关资产评估数据的审核。

根据有关规定，公开发行股票公司的信息披露至少要列示以下各项资产评估情况：按资产负债表大类划分的公司各类资产评估前账面价值及固定资产净值；公司各类资产评估净值；各类资产增减值幅度；各类资产增减值的主要原因。

公开发行股票的公司若采用非现金方式配股，其配股说明书的备查文件必须附上资产评估报告书。

证券监督管理部门对资产评估报告书和有关资料的使用，主要是为了保护公众投资者的利益和维护资本市场的秩序，以及加强对取得证券业务评估资格的评估机构及有关人员的业务管理。

证券监督管理部门对资产评估报告书和有关资料的使用实际上是对资产评估机构及其人员的业务监管，相当于资产评估管理部门对资产评估报告的使用，证券监督管理部门对资产评估报告书和有关资料的使用，应参照资产评估管理部门使用评估报告的要求使用，即全面、客观地使用评估报告。

（四）保险监督管理部门、工商行政管理部门、税务、金融等其他部门对资产评估报告书的使用

保险监督管理部门、工商行政管理部门、税务、金融等其他部门也在大量使用资产评估报告书，这些部门在使用资产评估报告书时，也必须清楚地认识到资产评估结论只是一种专业判断和专家意见，而这些专业判断又是建立在一系列假设和前提基础之上的。在许多情况下，需要这些使用资产评估报告的部门必须全面理解和认识评估结论，并在此基础上结合本部门的资产业务作出自主决策。这并不是说因资产评估结论是一种专业判断和专家意见就可以减轻或豁免评估机构及其评估师的责任，而是说评估师应对评估结论的合理性负责，而评估报告及其结论使用者应对它们使用评估报告是否得当负责。

【例 11－1】

资产评估报告书参考格式

资产评估报告书

××评报字（　　）第　号

共一册，第一册

××资产评估有限公司

年　月　日

资产评估报告书

目　　录

资产评估报告书摘要

××资产评估有限公司接受　　　资产评估的委托，对所提供的全部资产和负债进行了评估，为委托方提供价值参考依据。

本次评估的范围为委托方的全部资产包括流动资产、固定资产以及全部负债。根据国家有关资产评估的法律和国家其他有关部门的法规与规定，本着独立、公正、科学和客观的原则及必要的评估程序，按照公认的资产评估方法对资产占有方提供的全部资产和负债进行了评估，根据以上评估工作，得出如下评估结论：委托方　年　月　日企业净资产评估价值为　元（详细情况见评估明细表）。

本评估报告书所揭示的评估结论仅对评估目的有效，有效期壹年，　年　月　日到　年　月　日失效。

以上内容摘自资产评估报告书，欲了解本项目的全面情况，应详细阅读资产评估报告书全文。

资产评估师：（签章）

资产评估师：（签章）

××资产评估有限公司

年　　月　　日

资产评估报告书

评报字（　　）第　　号

××资产评估有限公司接受　　　的委托，根据国家有关资产评估的规定，本着客观、独立、公正、科学的原则，按照公认的资产评估方法，对资产占有方提供的全部资产和负债进行了评估。本公司的评估人员按照必要的评估程序对委托评估的资产实施了实地勘察、市场调查与询价，对委估资产在　年　月　日所表现的市场价值作出了公允反映。现将资产评估情况及评估结果报告如下：

一、委托方与资产占有方简介

1. 委托方

名称：　　　　　　　　　　　　　　住所：　　　　　号

投资人姓名：

经营范围：

2. 资产占有方

本次评估的委托方为　　　，也即本次评估的资产占有方。

二、评估目的

为委托方企业改制（了解企业价值），提供价值参考依据。

三、评估范围与对象

委托方提供的全部资产和负债。包括流动资产、固定资产以及全部负债，评估对象为审计确认的全部资产。

四、评估基准日

本项目资产评估的基准日是　　年　月　日。

一切计价标准均为评估基准日有效的价格标准，所有资产均为评估基准日实际存在的资产。

五、评估原则

（一）遵循独立性原则。作为独立的社会公正性机构，评估工作始终坚持独立的第三者立场，不受外界干扰和委托者意图的影响；

（二）遵循客观性原则。评估人员从实际出发，通过现场勘察，在掌握详实可靠资料的基础上，以客观公正的态度，运用科学的方法，使得评估结果具备充分的事实依据；

（三）遵循科学性原则。结合各类资产的特点确定了科学的评估方法，使资产评估结果科学合理；

（四）遵循产权利益主体变动原则。即以委评资产的产权利益主体变动为假设前提，确定其在评估基准日　　年　　月　日的现行公允价值；

（五）遵循资产持续经营的原则。根据被评估资产按目前的用途和使用的方式、规模、频度、环境等情况继续使用或者在有所改变的基础上使用，确定相应的评估方法、参数和依据；

（六）遵循替代性原则。评估作价时，如果同一资产或同种资产在评估基准日可能实现的或实际存在的价格或价格标准有多种，则选用最低的一种；

（七）遵循公开市场原则。即评估的作价依据和评估结论在公开市场存在或成立；

（八）维护资产占有者及其他关联方合法权益的原则。

六、评估依据

我们在本次资产评估工作中所遵循的国家、地方政府和有关部门的法律法规，以及在评估中参考的文件资料主要有：

（一）评估法律法规依据

1. 国务院××年××号令《国有资产评估管理办法》；

2. 原国家国有资产管理局国资办发（××）××号《国有资产评估管理办法施行细则》；

3. 中国资产评估协会中评协［××］××号《资产评估操作规范意见（试行）》；

4. 财政部财评字［××］××号文关于印发《资产评估报告基本内容与格式的暂行规定》；

（二）评估工作经济行为依据

资产评估业务委托合同书。

（三）评估工作重大合同协议、产权证明文件

（略）。

（四）评估取价标准依据

1.《2010 年机电产品报价手册》，机械工业出版社；

2.《中国机电产品出厂价格目录》；

3.《资产评估常用数据与参数》，北京科学技术出版社；

4. 陕西省机器设备资产市场询价资料。

（五）参考资料及其他

1. 机器设备购置发票；

2. 委托方提供的评估明细表；

3. 评估人员现场勘察记录；

4. 市场调查所取得的资料。

七、评估方法

根据资产评估的目的及资产实际状况，本次评估采用重置成本法进行评估。具体如下：

1. 对现金、银行存款以盘点和银行对账的审核核实数为评估值；

2. 对应收账款、其他应收款以核实账面值剔除坏账后的价值作为评估值；

3. 对存货以盘点核实数按重置价计算评估值。本次评估对原材料、产成品以账面价值作为评估值；

4. 对固定资产采用重置成本法；

5. 对负债以核实账面值剔除可免除部分后的价值作为评估值。

根据企业提供的资产明细清单，逐一进行了核对，做到账表相符，同时通过对有关的合同、法律权属证明及会计凭证审查核实对其权属予以确认。在此基础上，组织专业工程技术人员逐一进行现场勘察和核实。最后进行价值评估。

1. 重置全价的确定

对机器设备直接在网上查询有关报价资料或根据专用设备报价手册等资料，考虑运杂费、安装调试费用、资金成本等相关的合理费用，确定其重置价值。

2. 成新率的确定

对使用中的机器设备按现场勘察成新率（分别按设备的不同部位或相关参数进行现场勘察、技术鉴定）参照机器设备经济使用年限和理论成新率综合确定其成新率。

3. 评估值的确定

将重置全价和成新率相乘，得出评估值。

八、评估过程

分三个阶段进行：

（一）接受委托

评估小组进入工作现场后，首先进行以下工作：

1. 向委托方了解总体方案，明确评估目的，明确评估的范围和对象；
2. 与委托方签署资产评估业务委托合同；
3. 与委托方共同选定评估基准日。

（二）资产清查

评估人员进入现场后，首先指导企业清查资产，然后对企业提供的各类资产原始评估明细表进行了核查，对表中漏填、误填的项目要求企业进行修改和补充，请企业在修正后的原始明细表上盖章，作为评估的原始依据。

（三）评定估算及汇总审核

评估小组对从调查现场收集的资料进行分析，并收集市场价格资料，进行评估。

1. 对资产进行分析、计算和评估；
2. 撰写报告；
3. 公司内部审核，出具资产评估报告书。

九、评估结论

根据国家有关资产评估的法律和国家其他有关部门的法规与规定，本着独立、公正、科学和客观的原则及必要的评估程序，对本项目资产占有方提供的全部资产和负债进行了评估，根据以上评估工作，得出如下评估结论：委托方　　年　　月　日企业净资产价值为　元（详细情况见评估明细表）。

十、特别事项说明

以下为在评估过程中已发现可能影响评估结论但非评估人员执业水平和能力所能评定估算的有关事项（包括但不限于以下）：

（一）本评估结果是反映评估对象在本次评估目的下，根据公开市场原则确定的现行价格，没有考虑将来可能发生的特殊交易方式可能追加付出的价格等对评估价值的影响，也未考虑国家宏观经济政策发生变化以及遇有自然力和其他不可抗力对资产价格的影响。当前述条件以及评估中遵循的持续经营原则等发生变化时，评估结果一般会失效。

（二）由资产占有方管理层和其他人员提供的与评估相关的所有资料，是编制本报告的基础；资产占有方应对其提供资料的真实性、全面性负责。

（三）本评估结论是我公司出具的专业意见，并不能代表企业定价决策。

（四）本评估项目是在审计确认的基础上进行的价值评估。

评估报告使用者应注意以上的特别事项对评估结论所产生的影响。

十一、评估基准日期后重大事项

评估报告基准日后至评估报告提交日内，未发生其他对本次资产评估产生重大影响的事项。

十二、评估报告书的法律效力

（一）本评估报告书的结论是以在产权明确的情况下，以持续经营为前提条件；

（二）本评估报告书评估结论有效期限自评估基准日　年　月　日至　年　月　日。当评估目的在评估基准日后的一年内实现时可以以评估结论作为参考依据，超过一年，需重新确定评估结论；

（三）本评估报告在评估机构签字盖章后，具有法律效力；

（四）本报告书的评估结论仅供委托方为本次评估目的使用，报告书的使用权归委托方所有，未经委托方许可，我公司不会随意向他人公开。

十三、评估报告提出日期

本报告书提交委托方的时间为：　　年　　月　日。

（此页无正文）

资产评估师：

资产评估师：

××资产评估有限公司

年　月　日

课程思政要点

1. 资产评估报告的编制

通过对实际的评估报告进行分析讨论，使学生明确如何正确编制评估报告以及编制过程中的注意事项，从而激发学生的学习热情以及科学严谨的工匠精神。

2. 资产评估报告的应用

通过对 2019 年 5 月 15 日中国证监会行政处罚决定书 34 号的学习，明确评估报告的编制要求，培养学生健全法律意识，树立诚实守信、客观严谨的职业操守。

本章练习

一、单项选择题

1. 最早规定资产评估机构要向委托单位提交资产评估报告书的法规是（　　）。

A. 国资办发［1996］23 号文件　　B. 企业国有资产评估指南

C. 国务院 91 号令　　D. 《资产评估操作规范意见（试行）》

2. 我国从国有资产评估报告的基本内容与格式方面，对评估报告的标题、文号等进行了规范的文件是（　　）。

A. 《资产评估准则——评估报告》　　B. 《企业国有资产评估报告指南》

C. 《国际业务约定书评估准则》　　D. 《专业评估执业统一准则》

3. 国际上对资产评估报告进行了分类，比如将资产评估报告分为（　　）。

A. 完整型评估报告、简明型评估报告、咨询型评估报告
B. 完整型评估报告、简明型评估报告、限制型评估报告
C. 简明型评估报告、咨询型评估报告、限制型评估报告
D. 完整型评估报告、限制型评估报告、咨询型评估报告

4. 下列属于评估基准日是过去时点的评估报告书是（　　）。
A. 现实型评估报告书　　B. 预测型评估报告书
C. 追溯型评估报告书　　D. 以上都不是，不存在这种评估报告书

5. 以下不属于资产评估报告基本要素的是（　　）。
A. 评估目的　　B. 评估对象和范围
C. 评估基准日　　D. 评估原则

6. 资产评估报告完成（　　）环节后，可连同评估说明及评估明细表送交委托单位。
A. 资产评估师撰写出正式的评估报告
B. 和委托方交换意见，对评估报告进行修改
C. 撰写出正式评估报告并审核
D. 资产评估报告签发盖章

7. 对资产评估报告的使用，下列说法错误的是（　　）。
A. 资产评估报告由评估机构出具后，资产评估委托方，资产评估管理方和有关部门需要对报告根据需要进行使用
B. 委托方可以根据评估报告揭示的评估目的和评估结论，合理使用资产评估结果
C. 资产评估管理机构对评估报告的使用是资产评估管理机构实现对评估机构的行政管理和行业自律管理的重要过程
D. 法院等司法部门不能使用资产评估报告

8. 关于资产评估报告书的制作步骤，说法不正确的是（　　）。
A. 编写评估报告书分两步完成，首先草拟出资产评估报告书，然后与委托方交换意见，听取其意见，在独立、客观、公正的前提下，修改完成评估报告书
B. 资产评估报告书的签发与送交是资产评估报告书制作的最后一步，在这一步骤中"评估机构撰写出资产评估正式报告书后，经审核无误，先由负责该项目的资产评估师签章（两名或两名以上），再送复核人审核签章，最后送评估机构负责人审定签章并加盖机构公章"
C. 编写评估报告书前需要进行"整理工作底稿和归集有关资料""评估明细表的数字汇总"以及"评估初步数据的分析和讨论"三个步骤
D. 明细表的数字汇总是编制资产评估报告的基础

9. 按现行规定，资产评估报告的有效期为一年，这里的有效期是指（　　）。
A. 自评估报告投出日起一年
B. 评估基准日与经济行为实现日相距不超过一年
C. 自评估人员进入评估现场日起一年
D. 自评估事务所接受评估项目，并签定业务委托合同日起一年

二、多项选择题

1. 关于资产评估报告，说法正确的有（　　）。

A. 资产评估报告是按照一定格式和内容来反映评估目的、假设、程序、标准、依据、方法、结果及适用条件等基本情况的报告书

B. 我国2007年发布的《资产评估准则——评估报告》是根据要素与内容对评估报告进行重要规范的评估准则

C. 按照评估范围来划分，我国资产评估报告可以分为现实型评估报告、预测型评估报告与追溯型评估报告

D. 资产评估师应当在执行必要的资产评估程序后，根据相关的评估准则并由所在的评估机构出具评估报告

E. 广义的资产评估报告是一种工作制度

2. 按国有资产评估报告制度的规定，资产评估报告书应该包括（　　）。

A. 资产评估报告书正文

B. 资产评估报告摘要及附件

C. 资产评估报告明细表和相关说明

D. 标题和文号

E. 资产评估说明

3. 对被评估企业的基本情况进行说明时，应包括下面的内容（　　）。

A. 市场和客户状况

B. 企业管理状况

C. 企业运营常规流程

D. 以前年度进行过的相关资产评估情况

E. 企业主要资产状况

4. 资产评估报告书的作用有（　　）。

A. 对委托评估的资产提供价值意见

B. 反映和体现资产评估工作情况，作为明确委托方、受托方及有关方面责任的依据

C. 对资产评估报告书进行审核，是管理部门完善资产评估管理的重要手段

D. 建立评估档案、归集评估档案资料的重要信息来源

E. 被评估的资产必须严格按照资产评估报告书中的金额进行计价

5. 属于资产评估报告基本要素的有（　　）。

A. 评估目的　　B. 评估基准日

C. 评估对象和评估范围　　D. 评估依据

E. 评估结论

6. 资产评估报告书的正文包括（　　）等内容。

A. 绪言　　B. 评估结论

C. 评估范围　　D. 关于进行资产评估有关事项的说明

E. 评估报告日

7. 有权使用资产评估报告的有关部门包括（　　）。

A. 国有资产监督管理部门
B. 证券、保险监督管理部门
C. 工商行政管理部门
D. 税务部门
E. 金融、法院等有关部门

8. 撰写报告书应注意的事项包括（　　）。
A. 实事求是，切忌出具虚假报告
B. 坚持一致性，切忌出现表里不一
C. 提交报告书要及时、齐全和保密
D. 对评估对象的法律权属提供保证
E. 评估机构应当在评估报告中明确使用者、报告使用方式、提示评估报告使用者合理使用评估报告

9. 以下属于出具一项完整的资产评估报告的必经步骤的有（　　）。
A. 整理工作底稿、归集有关资料
B. 评估明细表的数字汇总
C. 评估初步数据的分析和讨论
D. 编写评估报告
E. 评估报告的签发与送交

10. 对于委托方来说，资产评估报告的作用包括（　　）。
A. 根据评估目的，在相关业务中明确资产的作价
B. 作为企业进行会计记录或调整账项的依据
C. 作为履行委托协议和支付评估费用的依据
D. 作为委托方进行有关申诉的资料之一
E. 有助于了解评估机构从事评估工作的业务能力和组织管理水平

参考文献

[1] 汤姆·科普兰（Tom Copeland）等著，贾辉然译：《价值评估：公司价值的衡量与管理(第三版)》，电子工业出版社 2002 年版。
[2] 詹姆斯·R. 希契纳、迈克尔·J. 玛德著，张志强译：《资产评估价值评估工作手册(第三册)》，商务印书馆 2016 年版。
[3] 罗伯特·A. G. 蒙克斯（Robert A. G. Monks）等：《企业价值评估》，中国人民大学出版社 2015 年版。
[4] 姜楠、王景升：《资产评估（第四版)》，东北财经大学出版社 2016 年版。
[5] 刘玉平：《资产评估学（第一版)》，中国人民大学出版社 2015 年版。
[6] 中国资产评估协会：《资产评估》，中国财政经济出版社 2016 年版。
[7] 中国资产评估协会：《机电设备评估》，中国财政经济出版社 2016 年版。
[8] 中国资产评估协会：《建筑工程评估》，中国财政经济出版社 2016 年版。
[9] 中国资产评估协会：《资产评估基础》，中国财政经济出版社 2022 年版。
[10] 中国资产评估协会：《资产评估实务（一)》，中国财政经济出版社 2022 年版。
[11] 中国资产评估协会：《资产评估实务（二)》，中国财政经济出版社 2022 年版。
[12] 朱萍：《资产评估学教程（第五版)》，上海财经大学出版社 2016 年版。
[13] 乔志敏、宋斌：《资产评估学教程（第五版)》，中国人民大学出版社 2015 年版。
[14] 全国人大法工委：《中国人民共和国资产评估法解读》，中国法制出版社 2016 年版。
[15] 刘萍、贺邦靖：《中国资产评估制度与准则》，中国财政经济出版社 2013 年版。
[16] 肖翔、何琳：《资产评估学教程（第二版)》，清华大学出版社 2014 年版。
[17] 汪海粟：《资产评估（第三版)》，高等教育出版社 2016 年版。
[18] 陈昌龙、赵宏：《资产评估学（第二版)》，清华大学出版社 2013 年版。
[19] 中华人民共和国住房和城乡建设部、中华人民共和国国家质量监督检验检疫总局：中华人民共和国国家标准·房地产估价规范（GB/T50291—2015），中国建筑工业出版社 2015 年版。
[20] 王玲：《资产评估学理论与实务（第二版)》，清华大学出版社 2014 年版。
[21] 刘萍、韩立英、纪益成：《中外资产评估准则》，中国财政经济出版社 2015 年版。
[22] 苑泽明：《无形资产评估》，高等教育出版社 2015 年版。
[23] 中国资产评估协会：《资产评估价值类型指导意见》，2017。
[24] 中国资产评估协会：《资产评估执业准则——资产评估报告》，2019。
[25] 中国资产评估协会：《资产评估执业准则——不动产》，2017。
[26] 中国资产评估协会：《资产评估执业准则——机器设备》，2017。

[27] 中国资产评估协会:《资产评估执业准则——资产评估程序》, 2019。
[28] 中国资产评估协会:《资产评估执业准则——资产评估委托合同》, 2017。
[29] 中国资产评估协会:《资产评估执业准则——资产评估方法》, 2020。
[30] 中国资产评估协会:《资产评估执业准则——无形资产》, 2017。
[31] 中国资产评估协会:《资产评估执业准则——企业价值》, 2019。
[32] 中国资产评估协会:《资产评估执业准则——资产评估档案》, 2019。
[33] 中国资产评估协会:《资产评估基本准则》, 2017。
[34] 俞明轩、王逸玮:《资产评估（第二版）》, 中国人民大学出版社 2020 年版。